U0499966

马洪文集

第七卷

中国社会科学出版社

作者像

作者简历

马洪，1920年5月18日出生于山西省定襄县待阳村。原名牛仁权，1938年春在延安时改名马洪。曾用名牛黄、牛中黄。

他出身贫寒，13岁时被当地小学聘为教员，开始自食其力。他自学中学课程，并协助当地著名爱国人士、族人牛诚修先生修订《定襄县志》。从那时起，他阅读了大量书籍，开始接触进步思想。九一八事变和一二·八事变爆发后，他参加了学生的抗日示威游行和集会，爱国思想日益浓厚。1936年年初，马洪经人介绍到太原同蒲铁路管理处（局）工作，先当录事（即文书），后考入同蒲铁路车务人员训练班（半工半读）。在此期间，他当过售票员、行李员、运转员等。他努力自修学业，阅读进步书刊，不断开阔眼界。

1936年冬，马洪参加了"牺盟会"，积极参与同蒲铁路职工的抗日救亡工作。1937年冬，太原失守，他跟随同蒲铁路局迁到侯马。11月，在侯马加入中国共产党，时年17岁。由于他工作努力，具有出众的组织才能，被推选为同蒲铁路总工会的负责人之一。他在同蒲铁路沿线的各段站建立和发展工会组织，展开对敌斗争，并参与统一战线的工作。

1938年，马洪到延安，先后在中央党校和马列学院学习和工作。抗日战争胜利后，马洪从延安被派往东北，在中共中央东北局工作。新中国成立以后，曾任东北局委员、副秘书长。后调任国家计划委员会委员兼秘书长。因受"高饶事件"的牵连，被下放到北京市第一和第三建筑公司工作。后又担任国家经济委员会政策研究室负责人。

1978年后，历任中国社会科学院工业经济研究所所长、中国社会科学院副院长。

1982年后，任中国社会科学院院长、国务院副秘书长、国务院技术经济研究中心总干事。同时兼任国家机械工业委员会副主任、国家计划委员会和国家经济体制改革委员会顾问、国家建委基本建设经济研究所所长。

1985年，任国务院经济技术社会发展研究中心（后更名为国务院发展研究中心）主任。1993年改任名誉主任。并任中国社会科学院研究生院教授、博士生导师，被北京大学、清华大学、中国人民大学、复旦大学、南开大学等学校聘为教授及上海交通大学聘为名誉教授。

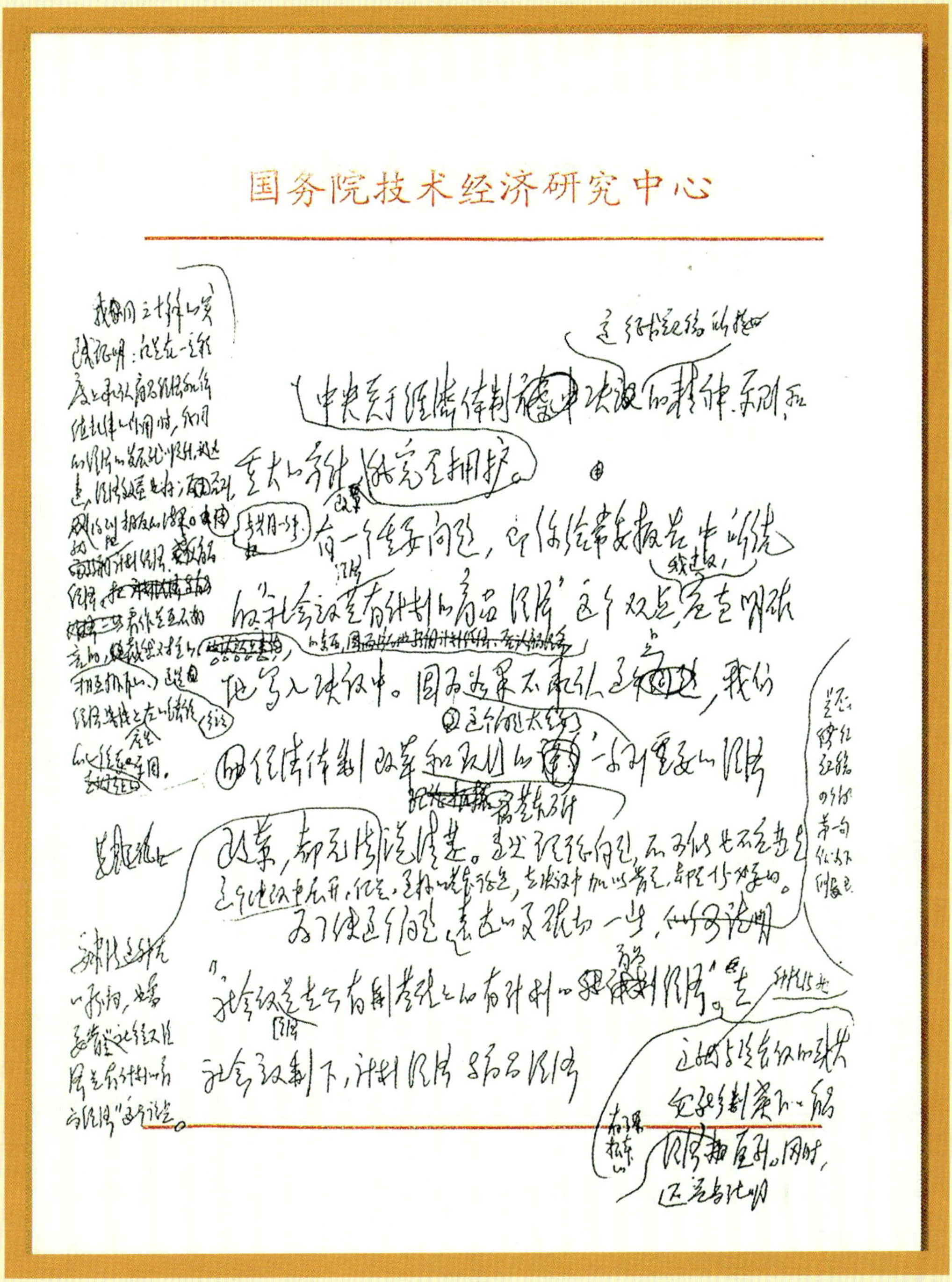

马洪手迹

目　　录

总体运筹　综合开发[*]

关于三江平原经济区发展战略问题，我提六点粗浅看法。

一　三江平原经济区在我国社会主义现代化建设中的地位和作用

首先，三江平原是祖国的一块宝地。它拥有非常肥沃的土地和丰富的煤炭资源及其他一些重要的矿产资源，如石墨，硅线石、铁矿和黄金，有和长白山森林相媲美的森林资源，有比内蒙古草原更好的草原。此外，还有众多的河流、湖泊和水面。总之，山上、山下、地上、地下、水上、水下都有宝，呈现了一个立体的多层的资源带。在我们祖国美丽富饶的大地上，可以称得上是最好的地带之一，是一个黄金地带，是一块得天独厚的宝地，我们这样称它是当之无愧的。

这个地方已解放40年了。40年来，我们为了开发这块宝地，付出了辛勤的劳动，也取得了巨大的成就。在这里，我们建设了全国最大的实现了机械化的国营农场群；开发了在东北地区最大的煤矿；建设了大森林工业，兴建了很多工厂；修复和新建了铁路、公路和松花江的航运；并在这些产业发展的基础上，建设了佳木斯、鸡西、鹤岗、双鸭山、七台河等新

---

　　*　本文是作者1986年12月在"三江平原经济发展战略咨询研讨会"上的发言。原载《经济纵横》1986年第12期。

兴的中等城市，改造了很多原有的城市。我们这个地方的工人、农民、解放军指战员、广大知识分子与干部，给祖国作出了很大的贡献。如果拿今天和40年前的三江平原对比，可以说是翻天覆地的变化。佳木斯市在新中国成立的时候据说还不到10万人，现在，已经有50多万人了，变成了一个很漂亮的城市。同志们生活在这里，体会一定比我深。我第一次来佳木斯，正是解放的时候。我第二次来是在1962年的经济困难时期，中央办公厅派我们几个同志到这里来调查工业调整问题。到现在已经过了24年，佳木斯市今非昔比，变化巨大。在这之前，我没有看过东部的农场。西部的农场，如九三农场等我在1952年去过，和今天看到的东部农场的样子对比一下，那也是不可同日而语。变化说明我们的成就是很显著的，说明我们付出的巨大劳动，取得了令人高兴的成果，给国家作出了很大的贡献。据统计，国营农场给国家上缴了上千亿斤粮食；4个煤城在"六五"期间，每年大约生产了5000万吨煤炭；林业局这些年为国家提供了1600万立方米木材。我们佳木斯造纸厂生产的水泥袋纸是供不应求的，全国的水泥袋厂都用这里的纸；在井下用的防爆电机都是这里生产的，联合收割机也是国内第一流的。鸡西的采煤机在全国名列第一，达到世界先进水平，可以和德、英等国媲美。所以我们说三江平原经济区在过去对全国四个现代化建设作出的贡献是很大的，在今后将要作出比现在更大的贡献。

第二点，这里虽然有丰富的自然资源，但是无论是地上、地下资源，除了森林资源以外，其他资源还远远没有开发出来。森林有过伐现象。有相当多的荒地没有开垦，就是已经开垦的土地打的粮食，还有很大潜力远未发挥出来。我们有很多地方亩产已达到300斤、500斤了，但还有很多地方，亩产不到200斤，虽然土地的肥力不同，但是如果采取一些科学的办法，我们的农业生产，在已经开垦的土地上也还是可以获得更多的粮食和其他农作物的。在这里，我想把开荒问题谈一谈。三江平原的开荒问题应当引起重视。大规模地开荒，如果缺乏必要的配套措施，将可能破坏生态平衡。这样，一方面大量开荒种粮，另一方面又大片土地撂荒。开荒战线过长，使治水工程量加大，治水投资大幅度增加。新中国成立以来，农场系统开荒 4000 万亩，但粮豆单产始终在不高的水平上徘徊，因此，农场的农业生产也应当摒弃盲目追求外延发展的道路，而走提高单产为中心的内涵发展的道路。我们大片草原还没有很好地利用，我到某个县问了，过去有 40 多万只羊，现在只剩 10 来万只了。这里有那么好的草场资源，比青海、内蒙古草原要好得多。那些地方牲畜过量，草不够吃，而我们这儿有草没牲畜去吃。我们好多江河、湖泊、水库还没有很好利用。我最近在八五二农场看了一个水库，他们放水一天就捕到 10 万多斤鱼，这说明水面养鱼的潜力是非常大的。可是我也问到有相当多的水面没有充分利用。至于地下资源，除煤炭的开采成绩比较显著外，其他矿藏的开采，比如说鸡西市的石墨矿，就没有很好地开采。硅线石是很好的耐火材料，日本人卖给我们的要价很高，其实这种耐火材料的原料就是我们的石墨。另外，好多资源有待于我们开发，现在都在沉睡，还有待于我们去唤醒。所以，我们开发三江平原的任务只是刚刚开始，而远远不是终结。因此说这次会议的召开是非常及时的、必要的，是远见卓识的百年大计，是任重道远的伟大事业。待到 2001 年，即我国跨入 21 世纪的时候，回过头来看这次会议，就会感到今天讨论三江平原发展战略的重要意义。

　　第三点，要更好地开发三江经济区，必须总结过去的经验教训。要肯定我们的成绩，同时找出毛病，找出开发过程中存在的问题，这就需要总结过去的经验教训，研究怎样更好地解决这些问题，形成新的战略，使今后的开发搞得更好。

二　三江平原开发战略应由过去单一各自的开发转变为协同整体的开发

　　过去的开发，农场只管农场，煤矿是怎么回事它不管；煤矿只管挖煤，农场的事情它不管；林业也是一样。我们有些城市的建设也是如此，煤炭城市只管煤炭，林业城市只管林业，像双鸭山、七台河就是单纯的煤城。佳木斯要好一些，因为它是处在中心地带，但是真正从整体开发、整体规划的角度衡量，还是远远不够的。总体筹划、总体设计、总体开发不够，是一个共性的问题。单纯的开发也是必要的，但是单纯的开发首先应该有整体观念，在整体观念的基础上进行各自的开发。当然不能混在一起，让挖煤的去管树，让砍树的去种田，这显然不对。但是，挖煤的要考虑考虑周围的农场，农业是怎么回事，也要考虑考虑森林怎么保护，怎么样和森林结合到一起。农场也是这样，怎样和林场结合在一起，怎么能够和周围的煤矿城市开发结合在一起。这里面有很多相互关联的诸多因素的问题。我说这次三江平原的开发就需要有一个整体开发观念，就是由单一的、各自的开发，变成协同的、整体的开发。我提出这个问题来和同志们研究，究竟是单一的、各自的开发好呢，还是采取一个协同的、整体的开发好？我觉得这方面是大有文章可做的。单一的、各自的开发有没有好处，有什么弊病？协同的、整体的开发有什么好处，有什么困难？我看这个问题是不是请同志们共同研究一下。我走了这一趟以后，很多同志和我谈话时，都是各自说自己的问题。而且，各自都对对方提出了这样那样的问题。之所以提出这些问题，正是由于我们过去的开发缺乏一个协同的、整体的发展战略的观念，我同行的同志也提出了一个问题，是不是我们这里的开发要走城乡一体化的道路，我还没有接受这个意见，我认为今天提这个意见还早一些，将来可能要走这条道路。今天，首先应走农场、林场、煤矿互相协同的整体开发道路。提出这样的问题进行研究和解决，下一步才可能是一个城乡一体化的问题。我们这里既是一个城镇，同时又是一个乡村，乡村城镇化了。我们一个农场、一个分厂、一个队它就是一个小城镇，它不同于过去的乡村。我想我们的林场可能也是这样，我们煤矿也是这样，一个矿就是一个城镇。鸡西的同志在和我讨论鸡西发展战略的时候，说到他们要搞一个百货大楼，还要搞一个什么中心。我说我不赞成你们这个意见，鸡西矿东西南北拉得都很长，那些矿工跑几十里路到你这百货大楼买东西很不方便，若能在每一个矿山中心搞一个比较小的但是比较像样的百货商场，恐怕会更好一些。当然不一定要搞一个一万平方米、两万平方米那样的百货大楼，要针对矿山城市本身特点搞。从确实方便矿工的日常生活、使矿工得到真正的实惠的思路去搞，切不可只图虚名、摆花架子，中看不中用。对于矿山这种分散型的社区来说，不能只搞一条或几条热闹一些的街，重要的是使方便群众生活的商业网点星罗棋布。所以，我觉得我们这些矿山城市，他们开发的方向是需要研究的。你专搞一个很大的城市那怎么可能？因为工人、煤矿在另外一个地方，离你的中心有几十里路，它那个鸡东县和鸡西市的距离30公里算是近的，有些矿山与中心的距离是六七十公里。我前年到了临江市，他们告诉我，他们市有100多万人，我问他这100多万人在哪里，他说这个城市从东到西有120多公里，实际他是分了很多点的。恐怕我们这些农场，林场、煤矿布点是很多的，每一个居民点就是一个小城镇，不是个一般的农村。因为，我们的农业是大生产的农业，现代化的农业，不是小生产的农业，不是传统农村的概念。所以，这里面揭示的问题需要我们去研究，我在鸡西讲这个问题的时候，他们还是接受了我这个观点的。我觉得我们的农场和农场总局都有这样一个问题。如果我们建了很多大楼都集中一个地方，我们的资金本来就有限，而农场本身还有很大的困难，另外，这些地方离那些农场很远的，这种办法好呢，还是适当分散一下好呢？这些问题我觉得都是值得研究的，这些都是我们发展中需要考虑的问题。从我们市里领导或基层领导来看，我们这些建设方案恐怕是不同的。不同的思路可能都有合理的部分。那么怎样来统一呢？判断的标准就是看哪一种方案对促进生产力的发展作用最大，而不是阻碍生产力的发展，这是我们判断是非优劣的标准。这些问题的解决都要仔细地研究。我们缺乏整体开发最明显的例证就是道路，铁路是国家统一兴办的，当然现在地方也办铁路。现在有好多的公路，农场管一段，县里管一段，市里又管一段，从公路的路面上很明显地就可以看出是谁管的。如果我们有一个总体开发的观念，那结果就会是另外一个样子。究竟怎样修路最合算、最经济呢？是以我为中心，只要我在这里就要给我修一条路过来？还是以发展生产为中心、以考虑规模经济的最优化为中心，这就是带有整体性战略性的决策问题，因为最终的目的是要发展经济。就像这一类问题，我觉得应当系统地研究一下，把我们整个地区当成一个整体，一个大系统。但这个事情也不能责怪我们哪一个部门，因为我们怎样开发三江平原还缺乏一个整体的科学规划，过去我们就是条条起作用，只能自己考虑自己的事情，这类事情上级领导机关也是有责任的。

三 每个产业部门应该由单元的产业结构变为多元的产业结构

我们的农业、林业、采煤业、还有其他一些大的产业是不是应由单元的产业结构，转变为多元的产业结构。现在最大的问题是带着"原"字，煤是原煤，木是原木，粮是原粮，这就最明显地体现了我们产业结构的单一化。而这样产业结构的单一化，是我们的经济效益低的主要症结。比如，我们的煤炭，运出去的是原煤，如果我们把煤炭进行洗选的话，那么煤炭的价值就可能高出 20%—30%。同样生产那么多的煤，价值就提高了。如果我们再增产，那么产值就更多了，开采同样数量的煤炭，价值就更高了，经济效果就会好了。这并不是很难的事情，而且这样做有个很大的好处，就是大大地节省了运输力。鸡西的同志们讲，牡丹江那一段是单线铁路，卡脖子。落地煤达 400 万吨，一方面哈尔滨缺煤缺电，另外一方面煤城落地煤运不出去，这岂不是一个矛盾？如果我们经过一番洗选，落地煤就变成不落地，马上就可以发挥它的效力，整个社会效益都会提高，这件事情不用花费很大的力量来办，也不一定花很多钱。经济效益提高以后，钱就来了。我们过去的老观念是你要叫我搞一个洗煤厂，就得给我钱，我来办。今后恐怕就不能采取这个办法搞了，而是靠你自己提高了经济效益以后，加速资金周转，增加一些新的能力。比如说把我们的煤由一次能源变成二次能源，就是建坑口电站，不是运出煤，而是发出电去，那这个效益就更好了。现在煤矿赔钱，电力赚钱，如果把煤矿和电力联营，煤矿就不赔钱了，电力也发展起来了，这样煤炭也不用运出了，只要把电送出去就行了，那又是一个转变。现在是没有煤的地方搞电力，有煤的地方缺电力。又比如，还可以搞煤气，现在这几个煤矿城市，家家户户还是用煤做饭，一浪费用煤，二污染环境。如果生产煤气，还可以兼产焦炭，既可综合利用煤炭，还可以搞煤炭化工，还可以搞腐质酸做肥料，改良我们的土壤。我们只是说发展黄豆等生产需要多少化肥，如果在那个地方搞腐质酸生产不是很好吗？这些事情都需要我们研究。这一类东西搞起来之后，1 吨煤的价值就可能变成 3 吨、5 吨煤的价值，甚至于更多的价值。

可是我们现在只是经营原煤，效益怎么提高呢？山西的同志说过去挖煤越挖越赔钱，现在采取了一些措施后，挖煤还是赚钱的，这是一类。第二类就是发展煤的近邻产业，即煤化工和煤炭机械等。比如鸡西就有很多的煤矿机械厂，它搞这个东西就能搞好，据说我们佳木斯市也有和采煤机械配套的机械厂，和煤炭机械相应的还有其他产业，为了城市的发展，相应的第三产业、轻工业都应该有所发展。虽然他们仍以煤炭为主，但是这样做，城市的经济结构就成了多元结构。另外，我们煤炭城市里是否可以考虑给我们国营农场生产一些家庭农场所需的小型农机具或配件和附件，免得我们农机系统千里迢迢去关内搞协作。要发挥城市附近的这种生产力，这也是总体战略要考虑的问题。比如农场，我看了几个农场，凡是把单一的粮食生产变成多种经营的，经济效益和经营情况就好得多。八五一农场，农业之外的各业产值大概占40%以上，比我们看到的友谊农场和八五二农场日子好过得多。无疑农场应以农为主，农业首先是粮食生产，在我们这里以大豆、小麦、水稻和其他作物为主，但不能仅仅经营这些，我们依靠这些东西还可以生产很多东西。首先是对农副产品加工，能加工的产品就在农场就地加工。这就是总体开发战略。农场也应为周围的几个煤矿城市服务好，因为周围这些煤矿城市需要各种食品，比如生产矿工下井用的方便食品和快餐食品。食品从我们这就近供应总比从远处调来经济得多嘛。如果煤矿城市的粮食从外地调来，这里的粮食调到另外一个地方，那和把煤炭调到别的地方去发电，不是一个道理吗？所以，在这个方面有很多事情是可以做好的。我看八五一农场那种做法值得借鉴。这样做，我们的农场不但不会减少粮食生产，相反可以使粮食生产得到更好的发展。当然不只是粮食加工，还可以经营其他行业和产业，如建电厂、挖煤炭、采金矿等。一定要种田？我们劳动力还有多余，有许多农场的职工子女需要就业，给他们开辟多种生产而不是种田的门路那不是搞得更活一些吗？林场也是一样，林场过去是搞林木、原木，怎么样能够从单元产业结构变为多元产业结构，比如，林产化工、木材加工、造纸，还有生产、养植林产品，还可以发展各种药材。三江平原在药材生产方面有潜在的优势，像人参、鹿茸、刺五加、五味子、黄芪等，可以大量生产，并有计划地打入国际市场，使之成为出口创汇产业，在这方面是可以大有作为的。另外，还可以种蘑菇、木耳等食用菌类。应该是多种多样，综合发展。

我们千万不能再走以伐木为中心的单一的林产道路了。三江地区的林业面临着严重的问题，它直接或间接地影响着整个东北地区的生态平衡和自然气候。日本森林覆盖率是我国的几倍，还采取封山育林、进口木材的方针，而我们新中国成立以来一味地伐木，育林远未跟上，其结果是"吃祖宗饭、造子孙孽"。沿途许多同志谈到这个令人忧虑的问题，我们这种以采伐为中心的林业道路是扼杀林业的道路，现在是到了非痛下决心彻底解决不可的时候了。为民族计，为子孙计，为经济社会发展的总体战略计，我们的林业必须以育林、营林为中心，育林为主，采伐为辅，并适当增加进口。我们的林业部本质上应当是育林部、营林部，我们的林业局也应该是育林局、营林局。

无论林场，还是农场，都需要机械。林场需要森工机械，农场需要农业机械。有些煤矿机械、农业机械也可以在当地搞，如果不成，到佳木斯来搞，这样搞就有了整体的考虑，就不是单一的考虑，这方面需要深入研究，统筹解决。

四　应该把封闭和半封闭型的经济形态变成开放型的经济形态

前面说的总体开发也好，多元经济结构也好，都需要有一个观念的变化。把我们从部门的、地方的，就是我们经常说的条条块块分割的这种观念中解放出来，建立一个开放型的经济形态。我们现在经济的发展都受到条块壁垒的阻挡，我们要打破这种条块壁垒，从条块束缚中解放出来。从近处来看，比如说一个市带了几个县，鸡西带了鸡东，它与密山、虎林关系密切，但上述县又是牡丹江的属地，很不方便。可是如果我们突破条条块块的关系，以经济辐射力冲破行政区划，肯定密山、虎林与鸡西的联系要比与牡丹江联系多，可现在受行政区划的影响很大。从最大的范围来看，我们三江平原的5个市，还有那么多县，以及我们三江平原和哈尔滨、绥化、齐齐哈尔、松花江地区、吉林省、关内广大地区的经济发展的联系，都必须冲破这种条条块块的限制。最近，汪道涵同志带上海贸易代表团，应市长邀请来佳木斯市商谈了横向联系的问题，这不是和上海联系起来吗？这就是建立开放型经济的实际步骤。现在我们提引进外资，对外开放，首先是对省内、国内开放，同时也要对国外开放，我们不是要对苏联开放边境贸易吗？肯定今后对苏联的经济往来会越来越多的。经济往来越来越多，边境也越开放，你们这里不是要研究边境开几个口岸吗？我们到了虎头镇，它3000多人的小镇也要求向对面10多万人的苏联依曼市开放。我们和苏联的口子要开，更重要的是我们市与市、县与县之间要开放，现在已开始建立了关系。还有三江平原和黑龙江其他地区之间，以及三江平原和关内、关外的省市之间。这个开放，是个很重要的条件，是个带有战略意义的事情。过去的发展只限于我们这个地方，今后我们要面向全省，面向全东北、全国，面向全世界。应该有这个观点，而且随着我们经济的发展，要向前推进，这是一个大战略。在这个问题上，我们不要怕吃亏。经济一开放，落后的地方比先进地方总是要吃点儿亏，不吃点儿亏就不能把这个地方的经济搞上去。比如我们国家开放，日本人、美国人就占了我们的便宜。但从长远来看，这对我们很有利，"近视眼"是要吃大亏的，无论对内对外开放，都有这个问题。哈尔滨自行车厂在面临转产的困境下，与上海自行车厂实行横向经济联合，用上海自行车厂的凤凰商标和技术，每台车让利8元。由于凤凰车销路好，看起来让了8元利是吃了亏，但不让利，你就得不到它的技术，达不到凤凰牌的质量标准。从而你也就没有好产品出售。"吃小亏占大便宜"就是一种互利。

五　关于改革问题

改革的首要问题就是把企业搞活。农村实行家庭承包责任制，农场也实行了承包制，但是，我们的工厂、农场却反映放权没有真正放到企业。虽然国务院几次强调给企业放权，但大部分权力被管理局、公司截留了，真正放到企业的权力是很小的。成立的这些公司，它们不直接经营，每年却叫企业缴纳很多管理费，不管经营的好坏都拿，而企业经营的好坏不闻不问，企业非常反感。例如，上海有的企业管理层次过多，市、委、办、公司、分公司、企业五层，行政公司就有80多个，从1984年就改革，直到现在才下决心改。有的地方机构改革，把政府机关精简了，但换汤不换药，把企业搞得很死，国务院准备要尽快解决这个问题。这次接触农场，他们也反映了这个问题，要求放权。农场是企业，要扩大农场自主权。他们对管理局、总局也有很多意见。林业系统这次我没去，不知道情况，可能也有类似的问题。中央关于体制改革的决定里明确指出，搞活企业是经济体制改革的中心环节，是经济体制改革的出发点和落脚点。因为真正给国家创造财富的是企业。其他机关都是为企业服务的，不应该给企业制造困难和摊派，这个问题是个大问题。商业企业也有这个问题，也应当解决。这是第一点。

第二个问题，就是所有制方面也要搞活。比如，我们国营农场，现在实行承包，但所有制还是全民的，而经营是家庭承包的，这就把所有权和经营权分开了。去年开始，出了点毛病，今年有了很大进步。这就是说在全民所有制情况下，经营方面也应该是多样化的，如各种形式的联营，大企业把核算单位划小搞股份制等，这些究竟怎样搞，也是一个需要研究和解决的问题。

第三个问题是横向经济联合。横向经济联合是解决条块分割的一大法宝，也是解决资金不足、技术不足、人才不足的一个很重要的措施。资金不足怎么办？过去是伸手向国家要，体制改革就要改变这种做法。国家的投资主要用在基础设施、能源交通、煤炭、铁路、医院、道路、学校等方面，其他生产性投资就要靠企业与企业之间的横向经济联合来解决，如上海对我们三江平原感兴趣，就会拿资金到这里来投资。如鸡西的精煤粉是鞍钢炼钢时必需的原料，鸡西运煤到鞍钢，鸡西本身又有小炼钢厂，鞍钢供应它铁矿粉，双方在技术上物资上或资金上相互帮助，这就是很好的办法。鸡西市生产采煤机的矿山机械厂，产品很好，但它也有很多的产品自己不能搞，就采取了一个办法，在《人民日报》上登了广告，说明我有哪些产品想和全国哪些厂进行协作，结果有60多个厂家向它投标，它选择了34家，经过商谈，有的已正式签订合同。二汽和武汉也是采用这个办法，如武汉洗衣机厂，也是有几项技术指标过不了关，它在全国招标。这里不是说鸡西在鸡西招标，佳木斯在佳木斯招标，黑龙江在黑龙江招标，它可不受地区的限制，全国哪个厂子好，你招标它中了，就和它来联合，这就是横向联合。横向联合可获取技术，取得人才，还可以吸收资金，节约资金，提高我们产品质量，增加产品品种，解决我们很多问题。我看到今天在佳木斯吃的冰糕是上海益民一厂的商标，在这里生产的，这不很好吗？用他的招牌，要他的技术，给他们好处，这种联合的办法是很值得采取的。在我们许多农场里面都可以互相支援，例如，完达山奶粉，在全国很有名气，那么我们其他的农场可以用完达山的技术，多生产奶粉，对外都打完达山奶粉的牌子嘛。这方面的文章做起来是很有味道的，还可以创造很多财富，提高经济效益。总之，城市的改革要进一步发挥中心城市多功能的作用，我们的城市应该是生产中心，贸易中心，运输中心，金融中心，对外开放中心，科技中心，文教中心，信息中心，也应该是协调管理中心，我们应该发挥这个作用，不只是单纯地组织生产。过去我们的城市只起到一个生产的作用，其他功能没有注意发挥。特别是城市开发、推广新技术具有许多优势。因为，毕竟智力集中的地方还是城市，特别是中心城市。现在科学技术的发展都是跨行业、跨部门的。最近北京召开软科学会议，我们某一科专业如果不和其他有关的专业结合在一起研究讨论，那么这个专业也不可能有大的突破。所以，应该利用城市专门人才比较集中这个优势来发挥科技对生产的促进作用。这是改革的一个必然趋势。

我们的总体开发要不要有一个组织。我们过去的经济运行主要是指令性的，以直接控制为主的，我们的体制也是这样一个体制。今后我们就要逐步把指令性的变成指导性的，直接控制变成间接控制。两个月前，我参加五省六方会议，就是云南、贵州、四川、广西、西藏、重庆，每年开一次会，轮流坐庄。今年在昆明开的，东道主是云南，办公室就在昆明，今年就是云南省当主席。明年要轮到四川省当主席，办公机构就迁到四川去了。后年就要到西藏去，办公机构就设在拉萨。它们是采取这样一种办法来搞的，每一年都要在协作上定几项综合开发的事情。它们是相互平等的，无论任何问题只要有一方不同意，就通不过。我们这个地方将来也要进一步研究一下，怎么能够使我们这里的事情办得更有成效，不只是论证论证而已，也要有些实际行动。

六　佳木斯市在开发三江平原中的地位和作用

黑龙江的三江平原是祖国的一块宝地。那么，形象化地讲佳木斯市就是这块宝地上的一颗明珠。佳木斯市处在三江平原的中心地带，是三江平原上水陆交通的枢纽，松花江和铁路在这里连接起来；同时它的文化教育和科学技术都比较发达；它的工业结构、产业结构多元化，能够为周围的城市、乡镇服务，是历史上形成的。我们佳木斯市应该发挥中心城市多功能的作用。它越是发挥这种多功能的作用，辐射力、吸引力就越强，既然有这个作用，就应当主动地让一点利，和人家协作、联合。不然的话它的功能作用就会发挥不出来或者失去应有的作用。希望我们佳木斯市的同志们认真研究一下，如何使我们这颗"明珠"光芒四射。在开发三江平原和祖国四个现代化建设中发挥更大的作用。

预测 2000 年的中国[*]

一 研究任务的提出

现在不少外国人都在议论环太平洋地区，特别是亚太地区的崛起。有人甚至说，欧洲正在衰落，亚太地区将成为世界经济的中心。这难免言之过甚，但亚太地区确有不少国家和地区近二三十年来发展很快。那么，作为这个地区的最大国家，我们伟大的祖国将扮演一个什么角色呢？2000年的中国是个什么样子？这不仅是全国人民关心而且也是全世界关心的一个问题。这个问题的研究是这样引起的。1980 年 1 月 16 日，邓小平同志在人民大会堂作了《目前的形势和我们的任务》的报告。他在报告里讲："我们的四个现代化是中国式的。前不久有一外宾同我会谈，他问，你们那个现代化究竟意味着什么？我跟他讲，到本世纪末，争取国民生产总值每人平均达到 1000 美金，算个小康水平。"这就是 2000 年中国的总的样子，总的目标。

从小平同志指示之后，我们就着手准备了。研究工作正式开始是在1982 年党的十二次代表大会之后。党的十二大决定，到本世纪末，工农

* 本文是作者 1986 年为《2000 年的中国》丛书写的前言，该丛书由中国社会科学出版社、上海人民出版社、经济日报出版社出版。

业年总值要在提高经济效益的基础上翻两番，人民生活达到小康水平。随后，召开了全国人民代表大会，确定了第六个五年计划。在第六个五年计划里，社会科学研究的重点项目中，就包括了对 2000 年中国的研究这个课题。为完成这个重点研究项目，动员了许多人，包括了做实际工作的和做理论工作的；包括了自然科学家、社会科学家，先后直接参加这项工作的有 400 多位专家。我们还通过中国科协组织了广大的自然科学家。中国科协有 108 个分会，有 1 万多会员，他们直接或者间接地参加了这项工作。这一重点项目在去年 5 月初步完成了，研究报告共有 200 多万字，报送国务院，国务院转发到各省市自治区和各有关部门。今天不可能把这 200 多万字的东西在一个多小时内说清楚，只能讲一些重点。

二 要从我们的国情出发

认清国情，是考虑长远发展的基础。我们的研究工作，首先就是从研究我国现在的国情开始的。我们是个社会主义国家，已经建立起一个独立的、比较完整的工业体系和国民经济体系，打下了一个很好的基础。据初步统计：我国 7 种主要工农业产品的产量，1985 年在世界上的位次是：粮食居第 2 位，棉花居第 1 位，肉类居第 2 位，钢居第 4 位，煤居第 2 位，原油居第 6 位，发电量居第 5 位；我国工业的增加值（净产值加折旧）居美、苏、日、联邦德国之后占世界第 5 位，农业净产值居世界第 1 位。虽然如此，我们还是一个发展中国家，与世界上那些发达国家相比，我们还落后得多。从科学技术方面来讲，一般估计还落后 20 年。至于说按人口平均的主要产品的产量来说，有些方面我们还低于世界的平均数。如按劳动生产率来计算，我们落后得更多。

我们国家有许多优势，当然也有劣势。我们的基本国情是什么呢？

从国土来讲，地域辽阔，960 万平方公里的土地，在世界上占 7%，居第 3 位，仅次于苏联、加拿大。在国土面积中，山地约占 1/3，高原占 1/4 强，盆地约占 1/5，平原和丘陵各占 1/10 左右。沿纬度方向从低温带到赤道带，共跨越了 8 个温度带，这种不同地域，有极大差异的气候、地貌、水文、土壤、植被等各种自然要素错综复杂地结合在一起，构成了对经济发展有直接影响的自然环境。

我国的经济发展很不平衡，一般来说，东边富，西边穷。人均工农业总产值 1988 年东部 1611 元，中部 948 元，西部 718 元，东比中高 70%，比西高 1.2 倍。当然在富的地区有穷的地方，穷的地区也有富的地方。拿上海市来说，够得上比较现代化的都市，当然那里也有落后的东西；要讲到边远山区，有些地方还过着原始的生活。这是一个很复杂的情况。这种情况在发达国家中基本上是不存在的。

从人口来讲，到 1985 年年底，我国总人口达到 104532 万人，占世界总人口的 1/5 强，居世界各国之首，人力资源是丰富的。按有劳动能力的人来计算，有 5 亿多人，包括城市的和农村的。比日本、联邦德国、英国、法国 4 国总人口数还多 70%。在总人口中，农业人口 83458 万人，占近 80%，大大高于世界平均 44.5% 的水平。这是世界其他国家所没有的。但从人口的文化技术素质来讲，我们还是比较低的。现在文盲、半文盲还占 21.34%，这是很大的事。即使是非文盲，文化水平也是低的。

从资源来讲，我们地大物博，资源总量是很丰富的。但是按人均资源来讲，我们又是一个资源贫乏的国家。拿土地来讲，全国约有 9685 万公顷耕地，居世界第 4 位，但人均只有 1.39 亩，世界人均为 4.7 亩。有 31908 万公顷辽阔的草原，在世界上仅次于苏联、澳大利亚，居世界第 3 位；其中可利用面积有 22434 万公顷，我国人均 5.3 亩，而世界人均 11.4 亩。淡水总面积为 1664 万公顷，其中可养殖面积占 30%，淡水鱼类共有 700 多种。地面水资源我国人均 2700 立方米，而世界人均 11000 立方米，高出我国 3 倍。全国森林面积有 11525 万公顷，居世界第 6 位，人均 1.7 亩，而世界人均 15 亩。人均林木蓄积量，我国只有 9.8 立方米，大大低于苏联 370 立方米、美国 100 立方米的水平。我国水力资源极为丰富，蕴藏量达 6.76 亿千瓦，居世界第 1 位。海洋渔场面积达到 81.8 万平方海里，海水可养殖面积 49.2 万公顷，海洋鱼类资源约有 1500 种。人均地面资源少，对我国的经济，特别是农业的发展，非常不利。

地下矿产资源很多，已发现的有 140 多种，是当今世界上矿种比较齐全的少数国家之一。有资源丰富、类别齐全的煤，已探明储量达 7682 亿吨，居世界第 3 位。铁矿资源分布很广，现已探明铁矿石储量达 496 亿吨。石油资源也较多，达 116 亿吨。钨、锌、锂、钛、钒、铜、锡等金属矿产储量居世界前列。但从人均来讲，我们的资源是很有限的。因此如何爱护和利用我们的资源，这是个很大的问题。

但是，各种资源在地区上分布极不均匀。占全国国土面积 56.5% 的西部地区，耕地面积只占 23.5%；草原面积的 73.7%、林木蓄积量的 47%、水力资源的 82.5% 集中在西部地区；煤炭储量东部只有 6.4%，中部的山西、内蒙古两省、区却占全国一半以上；在已探明的可采石油储量中，黑龙江大庆油田占 40% 以上；天然气储量的 70% 集中于四川盆地，铁矿石分布虽比较广泛，但大矿区则主要集中在辽宁、四川、河北等地。可以说，地下资源是东边穷，西边富；智力资源是东边富，西边穷。目前，总的来说是东富西穷，这是长期形成的。1985 年，我国城市职工人均总收入为 1096 元，其中东部地区为 1132 元，中部地区 1026 元，西部地区 1136 元，职工收入西部地区高于东部地区。东、中、西三部分的比例关系为 0.996:0.903:1。农民的人均收入，1985 年为 398 元，其中东部地区为 463 元，中部地区 389 元，西部地区 332 元，农民收入东部地区高于西部地区。三个地区的比例为 1.44:1.2:1。东边经济发达，文化程度也就高；西边经济落后，文化程度也就低。解放 30 多年，情况在不断变化，但不是一下就能有根本的变化。对地大物博，我们要进一步认识。对其他一些问题，也要用辩证的观点看。因此在设计我们的发展战略时，确实要考虑哪些是我们真正的优势，哪些是优势中包含了劣势，哪些是劣势，但是我们有办法克服它，要把这种种因素都考虑在内才行。

上面说的是一些基本的情况，地域情况、人口情况、资源情况、经济情况、智力情况，还有基础设施情况。在基础设施中，最薄弱的环节，过去我们认为是能源。我们这个国家的能源确实是最薄弱的环节之一，但更为薄弱的环节是交通，我国的交通运输能力不足，沟通南北的运输手段几乎全靠铁路，而大部分是单行线，复线里程只有 19.2%，而且主要靠蒸汽机车牵引。我国的铁路网密度每万平方公里只有 54 公里的铁路营业里程，仅及印度的 50%。铁路密度在东部地区每万平方公里有 115 公里，比中部地区的 85 公里高 35.3%，比西部的 24 公里高 3.8 倍。在 94 万公里公路里程中，一级公路 422 公里；铺有沥青、渣油的高级、次高级路面只有 19.5 万公里，其余均为沙石路面和土路面。公路密度东部地区每万平方公里为 2342 公里，比中部地区的 1171 公里高 1 倍，比西部地区的 561 公里高 3.2 倍。港口码头、泊位严重不足，1985 年年底，沿海码头泊位只有 503 个，其中万吨级的仅有 178 个。全国民用机场 97 个，其中可降波音 707 以上机型的只有 15 个。内河通航为 11 万公里。这是交通运输方面的情况。能源和交通运输是密不可分的，而且能源能不能得到很大的发展，在很大的程度上还依赖交通。我们这个国家能源的构成有自己的特点。我们的能源主要有煤炭、石油、天然气和水电。从现在到本世纪末，在我们能源结构中，煤炭始终不会少于 3/4，而煤炭的开发利用没有包括管道运输在内的交通的配合，是不能实现的。交通，也包括通信。说到通信，我们在世界上是最落后的国家之一。我们现在全国电话总机的数目是 419 万部，占全世界总数的 0.8%，而我们的人口占世界 1/5 多，平均每 100 人中，只有 0.34 部，这是世界平均水平的 1/26。我们长途电信线路总长度是 16 万公里，不到印度的一半。我们全国电话的总门数，还赶不上香港。信息是科学技术交流中很重要的东西，而电话都这样不灵通，还谈得上别的吗！因此，对经济增长中的薄弱环节应当充分看到。能源的紧张，资金的短缺，经济体制的弊端，经济封闭性，十年动乱破坏的后果，对这些都必须考虑到。不考虑这些，就制定不出比较接近实际的长远发展目标。当然，我们也要看到我们的长处，看到我们的优点。如前所说，我们是社会主义国家，已经建立起一个独立的、比较完整的工业体系和国民经济的体系；我们有巨大的人力资源，也有丰富的矿产资源，有近千万的优秀的、有知识的各方面干部，有十亿多勤劳勇敢的人民；特别是党的十一届三中全会以来，我们实行对内搞活经济、对外开放的政策以后，我们国家已经发生了很大的变化。我们有信心克服我们的困难，能够在比较短的时间内，从现在起到 2000 年，达到小平同志设想的那样一个目标。

三　2000 年中国的轮廓图像

总的还是小平同志讲的和十二大确定的目标，即在提高经济效益的基础上，使工农业年总产值翻两番，也就是纯增 3 倍；人民生活达到小康水平。按小平同志的说法，人均达到 800—1000 美元。小平同志原来是讲1000 美元，后来估计到人口的增加，为了更有把握性，所以说是 800—1000 美元，实际他心里还是想达到 1000 美元的水平。要达到这个目标，经过专家们的反复计算，可以有三种选择。

第一种选择是，重型结构方案，即基本上延续党的十一届三中全会以前的那种偏重发展重工业的方针。实施这种方案，积累率要达到 32%。它是一个投入多、产出少、宏观经济效益差的方案。

第二种选择是，从社会主义生产的根本目的出发，以人民实现小康水平的消费为导向，确定产业结构，使产业结构与消费结构相适应。实施这一方案的积累率大约为 29%。可以说这是一个协调发展的方案。这里就包括几个方面的意思：（1）从人民日益增长的物质文化的需要出发，首先要安排好消费品的生产，其次要进一步按照消费品生产发展的要求，安排好生产资料的生产。（2）必须给农业更多的投入。无论是水利、农田基本建设，还是农业中科学的运用，需要花的钱相当多。（3）加快能源交通、邮电以及商业、外贸、金融、保险、咨询、技术服务等所谓第三产业的发展。使这些方面在国民经济中的比重有所提高。对第三产业的提法，有不同看法，有的人说是科学的，有的人说是不科学的，可以继续讨论。但是，上面所说的那些行业，肯定是需要大力发展的。（4）运用新技术改造传统产业，并适当发展知识密集和资金密集的新兴产业，使整个传统技术体系中间，能够浸入高新技术的因素，形成大批高技术和传统技术相结合的技术复合体。这方面，世界上有些议论。在像美国这类经济发达的国家里，认为钢铁、煤炭、造船、纺织等都属于"夕阳工业"了。而电子信息工业、新型材料、激光、生物工程等这类的东西，叫"朝阳工业"。实际上，这也有片面性。说是这样说，可"夕阳工业"他们也不能抛弃，要搞新兴工业，还需要煤炭、钢铁以及其他东西。我国有些学者也主张把重点转到"朝阳工业"来，对"夕阳工业"不要花太多力气。议论的结果，大家认为还是应将这两种结合起来，拿新兴技术改造传统产业。传统产业在我国并不是"夕阳工业"，它不仅不能衰落，而且将有很大发展，当然新兴技术和新兴产业一定会发展得更快。（5）为了实现四化，增加智力投资是十分必要的。（6）根据我国经济发展不平衡的特点，正确处理我国东部、中部和西部三个经济地带的关系。这是一个很大的课题。要立足于东部，充分发挥各地的相对经济优势，改善经济的梯度结构，使我国地区发展的布局能够合理化。对这个问题，各地方争论很大，各不相让。如果同时都发展，我们有过经验，结果都发展不起来。如何合理安排，这是很大的事。（7）建立以大中城市为中心的、不同层次的、规模不等的、各有特色的经济网络，充分发挥大中城市在社会主义商品经济中的多功能的作用。（8）通过国际贸易，引进外资，引进技术，增强我国自力更生的能力，加快实现现代化的进程。如果按这个方案进行，我们翻两番还可更多一些，人民的福利可能搞得更好一些。

第三种选择是，在第七个五年计划、第八个五年计划期间，把我们的积累率提得更高一点（达到35%），使发展速度更快一点，翻得更多一点；人民生活在这 10 年里改善少一点，到第九个五年计划，即 1995 年以后，我们再来改善人民生活。这个方案，可以称为"超高速发展方案"，它是以牺牲人民近期利益为代价的，将在一定程度上挫伤人民群众的积极性。

经过研究认为，按第一种选择，可能达到翻两番，但相当困难，人民的生活改善有限。按第三种选择，翻两番不仅可以达到，而且还可能大大超过，但人民生活在最近十年八年里不会有什么明显改善。我们排除了第一、第三两种选择，而采取了第二种选择。这对翻两番有保证，更重要的是翻两番的经济效果比另外两种选择都好，人民从现在起就能一年一年地得到明显的好处。根据这种选择，初步研究的结果，2000 年的中国的轮廓或者说图像，有以下 10 点：

（一）到 2000 年，人口将控制在 12.5 亿以内

到 2000 年，国民生产总值按人口平均要达到 800—1000 美元，这和人口多少很有关系。中央提出到本世纪末，人口要控制在 12 亿以内。这相当困难，恐怕控制不住。我们初算的结果，有三种可能性。从 1983—2000 年，如果人口平均每年增长 0.95%，那么本世纪末人口可以控制在 12 亿。可是现在我们人口平均增长率高于这个数字。如果我们每年净增 1.15%，现在大体就是如此，到本世纪末就是 12.5 亿。如果每年平均增长 1.34%（比 1982 年低，那时是 1.45%），可以控制在 12.8 亿以内。按现在的预测，要实现 12 亿的目标，困难是很大的，恐怕还要为突破做准备，但也不会超过 13 亿。现在农村有所放开，这个放开要十分慎重。前年我到印度访问，甘地夫人接见了我一次。她也问到人口问题，我讲了一下我们人口的情况。她说印度人口近 7 亿了，战后人口增加了 1 倍。国外一个人口学家说，本世纪末印度人口可能超过中国，这对印度来讲是很大的灾难。印度上层很阔气，农村和城市比解放以前的中国还要糟糕得多。人口多是好事，但如果超过了我们经济承担的程度，这就是大问题了，经济就不能有很大的发展。

我国婴儿的死亡率在下降，人口的预期寿命延长了。大体是这样的：人口死亡率，1981 年是 35‰，1985 年下降到 32‰，1990 年可以下降到 27‰，1995 年可以下降到 23‰，2000 年可以下降到 20‰，这是卫生部预计的情况。从现在起到 1995 年之前为一个潜伏的生育高潮期，平均每年进入育龄的妇女人数达 1100 万人以上，比以往任何时期都高。1996 年之后，这个高峰才会逐步平稳下来。这是因为 1986—1996 年 10 年间，从 1963—1973 年生育高峰中出生的妇女人口相继进入 21—29 岁，这是高育年龄段人口逐年增加的缘故。人口平均寿命，解放前只有 36 岁，现在有了很大的进步，1982 年是 68 岁，1985 年上升到 69 岁，预期到 1990 年是人均 71 岁，2000 年达到 72 岁以上。现在全世界都是这个趋势。日本人均寿命比我们高，现在平均是 78—79 岁，妇女一般比男人多一两岁。人口年龄结构，日本现在向老年化过渡了，这是他们的一个忧虑。年轻人少了，老年人多了。我们这个国家还没有到那个程度，年轻人很多，老年人

少。到 2000 年，我们就由年轻型向成年型过渡了，成年人占人口的多数了。65 岁以上老人占总人口的比例，目前是 4.9%，本世纪末可能达到 7% 左右。我国老龄化达到目前世界最高水平国家 16% 的水平，要到 2040 年前后了。

就业人口空前增长。由我国目前人口年龄结构的特点所决定，15—64 岁的经济生产年龄人口，同 1982 年的 6.21 亿相比，1985 年约增加 0.62 亿，1990 年将增加 1.44 亿，2000 年将增加 2.37 亿，就业人口将随之迅速增长，如何开辟就业门路是一个非常重要的问题。这里还有一个大家关心的问题，就是农村人口集镇化，城乡人口的构成会发生重要变化。我国城镇人口占全国人口的比例，1982 年是 20.8%，到 2000 年会上升到 38%。这主要不是农村人口拥入大城市，而是乡村城镇化，这是一个进步。到那时，城市、乡村人口比例是四六开了。中小城镇人口约占 56%，大城镇人口约占 44%。现在城镇人口主要还是在大城镇（约占 70%）。

以上是人口的变化，是我们的一个预测结果。在这方面我们提了一个建议，要力争把我们国家的人口控制在 12 亿以内，我们还应继续执行计划生育的基本国策，不能动摇。现在，应该引起密切关注的是人口问题的严重性和目前的趋势——近一两年，由于政策的放松，特别是广大农村的失控，妇女总和生育率又回升上去了，1985 年为 2.2，也就是平均一个妇女生育 2.2 个子女。如果不加控制，妇女总和生育率一直保持在 2.2，到 2000 年，中国人口将达到 13 亿；更为严重的是，到 2021 年中国人口必将超过 16 亿，2049 年将高达 19 亿—20 亿！如果妇女总和生育率恢复到 1982 年的 2.47，那么，我国人口到 2000 年将高达 13.6 亿，2021 年达 17.5 亿，2049 年达 21.6 亿！所以，严格实行计划生育的国策，一刻也不能放松！如能争取在 1990 年妇女总和生育率降为 1.5，然后保持这个水平到 2021 年，那么，到 2000 年我国人口可控制在 12 亿左右，2020 年约为 13 亿左右。2021 年以后可以逐步提高生育率，其临界值在 2.16 上下，那时人口将长期稳定在 12 亿左右。根据前几年的经验，只要全党一致努力，是可以做到的。在本世纪内，还要继续提倡一对夫妇只生一个孩子，并采取优生优育的政策。现在我们全国低能儿童还很多，特别是在山区。

这主要是近亲结婚造成的，对我们民族的昌盛很不利。

（二）人民的生活将达到小康水平

小康水平，在全国来讲也不是一个样的，是多层次的。城市有城市的小康水平，农村有农村的小康水平；富裕地区有富裕地区的小康水平，贫困地区有贫困地区的小康水平。全国一样是不可能的。实现了本世纪的战略目标，我们城乡人民的收入会成倍增长，能够达到小平同志提出的人均1000 美元的设想。到那时，基本生活资料如穿衣、吃饭、住房可以得到一定的满足。住房，这几年农村有很大的进展，建筑了 30 多亿平方米的房子，人均增加了 3 平方米。现在农村人均住房有 14 平方米多，这的确是一个很大进步。城市这几年也建了一些房，"六五"期间，城市新建住宅竣工建筑面积 3.7 亿平方米，加上原有住宅面积，1985 年城市居民住宅建筑面积已达 11.3 亿平方米，比 1980 年增加 75.6%。1985 年人均居住面积为 5.2 平方米，比 1980 年的 3.9 平方米增长了 33.3%。1985 年城市缺房户已由 1980 年的 789 万减少到 712 万，减少 9.8%，其中无房户减少 14.9%。农村盖房是自己拿钱，而城市建设住房是国家拿钱，城市建房速度还比较慢。国家正在考虑把住房商品化，逐步采取一些措施。其他一些文化生活条件都将有改善。估计到本世纪末，我们全国人民的消费水平可能达到日本 70 年代那么一种消费水平。因为我们人口多，原有平均生活水平比日本低得多。1980 年我国城乡人民的平均消费水平是 227 元，按不变价格测算，2000 年可以达到 617 元，比 1980 年提高 1.7 倍，平均每年递增 5.1%；城乡人民的消费差别，将由 1980 年的 2.7∶1，缩小到1.8∶1。到 2000 年时，农村居民的消费水平大约可达到现在城市居民的中等生活水平。现在，在我国人民的消费结构中，吃饭要占总消费的 50%多。我们人民的健康水平还是好的，世界卫生组织的专家来中国考察都承认这一点。但是生活消费里面，吃的部分多了，就会带来很多问题，给农业带来很大的负担，因为吃的大都是从农业来的，你就必须要给农业有更大的投资。将来，在总的消费结构里，粮食的比例要降低。经济越发达的国家，吃的东西在消费中的比重就会比较低，这不是生活水平的降低，从总的营养价值来讲，还是提高了的，但是在吃的方面花的钱在总支出中所占的比重小了，用在其他方面的相应增加了。这种情况，在我们城乡居民中也是如此。特别是党的十一届三中全会以后，随着经济的稳步增长，城市居民生活水平正在由低层次向高层次发展。1985 年城市居民家庭平均每人收入 752 元，比 1978 年增长 138.1%，平均每年递增 11.5%，这是新中国成立以来城市居民收入增加最快的一个时期；同时，每户居民家庭就业由 1978 年的 48.6% 上升到 1985 年的 57.6%，因而每一职工负担人数由 1978 年的 2.06 人下降到 1985 年的 1.74 人。收入的增长，使得消费水平不断提高，消费结构显著变化。1985 年城市居民生活费支出平均每人达 732 元，比 1978 年增加 421 元，增长 135.4%，平均每年递增 11.3%，剔除价格上涨因素，实际递增 7.3%。消费习惯也正在向适应社会发展的、新的消费习惯转变。

第一，食品消费由"温饱型"向"营养型"转化。从绝对量看，食品消费支出 1985 年人均 390.36 元，比 1978 年的 178.92 元增加 211.44 元，增长 118.2%，平均每年递增 6.3%。从食品消费结构看，粮食的消费量从 1981 年的人均 145.44 公斤降为 1985 年的 131.36 公斤，减少 14.08 公斤；而肉、禽、蛋、水产品，1985 年人均消费 40.56 公斤，比 1981 年增加 7.56 公斤，增长 22.9%。

第二，衣着消费的需求由单一、低档向多样、中高档发展。1985 年穿着商品支出平均每人 112.32 元，比 1981 年增加 44.76 元，增长 66.3%。棉布从 1981 年每百人平均消费 464 米降到 1985 年的 271 米；而呢绒 1985 年平均每百人消费 43.56 米，比 1981 年的 21.96 米增长 98.4%；绸缎 1985 年每百人消费 5.4 米，比 1981 年增长 50.8%；呢绒、绸缎成衣分别由 1981 年每百人 11.04 件、2.04 件上升为 1985 年的 23.4 件、10.58 件，呢绒成衣增长 1.1 倍，绸缎服装增长 4 倍多。1985 年每百人每年购买皮鞋 5.41 双，比 1981 年增加 1.58 双，增长 41.3%。

第三，耐用消费品由"机械型"向"电子型"发展。四机一箱（电视机、洗衣机、收录机、照相机、电冰箱）涌入居民家庭，打破了"老四件"（自行车、手表、缝纫机、收音机）的一统天下。到 1986 年 6 月底止，每百户城市居民家庭拥有彩色电视机 24 台、收录机 54 架、照相机

14 架、洗衣机 59 台、电冰箱 13 台。

还有一组数字也反映了这种变化。1985 年与 1981 年相比，职工消费构成中吃的部分由 56.7% 降为 53.3%，穿的由 14.8% 上升为 15.3%，用的由 18.5% 上升为 21.6%；农民消费构成中吃的部分由 59.7% 降为 57.7%，穿的由 12.3% 降为 9.9%，用的则由 10.2% 上升为 11.4%。

在城市里，现在的消费结构，除了吃的以外，其他方面主要就是电视机、电冰箱、洗衣机这类耐用消费品。目前在职工家庭中，自行车、缝纫机、钟表、电视机、录音机、电风扇的普及率都超过 70% 以上；农民家庭自行车、缝纫机、钟表的普及率超过 40%，电视机、录音机、电风扇的普及率还较低。现在这方面的消费水平，已经达到日本 70 年代的水平。日本 70 年代的水平是一个什么含义呢？就是每人平均的国民收入大约是 1600 美元。而我们现在城市人均国民生产总值，上海是 1000 多美元，其他城市平均大约是六七百美元。所以，这个方面有很大的不合理，这是一方面。另一方面，群众手里还存了很多钱，现在在银行存的钱有 1000 多亿元，等着买彩色电视机、双开门电冰箱之类的东西，而这种东西我们现在还不能充分供应，这确是个问题。现在群众把钱存起来，若是存了很久还是买不到他们需要的东西，这怎么办？这就有个怎么引导消费的问题，有个产业结构怎么调整的问题。

在这个方面，现在在城市里议论较多的大概有两个问题：一是住房。住房开支，资本主义国家一般占工资收入的 1/4—1/3。我们国家的房租呢？只占工资的 1.5%，那就是相当于人家的十几分之一。我们一个平方米现在交的房租只有 0.1 元或者不到 0.1 元，如果照国外的那个比例讲起来，每平方米房租至少要交 1.50 元才行。包括我们在座的各位同志，如果把房租提高到这个高度，那我们一个月的工资交了房租就剩不下多少了。可是，如果不提高房租，要房屋商品化是不可能的。只有提高了房租以后，人们才肯买房子。我们城市的房屋政策，照现在这样搞下去肯定是不行的，你再盖多少房子都不够。将来是要提高房租，要实行房屋商品化。但是怎么样做到房屋商品化是一个很大的问题，要探索一个解决这个问题的办法。要过渡到房屋商品化，就要提高房租，而提高房租就要提高工资，增加工资就要几百亿元。把这个钱拿出来之后，以房租形式收回，又拿这个钱来盖房子，这样就可以周转起来了。将来我们每个职工的房费就加在工资里了。你多占了房子，就多出房租，这也就避开了现在那种这一级要什么样房子，那一级要什么样房子的棘手问题，而是根据工资的多少自己确定租用多少房子了。

另一个议论较多的问题，就是小汽车进入家庭消费的问题。在国外，个人消费的大宗支出，一个是房屋，另外就是汽车。房产、汽车都自成一个系列，它的发展把许多相关产业带动起来了。最近在我们的报纸上看到，价值 5000 元的小型汽车可望进入家庭。我们对这些问题还没有探讨。到国外考察过的同志都了解，经济发达的国家，已经变成一个所谓汽车社会了。他们的社会生活都靠汽车联系，这个给他们带来很大的方便，但是他们认为也带来了很大的祸害，既已形成这种格局、这种生活方式，要再改变它也就没有办法了。对此，有些外国朋友向我们提过很多建议，他们希望中国不要再走他们走过的路。我们的城市里，例如，北京市有几百万辆自行车，已经把交通搞得拥挤不堪，上海更为严重，你若搞那么多汽车，道路有没有呢？往哪里停车呢？在我国的大中城市，究竟主要是发展大型公共汽车，还是主要发展小型汽车，这是需要认真研究的问题。人民生活改善了，消费向着哪个方面引导？这类问题是需要很好地讨论的，现在把格局定下来之后，将来想要改变就很难了。有些外国朋友的意见是：我们应该大力发展公共交通。即使将来汽车进入某些人的家庭以后，也不可能家家都有汽车，公共汽车还得大大发展。结果又有公共汽车，又有小型汽车，城市交通将更拥挤，将来究竟是个什么样的情况，要吸取发达国家正反两方面的经验，结合我国国情研究解决的办法。

（三）经济实力将占到世界第 5 位

我们国家的国民生产总值，1980 年大体上是 2833 亿美元，位于美国、苏联、日本、联邦德国、法国、英国和意大利之后，居第 8 位。到本世纪末，根据现在所得知的各国发展的预测情况，如果我们实现了工农业年总产值翻两番之后，我们国家的国民生产总值估计会超过 11400 亿美元，每人平均将近 1000 美元。如果达到这个数字，我们就可能居世界第

5 位，那就超过了英国、意大利和法国。就是达到了这个水平之后，也应该说清楚，由于我国人口众多，按人口平均的国民生产总值，在世界上的位次还是很低的。目前我们占第 151 位，到那时可能上升到第 75 位。所以一方面看到我们良好的前景；另一方面要看到我们还是一个发展中国家，我们自己要加倍努力。

随着经济的发展，产业结构将发生很大变化。到 2000 年，第一产业的比重将由 1980 年的 36% 变为 22%；第二产业将由 49% 变为 52%；第三产业将由 15% 变为 26%，其中信息咨询等新兴服务业将有很快的发展。生产布局，也会有很大的改善。80 年代，我国将充分利用和发挥东部地区原有企业的生产能力，从 90 年代到 2000 年以后的相当一段时期，将继续利用东部沿海地区工业基地的基础，同时将把投资和建设的重点逐步转向中部特别是西部地区的开发和建设。1985 年工农业总产值，东部地区占全国的 56.9%，中部地区占 28.9%，西部地区占 14.2%；工业总产值，东部、中部、西部则分别占 61.2%、26.5%、12.3%。从投资看，"六五"期间累计，全民所有制单位基本建设投资总额，东部为 1627 亿元，中部为 997 亿元，西部为 588 亿元。东部投资比中部多 63.2%，比西部多 1.8 倍。东部投资多，相应的新增固定资产也多。5 年共建成投产项目 6.6 万个，其中大中型项目 274 个，新增固定资产 1095 亿元，比中部新增固定资产 718 亿元多一半以上，比西部的 444 亿元多 1.5 倍。这将进一步增强东部地区的生产后劲。同时，通过横向经济联合、辐射、扩散，东部的领先也将带动与推动中部，特别是西部经济的发展，从而促进整个国家经济实力的增强。

（四）工业生产总量将相当于美国 80 年代初的水平

从现在到 2000 年，将是加速我国工业化进程的时期。一次能源将增长 2 倍，电力将增长 3.6 倍，交通运输通信将增长 4 倍，冶金将增长 2.7 倍，化工将增长 4.1 倍，纺织将增长 2.8 倍，机械将增长 4.2 倍。电子、光纤通信、激光、新型材料，都将有更快的增长。总的来说，到 2000 年，我国工业生产总量大约相当于美国 80 年代初的水平。2000 年，我们钢的产量可能达到近 1 亿吨，煤可能达到 13 亿吨，石油可能有 3 亿吨左右，水泥可能有 3 亿吨，电可能有 9000 多亿千瓦时。

（五）农业将适应经济发展和人民生活改善的需要

到 2000 年，粮食能达到 1 万亿斤以上，棉花达到 1 万亿担以上，我国人均的农产品产量占世界的位次，将由目前的第 35 位，提高到第 25 位，达到或接近世界平均水平；产值大概将增加 2 倍。我们农业是有希望的。种植业年增长 3.6%。农业的结构会有所调整，比现在更加协调。种植业由 71.7% 变为 53.7%。林业由 4.8% 提高到 8.7%。畜牧业由 17.2% 提高到 27.8%。副业由 4.4% 提高到 7%。渔业也有增加。农产品的商品率，由目前的 60% 上升到 80%。农村的商品经济会有比较快的发展。

（六）建立灵活、开放型的经济，外贸将有较大发展

根据现在的预测，外贸总额可能不止翻两番。现在我们的出口产品结构，是以农产品、初级品为主，将来要变成加工品、产值高的产品，当然这是很不简单的事情。同时，我们要充分利用国际信贷多中心的发展趋势，灵活地运用外资，以缓解我国建设资金不足的困难。

（七）建立起具有中国特色的社会主义经济体制

企业将真正成为自主经营、自负盈亏的商品生产者和经营者。它们的活力和对社会的责任感，将大大加强起来。所有制的结构会有变化，当然这个变化肯定是以公有制为基础，即国营经济、集体经济为主，个体经济也会有一定的发展。现在，全国个体经济，根据不完全统计，已有 5000 万户，其中还包括了私人经营和我们同外国合营的，这是一个相当大的数字。当然，在我们整个经济生活里，它不会起多么大作用，但这总是个比较重要的变化。最近城市体制改革会议上提出，要发展经济的横向联合。经济横向联合，是一种混合经济，是这个省和那个省、这个市和那个市、这个企业和那个企业联营的。其中有国营经济、集体经济，有的还包括个体经济和外资，并在实际上采取股份的形式。我最近去第二汽车厂做调查，二汽集团的东风汽车联营公司就是和 22 个省、市的 130 多家企业进行联营的，这里面有全民的，也有集体的，将来还准备和外国联营，它现在已有一个产品和外国合营了。这种横向联合的经济，必然使各种类型的

企业集团，突破原来部门和地区的界限而有较大的发展，并在经济生活中占越来越重要的地位。

同时，国家对于企业的管理将由直接控制为主变成间接控制为主，充分发挥经济杠杆的作用。关于这个问题，中央领导同志最近在全国城市体制改革会上讲了一个重要的意见。他说：我们国家体制改革总的目标，就是要由一个原来比较僵化的体制变成一个生机活泼的新体制，这个转变需要一个相当长的时间。我们预测可能到本世纪末这种新的体制才能够变成完备的形态。这种形态肯定不同于戈尔巴乔夫最近讲的那一套，也不同于过去斯大林说的那一套，更不同于西方那一套。现在我们正处在旧的体制向新的体制转变的过程中。在 1984 年中央发布体制改革决定以前，我们的体制还是以旧的体制为主，但注入了一些新的东西；从体制改革决定发布以后，逐步形成旧的体制和新的体制并存的均势状态。从整个体制改革来讲，过程要长，但这种并存的均势即没有哪一种为主的"胶着"状态，如果拖得太久了，对整个经济生活是不利的，要尽量缩短这种过程，早日实现以新体制为主、旧体制为次的经济运行机制。国务院正在研究明年、后年做一些大的改革。现在组织了一个班子，研究方案。当然，大的改革方案能不能出台，取决于我们今年的经济运行怎样。如果我们经济运行得像我们计划的那样，比如今年经济总的增长 8%，工业增长 10%，农业增长 8%，物价上升 6%，工资上升 5.6%，货币发行 200 亿等，那么，明年这些措施就可以出台，如果今年经济运行情况没有这样好，就可能考虑再晚一点。

（八）科学技术水平将有较大提高

到本世纪末，我们科学技术的水平肯定会有比较显著的提高，与世界的差距明显缩小，科学将达到 80 年代中后期和 90 年代的世界先进水平，综合技术水平可达到发达国家 70 年代末、80 年代初的水平。为了促进国民经济的技术改造，逐步改变我国目前的产业结构、技术结构的落后状况，迎接新的技术革命的挑战，并为下一个世纪的经济社会发展做好技术储备，从现在起，应该有选择地加速高技术的研究与开发，有重点地扶植新兴产业的成长，争取在一二十年内较大幅度地提高新兴产业在国民经济中的比重。这些高技术的研究与开发，可以选择这样一些方面：生物技术，包括高产、优质、抗逆动植物新品种，新型疫苗和药物，蛋白质工程等；空间站系统，包括空间站、空间站运输系统等；信息技术，包括智能计算机系统、光电子器件与集成技术、信息获取技术等；先进防御技术，包括强激光武器技术、高级自动搜寻的制导技术等；自动化技术，包括计算机综合自动化制造技术、智能机器人等；能源技术，如燃煤磁流体发电技术、先进的核反应堆技术等；新材料技术，包括光电信息材料，用于航天的耐腐蚀、重量轻的结构材料，用于先进防御技术的特种功能材料，用于动力装置的耐高温、高韧性复合材料等。这些高技术研究与开发实现后，可以取得重大经济效益，促进国民经济的发展，为下个世纪我国经济飞跃准备科技后劲。但是应该看到，目前有三个亟待解决的问题：一是基础技术水平低，基础元器件、基础设备质量差。二是专业化大批量生产系统远未形成。三是系统配套装备的研究与开发远远落后于工艺的研究与开发。所以，在把发展高技术作为国家战略的重要组成部分的时候，要实行"有限目标，重点突出"的方针。在投资政策上，必须考虑高技术产业的市场、技术、设备变化迅速的特点，选好重点，给予支持，还要贯彻"军民结合，以民为主"的方针，把军民之间在高技术方面的研究与开发，更紧密结合起来。这对我国高技术的发展和整个国民经济的发展，都将产生深刻的影响。当然，我们应当承认，到本世纪末，我们和世界先进水平比较可能还会差 10 年，有的会差 20 年。当然在少数的领域，也会同世界先进水平不相上下。同时，科技人才的结构会有明显的改善。科研机构将逐步向经营型、开放型转化。科研生产联合体将会大大增加。

（九）文教、卫生、体育事业将有较大发展

到本世纪末我国将基本形成面向世界、面向 21 世纪、面向现代化的新的国民教育体系。全国农村可普及小学教育，城镇普及初中教育，大城市基本普及高中教育；高等教育将获得较快的发展，具有大学文化程度的人口占总人口的比例，可由目前的 0.6% 提高到 2%。预计文盲、半文盲占总人口的比例，将由 1982 年的 23.5% 降低到 8% 左右。

我们的文化艺术事业也会有很大发展。医疗卫生网比现在好。在体育

方面，我们可能成为世界体育强国。

预测表明，到 2000 年，全国共需要专门人才 4900 万人，是 1983 年的 1400 万人的 3.5 倍。考虑到实际的可能，从 1983 年秋到 2000 年至少需要累计培养各级专门人才 3400 万人。其中研究生 77 万，大学本科生 870 万，大学专科生 785 万，中专生 1690 万人。专门人才专业结构也将发生显著变化。

由教育部门培养分配到国民经济各部门工作的（以下同）管理专业的大学本科毕业生，由 1983 年的 3.2 万人（占总毕业生数的 2.61%），上升到 2000 年的 59 万人（占总毕业生数 8.67%），增长 17 倍；财经专业的，由 6.2 万人上升到 71 万人，增长 10.5 倍；政法专业的，由 1.4 万人上升到 40 万人，增长 27.6 倍；工科专业的比重下降。每年约有 1400 万人受到职前或职后的技术教育。全国可能每 10 个同龄青年中将有一个进入各类高等学校，在校生可望达 600 万—700 万人，其规模接近于 80 年代的美国。预计到 2000 年，我国高等院校中的在校生数量，可居世界各国前列。教育经费在国民收入中的比重将大大增加。1980 年为 4%，2000 年可望增加到 6%—7%。

（十）传统观念将有较大的变化

按照党的十二届六中全会决议确定的"以经济建设为中心，坚定不移地进行经济体制改革，坚定不移地进行政治体制改革，坚定不移地加强精神文明建设，并且使这几个方面互相配合，互相促进"的我国社会主义现代化建设的总体布局，到本世纪末，我国社会主义精神文明将有很大发展。我国人民将逐步从小生产的意识中解脱出来。过去在自然经济、半自然经济中形成的传统观念，将逐渐被社会化、现代化的观念所取代。有理想、有道德、有文化、守纪律，将成为整个社会的普遍风尚，整个中华民族的思想道德素质和科学文化素质将得到相当大的提高。

这里我想讲一个问题，就是对于发展社会主义有计划的商品经济所引起的思想观念的变化，以及在新旧思想观念交替过程中，人们思想上引起的矛盾，要进行分析，做出正确的评价，以便有针对性地进行思想政治工作。

　　现在，我们国家正面临着社会主义商品经济大发展的时期。农村由自给半自给经济向商品经济发展，城镇则由产品经济向商品经济转化。在这种形势下，我们所进行的社会主义物质文明建设和精神文明建设，都与商品经济的发展有密切的联系。

　　我国社会主义商品经济，是在自给半自给经济和产品经济的基础上发展起来的。农村家庭联产承包责任制的建设，专业户的发展，国家对农村经济宏观管理体制和手段的改革，使农户和乡镇企业成了独立的商品生产者和经营者，使农村的社会分工有了重要发展，价值规律在农村经济发展中发挥着越来越大的作用。城市的工商企业和其他企业逐步形成了相对独立的经济实体，有了一定的经营管理自主权和相应的经济利益，并随着经济改革的深入发展逐步走向自主经营，自负盈亏。城市经济在广泛的范围内采取了商品货币形态、市场调节，以及企业之间竞争的扩大，这使价值规律在城市经济发展中的作用在一步一步增强。经济生活的这些变化，使自然经济和产品经济下形成的一些传统观念受到越来越大的冲击。哪些方面受到冲击呢？比如经济上的"平均"、"重农"、封闭观念；政治上的人治、特权观念；思想上的一言堂、轻知识观念；等等。这些封建意识对我们的社会主义革命和建设产生了消极影响，如我们长期存在的大锅饭、平均主义、宁穷勿富、"一大二公"、小而全、集权、神化领袖、依赖思想，等等，实际上是因袭了封建社会小农观念的基本模式。这些旧观念，主要有以下四类：

　　第一类：封建主义的残余观念。如等级观念、特权观念、官僚主义观念、任人唯亲观念等。

　　第二类：自然经济和小生产的狭隘保守观念。主要是因循守旧、重农轻商和平均主义的观念。还有闭关锁国，夜郎自大；目光短浅，不思进取；安贫乐道，听天由命等观念。

　　第三类：把社会主义同商品经济对立起来的观念。

　　第四类：僵化体制下形成的观念。

　　显而易见，要大力发展商品经济，就必须彻底破除这些旧的思想观念。

那么,我们要提倡、确立的新观念又是什么呢?我以为,我们要确立的是能适应并促进社会主义有计划商品经济大力发展的科学社会主义的思想观念群。主要有三类:

第一类:商品经济本身所要求具有的思想观念系列,如价值观念、时间观念、成本观念、利润观念、市场观念、效益观念、积累观念、科技观念、管理观念、信息观念、竞争观念,重视教育和人才的观念,等等。它们反映商品经济在市场竞争中所必须凭借的手段、条件和杠杆。

第二类:是由商品经济派生出来,同商品经济相适应的思想观念系列,如开放观念、信誉观念、联合观念、社交观念。它们反映了商品经济依赖于社会化的条件;开拓创新的观念,反映了商品经济对其生产者、经营者的精神状态的要求;还有同商品经济相适应的道德观、利益观、法制观、民主观、是非观、荣辱观、平等观、善恶观、贫富观等。

第三类:与公有制基础上的有计划的商品经济相适应的新观念系列。这里可分为两种情况:一是思想观念内涵的更新。如生产目的观、物质利益观、效益观等;二是由社会主义有计划的商品经济产生的特有的思想观念系列,这就是社会主义精神文明,如公有观念,共产主义的思想、理想、精神、情操,商品经济中的主人翁观念,按劳分配观念,同志式的人际关系的观念等。这些新观念的核心是通过强调个体积极性的发挥,来达到群体的幸福,这与四项基本原则和"四有"新人的标准有着必然的、密切的联系。目前,这些与发展社会主义商品经济相适应的新观念,逐步地在人们的思想上树立和加强起来了。同时,随着未来十几年我国经济社会条件的变化,人们的社会心理也将会发生这样一些发展趋势:

一是从"封闭型"走向开放型。这是由于我国将进一步对外开放,经济体制、政治体制将进一步改革;生产、流通、分配和消费领域打破半封闭状态,改变生产的传统经营管理方式,大力发展商品生产和商品交换,人们的活动范围将由小变大等原因。

二是从"中庸保守型"走向创新型。这里,如何破除嫉贤妒能、怕冒尖、怕出名等社会心理是我们面临的重大任务。

三是时间效率观念的增强。

四是破除平均主义的观念，真正实行按劳分配。

五是主人翁观念及职业道德观念的增强。

消费观、审美观、价值观、幸福观等等观念也都有深刻的变革与更新。人们的恋爱观、婚姻质量观、道德观就其主流来说是积极、健康、向上的。2000 年家庭结构的特点是，以两代人同居的核心家庭为普遍形式，三代人同居的直系家庭逐步减少。在农村，生活上分居而生产上联合的新式家庭将逐步取代旧式大家庭，农村和城镇个体劳动者家庭的生产职能将相应增强。

总之，这些社会心理素质的变化和发展，这些新观念的形成和确立，对于解放人们的思想，改变人们的精神面貌，激励人们锐意进取、开拓创新，对于促进我国社会生产力的发展有着巨大的作用。对于这些新观念带来的积极因素，我们必须有足够的认识。现在我国的社会主义商品经济，无论城市或者乡村，都还是处在不发达阶段。克服在自然经济、产品经济下长期形成的传统观念，树立起适应社会主义商品经济发展的新观念，仍然是我们思想政治工作的一个重要任务。

商品经济的发展给人们带来了一些新思想，这些新思想对我国社会主义商品经济的发展是有利的。但是也不能不看到，社会主义商品经济，固然是在生产资料公有制基础上的有计划的商品经济，但是支配它的运动规律，仍然是包括价值规律在内的商品经济通行的规律。因此商品经济固有的盲目性、自发性等等带来的消极因素，仍然是存在的。社会主义公有制、计划性以及商品范围的有限性，只是为克服这些盲目性和自发性等消极因素提供了可能性，而要把这种可能性变成现实，需要有科学的计划基础、强大的宏观间接控制能力、完善灵活的经济体制、高水平的管理人才，等等，而这些在短时间内是难以完全具备的。因此，商品经济的盲目性和自发性带来的消极因素，就会在经济体制改革中反复出现，弄得不好甚至会泛滥起来。与此相联系，排斥国家计划的观念，片面追求企业利益，不顾国家利益，甚至挖国家墙脚的观念，"一切向钱看"的观念，损人利己的观念，弄虚作假、损害消费者利益的观念等，也会滋长起来。近年来我们党内和社会上出现的不正之风，许多与这个有关系。

上述这些观念和社会主义、共产主义观念是不相容的，任其发展下去就会把社会主义商品经济引向邪路。这里应该明确的是，社会主义道德所要反对的，是一切损人利己、损公肥私、金钱至上，以权谋私、欺诈勒索的思想和行为，而绝不是否定按劳分配和商品经济，绝不能把平均主义当做我们社会的道德准则。因此用正确的社会主义商品经济的观念，用共产主义的理想来克服这些不正确的观念，这是思想政治工作的一个极为重要极为迫切的任务。

走向 2000 年，我们当然会遇到很多困难，诸如：人口净增 2 亿，就业压力十分沉重；教育和科技远不适应经济发展的要求；交通、通信、能源严重钳制国民经济发展；地面资源严重短缺，生态环境可能恶化；资金不足对经济发展的严重制约；等等。尽管困难很大，但我们有前面所讲的种种优势，我们一定能够扬长避短，克服艰难险阻，胜利地走向 2000 年。

我们研究的初步预测大体就是这些内容。最近，小平同志多次提出要为建党 100 周年就是 2021 年和新中国成立 100 周年就是 2049 年提出一个我国发展的目标来。这就要继续研究我国在建党 100 周年的时候是一个什么样子，新中国成立 100 周年的时候是一个什么样子，那就要把 2000 年中国的研究再推前 20 年、50 年。现在"2000 年的中国"的研究报告已经出来了，要根据实践来验证，不断地改进修正我们的预测，使其接近实际。同时，要为建党 100 周年、新中国成立 100 周年时，我国是个什么样子，再做进一步的研究。从现在起到本世纪末的 15 年，对我国来说，既是一个良好的机会，也是一个严峻的挑战，因为世界新的技术革命在蓬勃发展，科学技术在日新月异地进步。如果我们丧失这个机会那将是非常可惜的。这 15 年，充满希望，既有美好的前景，同时也担当着很大风险。要实现我们的目标有很多有利条件，也还有不少困难，需要经过艰苦奋斗，甚至付出必要的牺牲，才能取得成功。

研究新疆发展战略　加快
新疆开发建设进程*

　　我对新疆发展战略缺乏系统的研究，只能提出几个问题，抛砖引玉，与同志们讨论商榷。

　　到本世纪末，新疆维吾尔自治区的经济实力和自我积累、自我改造、自我发展的能力将大大增强，初步形成以农牧业、石油和石油化工，轻纺和食品、动力和建材工业为支柱的，具有新疆特色的社会主义的国民经济体系，并为进一步把新疆建成为强大的畜产品基地，经济作物基地和能源基地打下基础，培植后劲，使新疆和整个大西北成为我国下个世纪的一个最重要的基地，我们的战略就是要团结新疆各族人民，在世界两大潮流即新技术革命的潮流和各国经济调整或经济体制改革潮流的挑战中，坚持四项基本原则，坚决执行中央改革、开放的方针，为大规模地开发建设新疆做好准备，探索出建设具有新疆特色的社会主义物质文明和精神文明的路子，探索出一条为我国社会主义现代化建设不断增强后劲的路子来。增强后劲是一个不断蓄积力量的渐变过程，但现在就应起步，就应积极准备。要做好准备工作，请考虑是否需要抓好以下几项工作：

---

　　*　本文写于 1986 年。

一　加强资源潜力的考察、研究论证工作

资源潜力的考察，研究论证是为大规模开发建设新疆的基础性准备工作。这包括两层含义：一是加强勘探，查明资源情况；二是用动态的、发展的眼光论证新疆的资源及生态环境在采取科技手段的基础上所能支持的经济活动规模。这是因为，随着新疆各族人民生活水平的提高，和新疆作为重要基地的重大作用进一步发挥，新疆人口和经济活动规模将迅速增大，对资源日益增加的需求无疑将会对资源和生态环境造成一定的压力。对新疆资源和生态环境的承受能力，必须有一个比较清晰的认识。这是对新疆进行战略决策的必要前提。以水资源为例，从资料上看到，目前工农业用水，已达到近期可利用水资源的 69% 左右，这是一个相当高的比例，那么，到本世纪末和下一个世纪，工农业生产成几倍增长，所需水资源如何保障呢？考虑水的节约、合理利用和进一步开发后，水资源今后可能保证的人口、农业、工业规模是多大呢？这样的问题如果不搞清楚，就会造成重大的战略失误。我们只有清晰地了解资源潜力，才能对今后的经济规模、人口规模以及产业结构和相应的产业政策进行决策。其他如耕地、矿产资源、生态环境、森林等也都有类似的问题，都需要进行周详的考察、论证和综合评价。

二　选择合理的产业结构，制定正确的产业政策

产业结构与经济发展是对应的，选择合理的产业结构，是发挥新疆优势，提高经济效益的重要宏观政策。从 1985 年新疆工农业总产值的构成看：农业占 41.2%，以农产品为原料的加工业为 23.4%，能源工业占 17.6%，这三项合计占全疆工农业总产值的 82.2%，构成了目前新疆经济的主体。到下个世纪，新疆将作为全国现代化的重要基地之一，新疆的战略地位和经济发展水平将发生根本性的变化，我们应该研究新疆届时应该有一个什么样的产业结构？这个产业结构应该最有利于发挥新疆的优

势，最有利于减轻劣势的影响，这个产业结构应该最有利于新疆的繁荣和发展，最有利于适应现代化建设的要求。为了建立这样一个合理的产业结构，我们要根据我国经济的发展状况和经济体制改革的进程制定正确的产业政策。只有这样才可以避免走大的弯路。

三　大力加强基础设施的建设

新疆远离祖国腹地，幅员辽阔，自治区东西长达2200公里，南北宽达1600公里，加之新疆独有的气候、地貌、水文特点，不仅使新疆基础设施的重要性大为增加，同时也使新疆基础设施改善的难度相对更大一些。要加快新疆的开发建设速度，就必须加强基础设施特别是交通通信的建设，特别是动脉和命脉的建设。这也是把新疆建设成为现代化基地的基本条件。新中国成立30多年来，新疆基础设施已有了很大的改善，铁路、公路、民航、管道运输都有了一定的规模，水利、邮电、动力工业及城市建设都取得了很大成绩，但仍然不能适应新疆开发建设的需要，这种状况对于商品经济的发展和对外开放的要求是很不适应的。我们一定要下大力气，加强基础设施的建设，为大规模开发新疆做好充分的准备。

四　大力发展社会主义商品经济，增加积累，
提高新疆各族人民的物质文化生活水平

社会主义经济是建立在公有制基础上的有计划的商品经济，这是我们在理论上、认识上的一次飞跃。这个飞跃，对于我国的社会主义现代化建设，对于丰富马克思主义的理论宝库，都具有极其重要的意义。但目前，我们在观念上、体制上、经济运行机制上都还不能很好地适应有计划的商品经济发展的要求。新疆是个多民族聚居的地区，地处内陆，交通不便，受自然经济的影响更深一些，这在客观上更增加了发展商品经济的难度。但是，用有计划的商品经济观点来分析和处理新疆经济和社会发展中遇到

的种种问题，是我们必须学会的本领。比如说，今年新疆瓜果大丰收，但由于运不出去，卖不掉，吃不了，遇到了瓜贱伤农的问题，一公斤西瓜才五六分钱，而北京每公斤的售价是五六角钱，农民辛辛苦苦种瓜，丰产不能丰收，就富不起来。这就告诉我们，要把资源优势变为经济优势，把产品优势变为商品优势，必须对市场需求（包括量、质、时间上的需求）进行认真的分析和预测，运输能力和贮备能力的建设、保鲜技术的研究等都要跟上来。没有这些，丰收的产品不一定能变成获利的商品。新疆有丰富的资源，有不少产品是中外驰名的，但能否成为拳头商品，能否在国内市场和国际市场成为有竞争力的商品，成为新疆稳定的收入来源，需要做很大的努力，从品种改良、种植技术、产品加工、保鲜储运、包装销售、降低成本到广告宣传，都要进行大量的工作。总之，资源优势向经济优势、产品优势向商品优势的转化，是一个必然趋势。问题在于，我们能否自觉地加快这一转化过程，这是新疆能否更快地富裕起来的一个关键。因此，我们要用发展有计划的商品经济观念来制定我们的发展战略，进行规划，这样，新疆才有可能成为我国真正的瓜果基地、畜产品基地、能源基地。在不断增加积累的同时使人民生活逐年有所提高，这样才能更好地动员全体人民建设新疆的积极性。

建设一个强大的社会主义现代化的基地，新疆是具有许多优越条件的，但是，要使可能成为现实，还要付出巨大的努力，对开发建设的难度要给予充分的认识，要进行卓有成效的准备工作。为加快准备工作的进程，建设好新疆，有三点应给予特别的注意：

第一，加强东西部的合作和联合，加快对外开放的步伐。由于历史的原因，我国经济的发达程度，大体上是东高西低的倾斜状态，在相当一段时间内，这种状态还难以根本扭转。但是，东部和西部各有自己的相对优势和劣势。我国西部资源十分丰富，国土资源开发程度较低，可以为经济发展提供充足的能源和原材料，还有相当大的市场，有经济发展的广阔天地。西部地区与东部相比，也有它的劣势，如交通不便，信息不灵，技术水平较低，商品经济不发达，少、山、边、穷地区所占比重比东部高，资金和人才短缺，等等。东部优势与劣势同西部相比大致相反，自然资源少，能源原材料严重匮乏，国土资源开发利用程度高，发展余地较小，工业比较发达，但产业结构不甚合理，环境污染严重，基础设施薄弱，与适应人民生活需要的矛盾比西部突出。但其优势是，工农业基础较好，文化水平较高，人才较多，科学技术发达，信息比较灵通，筹集资金较易，商品经济发展的历史较长，等等。因此，加强东西部的合作与联合，就可以收到取长补短、相互支持、相互补充、相互得益的经济社会效果。对国家来说是发挥各地区的优势，避开劣势，加快现代化建设，缩小差距的战略性措施；对新疆来说，这是引进资金、技术、经营管理经验和人才，开辟市场的战略措施。发展有计划的商品经济，为东西部的合作和联合提供了新的机会，具有良好的前景。我们要把加强与东部地区的广泛合作和多种形式的联合作为一项重要的战略措施，来加速新疆经济的发展，这里，关键是要有具有吸引力的政策。

新疆具有 6000 多公里的国境线，与 5 个国家毗邻，这几个国家在风俗、文化等方面都有一些相近之处，有长期友好往来的历史，这种优势使新疆既有通过东部沿海走向世界的可能，也有通过西部边界北部边界与世界交往的条件，这种全方位的开放环境，应充分利用，这是解决新疆资金、人才缺乏，科技和管理落后问题的途径之一。只要我们解放思想，努力改善投资环境、制定正确有效的政策措施，变封闭型经济为开放型经济，就一定会取得良好的结果。

第二，提高投资决策科学化水平。加快新疆开发建设工作，意味着将要有更多的资金及物资投入新疆。然而，我国百业待兴，资金和物资的短缺将是制约我国经济发展的一个长期因素。这就要求我们考虑，如何用有限的财力、物力获取最大的投资效果，这就提出了提高投资决策科学化水平的问题。过去这方面的工作比较薄弱，教训很深刻。有些项目先天不足，虽已建成投产，但由于产品质量低，消耗大，技术落后，技术经济指标很差，背了包袱，有些项目事前缺乏市场调查，产品方向不当，同需求结构脱节，生产的产品压在仓库里销不出去；有些项目是重复建设，同样产品都停留在低水平上，相互之间抢原料，争市场，造成巨大浪费。这种投资决策上的盲目性、随意性，如不扭转，提高经济效益将是很困难的。

我们在开发建设新疆的过程中，要充分重视投资决策科学化，从思想认识上，管理体制上、方法程序上进行一个大的变革，科学地扎扎实实地进行投资决策，使新疆开发建设顺利进行。

第三，加强各民族的团结，同心协力建设新疆。新疆是个多民族聚居的地区。加强各民族的团结，特别是汉族和各少数民族的团结，对于新疆的社会主义建设事业至关重要。各民族要相互尊重、相互学习，亲密团结得像一个和睦的大家庭一样，才能克服前进道路上的各种困难，加快新疆开发建设的进程，为祖国的繁荣昌盛，为社会主义现代化事业的实现，作出重大的贡献。

国防科学技术发展战略[*]

　　30多年来，经过全党、全军、全国人民的努力，我们已经建成一个独立的完整的国民经济体系。我们国家的经济力量有很大的发展。从经济实力来讲，按国民生产总值（GNP）计算，目前处于世界第8位。新中国成立前是很落后的，说不上处于第多少位。估计到本世纪末，我们可以进到第6位或第5位，就是说，我们可能赶过英国、法国、意大利，就能进到第5位或第6位了。到本世纪末，从GNP来说，依次是美国、苏联、日本、德国，然后就是我们；但是从每人平均的GNP来说，还是很少的。现在处于第137位，到本世纪末，大概进到第70位。因此，我们还是发展中的社会主义国家。30多年来，我们的进步是空前的，大家都看见了。在已建立起来的独立完整的国民经济体系中，包括了党和国家十分重视的国防工业和国防科技事业。经过各个方面多年的努力，我们的国防工业，从无到有，逐步地建成了一个具有相当规模和一定技术水平的、完整的国防科研和生产体系。这个生产体系拥有许多全国领先的机器设备。这支队伍有数百万人，并且集中了大批的优秀科技人才。这是国民经济中的一支强大力量。依靠这个力量，极大地推动了我国国防工业的发展和国防科学技术的进步，它不仅有力地武装了我们的军队，有效地保卫了国家的安全，同时也促进了我国整个工业的发展和科学技术的进步，提高了我国的

国际地位。现在世界上有导弹、原子弹、氢弹、中子弹和人造卫星的国家不多。我们这些成就是世界公认的。今后在社会主义现代化建设中，国防工业和国防科技必将发挥更重大的作用。

现在面临着这样一个问题，就是当今世界科学技术正在经历着一场革命。这场革命在许多场合是与军备竞赛联系在一起的。就军事科技方面来说，两个超级大国为了争夺空间优势，正在进行着很激烈的竞争。美国里根政府在1983年就提出了"星球大战"计划，并且准备在五年中要用200多亿美元来发展这方面的武器系统，这些武器系统在投入使用时还要花更多的费用。这种军备竞赛也给新技术革命注入了一种"激素"。它推动着已经发展起来的微电子技术、大型电子计算机、人工智能、光电技术、航空和航天技术，生物技术、新材料、新能源等向更高的水平发展。日本在发展新技术方面已经处于比较优势的地位，它的电子产品已经占领了世界市场的很大一部分。面对美、苏、日的挑战，欧洲17个国家在法国总统密特朗的倡议下，制订了"尤里卡"计划，要建立欧洲技术共同体，组织了17个国家的力量来发展计算机，通信、生物、材料、自动化技术，以期同美、苏、日抗衡。新技术的发展不仅有利于军工设施的发展，也有利于社会生产技术的发展。这种趋势对我们来说，既是一场严峻的挑战，也是一个良好的机会。

怎样迎接这一场严峻的挑战呢？如果我们丧失时间，或者决策失误，那么我们现在拥有的自然资源和劳动力资源这方面的某些优势，将会一天天削弱，而原来存在的某些劣势，比如资金短缺，人才不足，技术落后，设备陈旧，等等，将会越来越突出。我们今天说要有一种紧迫感，就是这个意思。这种紧迫感，从科学技术发展的角度看，从来没有像现在那样尖锐。我们要以积极进取的精神，正确的对策，不失时机地抓住机会，迎接这场挑战。

迎接这场挑战首先要从我们国家的国情出发。我们已经建立了独立完整的工业体系，包括国防工业和国防科技这样的体系。我们获得了很大的成绩。特别是在党的十一届三中全会以来，中央决定把党和国家的工作重点转移到社会主义经济建设上来的同时，我们国家的经济战略也开始了新的转变。首先是指导思想上的转变。小平同志提出我们要实事求是，量力而行，积极奋斗，循序渐进，要建设具有中国特色的社会主义，这是战略思想的转变。由于这一转变，战略目标的选择和实现战略目标的道路和方法也相应地发生了变化。对战略目标，过去我们是单一的，仅仅是经济方面的，缺乏科学技术、社会进步这些方面的目标。现在变成全面的目标。现在我们的计划叫经济、科技、社会的总体发展计划。在经济方面，党的十二大提出要翻两番，人民生活要达到小康水平，同时又提出要物质文明和精神文明一起抓。这就不是单一的目标了。所有制也由过去的单一所有制，进到公有制为主体，多种经济形式、多种经营方式共存的形式。我们的经济形式由自然经济、半自然经济的产品经济向社会主义有计划的商品经济转化。经济的发展由单纯追求速度到提高经济效益，由粗放经营向集约经营方面转化。在产业方面，由孤立地突出某些重点，比如"以钢为纲"，转到既抓重点，又使国民经济持续、稳定、协调地发展。扩大再生产也由以外延为主向以内涵为主转化。从技术方面说，正在改变传统的技术结构形态，要形成一个高技术和传统技术相结合的技术复合体。我们在对外关系方面，也由封闭的向开放的模式转变。

　　具体来说，我们的经济发展战略是从什么样的条件出发的呢？也就是说，我们的国情到底是个什么样的状况呢？我们在确定发展战略时，应当考虑哪些重要的条件呢？我认为，一个是我们国家人口多，10 亿人中有 8 亿农民，基本上是从事手工劳动的，而根据预测，到本世纪末人口要达到 12 亿，或者弄得不好还要多一点。小平同志在最近接见外宾时也谈到这一点。而人口中的大部分是从事手工劳动的。这是第一点。第二点是我们的底子很薄，过去毛主席概括为"一穷二白"，现在穷是比过去好一点了，白也比过去好一点了，但是底子还是很薄的。我们现在是发展中的社会主义国家，我们现在的人均国民生产总值，只有 300 多美元，到本世纪末也只能达到 900—1000 美元。再一个特点是我们经济发展是很不平衡的。就技术结构的现状来说，是金字塔式多层次的结构，先进的自动化技术有一些，但半机械化的、手工劳动的占相当大的部分。

　　为了把我国的国情弄清楚，我向同志们提供六点素材：（1）我国的工农业生产已经具有一定的规模；国民生产总值居世界第 8 位，粮食、棉花、油料、棉布、煤炭产量已经居于世界的前列。就是说，大体上已接近或处于世界第 1 位，而人均产量产值还是很低的，与经济发达的国家相比差距还是很大的。（2）我们已经建立了相当规模的工业基础。有些产业也有较大的生产能力，如钢的产量 1957 年只有 500 多万吨，今年生产的数字已经接近 5000 万吨。煤炭已经 8 亿多吨，石油 1 亿多吨。但是，现代社会所必需的基础设施还是极其薄弱的。传统产业的技术水平和管理水平都比较落后。手工劳动占全国劳动力的主要部分，工业化的任务还没有完成。就以作为社会的基础设施的通信来说，尤其落后，这是一个很大的问题。（3）我国新兴技术领域的研究和开发已经有了一定的基础，在国防的应用上也取得了重大的成就。然而还没有形成有经济竞争力的新兴产业。在经济建设上也远没有得到充分的应用，包括国防科技工业，譬如我们的原子能工业，到现在还没有原子能发电站。在这一点上我们甚至比印度还差。当然，整个原子能事业发展很快，但在应用方面相对来说还很不够。（4）我国在经济结构和经济体制方面进行了调整和改革，取得了明显的效果，然而，社会主义制度的优越性还没有充分发挥。在生产关系和上层建筑中还存在严重束缚生产力发展的一些环节。（5）我国的科学和教育事业有了很大的发展，也有一支相当数量的一定水平的科技队伍，然而科学、教育的投资比重过低、科技队伍年龄老化和知识老化的状况相当严重。广大群众的科学文化水平比较低，多数干部还缺乏现代科学技术知识和管理知识。据预测，到本世纪末，大学以上的科技队伍大约有 1300 万—1500 万人。这个队伍是很大的，问题是如何发挥这个队伍的作用。（6）我国实现了对外开放政策，引进技术和利用国外资金都取得了一定的进展，然而，由于科学技术关系到军事和经济的激烈竞争，在国际贸易和技术转让上都会遇到不少的困难。

因此，世界新的技术革命对于我们国家还不强大的经济实力和缺乏国际竞争能力的工农业生产来说，对于我们不适应生产力发展的那些经营方式和管理体制来说，以及对于我们比较低的文化教育和科学技术水平来说，都是一场严峻的挑战。同时，新的技术革命也给我们提供了机会，使我们有可能不按传统的做法而有选择地引进对我国适用的国外的先进技术，越过一些技术发展的阶段，直接采用某些新技术革命的成果来生产高质量的新产品，并且可以取得节约能源、节约原材料、节约资金的经济效益。我们也有可能利用发达国家的经济结构调整的机会以及各国之间的激烈竞争，来发展技术经济贸易，实行技贸结合，就是把买技术和买东西结合起来。我们也有可能借鉴发达国家现代经营管理的方法和经验，采用新的技术手段，加快推进管理的改革，提高效率，就像刚才丁衡高同志讲到的，利用通信卫星、电子计算机、微处理机等新的技术，不仅可以促进我国生产技术水平有较快的提高，而且也可能在师资不足和资金有限的情况下加快我国的科学普及和智力开发。中央已经决定，要好好利用我们的卫星来做点文章。

在50年代，我们曾经不失时机地注意发展先进技术，促进国防现代化，这是一次成功的战略决策。现在我们从加快技术进步，促进经济振兴的战略高度，采取积极的对策，力争逐步缩小同发达国家在技术经济上的差距，已经是刻不容缓的大事。我们要把我国经济技术的发展置于世界经济技术的发展之中来考虑，密切注视世界发展的新动向。根据发达国家的经验和我国的具体情况，我们将致力于微电子技术、光导纤维通信、生物工程、新型材料、激光技术等新兴技术的研究、开发和应用，逐步形成若干新兴产业。这里面大部分和我们国防工业和国防科技有关。这必将对我国经济技术的未来发展产生深远的影响。

新技术革命的兴起使许多国家，尤其是发达国家面临着调整各自产业结构的问题。谁动手快、起步早、抓住时机，谁就能走在新技术革命的前列，如美国、日本、联邦德国等。反之，旧的产业结构就会成为前进中的障碍，如英国，就比较慢。在新技术革命面前，自上一次产业革命以来建立和发展起来的传统的工业技术，如纺织业、钢铁业、机器制造业、造船业、煤炭等部门的传统技术已经老化了。它的生存能力不断降低，对这些传统的产业，如果不及时在结构上加以调整，在同对手的竞争中就会处于十分不利的地位，并且有可能使整个经济衰落下去。西方发达国家把这些传统产业称为"夕阳工业"，它是相对于如朝阳般升起的新兴工业而言的。但并不是说这些工业要全部退出历史舞台，这些国家为了适应世界新技术革命的发展，正在加快产业结构的调整。在国内逐步限制和削弱这些"夕阳工业"的发展，并把它们部分地转移到发展中国家，尤其是中等程度的发展中国家，以便使自己的经济越来越多地集中于发展新兴的产业，特别是那些技术密集型和知识密集型的产业部门。我们可以从美国、联邦德国、日本的产业结构调整中明显地看出这种趋势来。

发达国家产业结构的调整，出现了因新旧交替而产生的贸易和市场方面的空隙。这就是一个机会。因为对于发展中国家来说，这些劳动密集型、资本密集型的工业，不但不是"夕阳工业"，而且仍然是大有发展前途的工业。一些发展中国家正是抢先抓住了这一机会，填补了已经出现的国际市场空隙，向发达国家和一些发展中国家输出了日益增多的纺织品、钢铁、机床、工具、船舶，等等。如巴西、墨西哥、韩国、新加坡和我国的台湾等都是这样。近几年我国的纺织品、船舶、机床等产品出口量也增加了。关键是我们要抓住这一时机。

一些发展中国家为抓住这个机会，正在开展一场竞争。这对于我国来说，又是一种挑战。在这个竞争的角逐中，我们不能以为对手是发展中的国家就可以掉以轻心。我们也不能像韩国、新加坡那样，主要搞出口加工产业，因为我们的国情和他们根本不同。但是，这不是说我们可以忽视出口加工业的发展。

根据我国传统工业已经有了较大基础的实际情况，我们应当利用世界新技术革命带来的机会，着重有计划地采用新的技术来改造我们的传统工业、传统工艺、传统产品、传统设备，培养技术力量，改进传统技术的结构形态，形成高技术和传统技术相结合的技术复合体。使传统产业所生产的产品物美价廉，不但能满足国内的需要，而且具有较强的国际竞争能力。为此，我们各个行业都要根据世界新技术革命的启示和我国的具体情况，制定一个切合实际的技术发展政策和装备政策。要把实行国际标准作为一项重大的技术政策。各个行业都要力争到 80 年代末有相当一部分产品的质量和性能达到发达国家 80 年代初的水平，并且有一批重要的产品能按照国际标准来组织生产。我们应当清醒地认识到，无论世界新技术革命怎样发展，这些传统的工业产品，不仅发展中国家需要，发达国家的需要量可能更多。只不过是美国、日本不愿意搞这些东西就是了，它要搞更新的。关键是要在这方面有强大的竞争能力。

为此，我们将有选择地引进必要的先进技术和关键的设备，从技术上改造我们的现有企业，同时，把技术引进和国内的发展研究结合起来，认真做好消化、吸收、应用、创新的工作，以利于促进国内的科技发展和提高出口创汇的能力。这是我们迎接世界新的技术革命挑战的重要对策。

对原有企业要进行技术改造，这也是加速我国现代化的重要途径。改造的重点应该放在关系国民经济全局的大中型企业，放在改造后能在同行业的技术进步中起示范推动作用的企业。机械和电子工业担负着装备国民经济各部门的使命，应该在技术改造方面先行一步。刚才丁衡高同志讲到国防工业中要把电子工业放在重要的地位，这是完全正确的。不论是军事装备，还是民用产品，电子化都有很大的意义，这样才能使我们的企业尽快达到世界先进水平。

前面讲了我们经济发展的战略。今天大家讨论的是我国国防科技发展的战略。当然国防科技发展战略要和国家经济发展战略相适应。就是在总的战略指导下，国防战略要与国民经济发展相适应，使得国防科技发展战略既能符合国防现代化的需要，又能促进国民经济、科学技术的日益进步，这是一个很大的问题。

科学技术必须先行一步。不先走一步是不行的。但是它又不能脱离经济基础，不能不受它的制约。国防科技发展战略要和国家的总体发展战略联系起来考虑，使每一项国防新技术都能在军事和国民经济建设的两个方面发挥作用。每一种新技术既要考虑国防怎么应用，也要考虑在国民经济中怎么应用。只有这样，国防科技才能得到最好、最快的应用。西方国家的国防科技和国防工业的研究发展同本国的科学技术发展融为一体，科研体制和生产结构形成有纵深的梯次配置，这个情况我们是应该注意的。在这方面世界有两种做法：一种是苏联的做法，它和国民经济的结合不是很好。美国是另一种做法，它要比苏联的做法好一些，所以发展就快一些。

我们要根据我国的现有经济状况和未来发展的需要，参照世界发达国家的情况和趋势，制订一个中期的发展规划。首先是制订一个"七五"的发展规划，进一步制订本世纪末的，还有建党一百周年、新中国成立一百周年的发展前景规划，这是很必要的。近期，要抓电子技术和新材料。新型材料和新技术的发展有很大的关系，没有新的材料，电子技术和新的器件就不能得到很好的发展。这方面需要国防工业、国防科研部门和民用工业、民用科研部门很好结合起来。军品是特殊的商品，在国内市场当然不能销售，但是，军事工业，军事科研机构研制出来的有些产品不是军事产品，作为商品是可以在市场上销售的。我想大量的应该是这一类的产品。另外要考虑这类产品不仅能在国内销售，而且也可在国际市场上销售。军火到国际市场上就是商品了，出售这类商品比出售民用产品，可能更经济，创汇率要高得多。但是，世界上的这种市场是有限的，总的来看，主要还是满足国内的需要，就是我们军队的需要。但是，和平时期这方面的需要也是有限的。容量更大的是国内的民用市场。这是我们研究发展战略时要考虑的一个大问题。将来国防工业、国防科技怎样发展，很大程度上取决于它在民用市场的发展。这是很大的进步。有三种情况：一种企业就是生产军品；一种是既生产军品又生产民品；一种是纯粹生产民品。生产军品的可不可以军民结合。现在，军工有先进的技术，问题是怎样更快地为民用服务。技术转让有很多事情要做，要研究。现在国家有很多短缺产品，市场也很紧张，如耐用消费品。据我所知，军工部门生产的耐用消费品，还是很受欢迎的。这里要注意统一规划，不搞重复建设。有了统一规划，潜力就更大了。

前面说的是搞活问题，和这个问题相联系的还有一个开放问题。军事科研部门和军事工厂首先要向国内开放。开放到什么程度，我不清楚。但又要适当开放。开放就包括技术、技术方案、生产条件，等等。从民用方面看，因为激烈的经济竞争，人家也不愿意把先进技术告诉我们，但是为了他们自身的利益，又不得不告诉我们一些。在军事方面，困难当然要更大一些。但是，是不是有可以争取的条件呢？总之，我们要搞活和开放，做到尽管国防经费开支消耗了一部分国民收入，但却又使得国民收入得到增值，而且增值度越来越高。这是个很重要的问题。如果我们在这方面做得好，作用就会越来越大。

如果说世界新的技术革命对于我们不适应生产力发展的管理体制和经营思想，对于我们比较薄弱的经济实力，缺乏国际竞争能力的劳动生产率，以及比较低的文化教育和科技水平，都是一场外来挑战的话，那么我们目前正在深入进行的经济、科技、教育体制的改革，是对自己多年来形成的僵化的管理体制、陈旧的传统观念、落后的发展战略和管理方法的一种自我扬弃。这也是社会主义制度自我完善和发展的内在挑战。如果没有经济、科技、教育体制的改革，我们迎接世界新的技术革命便无从谈起。因为一个闭关锁国的国家是不可能对世界上的新潮流、新发展做出及时的、正确的反应的。一个故步自封、不求改革的民族，是不可能把世界新的技术革命看成是一种机会和挑战，从而也不可能研究和制定出正确的对策和目标。现在，我们不闭关锁国了。我们这个民族是一个非常好学上进的民族，历来是吸收世界优秀成果为我所用。对外开放给我们提供了机会来了解世界、走向世界，同时也给我们迎接世界新的技术革命挑战创造了有利的条件。比如我们现在有 14 个沿海开放城市、3 个"三角洲"、2 个"半岛"和 1 个海岛。利用这些"窗口"、门户，引进国外的先进技术、最新的科技信息、先进的管理方法和经营方法。或者就地吸收，或者转移到邻近地区，首先是大城市，及时地加以消化、吸收、创新和推广，推动内陆广大地区的技术进步，促进那里的技术经济的发展。事实证明，这种做法对于我们了解、掌握和赶上世界先进的科学技术水平是大有裨益的；对于缩短我们研究时间，尽快地接近当代科学技术最新水平，是可以收到事半功倍之效的。从这个意义上说，对外开放政策也是我们迎接世界新的技术革命挑战的一个重大决策。

我们看到，在国际上，我们得到一个迎头赶上发达国家的良好机会；在国内，我们有一个对外开放的正确的政策，并相应地进行经济、科技、教育体制的改革。这就给了我们一个纵横驰骋的广阔天地。只要我们抓住这个有利的时机，脚踏实地地工作，我们就能够在这场挑战中赢得胜利。制定科学的发展战略，就会使得我们在迎接挑战中取得更加主动的地位。

切实抓好老企业的技术改造[*]

老企业设备更新技术改造的工作刻不容缓。这虽然是一个老生常谈的问题，但的确是一个尚未得到根本解决的、带有战略性的、影响深远的重大问题。

现在全党把注意力的焦点放在体制改革上，这是完全正确的。但是，改革的目的还是为了发展。因此，我们在改革的同时，应当把发展工作放在重要位置上，特别是对于老企业更新改造的工作，更要抓得紧而又紧？如果不对老企业实行"输血"，使其恢复"造血"机能，那么，作为我国工业体系的骨干企业，作为财政收入的主要创造者，作为指令性计划的主要承担者的大中型企业，目前已经"老态龙钟"，"七五"后期将会更加颓衰破败。现在沿海一些大城市和老的工业基地，工业生产上不去，固然有多种原因，但设备陈旧、技术落后则是一个极其重要的原因。这种情况如不改变，不仅"七五"期间工业生产不能保持持续稳定的发展态势，而且后 10 年的"后劲"也难以指望，为体制改革而必备的宽松的经济环境也难以形成，甚至使改革被迫徘徊，难以深入，实现党的十二大提出的宏伟的战略目标也将遇到很大困难。

当然，技术改造不能全面铺开，应该与产业结构的调整同步配合，相辅相成。因此要做出总体部署，区分轻重缓急。当前对于能够多创汇的沿

---

* 本文写于 1986 年。

海老工业基地的轻纺工业要优先考虑，但从长远来看，要认真进行技术改造，非要有先进的机械制造业不可。当然对机械工业的技术改造，也不能全面开花。对于那些生产长线的、很差的机械产品的工厂要淘汰，要转产；重点是改造那些以新技术装备国民经济主要部门以加速我国现代化的关键企业，同时，用技术改造新创造的财力支持技改，走"以点带面，以改养改"的道路。

"七五"时期剩下的四年，稍纵即逝。如果我们到了后10年，现实逼迫我们不得不重新回头，痛下决心再来根本解决这个问题时，那就晚了。"七五"时期的后四年，是关键的时期，全国上下，应当把这个问题提到一个相当的高度，从观念上、政策上、体制上、措施上都来一个根本性的变革，把这项战略任务完成好。

发展咨询研究事业，实现
投资决策科学化[*]

发展咨询研究事业，实现决策科学化，已成为当代世界各国都十分重视的事情。我国自党的十一届三中全会以来，也加强了这一方面的工作。随着我国经济体制改革向深度和广度的发展，中央又提出了政治体制改革的任务。政治体制改革的一个重要方面，是改革和完善决策制度和程序及其他具体制度，进一步实行决策的科学化、民主化和制度化。形势的发展表明，我国社会主义建设和经济体制改革的实践，对决策咨询工作的要求，越来越高。我们肩负的任务是重大的、艰巨的、光荣的。

建设具有中国特色的社会主义，实现四个现代化，需要有计划地进行基本建设和技术改造，固定资产投资的规模将是非常巨大的。新中国成立以来，我国固定资产投资（全民所有制企业）累计已达 14500 多亿元，建立了一个比较完整的国民经济体系，为我国的四个现代化事业奠定了基础。这些投资，多数使用效果是好的，有的效果不好，有的甚至还有很大的浪费。假如我们过去投资的使用效果都很好，那么，我们国家的经济状况就会是另一种样子，国力肯定会比现在更强，人民生活水平也比现在更高。

去年我国固定资产投资的规模仅就全民所有制来说大约为 2000 亿元，

---

* 本文是作者 1987 年 1 月 14 日在"中国投资咨询公司专家委员会成立大会"上的讲话。

加上其他方面的投资共约 3000 亿元，这是相当大的数额，今后还将逐年增加。用好这笔资金，是一门很重要的学问。我们常说要讲究用财之道，这就是最大的用财之道。这笔资金运用得如何，不仅对我国当前的经济发展有全面的影响，更重要的是关系到未来的发展。资金不足是制约我国经济发展的一个重要因素，如果经过千辛万苦积累起来的有限资金不能很好地加以利用，那就是严重的失职。

应该看到，由于体制改革，实行开放、搞活的政策，整个社会的资金多起来了，而中央掌握的财政收入的比重却在下降，地方、部门、企业、集体和个人掌握的资金比重却急剧上升，这就造成了各地大兴土木的客观条件。现在全国几乎成了一个大工地，到处铺开了各种基本建设的摊子，而且有增无减。一方面是投资规模超过了国力，1984 年比上年增加 464 亿元，1985 年又比上年增加 710 亿元。尽管去年压缩了一下，仍比上年增加 457 亿元，全社会的固定资产投资规模已达 3000 亿元，相当于 1983 年的 2.2 倍，大大超过了国民收入增长的幅度。这是目前国力所难以承受，因而是不能持久的。另一方面投资结构又很不合理。几年来一般加工工业和非生产性投资增加过猛，而能源、交通、原材料和基础设施所占比重相对下降。

固定资产投资规模膨胀显然是一个老问题，但在经济管理体制新旧交替的时期，却出现了一些新的特点：一是投资决策分权化；二是投资主体多元化；三是投资目标复杂化；四是投资渠道多源化；五是投资方式多样化；六是投资规模小型化。这些特点具有两重性：一方面有利于搞活经济，有利于产业结构的调整和投资效益的提高；另一方面，便是造成投资规模的膨胀，增加了宏观经济控制的难度。适应这种新的情况，需要有步骤地进行财税体制和投资体制的改革，把预算外分散的、短期的和消费的资金，引导到社会急需的方面去。这当然不可能一蹴而就。今年就要沿着这个方向，先采取一些临时性措施，通过借款、发债券等把预算外资金集中一部分、保重点建设，无论如何不能使它停工。各地区、各部门、各单位办什么事情，都要体恤民情，量力而行，不要攀比，要清醒地面对现实。地方和部门手中的钱，要首先用在能源、交通和必要的基础设施上；

企业手中的钱，要用在增加花色品种、提高质量、提高劳动生产率、减少物资消耗方面上去。总之，都要用在经济效益，社会效益最佳的方面上去，都不要搞形式的东西。

要保证投资有高的效益，投资决策的科学化是关键，而投资决策的科学化，又以投资咨询工作的科学化作为前提条件。投资咨询工作者应从这个角度来认识自己庄严而神圣的责任。

社会主义四个现代化建设，是一个涉及经济、科技、文教、社会诸方面的庞大的系统工程，完成这么大的工程，凭借少数人有限的知识、经验绝不可能搞好，需要集中自然科学、社会科学、工程技术和经营管理等各方面的大批高智力的专家，运用各种现代科学技术和手段，对各种错综复杂的因素进行系统的研究和分析，根据决策目标要求，做大量的可行性研究，提出多种可供选择的方案，供决策者抉择。这样才可能做到科学决策。中国投资咨询公司专家委员会是为投资的科学决策服务的。它集中了我国各方面有声望的、高水平的专家。有不同门类的工程专家，不同学科的科学技术专家、项目评价专家、金融专家、财会专家、法律专家、环境保护专家、经济学家、经营管理专家，等等。既有自然科学家又有社会科学家，既有实际工作者，又有理论工作者。这支专家队伍是保证我们做好投资咨询工作的最重要的条件。随着我们工作的不断发展，我们的专家队伍也会不断扩大。

投资咨询研究机构，是为各级领导提供思路、策略、政策、方案及其论证的，是为各级领导用好投资出谋划策的。因此，咨询研究自身工作的科学化是投资决策科学化的重要前提。实现咨询研究工作的科学化当然包括投资咨询研究工作的科学化，必须遵循经济技术社会发展的各种客观规律，运用马克思主义的科学理论和科学方法；坚持一切从实际出发，实事求是的思想路线，要对所研究的问题进行周密的调查研究，系统地占有资料，同时，还应该注意以下几方面的问题：

第一，注意对事物做系统的分析。现代社会中要决策的问题，一般是多因素的、大系统的、动态的综合性问题。我们不能只孤立地研究某个项目投资的决策，应该把它放进经济技术社会发展的大系统中，不仅要考虑技术上是否可行，而且要考虑经济上是否合理；不仅要注意经济效益，而且要注意社会效益、环境效益；不仅要注意近期效益，而且要注意远期效益，对多种因素进行动态分析，提出综合评价和可供选择的方案。

第二，注意多方案的比较和模拟实施的后果。为了确定某项投资科学的咨询研究，应该提出解决问题的多种方案，以适应情况发展变化，使决策者能站在纵览全局的高度，有比较选择的余地。还应该了解，仅为决策者提供方案的设计是不够的，还要对方案的实施可能遇到的阻力进行分析，提出相应的对策，并采用特定的模拟手段，对方案的实施效果进行预测，以便更全面地权衡决策方案。

第三，注意科学的预测研究。咨询研究从本质上讲是属于未来范畴的动态研究，投资的咨询研究更是如此。所有的投资，都是在投入之后，经过若干时期才能生效的。因此科学的咨询研究不仅要把握过去和现在的信息，而且要通过科学的预测，把握未来的发展趋势，以保证咨询研究的科学性。

第四，注意定性分析与定量分析相结合。过去我们重视对事物进行定性分析是必要的，但随着社会主义商品经济的发展，影响发展进程的各种因素日益错综复杂，在进行经济决策，特别是投资决策时，仅定性分析是很不够的，必须同时做定量分析，才能使定性分析更加精确，更加可靠。

第五，注意运用现代科学技术手段。我们要采用现代的研究方法，就必须运用电子计算机等先进的计算工具和手段，拥有现代化的信息处理和通信设备，等等。这是实现咨询研究工作科学化应具备的条件。

第六，咨询研究单位要想领导之所想，急领导之所急，但是不能仅仅停留在论证或阐述领导的意图上。我们还要从所掌握的信息和资料出发，从实际情况出发，想领导之所未想，急领导之所未急，要敢于直言自己的意见，特别是与领导不一致的意见。高明的领导者是会欢迎这样的意见的。

第七，充分发挥专家队伍的作用。咨询研究工作能否做到科学化，关键之一是要有一支政治素质、业务素质较高的专业队伍。在人员的素质方面，我们既强调个人的素质，更强调整体的素质。每个研究人员的知识结构要合理，整个研究机构的人才结构也要合理。我们的专家委员会要根据这些要求，组织起来并不断地加强自身建设。

中国投资咨询公司是建设银行兴办的一件很有意义的新事业，也是金融系统在改革中出现的一个新事物。要使管理固定资产投资的建设银行像世界银行那样形成一套科学而严谨的评估程序，有效地开拓建设银行的各项业务，需要有像投资公司这一类机构的有力支持、配合和帮助。投资咨询公司以实现投资决策科学化，建设具有中国特色的社会主义现代化国家为宗旨，这就从根本上确定了它的事业必定富有生机和远大的前途。

坚持走有中国特色的社会主义道路[*]

建设有中国特色的社会主义，这个命题是邓小平同志提出来的。当我们正在进行坚持四项基本原则的教育，开展反对资产阶级自由化斗争的时刻，讨论建设有中国特色的社会主义这样一个题目，是有很重要的意义的。

中国近代史发展证明了一个真理：中国不可能在摆脱殖民地、半殖民地、半封建的社会以后，先经过一个资本主义社会，再进入社会主义社会。为什么呢？这是因为，当中国工人阶级及其政党——中国共产党登上政治舞台的时候，中国资产阶级革命已经走到绝境。帝国主义的侵略，已经使在中国持资产阶级共和国方案，企图建立一个独立的资本主义国家的任何希望完全破灭了。这是当时中国社会的历史条件和国际条件决定的。中国只能通过彻底的反帝、反封建的新民主主义革命，建立人民民主专政的共和国，走上社会主义道路。这是中国的惟一出路，也是中国历史的抉择。对于这样一个真理，认识得最早、最准确、最清楚的是毛泽东同志。他在《新民主主义论》中，科学地分析了中国的社会性质，中国革命的历史特点和革命发展的基本规律，以及中国革命所处的国际环境，令人信服地说明了在中国走资本主义道路绝对行不通的道理，指出了这条中国人

---

　*　本文是作者 1987 年 3 月 25 日在中央国家机关党委举办建设有中国特色的社会主义教育系列讲座所作的报告。

民唯一可以选择的道路。

最近，有不少报刊发表了很好的文章，回答了中国走社会主义道路是历史做出的选择这个人们普遍思考的问题。今天我不从这个角度再去展开讨论了。想从以下三个方面讲点意见，同大家讨论。

一　社会主义中国所取得的成就证明中国人民做出的历史选择是正确的

建设有中国特色的社会主义，是我国历史发展的总趋势，是全国人民共同的、根本的利益所在。新中国的成立，在我国结束了极少数剥削者统治广大人民的历史，结束了帝国主义、殖民主义侵略、奴役中华民族的历史，劳动人民第一次成了国家的主人。经过对生产资料所有制的社会主义改造，建立了一个崭新的社会主义制度，占全人类 1/4 人口的中国走上了社会主义的道路，这是第二次世界大战以来最重大的历史事件。它不仅从此改变了中国的命运，也改变了世界政治力量的对比，对世界历史的发展进程产生了重大的影响。中国革命的胜利是有重大国际意义的。中国独立了，并且能够找到一条比较快地摆脱落后、走向繁荣富强的道路，这对于和中国人民有着相同经历、相同命运的国家、民族和人民，都是很大的鼓舞。社会主义给中华民族带来了振兴，使中国达到了历史上从未有过的统一和强大，在世界上享有很高的威望，在国际事务中越来越起到举足轻重的作用，成为维护世界和平的重要力量。这是每一个炎黄子孙无不为之感到自豪的事情。但一些持资产阶级自由化观点的人却不愿看到这些举世公认的事实，认为我们 30 多年来"没干多少好事情"，"正统的社会主义到现在是失败的"。他们这些攻击和丑化社会主义制度，否定中国人民在中国共产党领导下奋斗 30 多年所取得的光辉成就的言论，显然是十分错误的。

我们 30 多年来社会主义建设的成就，尤其是在党的十一届三中全会以来这 8 年整个国家各个方面的成就，是有目共睹的。尽管我们是在帝国主义、封建主义的长期压榨，尤其是在经过几十年的战争破坏的烂摊子上起步，国际环境也曾经给我们经济建设造成了很大的困难，加上我们在一些时候、一些问题上犯过错误；但是，30 多年来，我们还是取得了史无前例的巨大进步。集中地讲，就是我们国家的实力增强了，人民的生活得到了明显的改善。

下面举一些数字说明：

以国民经济全面恢复的 1952 年作为基期，该年社会总产值为 1015 亿元，1986 年达到 18774 亿元，每年递增 8.4%。在此期间，工农业总产值，1952 年为 810 亿元，1986 年达到 15104 亿元，每年平均递增 8.7%。其中：工业总产值 1952 年为 349 亿元，1986 年为 11157 亿元，平均每年递增 11%，农业总产值 1952 年为 461 亿元，1986 年为 3947 亿元，每年平均递增 4.6%。国民收入，1952 年为 589 亿元，1986 年为 7790 亿元，平均每年递增 6.6%。我们这样的发展速度，与世界各国比较是相当高的，都高于同一时期资本主义国家发展的速度。当然，有些资本主义国家在这期间有时比我们高一点儿，但总的加起来，我们的速度还是很高的。那种认为资本主义制度下经济发展快，社会主义制度下经济发展慢的论调，是不符合事实的。

我国社会主义建设的成就，具体地说，表现在以下几个方面：

第一，建立了独立的、比较完整的工业体系和国民经济体系，各个产业部门都有了很大的发展。1986 年同 1952 年相比，我国棉纱产量增长 6 倍，达到 396 万吨，居世界第 1 位；原煤产量增长 13 倍，达到 8.7 亿吨，居世界第 2 位；钢产量增长 38.6 倍，达到 5205 万吨，居世界第 4 位；发电量增长 61 倍，达到 4455 亿千瓦时，居世界第 5 位；原油产量增长 297.7 倍，达到 1.3 亿吨，居世界第 5 位；水泥产量增长 55.9 倍，达到 1.6 亿吨，居世界第 1 位；机械工业产值增长 107.6 倍，达到 3800 亿元左右。在辽阔的内地和少数民族地区，兴建了一批工业基地。如攀枝花居于群山之中，过去只有几户人家，现在却建成年产 300 万吨钢的全国大型联合企业；再如十堰市过去地图上都没有，现在却建成了"二汽"这样的大企业。国防工业也从无到有，逐步地建设起来，已具备了远程导弹和核武器等战略武器的生产技术和生产能力。铁路、公路、水运、航空、通信、邮电等事业都有很大的发展。1986年和1949年相比，铁路、公路和水运的货运周转量分别增长47.6倍、47.4倍、133.7倍，客运周转量分别增长19.9倍、209倍、11.2倍。同一时期，邮电业务的总量增长38.3倍。这些成就在腐败的旧中国是难以想象的。

第二，在农业方面，农业生产的条件有了显著的改变，生产水平有了很大的提高。尤其在党的十一届三中全会以后，我国农村经济改革的成功和由此带来的农业经济的迅速、全面发展，成为举世瞩目的事实。30年来，我国农业总产值增长7倍，达到3947亿元；全国农田的灌溉面积由1952年的2000万公顷扩大到1985年的4403万公顷；有3000多万公顷的低洼、淤洼地带和坡地得到了治理和改造，长江、黄河、淮河、海河、松花江等大江大河的洪水灾害得到了初步控制。解放以前，我国农业几乎没有农业机械、化肥和电力，现在全国农村已经拥有大中型拖拉机87万多台，小型拖拉机几百万台，机耕面积达到6亿亩，排灌动力机械有601亿瓦特，化肥使用量为1952万吨，用电量相当于解放初的13.4倍，达到578亿千瓦时，农业逐步向现代化前进。1986年和1952年相比，全国粮食产量增长2.4倍，达到39109万吨；棉花产量增长2.7倍，达到354万吨。现在我国粮食和棉花的产量都居世界首位。当然，我国人口多，按人口平均粮食拥有量从1949年的209公斤增加到1986年的377公斤。1949年我国还不到5亿人口，现在人口增加了1倍，人均占有的粮食增加80%以上。上述数字虽然还不高，但这是很不容易做到的事情。我国的人口占世界的将近1/4，而耕地面积只占全世界的7.2%。在人均粮食拥有量不多的情况下，人民政府采取了合理的分配制度和稳定粮价的政策，使全国人民的基本需要有了保证。中国如此众多人口的吃饭问题，被近代历届政府和许多外国的政治家看做是一个不能解决的问题。在中华人民共和国成立前夕，毛泽东同志在评论美国国务卿艾奇逊发表的白皮书的文章里，就批驳了这种观点。现在这个问题，新中国终于解决了，这是社会主义制度优越性的一个非常有力的证明。

第三，城乡的商业和对外贸易有了很大的增长。1986年和1952年相比，社会商品零售总额由276.8亿元增加到4950亿元，增长16.9倍。国家进出口贸易总额，1986 年比 1952 年增长 38 倍，达到 738 亿美元。按照平等互利、互通有无的原则，我们同世界上 170 多个国家和地区建立了贸易关系，现在我国进口贸易总额占社会总产值的 12% 以上。出口商品中制成品的比重也加大了。

第四，科学、文化、教育、体育事业有了很大的发展。1986 年全国各类全日制学校在校的学生是 18903 万人，比 1952 年增长 3.5 倍。1986 年全国已经有 1050 个县普及了初等教育，占全国总县数的一半以上；学龄儿童入学率达到 96.4%，但巩固率还不高。30 多年来，高等学校和中等专业学校培养近 1000 万各类专门人才，1986 年全国科学研究人员比 1952 年增长 19.4 倍。研制核技术、人造卫星和运载火箭的成就，表现出我国科学技术水平有很大的提高。群众性的体育事业蓬勃发展，不少运动项目取得了出色的成绩。1986 年我国运动员共获得 26 个世界冠军，12 次打破或超过 9 项世界纪录，404 次打破了 172 项全国纪录。我国体育代表团在第十届亚运会上，获得了 94 枚金牌。

第五，在生产水平不高、人口基数大、人均收入水平低的情况下，保证了全国人民的基本生活需要，并随着经济发展逐步地提高了生活水平。按照可比价格计算，把物价上涨因素扣除以后，全国居民的消费水平，1986 年比 1952 年提高 3.2 倍。城乡人民储蓄大幅度地增长。1986 年，人均存款达 20 多元。城市劳动就业问题基本上得到解决。城乡人民的医疗卫生条件也有很大改善，卫生机构由 1949 年的 3670 个增加到 1985 年的 200866 个，医院的床位由 8 万张增加到 222.9 万张，每 1000 人医院床位数由 0.15 张增加到 2.14 张；卫生人员由 54.1 万人增加到 431.3 万人，每 1000 人口医生人数由 0.67 人增加到 1.36 人。人口死亡率 1949 年为 2%，到 1985 年降至 0.66%，人口的平均寿命，新中国成立前是 35 岁，现在提高到 68 岁；其中上海，据报载，已达到 74.27 岁，男性 72 岁，女性 76 岁，而世界人口平均寿命是多少呢？发展中国家是 58 岁，因为发展中国家科学技术也在不断进步，小孩生天花一类疾病也少了；发达国家平均年龄是 73 岁，平均年龄最高的大概是日本。现在我国人民的物质消费水平还不高，但是按照国际上统一的生活质量指数，不少指标已超过了不少中等收入国家的水平。

特别是党的十一届三中全会以来，坚持以经济建设为中心，实行改革、开放、搞活的方针，保证了国民经济持续、稳定、协调地发展。国民生产总值、国家财政收入、城乡居民平均收入大体翻了一番，10 亿人民绝大多数解决了温饱问题。城市有 6000 万人就业，农村有 7000 万人转入非农业产业，经济体制改革在城乡全面展开，对外开放取得了开拓性的进展。

——从经济的持续稳定增长来看，1953—1978 年期间，我国社会总产值每年平均递增 7.9%，而其中最高年增长 32.7%，最低年下降 33.5%，分别偏离平均速度 +24.8 和 −41.4 个百分点；1979—1986 年期间，社会总产值每年平均递增 10.1%，其中最高年增长 16.5%，最低年增长 4.6%，分别偏离 +6.4 和 −5.5 个百分点。这说明经济增长的稳定程度提高了。

——从国家经济实力的增长来看，1979—1986 年期间，国民收入平均每年增长 315 亿元，而 1953—1978 年期间平均每年增长 84 亿元。电力、钢、煤炭、石油的产量，分别从占世界的第 7、5、3、8 位上升到第 5、4、2、5 位。

——从人民生活来看，1986 年和 1978 年相比，农村人均纯收入从 134 元增加到 424 元，城市人均生活费收入从 316 元增加到 828 元，扣除价格因素，分别增长 160% 和 80% 以上。全国城乡居民储蓄存款由 210.6 亿元提高到 2300 亿元。

由此看来，党的十一届三中全会以来的 8 年是我国历史上经济生活最活跃、经济实力增长最快、人民得到实惠最多的时期。任何否定或贬低我国人民所取得的成就的说法都是不正确的。

新中国成立 37 年来的成就确实是辉煌的，不仅资本主义国家做不到，就是和社会主义的苏联相比，我们也并不逊色。大家知道，"十月革命"前俄国的工业和农业要比旧中国发达得多，比如钢铁，就有近 200 万吨；而我国 1949 年以前仅有几万吨，加上当时日本占领的东北也只有 80 多万吨，而且设备已被破坏。拿我国 37 年取得的成就和苏联建国 40 年以后

（1957 年）相比，虽然两国的经历有所不同，也不能完全相比，但也可以看出一点不同。比如，钢产量，苏联 1955 年（1957 年数字未查到）为4527 万吨，我国 1986 年为 5205 万吨；煤产量，苏联 1957 年为 46347 万吨，我国 1986 年为 87000 万吨；石油产量，同期苏联为 9834.6 万吨，我国为 13100 万吨；发电量，苏联 1955 年为 1702.25 亿千瓦时，我国为4455 亿千瓦时，这个指标就高得多了；粮食产量苏联 1957 年为 10260 万吨，我国 1986 年为 39109 万吨。可见以上述期间的成就相比，我国比苏联要发展得快一点。还应看到，我们是按照自己的意志、自己的路子走过来的，这也是举世公认的。

有些人拿只有 30 多年又处于发展阶段初期的中国同经过了几百年发展的发达的资本主义国家比较，以此来证明资本主义比社会主义好，这种比较是不科学的。确实，我们同发达资本主义国家目前的情况相比，在经济、技术、文化等方面还有很大差距；这种差距将激励我们更加奋发图强、更好地发挥社会主义优越性，以便缩小差距，迎头赶上。但是，某些人却以现在这种差距来贬低党的领导，攻击社会主义制度，这只能使人们妄自菲薄，丧失信心。我们认为，在比较的时候，不但要看到差距，更要看到造成差距的历史原因和自然条件。资本主义在英、法、德、荷兰等欧洲国家发展了 300 多年，在美国发展了 200 多年，在日本也发展了 100 多年，它们今天的经济发达和物质财富比较充裕，是建筑在几个世纪以来对国内劳动群众的剥削以及对包括中国在内的广大殖民地、半殖民地人民的掠夺、剥削基础之上的。资本主义从原始积累开始，就是和侵略、掠夺、屠杀分不开的。中国从 1840 年鸦片战争以来，多少个帝国主义掠夺我们。就在上个世纪，帝国主义还在我国搞过就像贩卖黑人一样贩卖华人的血腥勾当。这是每一个中国人都不应该忘记的事情。这几年来，不少同志到西方国家参观、访问和考察，其中有少数同志根据浮光掠影的印象，在作报告、写文章或在不同场合的谈话中，只谈或者夸大地宣扬资本主义国家的各种各样长处；而对当代资本主义仍然是金融寡头统治一切的帝国主义本质，西方国家仍然存在着周期性的经济危机，失业、颓废、社会矛盾尖锐等等问题，却讲得很少或者根本不讲。这样，在一部分人特别是在青年人的心目中，就很容易产生社会主义不如资本主义的这种错误的思想了。我们应该很好地学习《邓小平文选》的有关文章。邓小平同志说："资本主义无论如何不能摆脱百万富翁的超级利润，不能摆脱剥削和掠夺，不能摆脱经济危机，不能形成共同的理想和道德，不能避免各种极端严重的犯罪、堕落和绝望。"这完全是真理。资本主义世界从1825年以来，已经爆发过几十次经济危机，本世纪还两次把人类拖进世界大战，给人类带来了巨大的灾难。在发达的资本主义国家里，伴随着高度物质文明的是各种极端严重的犯罪、吸毒、卖淫、堕落这些丑恶的社会现象。尽管我们的社会主义制度还不够完善，但总比尔虞我诈、弱肉强食、损人利己、贫富悬殊的资本主义好得多。

还有些同志用近几十年发展起来的小国和地区为例，认为资本主义制度优越。这几个小国和地区近几十年的发展，是有许多特殊因素的。比如韩国，它的发展在很大程度上就是依靠外国的资金。韩国现在有4000万人口，外债高达400亿美元，平均每人1000美元。我国如果按这个水平借外债，要借1万亿美元，显然是办不到的。正如邓小平同志1980年在《目前形势和任务》的讲话中所指出的："过去，一些比较小的工资很低的国家和地区，由于有些发达的大国为了自己的利益在资金、技术等方面支持了它们，它们的廉价产品在一定时期的国际市场上也比较容易钻空子。资本家把高额利润分一点给这些地方的劳动者，劳动者的生活就显得改善很快了。中国这样的社会主义大国，不可能走捷径。"

还有些人用国民党溃退到中国台湾以后所取得的经济上的发展和我们来比较。确实在一段时间里，中国台湾地区的经济发展是比较快的，但有其若干客观的因素和国际条件、历史条件。第一，用中国台湾这个海岛和发展极不平衡的内地相比，就缺乏科学性。中国台湾从17世纪20年代荷兰殖民主义者占领以来，包括后来日本的统治，就断断续续地经历了一个漫长的殖民时代，在这个过程中，中国台湾地区的经济从传统经济逐步地转变为现代经济，国民党溃退到中国台湾时，那里就具有相当好的工业基础。在五六十年代，台湾当局又利用美国的经济援助，恢复和发展了中国台湾地区的经济。还应该看到，50年代以来，美国相继发动了侵朝战争和侵越战争，由于大量的军事订货，也大大刺激了中国台湾地区经济的发展。第二，把两种不同的政治制度进行比较也是不正确的。战后，尽管台湾的主权归还了中国，但实际上中国台湾地区经济是在长期脱离祖国大陆的情况下依靠外国垄断资本的扶持发展起来的。这样一种特定的历史条件，决定了中国台湾资本主义必然具有某种半殖民地的性质。第三，经济的发展并不等于人民生活的富裕和安定。台湾当局及其御用经济学家用西方的"理论"来宣扬中国台湾地区已进入"中富的社会"。中富，好像是都富起来了。但实际上，台湾地区的资本家和统治集团过着奢侈豪华、花天酒地的生活，而低收入阶层则受通货膨胀或失业的威胁，基本生活常常都没有保障。中国台湾地区色情事业相当发达，被西方富豪称做是"男人的天堂"。既然生活吹得那么好，为什么还干这种事情？一些回内地探亲的台湾同胞、美籍华人称赞新中国成立以后一举清除了旧社会的"污泥浊水"，说这是共产党的大功大德。第四，从发展趋势看，台湾当局自从被联合国驱逐以后，在政治、外交方面一天比一天孤立，工商界人士对它的前途产生疑虑，台湾当局统治集团如蒋经国等人也把自己的财产往国外转移，严重影响了台湾地区经济的进一步发展。

如果要与资本主义制度相比较，那么印度在历史条件和人口条件等方面同我国相近，这还有一定的可比性。印度原是英国的殖民地，1947年独立，比我们新中国成立早两年，独立以后就走上资本主义道路。英国、美国给予它援助，苏联也给它援助，国际环境比我们有利。印度人均耕地面积（5 亩）也比我国（不到 2 亩）多，而且土地也比我们肥沃。从 1951 年 4 月至 1952 年 3 月这个年度到 1982—1983 这个年度，31 年来国民生产总值平均增长率，印度为 3.6%，而我国为 5.9%；人均国民生产总值平均增长率，印度为 1.4%，我国为 3.9%。长期以来，印度一直存在国民收入分配不均的现象，贫富悬殊，阶级斗争日益加剧，大规模骚乱时有发生。据美国海外发展委员会计算，1977 年印度的生活质量指数为 41，比世界平均水平低 37，居世界第 104 位，在 80 年代也没有明显改善。而我国的生活质量指数 1979 年为 71，比它高得多。现在我国人民每天吸收的营养物达到人均 3000 大卡，而印度只有 1000 大卡，人均口粮只有 200 克。据印度报刊资料统计，占全印人口 5% 的资本家、地主、官僚人均年收入至少在 5 万卢比以上，其中 1% 最上层的人年收入至少在 10 万卢比以上，而占人口 25% 的底层的人人均年收入至多不过 1000 卢比。据 1983 年印度交通国务部长说，印度 50% 的人处在贫困线以下，还有 30% 的人处在贫困线上，这些人每天只能吃两顿饭，患有营养不良症的人约占总人口数的 30%。前年我去访问印度，得到的印象是：印度从表面看，高楼大厦也很多，但就在高楼大厦旁边，那个情况比解放以前中国的情况糟得多。印度最大的城市加尔各答，我们去时正是冬天，晚上街上睡满了人，大多数盖一张报纸、塑料布。当时同行的钱俊瑞同志告诉我，解放以前的上海还没有这种情况。据印度一位负责人说，加尔各答市有一半人没有房子，就在大街上住。孟买比加尔各答情况好一点，也有 40% 的人无家可归。我们在一个很漂亮的希尔顿饭店旁边，看到老百姓就在露天生活，用几块石头垒起来烧饭，从臭水沟里打水煮玉米糊，也没有菜，辣椒面倒在玉米糊里就是一顿饭。印度的农村比我国解放前的农村还要穷困。我们去看了一个中等以上的农家，在那里算是比较富裕的，但家徒四壁，连桌凳、床铺都没有，席子也没有，人就睡在泥巴地上。说他"富裕"，仅指多几口袋粮食而已，穷的农家就更可想而知了。当然，印度也有好的方面，如引进国外技术，消化得比较好，消化后就变成印度的技术，向第三世界输出，这一点我们就不如人家。印度对民族工业是保护的，当然开放不够。印度生产的汽车连我国原来生产的上海牌都不如，但街上跑的都是自己生产的汽车，外国的很少，并规定本国政府官员不准坐外国汽车。另外，街上没有像巴黎、纽约那样乱七八糟的广告。印度普及教育比较差，但对高等教育却很重视。从总体来说，虽然印度有它的进步方面，但和我国相比差距很大。实事求是地讲清这些情况，对于正确理解我国现状是有益的。

以上从不同角度对社会主义制度同资本主义制度所做的比较，证明我们走的道路是正确的。如果中国不搞社会主义，就不可避免地会出现两极分化，财富流入少数人腰包，而绝大多数人贫困交加，以致出现流离失所、饿死街头的惨状；国家也必然会倒退到半殖民地、半封建的社会，四分五裂。中国人民绝不允许出现这种状态。

二　中国仍处在社会主义的初级阶段

如上所述，30 多来我们取得了举世公认的伟大成就，但由于我国有个特点，就是邓小平同志指出的：人口多，家底薄，发展极不平衡，要实现社会主义的现代化需要相当长的时间，任务是很艰巨的。那么，中国究竟处在什么阶段呢？1981 年通过的中共中央《关于建国以来党的若干历史问题的决议》明确地提出了中国现在处在社会主义的初级阶段。党的十二大的政治报告，进一步肯定了这个论点。1986 年党的十二届六中全会通过的《中共中央关于社会主义精神文明建设指导方针的决议》再一次阐述了这个重要的论断。这个论断有两层含义：一是当今我国的社会是社会主义社会，我们必须坚持社会主义，而不能离开社会主义；二是当今我国的社会主义，又是初级阶段的社会主义。我们考虑问题，处理问题，必须从这个实际出发，而不能超越发展阶段。

马克思主义告诉我们，实现共产主义，要经过低级阶段也就是社会主义，然后到高级阶段——共产主义。这是一条极其重要的真理。同时，实践又告诉我们，对于这条真理的认识需要发展、深化。在建设社会主义社会这个历史阶段中又应该划分若干阶段，至少应划分为初级阶段和发达阶段。然而，仅仅这样认识还不够，还要认识这个初级阶段的长期性。特别是在那些经济不发达的国家，工人阶级取得了政权之后，建设社会主义初级阶段就会长得多，企图很快地完结这一历史阶段的过程，这是一种空想。我国和苏联的经验都已经充分地证明了这一点。

为什么这样讲呢？因为工人阶级只要具备了夺取政权的条件，采取革命的方式，推翻剥削阶级的统治，改变旧的生产关系，这是能够在比较短的时间以内完成的。不承认在一定历史条件下，半殖民地、半封建国家的人民，可以取得政权，超越资本主义发展阶段，而走上社会主义道路，这是革命发展问题上的机械论。而要把近乎中世纪式的以手工劳动为主的落后的生产力变为现代化的大生产的先进的生产力，要消灭文盲、普及教育，赶上发达国家的经济文化发展水平，是不能像夺取政权、改变旧的生产关系那样在很短的时间内完成的。一个是革命，一个是发展生产力，这是不一样的。要达到发达国家的水平，虽然由于社会制度优越可以比发达资本主义国家所经历过的时间要短，但还是需要相当长的时间。不承认生产的社会化、商品化是不可逾越的，以为不经过生产力的巨大发展，就可以进入成熟的社会主义，是革命发展问题上的空想论。

在我国，从新中国成立初期算起，要实现邓小平同志所说的人均国民生产总值达到中等发达国家水平的目标，需要多少时间？大约 100 年时间，也就是到下一个世纪中叶。至于要达到发达国家的水平，可能需要更长的时间。

统一对我国社会主义发展阶段的认识，不仅具有巨大的理论意义，而且具有巨大的实践意义。为什么这样说呢？不承认社会主义发展的阶段性，不认识社会主义从初级阶段到发达阶段需要相当长的时间，把社会主义革命和社会主义建设看得很容易，在这个方面，我们有过痛苦的教训：一个就是急于过渡，急于由社会主义过渡到共产主义。比如，从多种经济成分急于过渡到单一的公有制，从集体所有制急于过渡到全民所有制，从按劳分配急于过渡到按需分配，追求所谓"一大二公"，吃饭不要钱啦，诸如此类。这种"过渡"，过去大家都经历过了。另一个是急于求成。比如，提出违反自然规律和经济规律的"大跃进"，"苦战三年"就要改变中国的面貌。"人有多大胆，地有多大产"，"不怕办不到，只怕想不到"，等等。总之，有一种速成论的思想，就是认为社会主义建设很快就可以成功，这种倾向曾对我国建设事业造成了严重危害。这个历史教训是必须吸取的。我们建设社会主义过程中之所以出现这种急于求纯、急于求成的错误，根本就在于离开了我国的基本国情，没有清醒地认识到我国社会主义发展要经历一个相当长的初级阶段。当然，我们也反对慢吞吞的、不着急的、没有紧迫感的那种思想。但是，两相比较，37 年来我们受害最大的是急于过渡、急于求成的"左"的思想所造成的损失。因此，我们反复强调坚持实事求是的思想路线，致力于发展生产力，建设四个现代化，并逐步实行对我国经济体制、政治体制的改革。

通过几年来的实践和探索，对于我国目前仍然处在社会主义的初级阶段这一点，大家的认识逐步趋于一致了。但是，初级阶段的基本特点是什么？究竟有多长？看法不尽完全一致，需要进一步认真地探讨。现在，根据大家讨论的意见，对于初级阶段的一些基本特征初步归纳如下几条，供大家研究。

第一，我们国家的社会生产力虽然有了很大的增长，但劳动生产率仍然很低，物质技术基础的总水平和人均收入也都很低，人均国民生产总值居世界130位；地区的发展很不平衡，城乡之间、地区之间的差别还很大。按照人均国民生产总值1000美元的目标，现在上海早已达到了；但是，在西藏、青海、甘肃等最困难的地区，现在只有几十美元。在全国10亿人口中，8亿农民基本上还是以手工劳动为主，以落后的工具搞饭吃。一个农业劳动力生产的粮食可以供养的人口，美国大约是70个人，法国是36个人，德国和日本是18个人，而我国大约是两三个人。在工业部门，传统产业仍然占主导地位，新兴产业、高技术产业的比重还很小，少量的现代化产业同大量的落后于现代化水平的产业，同时存在。我国人口众多，劳动力充足，这是个优点；但是，人口增长和资源供应能力增长的矛盾长期处于紧张状态。我国地大物博，从总量来说是这样，但是以人口平均量来说却是一个资源贫乏的国家，对这一点认识清楚，才能更合理地、更节约地使用自己的资源。

为了说明我国生产力的落后，这里可以举几个例子。1979年，我到美国访问时访问了几户农家，其中有一家有5口人，3个劳动力，夫妇俩和一个儿子，另外两个孩子上学。这家3个劳力种了1100英亩土地，合中国6677亩土地，生产10万公斤粮食，每人平均生产3.5万公斤粮食，与我国每个劳动力每年平均生产1000公斤粮食相比，就高出35倍。我访问的这户人家，是代表了美国一般的个体农户的情况。这一家大约每年收入5万美元，向联邦政府纳税1.5万美元，向地方政府纳税5000美元，剩下纯收入3万美元，平均一个劳动力可以得到1万美元的收入。这与我国同一年每个农业劳动力的收入（约216美元）相比，高45倍。我对美国工人的劳动生产率也做了一些调查。以福特汽车制造厂的一个分厂为例，它有 4300 人，一年生产 21.5 万辆汽车，人均年产 50 辆汽车。而我们的二汽，比一汽更先进些，据一年前我去做的调查：6.4 万人，一年生产 9.6 万辆汽车，人均 1.5 辆汽车。由此看来，我们国家要富裕起来，不把劳动生产率提高上去是不行的。社会主义最根本的任务就是发展生产力，只有生产力的巨大发展，劳动生产率的不断提高，才能富国裕民。

第二，以公有制为基础的社会主义的基本经济制度已经在我国确立，地主、资本家作为阶级，已经消灭。但是，生产的社会化程度还很低，存在着以公有制为主体的多种经济成分，多种经营方式。作为主体的公有制本身也不成熟，在全民所有制经济内部，还存在着中央和地方、部门和企业、企业和企业之间复杂的利益关系；在集体经济内部，比如农村经济，所有权和经营权分开后，也出现了一些新的情况。除此以外，现在还有个体经济，中外合资的国家资本主义经济和少量的资本主义经济，包括允许外国人到中国来独资办企业等，作为社会主义经济的补充。这些都是和我们这个初级阶段有关系的。在社会主义初级阶段上，尤其必须以公有制为主体的前提下，发展多种经济成分，包括相当比重的个体经济、私营经济和外资经济，不能要求过去那种"一大二公"，纯而又纯。

第三，与公有制为主体的多种经济形式相适应的多种分配方式。在个人收入分配上，是以按劳分配为主，但同时还存在着性质不同的其他分配方式。即在按劳分配为主体的前提下，实行多种分配办法，包括各种合法的劳动所得，合法的生产条件带来的所得，以至某些合法的剥削所得，等等。在共同富裕的目标下，鼓励一部分人、一部分企业、一部分地区先富起来。不坚持按劳分配为主的原则，不坚持共同富裕的原则是不对的，要求绝对平均也是不对的。我们说以按劳分配为主，就是说还有其他一些分配形式，比如，买股票分得红利，能说是按劳分配吗？在银行存款取得利息，能说是按劳分配吗？当然不能这样说。还有一些其他的形式、其他的方式。如不加以区别，就会把那些雇工问题的性质，都说成是社会主义的了。但是，实际上，只能说它是我们社会主义经济的一种补充，它本身还不能说是社会主义的东西。

第四，我国的经济虽有很大的发展，但自给自足的自然经济、半自然经济以及传统模式下的产品经济，仍然占有相当大的比重。农产品商品化的程度，总的来说还不到50%；工业生产资料，还有相当大的部分靠调拨，而不是商品交换。商品经济很不发达，商品流通和金融机构还比较落后，社会主义的、统一的、开放的市场体系的形成，还需要一个发育的过程。而商品交换是社会主义条件下，不仅农民而且也是全民和集体企业唯一能够自愿接受的形式。全民、集体、个体和私营企业都是商品生产者和经营者，都需自主经营、自负盈亏。为了调动各类企业，各方面的劳动者和经营者的积极性，除了大力发展商品经济外，别无他途。国家计划也必须建立在等价交换的基础上。这就是有计划的商品经济。

第五，我国科技文教事业虽有很大发展，但是少量具有世界先进水平的科学技术同广大人民群众文化素质很低的情况，同时存在，文盲在成人中将近1/4（23%），这是个很大的问题。可是，要把我们整个民族的科学文化水平提高，需要几代人的努力才能达到。

第六，我国的社会主义，是独立自主、对外开放的社会主义。党的十一届三中全会以来，实行对外开放的方针，已经取得了开拓性的进展，但是，要把我国建设成为社会主义现代化国家，必须进一步对外开放，我们不能照搬别国的模式，但一定要对外开放，否则就会越来越落后，全盘西化不对，闭关自守也不行。

第七，我国人民民主专政的社会主义基本政治制度已经确立，工人阶级和其他劳动人民作为国家主人的地位的确立，使我国已经步入了人类历史上最先进的社会发展阶段，即社会主义的历史阶段；但是，社会主义的民主和法制还不健全，党和国家的政治生活的民主化、经济管理的民主化、整个社会生活的民主化，还是一个随着经济发展、文化提高逐步实现的过程。比如，文盲参加投票选举，参与国家政治生活，就有一定困难。因为上层建筑是由经济基础决定的，实现高度的民主也和充分发展社会生产力一样，要有个过程，建立社会主义民主政治是个长期的任务。

第八，从意识形态领域里讲，马克思主义、社会主义已经占有主导地位，但是，旧社会的习惯势力、小生产的狭隘观念和各种剥削阶级腐朽思想的影响和侵蚀，还严重存在，思想斗争还会长期存在。应当把这个问题看做长期的工作、长期的斗争，不能期望两年三年就把这个问题解决。和各种剥削阶级腐朽思想的斗争是一个长期的任务。党风问题也是一个需要长期解决的问题。

我们要在建设社会主义物质文明的同时，努力建设社会主义精神文明，要使传统的优秀文化与现代的先进文化相结合，继承和创新相结合。忽视学习外国先进的东西是不对的，忽视同资本主义、封建主义腐朽思想的必要斗争更是不对的。把这种斗争扩大化、简单化，企图用搞运动的办法解决思想问题也是不对的。

实现祖国的统一是历史赋予我们的任务。"一国两制"的科学构想，对推动祖国统一事业，产生了巨大作用。香港、澳门问题相继得到圆满解决。但祖国统一事业还未完成，我们还要按照这一原则和平解决台湾问题。

总之，社会主义初级阶段，既区别于新民主主义向社会主义的过渡时期，又区别于发达的社会主义，这是在经济不发达的基础上建设社会主义。有人说，我们既然没有走过资本主义，就先走一段资本主义然后再走社会主义好了。如果那样，我们就会和印度现在的情况差不多。但是，历史既不允许我们退到资本主义去，又要求我们在社会主义条件下吸收资本主义已经取得的反映现代社会化、商品化生产规律的那些东西，利用它作为社会主义的某些补充，以完成历史赋予我们的任务。这样，经过长期的努力，我们就能在经济发展上接近并最终超过资本主义的发达国家。

我们还可以看看苏联的教训。苏联从 1917 年"十月革命"到现在近 70 年，他们对自己所处的发展阶段，也有一个认识不断深化的过程，经过几代领导人的努力，可以说逐渐地接近于实际了。因为过去走得太快，现在在某种意义上也可以说是后退，但实际上不应该说是后退，而应该说是逐渐地接近于实际。列宁在"十月革命"取得胜利之后，由于当时国际上帝国主义的武装干涉和国内反革命武装的叛乱，于是实行军事共产主义制度，帝国主义的干涉结束以后，列宁很快由军事共产主义转变为新经济政策。新经济政策，包括以国营经济为主体，允许一些私人的、个体的经济活动存在，也允许外国资本租赁本国的企业。斯大林一直说是在建设社会主义，他倒没有说马上要搞共产主义。但到赫鲁晓夫上台，就宣布苏联已经进入建设共产主义的阶段。到了勃列日涅夫，又改变了，说现在不是处在建设共产主义阶段，而是处在建设发达的社会主义阶段。到安德罗波夫的时候，说是处在发达的社会主义的门口。由此可见，他们对这个问题的认识也是逐步深化的。

回顾一下我们自己的认识过程，那也是很有意思的。1958 年 8 月北戴河会议通过的关于农村建立人民公社问题的决议就认为，共产主义在我国的实现，已经不是什么遥远将来的事情了，并提出要七八年后就可以实行按需分配。后来，很快地就发现了这个错误。到同年年底武昌会议时，又做了个《关于人民公社若干问题的决议》，指出不能混淆社会主义和共产主义两个阶段，社会主义阶段是长期的，但还没有提到初级阶段的问题。我们在这个问题的认识上，也值得很好总结的。我们搞社会主义的历史要比苏联短得多，经济发展的起点和自然资源的拥有量也比它差得多，而我们的人口要比苏联多得多。因此，我们国家社会主义建设初级阶段的时间可能要比苏联长得多。

在这个问题上，极少数人攻击和污蔑我们社会主义制度，把社会主义说成是"空洞无物的幻想"，"实质是封建的半封建的"，"不过是抹上了马列主义、社会主义的一层油彩"。他们认为资本主义的生产方式是中国急需的，要"回过头来再补课"，主张引进资本主义的思想、理论、意识形态。他们这种倒行逆施，显然只会把我们社会主义现代化建设引向歧路。党中央领导同志曾指出：我们既不能在无产阶级革命胜利以后搞一段资本主义，也不能够忽视中国缺乏资本主义发展过程这样一个事实。无产阶级既已取得了政权，为什么还要搞资本主义？应该搞社会主义。但是，我们也不能因此忽视中国还缺乏资本主义发展过程这个事实。所以，我们要克服两种错误倾向：一种是要为资本主义平反，认为我们过去搞错了，要回到资本主义去；另一种是不让搞商品经济，不让个体经济存在。这两种倾向都要反对。

还有些同志看到我们国家很穷，心里很着急，恨不得在很短时间里就要把什么事情都办完，好像一觉醒来就要实现一个现代化，这是不现实的。我们有过这样的教训：1958 年人民公社化决议就讲过，七八年就要到共产主义，那当然不行。同时又搞了"大跃进"，想三五年内就使中国面貌全部改观，结果遭受了令人痛心的损失。现在，在青年学生中有些不满情绪，很大程度上来自求成过急的心情。根据世界银行世界经济情况报告，1983 年统计了 154 个国家和地区的国民生产总值，中国排在第 136 位。这是相当靠后的。到本世纪末，我国人均国民生产总值，按照邓小平同志讲的，要达到 800—1000 美元。到那个时候，根据对中国和其他国家发展的预测，我国可能进到第 75 位左右。邓小平同志还设想我国在 21 世纪中叶达到人均国民生产总值 4000 美元，到那个时候，我们的位置会更提前一些。但是，应该看到，这不是一件轻而易举的事情，需要全党、全国人民同心同德，做长期的、艰苦的奋斗。

发展中国家赶超发达国家的基本前提，是持续地、较快地提高社会经济效益。我国的人均产值比较低，还不具备快速推动经济增长的必要的物质力量；而且无论从经济结构还是经济体制方面，都还缺乏经济高效率运转的条件；这样，就和一般发展中国家一样，在经济起飞之前，通常需要一个准备阶段。在这个准备阶段中，要把发展和改革相结合，通过改革在经济领域里主要做好三件事情：一是要制定正确的产业政策，以及支持这个产业政策的有关政策体系，使资源得到最优化的配置；二是要理顺经济关系，制定各种经济法规，建立能够有效运行的经济体制；三是要进行国民经济高速发展的软件准备，包括建立良好的科技教育体系，提高全民族的科学文化水平，培养现代化建设所需要的科技人才和管理人才。总之，准备阶段各种工作进行得越好，我们高速成长的阶段就会更快地到来，并且能够进行得比较顺利。各个国家达到这个高速成长阶段的转折点有没有一个标准呢？根据外国的经验，就要看它人均产值的水平是多少。人口稠密的大国这个水平要低一点，人口少、资源丰富的国家要高一点；但从国际上一般发展的情况看，大体要在 800 美元上下（按 1985 年的美元计算）。这是一个临界点。达到这个水平，就表明整个国家的实力已经能够有力地推动国民经济持久的、稳定的高速增长了。但是，应该看到，一些发达国家从人均国民生产总值 200 美元以下达到 800 美元，都经历了一两个世纪的漫长过程，我们则要在 15—20 年期间走完这个过程。而后期的发展中国家，由于有国家的推动，并能够以较小的成本取得别国发展的成熟经验，即所谓"后发利益"，因而可以缩短这个过程，但仍然是个艰苦的过程。不少国家由于没有制定好打基础的战略和政策，经济就长期地被动或者停滞不前了。考虑到这些情况，党的十二大在制定本世纪战略目标的时候，就做出了把战略目标实际分为两个阶段的决策：前 10 年（1981—1990 年）速度要慢一些，着重为后 10 年的起飞打好基础，要求工农业生产总值年平均增长 6.25%；后 10 年平均增长 7.5% 以上。在实行中，1981 年进一步调整国民经济后不久，1982 年下半年就开始出现追求高速度的苗头，但由于党中央、国务院及时采取了小的调整措施，"六五"时期前三年总的来说还是平稳的，工农业总产值年平均增长 7.8%，国民收入平均增长 7.6%，经济效益提高得也比较快。但是，从 1984 年年初开始，一些同志头脑不够清醒，到处加温加压，强调提前翻番，致使各地竞相攀比，增长过猛。1984 年国民经济增长速度逐渐跃进式地上升，12 月份达到 20% 以上，同时，投资规模大大膨胀，全民所有制单位固定资产投资比上年增长 24.5%，职工名义工资增加 21.3%。这样，就不可避免地出现积累和消费同时扩大，需求膨胀的局面，妨碍做好打基础的工作。党中央国务院不得不在 1985 年春采取加强宏观控制的措施，把建设的步伐放慢下来。这次被动所造成的余波影响，到现在还没有完全消除。这个经验，值得我们吸取。

三　体制改革的目的是为了建设有中国特色的社会主义

前面讲过，建设有中国特色的社会主义，是邓小平同志提出来的。"文化大革命"结束，特别是在党的十一届三中全会重新确立了马克思主义的思想路线、政治路线、组织路线以后，中国的现代化将走什么道路，它的前景怎么样，这是全中国人民以及全世界人民所关注的一个大问题。邓小平同志所写的《建设有中国特色的社会主义》一书，对这个问题进行了科学的、系统的、扼要的回答，阐明了建设有中国特色的社会主义的基本问题。邓小平同志在党的十二大的开幕词里有这么一段话："把马克思主义的普遍真理同我国的具体实际结合起来，走自己的道路，建设有中国特色的社会主义。"正式提出建设有中国特色的社会主义，是在这时提出来的。这个思想已经成为我们建设社会主义现代化国家的总的指导思想。党的十一届三中全会以来的路线，概括来说，就是建设有中国特色的社会主义的路线，是实现我国社会主义现代化过程的路线。

建设有中国特色的社会主义，清楚地指明，我们要搞的是社会主义，而不是资本主义的现代化，我们的社会主义又是有中国特色的社会主义，而不是抄袭别人的东西。当然，说有中国特色，不仅指初级阶段有，到了社会主义的高级阶段，也是有中国特色的，但是在初级阶段还应有初级阶段的特色。坚持四项基本原则，坚持实行改革、开放、搞活的方针，这是党的十一届三中全会以来路线的基本点，也是走建设有中国特色的社会主义道路的基本点。实行改革、开放、搞活的方针，是我们经过30多年摸索、找到的坚持四项基本原则、完善和发展社会主义制度、促进生产力迅速发展的正确办法。这个总方针、总政策绝不会改变，而且只会越来越丰富和深入。坚持四项基本原则，坚持实行改革、开放、搞活的方针，这两个基本点是并行不悖、相辅相成的，是相互渗透、相互结合的统一的整体。不坚持四项基本原则，安定团结的政治局面就会遭到破坏，改革、开放、搞活就会失去根本的政治保证和必要的社会环境，甚至会走到邪路上去。而不实行改革、开放、搞活，社会主义社会就会停滞、僵化，社会生产力就不可能赶上和超过发达国家，人民生活也就不能从贫困、短缺中间摆脱出来。这样，党的领导就会失去群众基础，社会主义制度在同资本主义的竞赛中就不能取得胜利。我们应该有这样的紧迫感和危机感，从而坚定我们的斗志，搞好我们的事业。

针对近一段时期以来，资产阶级自由化思潮泛滥的情况，当前强调坚持四项基本原则，反对资产阶级自由化，这正是为了更正确、更全面地贯彻党的十一届三中全会以来的路线，绝不是也不会影响改革、开放、搞活的进行。

当然，改革、开放、搞活有一个方向问题。这方面存在三种看法：一是改到资本主义路上去，这就是一些坚持资产阶级自由化的人所讲的那一套；二是改回到传统的产品经济中去，改到老一套、老模式上去，有少数同志有类似的看法；三是坚持四项基本原则，实行改革、开放、搞活的总方针、总政策，走建设有中国特色的社会主义的道路，这是党中央确定的路线。

第一种观点认为，社会主义不如资本主义，中国要赶上发达国家，就要：一主张全盘西化；二主张公有制私有化，变公有制为私有制，先搞资本主义再搞社会主义；三把明明是资本主义的东西也说成是社会主义的。

第二种观点认为，我们的改革偏离了社会主义的方向，主张原来僵化的体制不变，或者退回到原来的体制上去；认为现在出现的问题只能用原来的方法才能解决；也有一种说法：落后国家要赶上发达国家就得用苏联原来的那种模式。有的说，苏联那种模式虽然不好，可苏联不也成为社会主义现代化国家了吗？还有的认为，苏联现在已经成为现代化国家才对原来的模式进行改革，我们还处在初级阶段，没有必要对这种模式进行大的改革，主张仍然沿用原来的模式。

以上两种观点，是不符合我国国情的，是行不通的。我们既不能走资本主义的道路，也不能退到僵化的模式上去，我们应该走我们自己的路，建设有中国特色的社会主义。

那么，什么是有中国特色的社会主义呢？前面说过，要把马克思主义的普遍真理同我国的具体实际结合起来，走自己的道路，建设有中国特色的社会主义。这里所指的我国的具体实际是什么呢？这就是我国的国情和前面所说的我国社会主义建设发展所处的历史阶段。

我国的基本国情，正如邓小平同志多次指出的：我们国家大、人口多、家底薄、发展很不平衡。具体来说，我国的社会主义建设必须根据我国的自然环境，人力、物力条件，生产力发展水平，产业结构，经济结构，文化水平，经济、政治、社会制度，以及民族的、历史的、文化的传统，等等。同时要立足于我国仍处在社会主义初级阶段。要根据这些来研究有中国特色的社会主义包括哪些内容。其中，有些内容在前一个问题中已经讲过，这里不再重复。

　　党的十二届三中全会《关于经济体制改革的决定》指出：我国现阶段的经济，"是在公有制基础上的有计划的商品经济。"这是符合我国国情，适合于我国工业化和现代化要求的。建设有中国特色的社会主义在许多方面都是和这种认识有关的，这是我们进行经济体制改革的理论基础。这个认识丰富和发展了马克思主义，是理论上的一个突破，为建设和改革开辟了广阔的道路。在这方面还有一些理论问题需要弄清楚，例如，商品经济是不是只能和私有制而不能和公有制相联系？商品经济是不是只能造成两极分化，而不能搞共同富裕？要提高劳动生产率是不是就不能够公平分配？计划和市场是不是互不相容的？等等。这些问题都有待于深入研究，进一步把道理讲清楚。

　　现在有一种倾向，混淆了科学的社会主义和非科学的社会主义原则的区别。30多年来，我们从事马克思主义的科学社会主义的探索和实践。但是，有的人把资本主义国家中开始注意制定计划和某些福利政策的现象也说成是社会主义的。例如，把日本的、法国的、英国的经济计划和国有化程度，说成比中国还好，把瑞典、挪威这些所谓福利国家都看成是搞社会主义的，这样就混淆了两种根本不同的社会制度；有的并且将那些所谓"社会主义"作为我们改革的目标和模式，主张照搬，这是不正确的。大家可以看一看，马克思、恩格斯的《共产党宣言》里是怎样逐条严肃地批判资产阶级的、小资产阶级的社会主义，根源于人本主义的"真正的社会主义"的，联系我们从现代西方资产阶级经济学、社会学所看到一些观点，可以得到启示。西方现在的资产阶级经济学也是很巧妙的，说什么社会主义和资本主义最后要走到一起，所谓"走到一起"并不是走到社会主义，而是叫我们走到他们那里去。有些同志，在认识上就糊里糊涂地和人家走到一起了。我们说将来是要走到一条路上去的，是走社会主义，而不是像资产阶级学者或国内搞资产阶级自由化的人所说的那样走到资本主义路上去，对此应有清醒的认识。如果在这个问题上态度不鲜明，坚持四项基本原则就是一句空话。

　　另一方面，当前确实还有着一种要求退到原来的经济体制上去，回到原来苏联的那一套模式上去的想法。出现这种思想的原因之一，是有些同志看改革的成绩少了，看改革出的问题多了，或多或少地还有留恋旧体制的情绪。我们应该看到在过去的经济体制下，虽然取得了巨大的成就，但也使我们遭受到不少挫折，花的代价很大，经济效益不高。如果说依靠这种传统的体制，苏联能够实现工业化的话，那么根据中国的资源条件，是不能实现工业化和现代化的。因为我们人口多，人均资源少，经不起那种耗费，如石油、有色金属、黑色金属、煤炭等这些东西耗掉了是不能再生的。正是因为这样，我们才提出了改革的任务。当前经济生活遇到的问题，是前进中的问题，只有通过改革才能解决，而不能退到原来的传统体制中去。

对于改革的重要性、迫切性，我们还要从更广阔的时代背景上加以认识。第二次世界大战后，特别是 70 年代以来，世界范围的科学技术革命、产业革命的浪潮空前高涨，越来越强烈地要求经济、政治、社会生活发生深刻的变革，要求原有的产业结构和国际经济技术联系的格局来一个更大的突破。目前还处在试验阶段的许多高技术，将会普遍地运用于生产，一系列新兴产业将会发展壮大，使整个世界生产体系和科研水平发生根本改观。已经过时的、僵化的经济体制完全不能适应这种变化。正是在这样的历史背景下，苏联和东欧社会主义国家都掀起了经济体制改革的高潮。这种形势对于我们既是个难得的机会，又是个严峻的挑战。我们必须坚定不移地走改革的道路，通过系统的、配套的改革，建立起能够有效地吸收当前最新的科学技术成就、推动科学技术进步、促进生产力迅速发展的充满生机和活力的新的体制。否则，我们就可能在世界性的科学技术革命和改革的洪流中间再次落伍，难以实现社会主义现代化的宏伟目标，丧失我们应有的国际地位。这确实是关系到我们国家、民族及社会主义制度兴衰成败的大问题。

下面我想对改革中不少同志曾有疑虑的几个问题，做一点初步的讨论。

第一，物价问题。这是人们普遍关心、议论比较多的一个问题。大家知道，过去由于国家长期采取物价稳定的政策，实际上是通过国家日益增加的财政补贴，把物价冻结起来。这样就排斥了价值规律对于调节分配、激发活力和调整社会分工等方面所应起的作用。由此造成了产业结构的严重失调，也导致了经济生活中短缺和浪费并存。对此如不进行改革，就不可能形成社会主义商品经济所不可缺少的合理的价格体系，不可能促进生产的发展和商品流通，不可能正确地引导社会消费，充满生机活力的社会主义经济体制也就建立不起来。但是价格改革涉及千家万户，这就产生了国家、企业、居民承受能力的问题，这里既包括实际经济的承受能力，又包括社会心理的承受能力。比如说火柴，因为成本上升，售价由 2 分涨到 3 分，一些群众就有反应了。并不是经济上承受不了，而是心理上的反应。只要我们宣传工作跟上去，这种心理上的反应是可以解决的。从政府来说，每一项价格的改革措施都应该力求把物价总水平的上升幅度控制在社会和人民能够承受的范围以内，这个问题是很大的问题。从物价补贴来讲，去年是 242 亿元，今年要补贴 337 亿元，这个数字占我们国家财政收入的 1/7。这还是只就物价补贴这个范围算的，房租补贴还不在内，至于城镇居民水费、电费和生活用煤等价格补贴也没有包括在内。所以这个价格补贴的问题是个很棘手的问题。当然，这个问题是要妥善处理的。从群众来说，也要提高对物价改革的必要性、复杂性的认识，增强对发展社会主义商品经济条件下价格变动的适应能力。这也是个大问题。社会主义国家在物价改革中出的问题是不少的。南斯拉夫改革十几年了，物价问题一直是个难题，物价每年上升幅度比较大，去年上升了 90% 多，因此提出要"稳定经济"。波兰 1980 年发生工潮也是同物价变动有关的。我们过去物价指数每年增加约 1%—2%，这些年不同了，有一年增加到将近 10%（9% 多一点）。这是全国平均数，要分城乡、分地区讲，城市要高些，城市中大概是北京、上海、广州最高，分别达到 20% 以上。我们对这个问题要采取非常慎重的态度来解决。另一方面，我们对那些借改革之机哄抬物价的现象、随便涨价的现象要坚决加以制止，要做好整顿市场的工作。当然，在改革时期，物价不可能像过去那样长期不变，也不能因为物价涨了，就说我们生活水平降低了，至少对绝大多数人来讲还不能这么说。从党的十一届三中全会以来，我国人民的生活水平总的说来是不断提高的。当然，少数家庭就业人口少、赡养人口多，以及退休职工等，生活多少有些降低，比较困难；再就是过去工资等级比较高的，几年来物价涨了，工资没有涨，那些同志可能也要发些牢骚。但是，从整个社会来讲，特别是农民生活有了迅速的改善，职工的收入肯定也比过去多了。尽管如此，对某些职工生活的特别困难问题要妥善地加以处理。

第二，利益分配的问题。在整个社会主义阶段，按劳分配为主的这个原则是不能变的，不然就不是社会主义了。改革的总的原则是既纠正平均主义，适当地拉开收入的档次，也要防止出现两极分化，出现百万富翁。改革必然要重新调整社会各部分人的利益关系。从整体上来看，大家都会得到利益，得到好处；但是，不可能齐头并进，必然有先，有后，有多，有少。对于极少数的懒汉来说，他的收益完全可能也应该在改革中间有所下降，以促使他由懒变勤。还应该看到，由于物质利益的特性，决定了一般人的欲望只能上升不能下降，所以调整利益关系是个难度很大的问题。在采取改革措施的时候，要尽可能照顾到各方面的利益，从而使改革能始终得到广大群众的支持，保证我们改革的顺利发展。在宣传教育方面，我们应该将改革的成果和困难随时告诉群众，团结群众同心同德地把改革进行下去。在利益分配上，我们国家机关在前年进行了工资改革，这是必要的，因为国家机关工作人员的工资比较低。改革以后，马上就带动了社会上的其他方面，形成了相互攀比。这个影响是不小的。还有一些机关发奖金、发实物等，大家非常敏感。对这些问题，我们也要注意加以妥善地处理。

第三，关于私有经济问题。在社会主义的初级阶段，允许并且适当鼓励一些人在某些规定的行业中搞个体经营，有利于搞活经济和扩大就业。允许具有某些特殊生产技能或从事某些特定行业、经营项目的人，找几个帮手或带几个徒弟，在履行公平合理的经济合同的前提下，建立起平等互利、相互尊重的合作关系。至于允许带多少个徒弟、多少个帮手，国务院有文件规定。我们也允许中外合资办厂和允许外国资本家独资办厂，论性质，前者是一种国家资本主义的，后者是私人资本主义的，只要他们遵守中国的有关法律进行经济活动，就可以允许其存在和发展。为什么要这样做呢？因为这样做，可以增加社会的财富，减少社会就业的压力，也无损于社会主义公有制的基础；说到底，这些资本主义成分在我们社会中间占的比例是很小的。它只能作为社会主义经济的补充。

应当鼓励一部分人通过自己的辛勤劳动先富裕起来，为社会创造更多的财富，从而达到全社会共同富裕的这个目标。对通过合法正当的途径获得的高额收入，必须征收累进所得税，实行合理调节。国家征收所得税的法规已经公布，怎么使这个法规具体化并且严格地执行，要做很多细致的工作；只有很好地严格执行国家税法，才能合理调节各类人员的收入，防止工资收入差距过于悬殊。对那些通过不正当手段非法牟取暴利的行为，就要严加取缔，其中触犯刑律的人必须予以制裁。

第四，关于国有企业实行两权分离、自负盈亏的问题。有些同志认为，对国有大中型企业实行所有权和经营权分开的原则，会改变企业的全民所有制性质。这种担心是不必要的。实行两权分开，改变的只是全民所有制实现的形式，而并不改变全民所有制性质本身。增强企业活力是经济体制改革的一个中心环节。现在一些企业并没有活起来的主要原因有两个方面：一方面是国家下放给企业的某些权力，被地方或部门的主管机关截留了；另一方面，给企业扩权的同时，对企业应该负的责任缺乏明确的规定，就是责、权、利没有很好地结合起来。所以，企业里只负盈不负亏，吃国家"大锅饭"的状况在很大程度上还没有改变。为了进一步深化企业的改革，除了已经规定下放给企业的权力必须坚决下放给企业（今年国务院发文规定，要把这一条作为考核各级政府行政人员业绩的一个重要内容）以外，要把改革的重点放在完善企业的经营机制上。具体来说，要根据不同行业、不同企业的特点，灵活地确定和完善企业合理的经营方式，小型企业特别是小型商业企业实行租赁制或者承包责任制，大中型企业在照章纳税的前提下，也可以实行各种形式的经营责任制，包括各种形式的承包制。承包的办法，包括像首钢实行过的利润包干递增的办法在内。在不改变公有制为主体，不损害国家利益的前提下，某些企业用股份制实行两权分离，也是一种可以试行的形式。最近邓小平同志指出：股票、债券是一种形式。谁使用就为谁服务，资本主义可以使用，社会主义也可以使用。我们要积极探索企业所有权和经营权分开的多种有效的形式，逐步走出一条既符合公有制为主体的原则，又能够增强企业旺盛的活力和生机的有中国特色的社会主义企业经营管理的新路子。

从前面的分析来看，中华人民共和国诞生以来的成就，证明中国人民在中国共产党的领导下走社会主义道路是走对了。如果不走这条道路就会天下大乱，重演四分五裂、备受凌辱的历史悲剧。过去是这样，今天也会是这样。如果发生这种情况，中国人民一百多年来奋斗牺牲的成果，就会前功尽弃。搞资产阶级自由化，企图退回到资本主义道路是违反历史规律的，是害国害民的。

但是，我们的社会主义不是脱胎于发达的资本主义，而是脱胎于未经资本主义充分发展的半封建、半殖民地。因此，我国社会主义发展必然要经历一个相当长的初级阶段。就生产力的发展水平以及由它决定的教育、科学、文化水平来说，就生产社会化和商品化的程度来说，我们现在还远远落后于发达的资本主义国家。我们必须在社会主义条件下，用一整个历史阶段去完成通常在资本主义下完成的工业化和生产社会化、商品化的任务。这件事，资本主义用了几百年，我们在社会主义条件下可以而且应当发展得更快，但至少也需要上百年，时间短了是不行的。对此要求过急是不对的，失去信心也是不对的。我们对于我国的未来满怀信心。我们完全有可能用比发达资本主义国家实现现代化要短得多的时间完成中国的社会主义现代化，建成具有中国特色的社会主义。

国营企业承包经营的几个问题[*]

这次"深化企业改革"座谈会，是在国务院确定今年的城市改革，以深化企业改革、进一步搞活大中型国营企业作为重点这样的要求下召开的。

深化企业改革和搞活大中型国营企业，是按照把国营企业的所有权和经营权适当分开的原则，基本采取承包经营的方式。这次座谈会，就这个问题，从理论和实践的结合上进行探讨，这不仅有重要的理论意义，更重要的是具有实践意义。

今天我想讲三个问题；第一是关于认识方面的问题；第二是关于承包经营的形式问题；第三是如何解决承包经营的不规范化问题。

一 关于认识方面的问题

现在，承包经营的事情，大家都重视了，各个地方都在进行这项工作。但是在工作中，认识上还有一些问题，需要进一步弄清楚。

根据我们所接触到的材料和一些做实际工作的同志的反映，认识方面的问题主要是对国营企业把所有权与经营权适当分开，实行承包经营，究竟符合不符合社会主义的方向，是否有利于我们今后的改革，还有这样那

---

[*] 本文是作者 1987 年 4 月 6 日在深化企业改革座谈会上的讲话。

样的疑虑。现在想提出几个有关的问题来，同大家一起讨论。

第一，所有权与经营权是否能够分开？有的认为可以分开，有的认为难以分开；还有一种意见认为，从国家和企业的关系来看，所有权与经营权是可以而且能够分开的，但是从企业内部来讲，所有权与经营权必须统一。十二届三中全会提出，国营企业要把所有权与经营权适当分开，无论从理论上或实践上看，这个论断都是正确的，符合社会主义原则的。马克思早就说过："资本主义生产本身已经使那种完全同资本主义所有权分离的指挥劳动比比皆是。"问题是这个原则能否适用于社会主义制度下的国营企业。我国农村改革是实行以家庭为主的联产承包责任制，把所有权与经营权分开，土地、农田水利设施等主要的生产资料仍属集体所有，而经营则由农户承包，已经取得了巨大的成功。城市的国营工商企业，凡是把所有权与经营权适当分开，实行各种形式的承包经营责任制的，也取得了显著的成绩。而没有这样做的，即使在设备，技术及其他生产条件方面远比乡镇企业优越得多，却比实行两权分开的乡镇企业发展缓慢，步履维艰。这是很说明问题的。判断一种经营方式的好坏，主要地应当看它是否能更好地促进生产力的发展。在坚持社会主义原则下，哪种经营方式最有利于促进生产力的发展，就应当采取哪种经营方式。

第二，实行承包经营，会不会把全民所有制变为集体所有制？国营企业两权分开，从目前的现实可能来看，就是"国家所有，企业经营"。在这种情况下，国家基本上不参与企业微观经济活动领域内的事务，不仅把简单再生产以至扩大再生产的大部分权力都交给企业。国家不再直接向企业无偿投资，企业扩大再生产所需资金，主要靠自己内部积累和通过银行贷款等方式筹集。企业投资方向根据国家的产业政策和长远计划由社会需求、预期利润率及贷款利率决定。只有少数重要部门和企业，仍由国家直接经营，下达指令性计划。担心国营企业实行承包经营，会不会把全民所有制变为集体所有制，答案应当是否定的。封建主义社会地主占有土地，农民租种，只要交缴纳地租，农民种什么，怎么经营可以自主。资本主义社会在许多情况下也是两权分开的，股东可以是这些人，经理是另外一些人。由此可见，所有权与经营权分开，采用什么经营方式，并不能改变所有制的性质。对社会主义的国营企业来说，也是如此。因为国营企业实行两权分开，只是企业经营机制的改变，使企业具有经营自主权，以便逐步做到独立核算、自负盈亏，而不会也不可能改变全民所有制性质。

第三，国营企业能否做到自主经营、自负盈亏？有的同志根据某些企业目前只负盈，不负亏的状况，认为难以做到。实现所有权同经营权的分开，就是要做到企业的权、责、利、害相结合，使企业具有明确的经营责任，充分的经营权力，独立的经济利益，这就可以逐步做到自主经营、自我发展、自负盈亏。许多企业一经承包经营，很快扭亏为盈或盈利大增，就证明了这一点。

第四，实行承包的国营企业会不会出现企业所有制？国营企业根据国家的规定，用企业自有资金所形成的资产和原来由国家投资所形成的资产都属于全民所有，这是没有疑问的。问题是，这两部分资产到底有没有区别？对这个问题，一直存在着不同的看法。把国营企业新增资产部分与原有国家资产一样对待，有什么好处，有什么坏处？首都钢铁公司和第二汽车制造厂的实践证明：虽然企业自行增值的那一部分资产，仍然属于全民所有制，但是，把两者分开，是有重大意义的。国营企业用自有资金形成的这部分资产，过去也是靠国家投资的，现在是靠企业自己经营、自己积累，是企业自己搞起来的，其效果就完全不一样。国家投资时，是企业尽量向国家伸手要钱，本来一元钱能办到的事情，而要两元钱；现在由企业自己经营，是一元钱当两元钱花。这就由国家投资办厂，变为由企业自己投资办厂，使企业由千方百计地争投资，变为千方百计地节省投资，注意经济效益。实际生活不是给人们以很有益的启示吗？为了鼓励企业自我发展，企业用自有资金形成的这一部分资产虽属于国家所有，但在一定时间，比如5年或10年之内，这部分资产所得的收益，可以减免所得税，这样做有利于充分调动企业自我发展的积极性。如果把这部分投资都等同于国家投资，不给企业以适当利益，就会挫伤企业积极性。但是，如果企业的这部分投资，始终都归企业所有，那么，随着企业自我不断发展，企业所有部分日益扩大，而原有固定资产原值，由于逐年折旧，日益减少，这样日久天长，就会使国家所有制逐步变为企业所有制。这是需要进一步研究解决的问题。在这方面，我们应当借鉴南斯拉夫的经验教训，不要搞成像它那样的社会所有制，即集团、企业、生产单位的所有制，那样做，弊多利少。

第五，股份制问题。股份制是否适用于社会主义？适用于哪些方面？不适用于哪些方面？大家看法也不一致。股份制是实现所有权和经营权分开的一种形式。在经济体制改革过程中，由于企业发展横向经济联合而形成的合股联营，就是一种具有我国特色的社会主义股份经济的雏形，需要在实践中不断总结经验，加以完善、提高。

股份制与合作制也不同。合作制企业向本企业职工发行股票，它属于劳动力带资金的性质，并不向社会发行股票，而且每人入股的上限、下限都有个大体的规定，从而保持合作制企业内部劳动者之间在利益分配上不过分悬殊。这是与股份制不同的。

第六，租赁制与承包制有没有区别？租赁和承包不是一回事。现在把租赁和承包混同起来，据说是因为前一个时期承包是受限制的，而对租赁是提倡的，所以想承包的人不敢叫承包，就叫"租赁承包"，于是就把两者混同起来了。

根据前一个时期的实践，承包制比较适用于国营大中型企业，而租赁制比较适用于国营小型企业。承包与租赁的区别：一是所有权的变化程度不同。承包经营时，所有权不发生变化，只是所有权与经营权的分开，而租赁经营时，在租赁期间，实际上所有权有了暂时的过渡，但是也有不同意这种看法的。二是新增资产部分的归属不同。承包经营时，由税后留利形成的新增资产部分仍属全民所有，不属承包者所有；而租赁经营时的增值资产部分，则往往是全部或部分地归属于承租人所有。三是承担风险程度不同。承包经营时，承包人只能负按承包合同所规定的有限责任；而租赁经营则不一样，它得根据担保条件，承担较大的经营风险。即租赁者以一定的财产等做担保，视其资产雄厚或具备的其他条件来确定承担能力。以上这些区别，是试点实践中初步总结的一些看法，是否妥当需要进一步研究。

二 关于承包经营的形式问题

我国的企业有各种不同的状况，各种产业的企业也有不同，同样的产业有经营好的，也有经营不好的，发展很不平衡。这个地区和那个地区也不一样，这是很复杂的事情。因此，承包经营形式应该多种多样，不能只按一个模式套下来。

根据国家经委总结的材料，目前承包经营有这样几种形式：

第一种，"双保一挂"。即一保上缴利税，二保国家已经批准的基本建设、技术改造项目，两保完不成的，要用企业自留资金补足：一挂就是工资总额和实现利税挂钩。北京市和吉林省是采取这样办法的。经委讨论的意见，应该"二保二挂"，工资总额不仅和上缴利税挂钩，而且应当和生产性的固定资产增值挂钩。

第二种，上缴利润递增包干。首钢就是这个办法，即企业上缴产品税和增值税以后，逐年按一定的递增率向国家财政上缴利润。这种形式，经批准正在试行的有20多家，要求实行这种办法的还有很多企业。

第三种，微利、亏损企业的利润包干和减亏补贴包干。

第四种，企业经营责任制。这是体改委在6个城市试点的办法即基数利润部分缴55%的所得税，超基数利润所得税降到30%。也就是说，超过基数的利润为三七开，企业得七成，国家得三成。

第五种，上缴利润基数或目标包干，超额分成。就是确定上缴利润基数，企业完成上缴基数后，超额部分按照一定的比例分成。

第六种，是行业投入产出包干，就是部门的承包。

以上是经委总结的6种形式。

讨论中又增加了一种形式，即资产经营责任制。它是由几位青年学者提出的，正在沈阳、武汉、重庆等市进行试点。

除以上所说的7种形式以外，如果细分起来，可能更多。问题是要对每一种形式进行具体的分析和研究，看看这些形式有哪些优点，有哪些缺点，以及所适应的对象是什么，弄清它到底适于哪一类企业、哪一种行业和哪一类地区。这要具体地研究。不能要推广哪一种，就只说哪一种好，而不说它的毛病，这样做不好。实际上，每一种形式的存在，都有它的客观必然性。当然，任何事物的发展都会有一些不完善的地方，要使一种形式更加完善，就应当吸收其他形式中的优点，同时，把不好的东西加以扬弃，使自己完善起来。承包经营在相当长的时间内恐怕都是多种形式。只有在发展的过程中，才能看出哪些是基本的形式，但也不能排斥其他的形式。

三　关于承包经营不规范化的问题

承包经营的形式多种多样，即使是同样的形式，承包经营的内容也不一样，确实存在着不规范化的问题。这同改革的要求是存在一些矛盾的。

现在难以一下子搞出一个规范化的东西。但是，可不可以根据实践的经验，搞出几条大家共同遵守的规则，使我们的承包经营在更健康的轨道上运行。

从目前情况看，承包经营责任制有共同的特征，这就是"包死基数，确保上缴，超收多留，欠收自补"。能否根据这些特征，在同一行业内部，先搞出几条规则来？在这方面，要解决哪些问题呢？

第一，承包的基数。不管哪种承包，都有个基数问题。确定基数要避免两种做法，一是从国家挖出一块来给承包企业吃偏饭，减税让利；另外一种办法是把承包企业卡得很死，挫伤企业的积极性。过去我们推广某一种办法的时候，常常是给它吃偏饭，这种经验很难普遍推广，现在减税让利余地很小了。企业承包，不能指望再从国家那里挖一块，更不能乱涨价，使消费者增加负担，而是要靠企业挖掘自身潜力的本事。这个问题要处理适当，既能保证国家财政收入不断增长，又使企业有不断增强后劲的积极性。怎样鼓励企业积极性，挖掘它的潜力？那就是企业靠挖掘潜力增收的部分，国家可以少拿点，企业可以多留点，是不是这种办法对国家对企业更有利一些？还有以哪一年做基数，也是个问题，把执行中的当年的水平作为基数，弊病很大。所以应不以当年为基数，而以上一年或过去几年的平均数为基数为好。基数是一个基本的东西，可根据不同的情况做出某些调整，但基数必须要搞准确。

一方面，把基数搞准确是很不容易的。首钢原来说利润包干每年递增6%，后来认为低了，搞到7.2%。二汽也是这样，原来定得比较低，后来提高了。这两个企业和鞍钢不同，它们正处在青年成长发育时期，利润增长的潜力很大。某些"大龄企业"特别是"老龄企业"，就不可能有这么高的递增率。所以，如何适当地确定基数很重要。另一方面，你不在增产增收部分多给企业一点甜头也不行，那样企业就没有积极性，但是给多了也不行。要把基数定得合理，必须要做周密的调查研究，不能凭"拍脑袋"办事，不能自己"心中无数"。要使承包基数合理，必须采取投标的办法。投标要有竞争，通过竞争，达到承包基数更接近于实际，更趋于合理化。北京海淀区搞一个商店的租赁，开始打算以4.5万元开价出租，后来经过投标竞争搞到9万多元。我们现在市场很不完善，对承包资产基数和逐年利润递增率，很难一下子估准。搞承包要解决好基数问题，保证国有资产不断增值，尽快增值，同时，保证在这个基础上，使企业和职工的收入逐年有所提高。

第二，承包经营责任制的承包期限问题。这关系到如何避免企业的短期行为。究竟承包几年好？一年期限太短，容易导致企业的短期行为。一般来说以5年为好。这样可与国家五年计划衔接，即如果以1986年为基数，承包可以搞4年，到1990年，和五年计划同步。搞资产经营责任制还有一个新增资产增值问题，新资产的投入，不是短期就可以增值，而是需要一定的时间的。要解决好承包期限问题，才能避免企业行为短期化。

第三，留给企业自己支配的利润如何分配的问题。现在这个方面的情况是五花八门，在发展生产基金、福利基金和职工奖金三个方面的分配比例，有4:3:3的，有6:2:2的，有3:3:4的，还有三三制的，如此等等。不同行业、每个企业都完全一样不行。但是，应该有一个大体比例，属于扩大再生产的部分，一般至少不应小于50%，当然，这笔资金的使用，不能只限于本企业的投资，还应包括横向经济联合的投资。这样，才能促进企业组织结构的合理化和产业结构的合理化，避免企业的短期行为和消费膨胀。现在不少企业分配比例是倒三七，有的企业甚至连简单再生产的资金都没有。这样下去，对生产的发展和职工收入的继续提高是很不利的，一定要慎重妥善处理。

还有，过去企业留用利润的分配，只限于上述三个方面。现在看来要特别注意划出一块来以丰补歉。否则负盈可以，负亏怎么办？用承包者个人的财产，担保不了那么大的风险，这个风险主要由企业自己承受。这些承包企业对于按比例留给职工的奖金，当年只使用60%，其余40%存下来，一是防止消费基金膨胀，二是以丰补歉。就是说，如果第二年经营情况不好，使用这些储备基金，可以避免职工收入下降，影响积极性。虽然我们说承包企业要全体职工共负盈亏，即《红楼梦》上所说的"一损俱损，一荣俱荣"，但真正收入减少，还是会挫伤职工的积极性的。如何避免发生这种情况？你把厂长全部工资扣掉也解决不了问题。不是从企业发展基金中而是从职工的奖金中扣除一部分以丰补歉，以备不时之需。企业中没有这部分基金不行。当然要留出这一部分，可能需适当调整前三者的比例，这个问题，如何处理为好，有待于进一步研究。

第四，承包的主体是谁？现在有几种说法：企业全员承包、集体承包和个人承包。一般来说，国营企业由谁承包，谁就是这个企业的厂长、经理，即法人代表。承包的合同或合约，应由他代表企业签字。他应当维护国家、企业和职工三方面的利益，不能只顾个人利益；他应当照顾长远利益，不能只顾眼前利益。

首钢说它是全员承包，不是董事长或经理个人承包。他们最终要把承包的任务落实到每个职工身上，做到人人有目标，人人有责任。能干的企业家，能干的承包者，所有实行承包的单位都应当把承包的任务落实到本企业每个职工身上。否则，他们的承包就不会有坚实的群众基础。

第五，不管哪一种承包都要逐步做到自负盈亏，既负盈，又负亏。现在，有些企业，承包时很高兴，一旦发生不利于自己的情况，就要求不再承包了，结果好处得到了，剩下的一批债他不负责。实行承包经营责任制，一定要避免发生这种情况。

第六，不管搞哪一种承包，都要有一个合同，并使它具有法律效力，发生了什么问题，要由国家执法机关处理，赖账不行。搞承包经营责任制，不应当光有签订合同的双方参加，还要吸收综合部门，如财政、税务、银行、经委、计委、劳动等部门参加，并经过公证机关认可，方能生效。

第七，担保和赔偿也是一个需要解决好的问题，租赁有担保，搞承包经营责任制要不要担保？谁来担保，如何担保？这也要认真研究解决。

关于承包经营，我接触到这么些问题，提出来同大家讨论，有不对的地方，请予指正！

社会主义精神文明建设与
有计划商品经济的发展

《中共中央关于社会主义精神文明建设指导方针的决议》指出："我国社会主义现代化建设的总体布局是：以经济建设为中心，坚定不移地进行经济体制改革，坚定不移地进行政治体制改革，坚定不移地加强精神文明建设，并且使这几个方面互相配合，互相促进。全党同志必须从这个总体布局的高度，正确认识社会主义精神文明的战略地位。"

党的十一届三中全会以来，在全党的工作重点转移到现代化经济建设上来以后，党中央曾多次提出和反复强调，在建设高度的社会主义物质文明的同时，一定要努力建设高度的社会主义精神文明。这是我们进行社会主义建设的一个重大战略方针。中外社会主义建设的历史经验和我国当前的现实情况都充分表明，是否坚持两个文明一起抓的方针，将关系到社会主义的兴衰和成败，也在很大程度上决定着能否顺利地发展我国的社会主义有计划商品经济。

正如邓小平同志在党的全国代表会议上的讲话中所指出的那样："不加强精神文明建设，物质文明的建设也要受破坏，走弯路。光靠物质条件，我们的革命和建设都不可能胜利。"

---

　　* 本文是作者 1987 年 5 月与刘溶沧合著的，原载《论社会主义商品经济》，中国社会科学出版社 1987 年 5 月出版。

一　社会主义精神文明建设与发展有计划商品经济的关系

以马克思主义为指导的社会主义精神文明是社会主义社会的重要特征。在社会主义时期，物质文明为精神文明的发展提供物质条件和实践经验，精神文明又为物质文明的发展提供精神动力和智力支持，为它的正确发展方向提供有力的思想保证。我们知道，所谓物质文明，就是人们改造自然界的物质成果，它表现为人们物质生产的进步和物质生活的改善。在改造客观世界的同时，人们的主观世界也得到改造，社会的精神生产和精神生活得到发展，这方面的成果构成精神文明的基本内容，它表现为教育、科学、文化知识的发达和人们思想、政治、道德水平的提高。社会的改造、社会制度的进步，最终都可以归结为或表现为物质文明和精神文明的发展。就两者的关系来看，正如社会存在决定社会意识，意识是物质发展的产物，而它又在一定条件下对物质发展过程具有巨大的反作用一样，社会主义的物质文明建设是精神文明建设不可缺少的基础，而社会主义的精神文明建设又对物质文明建设起着强大的推动和影响作用，两种文明的建设是互相关联、互为条件和互为目的的。

人类社会的经济发展史表明，商品经济的充分发展，是社会经济发展过程中不可逾越的历史阶段，也是每一个国家实现经济现代化的必要条件。因此，在当前和今后一个较长的历史时期内，大力发展我国的社会主义商品经济，就成了促进我国的物质生产进步，保证人民群众的物质生活不断得到改善，亦即建设高度的社会主义物质文明的重要内容。与此同时，以它为基础的，大体可以分为教育科学文化建设和思想道德建设两个方面的社会主义精神文明建设，也必将得到，并且必须得到相应的、高度的发展。

社会主义物质文明建设，社会主义商品经济的发展，与社会主义精神文明建设的密切关系，或两者内在的相关性在于：

（一）高度的社会主义教育科学文化建设，既是发展社会主义商品经济的必要条件，也是巨大的推动力量

在以生产资料公有制为基础的社会主义社会里，在当代科学技术迅猛

发展和社会化大生产的条件下，社会主义的教育科学文化建设既是发展有计划商品经济、建设社会主义物质文明的重要条件和重要组成部分，也是不断提高人民群众知识水平、技术熟练程度、思想觉悟和道德水准的重要条件。马克思早在 1857 年就指出：随着大工业的继续发展，创造现实财富的力量已经不复是劳动时间和应用的劳动数量了……相反地却决定于一般的科学水平和技术进步程度或科学在生产上的应用[①]。在他的经济学手稿中，又进一步论述道，科学技术进步和固定资本的发展表明，一般社会知识，已经在多么大的程度上变成了直接的生产力，从而社会生活过程的条件本身在多么大的程度上受到一般智力的控制并按照这种智力得到改造[②]。"现有人口的技术程度始终是整个生产的先决条件。"马克思的这些精辟论断和科学预见，已经越来越为当今社会化大生产的发展历史所证明。目前在一些经济发达的国家中，国民经济的增长有 60% 以上是依靠科学技术的进步实现的，在许多新兴产业中，甚至百分之百是由于科学技术的发展带来的。现代科学技术正以惊人的速度向前发展，日益成为发展经济、提高劳动生产率和社会经济效益的主要手段。与此相适应，劳动者的知识水平和教育程度，也在现代化生产中发挥着越来越大、十分明显的作用。有关资料表明，美国在 1929—1957 年期间，教育投资创造的国民收入，占这个时期国民收入增长总量的 33%，日本在 1930—1955 年期间，经济增长中有 25% 是由教育投资所取得的；1940—1960 年期间，苏联国民收入增加部分中的 30% 是高等学历构成提高带来的。

总之，理论和实践都表明，在社会化大生产日益发展，科学技术飞速进步的条件下，作为社会主义精神文明建设一个重要组成部分的教育科学文化建设，特别是教育、科学和劳动群众知识素养、技术熟练程度的不断提高，已经成了进行社会主义物质文明建设，促进物质生产进步和提高人民物质生活水平，大力发展社会主义商品经济的重要条件和巨大的推动力量。可以十分肯定地说，没有与社会主义经济建设相适应的教育、科学、

---

① 马克思：《政治经济学批判大纲》第 3 分册，第 356 页。
② 《马克思恩格斯全集》第 46 卷下，第 219—220 页。

文化事业的发展，就绝不可能建设高度的社会主义物质文明，也不可能大力发展社会主义的商品经济。事实证明，过去较长时间以来，由于"左"倾思想和小生产观念的束缚，在我们党和国家内相当普遍、相当长期地存在着的轻视教育、科学文化和歧视知识分子、不尊重知识的错误观念、错误做法，以及闭关自守，拒绝接受外国的先进科学文化的现象，不仅严重地妨碍了作为社会主义精神文明重要内容的教育科学文化建设，而且也成了加强物质文明建设，发展社会主义商品经济的严重障碍。

（二）社会主义的思想道德建设，是使有计划商品经济的发展具有坚定正确的社会主义方向的重要保证

社会主义精神文明建设的根本任务，就是适应社会主义现代化建设的需要，培育有理想、有道德、有文化、有纪律的社会主义公民，提高整个中华民族的思想道德素质和科学文化素质。

我们党的最高理想是建立各尽所能、按需分配的共产主义社会，这在过去、现在和将来，都是我们共产党人和一切先进分子的力量源泉和精神支柱；而建设具有中国特色的社会主义，把我国建设成为高度文明、高度民主的社会主义现代化国家，则是现阶段我国各族人民的共同理想。这个共同理想，集中了我国工人、农民、知识分子和其他劳动者、爱国者的利益和愿望，也是保证全体人民在政治上、道义上和精神上团结一致，克服任何困难，争取胜利的强大精神武器。为此，现阶段一切有利于建设四化、振兴中华、统一祖国的积极思想和精神，一切有利于民族团结、社会进步、人民幸福的积极思想和精神，一切用诚实劳动争取美好生活的积极思想和精神，都应该加以尊重、保护和发扬。这样，才能团结一切可能团结的力量，为实现共同的理想而努力奋斗。

在发展社会主义商品经济的过程中，之所以要强调社会主义，共产主义的理想，第一，是因为如上所述，商品经济的充分发展是实现我国经济现代化的必经阶段和必要条件，从而也是建成社会主义、实现共产主义的一个重要步骤，我们既不能用实用主义的观点为发展商品经济而发展商品经济，更不能把资本主义商品经济的消极东西"引进"社会主义经济中。即是说，要把社会主义、共产主义理想的实现，作为发展社会主义商品经济不可偏离的方向和始终如一的目标。正像马克思、恩格斯在《共产党宣言》中所指出的那样："共产党人为工人阶级的最近的目的和利益而斗争，但是他们在当前的运动中同时代表运动的未来。"① 我们的价值观念是同资产阶级的价值观念根本不同的。如果我们只是建设社会主义的物质文明，只是埋头于现阶段商品经济的发展，而不把它与我们的崇高理想和远大目标联系起来，人们还是自私自利、唯利是图，不但不能统筹兼顾、团结互助，而且还要不择手段地相互倾轧、相互敲诈。那么，我们就不能保证商品经济发展的社会主义方向，这种精神状态就会阻碍社会主义建设事业的发展。第二，正如理想是一个国家、一个民族乃至每一个人的精神支柱，是同奋斗目标相联系的有实现可能的信念一样，如果没有共产主义的理想，不知道应当干什么，应当奔向什么方向，就不可能有坚定的意志和正确的行动，不可能保证我国商品经济的发展沿着社会主义的方向前进。当前在我们经济生活中所出现的某些现象，诸如只顾个人和本单位"发财"，不顾国家和人民利益受损失，只顾赚钱而不惜制造伪劣产品来欺骗社会、坑害消费者，甚至不惜营私舞弊、贪污受贿，大搞经济犯罪活动，等等，就充分证明了这一点。第三，在对内搞活经济、对外实行开放的情况下，只有树立社会主义、共产主义的理想，并具有为之而奋斗的献身精神，才能在经济生活中自觉抵制和反对各种资本主义、封建主义腐朽思想的侵蚀，抵制和反对形形色色的资产阶级自由化倾向，抵制和反对金钱至上、个人至上的思想和资本主义生产经营作风的诱惑与影响，始终保持社会主义商品经济发展的正确方向。

当然，社会主义、共产主义理想需要经过好些代人的艰苦努力才能实现。但是，千里之行始于足下。作为未来的社会制度，作为一种改造旧社会而走向未来的科学的、现实的革命运动，是必须从现在做起的。只有这样，才能把现阶段社会主义商品经济的发展，作为建成社会主义、实现共产主义的一个必经的阶段和实际的步骤来理解、来对待、来要求，从而既保证它的社会主义方向，又不致使我们的理想变成虚无缥缈的、空洞的说

---

① 《马克思恩格斯选集》第一卷，人民出版社 1972 年版，第 284 页。

教和口号。对于这一点，1920年列宁在俄国共产主义青年团第三次全国
代表大会上的演说中曾做了这样的精辟论述："你们当前的任务是建设，
你们只有掌握了一切现代知识，善于把共产主义由背得烂熟的现成公式、
意见、方案、指示和纲领变成同你们的直接工作结合在一起的活生生的东
西，把共产主义变成你们实际工作的指针，那时才能完成这个任务。"①

在发展社会主义商品经济的过程中，之所以要强调和加强社会主义的
道德建设，是因为社会主义道德体现了爱祖国、爱人民、爱劳动、爱科
学、爱社会主义的基本要求，体现了平等、团结、友爱、互助的社会主义
新型关系，从而是处理社会生活中各个方面的关系，包括各种经济关系的
基本道德准则和道德规范。

道德是经济基础的反映，而不是脱离历史发展、经济发展的抽象观
念。历史上的各种生产方式，都有与其社会经济制度相适应的道德规范。
在我国漫长的封建社会中，封建道德的影响很深，今天在我们社会关系中
所残存的宗法观点、特权思想、等级壁垒、专制作风、拉帮结伙、男尊女
卑，等等，本质上都是封建道德遗毒的反映。在半殖民地历史条件下所产
生的奴化思想，以及资本主义的腐朽思想，诸如金钱万能、个人至上和
"人为财死、鸟为食亡"的信条，等等，在我国也有很深的影响。社会主
义道德，作为社会主义经济基础和新型生产关系的反映，作为人类文明中
道德发展的新境界，它必然要批判地继承人类历史上一切优秀的道德传
统，并同时要与各种腐朽的思想和道德观念作斗争，以形成同社会主义生
产方式、同社会主义商品经济的发展相适应的道德观念和道德准则。

社会主义道德的实质，就是集体主义和全心全意为人民服务的精神，
就是把自己的行为同整个国家和民族的根本利益联系起来，把个人的幸福
同全体人民的幸福紧密结合起来，自觉遵守以"五爱"为中心的社会公
共生活的基本要求和基本准则，在人与人之间，在社会生活的各个方面，
形成新型的社会主义关系。当前我国还处在社会主义的初级阶段，不但必
须实行按劳分配，发展社会主义的商品经济和竞争，而且在相当长的历史

---

① 《列宁选集》第四卷，人民出版社1975年版，第351页。

时期内，还要在公有制为主体的前提下发展多种经济成分，在共同富裕的目标下鼓励和帮助一部分地区、一部分企业和一部分人先富起来。在这样的历史条件下，社会主义的道德建设，就不仅要充分肯定由此而来的人们在分配方面、物质利益方面所存在的合理差别，而且要鼓励人们发扬国家利益、集体利益、个人利益相结合的社会主义集体主义精神，发扬顾全大局、诚实守信、互助友爱和扶贫济困的精神。在社会主义的社会化大生产和以公有制为基础的商品经济条件下，如果不加强上述内容的社会主义道德建设，让资产阶级的个人主义和小团体主义蔓延，让各种损人利己、损公肥私、金钱至上、以权谋私、欺诈勒索、行贿受贿等恶习和资本主义的经营作风自由泛滥，那就不仅将使人们的精神世界受到严重的污染和毒化，而且必然会导致商品经济发展上的混乱和整个国民经济运转上的失控、失调，社会主义的计划经济也必将葬送在这种经济领域的自由化泥沼之中。

在此还须特别指出的是，加强社会主义的道德建设，反对上述的种种错误思想和行为，绝不是否定社会主义的按劳分配原则和商品经济，也绝不能把"大锅饭"和平均主义当做社会主义的道德准则，甚至错误地理解为社会主义的一种"优越性"，因为平均主义的观念否定了社会主义商品经济条件下个人利益、集体利益和国家利益的一致性，严重影响和挫伤了企业、职工的生产经营积极性、主动性和创造性，从而是发展社会生产力、提高社会经济效益的一大障碍。其次，平均主义不符合社会主义的按劳分配原则。片面强调企业和劳动者在物质利益上的平等，而无视企业和劳动者在主观努力、劳动付出和对社会贡献方面的不平等，就必然造成一部分企业、一部分人占有其他企业、其他职工劳动的不合理现象，从而与按劳分配的原则相抵触。

在发展社会主义商品经济的过程中，之所以还必须强调纪律的重要性，是因为必要的纪律是革命和建设事业取得胜利，实现党的纲领和任务，有效地发展社会主义经济的重要保证。

任何一个民族、一个国家、一个党，没有纪律和纪律的约束是不行的。所谓纪律，就是该怎样做就怎样做，不该怎样做就不准那样做。从经济发展来看，现代化的大生产分工细密，具有高度的连续性、节奏性、秩序性，技术和质量要求严格，协作关系复杂，因此必须有集中统一的领导和严格的纪律来加以管理、控制和约束。纪律还是保证社会主义经济有计划发展所不可缺少的。在大力发展社会主义城乡商品经济的过程中，一方面，我们要坚定不移地贯彻实施对内搞活经济、对外实行开放的方针，改革和废除那些束缚生产力发展的旧的条条框框，充分调动和发挥地方、企业和广大群众发展商品生产、商品交换的积极性；另一方面，又要防止由于城乡社会主义商品经济广泛发展而可能产生的某些盲目性，"特别要防止只顾本位利益、个人利益而损害国家利益、人民利益的破坏性的自发倾向"①。用必要的法规去加强经济管理，用必要的纪律去对各种经济活动、经济行为加以控制和约束，对经济领域内的破坏行为、经济犯罪活动，更要加以严厉的制裁和无情的打击。正如邓小平所指出的那样，在进行四化建设和发展社会主义商品经济的过程中，我们必须要有两手，"一手就是坚持对外开放和对内搞活经济的政策，一手就是坚决打击经济犯罪活动。没有打击经济犯罪活动这一手，不但对外开放政策肯定要失败，对内搞活经济的政策也肯定要失败。有了打击经济犯罪活动这一手，对外开放、对内搞活经济就可以沿着正确的方向走。"②

（三）社会主义精神文明建设是激发人民群众生产建设热情，发展有计划商品经济的巨大精神动力

过去，我们在讲社会主义特征的时候，往往强调剥削制度的消灭和生产资料的公有，按劳分配，国民经济有计划按比例发展，以及工人阶级和劳动人民的政权。还强调，高度发达的生产力和比资本主义更高的劳动生产率，作为社会主义发展的必然要求和最终结果，也是它的特征。这些无疑都是正确的，但是还不足以完全包括社会主义的特征和社会主义的优越性。社会主义还必须有一个显著特征和优越性，就是社会主义的精神文明。没有这一条，社会主义四个现代化的建设，社会主义有计划商品经济

---

① 《邓小平文选》（一九七五——一九八二年），人民出版社 1983 年版，第 322 页。
② 同上书，第 359 页。

的发展，就不可能获得巨大的精神动力。邓小平1985年9月在党的全国代表会议上指出："过去我们党无论怎样弱小，无论遇到什么困难，一直有强大的战斗力，因为我们有马克思主义和共产主义的信念。有了共同的理想，也就有了铁的纪律。无论过去，现在和将来，这都是我们的真正优势。"

在一定的历史阶段，资本主义制度也促进了社会生产力的巨大发展。社会主义制度在这方面和资本主义制度的根本区别在于，为什么和为谁而发展经济、发展社会生产力。我们为社会主义，共产主义而奋斗，不仅是因为它能比资本主义更快地发展社会生产力，而且因为只有社会主义、共产主义才能消除资本主义和其他剥削制度所必然产生的种种贪婪、腐败和不公正现象。因为只有马克思主义的信念和共产主义的理想、道德和纪律，即只有社会主义的精神文明才能真正地、持久地激发、调动起广大人民群众进行社会主义建设的热忱，赋予社会主义的物质文明建设和有计划商品经济的发展以强大的精神动力。与全体人民的切身利益、根本利益密切相关的社会主义、共产主义目标，能够形成浩浩荡荡、千军万马的生产建设大军，把各个方面的力量团结起来，各个方面的积极性充分调动起来，使之具有永不枯竭的思想和精神源泉。而共同的信念和理想，又能把这种生产建设的热情、发展社会主义商品经济的积极性引向正确的方向和轨道。如果说我们在物质生活条件极其艰苦的民主革命时期，正是通过加强社会主义、共产主义的思想教育，才使党和广大革命群众始终具有旺盛的、强大的斗志，从而使革命战争在艰难困苦的条件下取得了胜利，那么，在党的工作重点转到经济工作上来，致力于大力发展社会主义商品经济和进行经济体制改革的今天，也仍然应该，而且也只能通过加强社会主义精神文明的途径，去促进和保证经济发展战略目标和体制改革的实现。实践证明，如果只注重物质文明而忽视精神文明，只有来自物质利益的经济动力，而缺乏强大的精神动力，人民群众发展经济的热情和积极性就难以持久，而且社会主义商品经济的发展本身也容易走上歧途。同时，搞资产阶级自由化，即否定社会主义制度、主张资本主义制度，不仅是根本违背人民利益和历史潮流的，而且一定会把经济的发展引上资本主义的邪路。

社会主义商品经济在我国的发展并非一件易事，它在自己的实践中必然会遇到许多障碍和阻力。除了在发展道路上有一个艰难的摸索和开拓前进的过程之外，在诸如资金、技术、物资设备、社会基础设施等物质条件方面也存在着种种困难，这就需要通过各个地方、部门、企业和全国上下的通力合作，通过全体人民的艰苦奋斗和同心同德的奋发进取去逐步克服。因此，如果没有巨大的精神动力，没有集体主义的精神和崇高的理想，没有统筹兼顾和全国一盘棋的观念，那我国的经济振兴和社会主义商品经济的顺利发展是很难设想的。正如邓小平所说："在我们目前经济生活还面临一系列困难，还需要进行一系列调整、整顿和改组的时候，特别要着重宣传个人利益服从集体利益、局部利益服从整体利益、暂时利益服从长远利益的道理。只有党内党外上上下下人人都注意照顾大局，我们才能够顺利地克服困难，夺取四个现代化的光明前途。"①

当然，纪律和民主与法制是相辅相成、紧密联系的。只有大力加强以宪法为根本的社会主义法制，才能切实有效地加强劳动、工作和经济领域中的纪律。只有同社会和经济生活中各种压制和破坏民主的行为作斗争，才能推进并保证社会主义商品经济和全面改革的健康、顺利发展。

二　社会主义思想道德建设在新时期面临的新情况和新任务

现在我们的国家面临着社会主义商品经济大发展的新时期。在农村，将从过去那种自给、半自给性的经济向社会主义商品经济发展；在城市，则经历着由产品经济向有计划商品经济的转化。在这种情况下，社会主义的精神文明建设，特别是其中的思想道德建设，必然与新的时期、新的形势和一系列新的变化、新的情况有着极为密切的关系。因此，如何认识社会主义思想道德建设在新形势下所面临的新情况、新任务，并有的放矢地做好工作，就是一个十分重要、十分紧迫的问题。

---

① 《邓小平文选》（一九七五——一九八二年），人民出版社 1983 年版，第 162 页。

（一）发展社会主义商品经济在人们思想道德观念上引起的重大变化

社会主义有计划商品经济的发展，不但引起了我国经济体制和经济运行机制的重大变革，而且引起人们思想道德观念的重大变化。新旧体制的模式转换，经济运行机制的转型转轨，使经济生活经常发生矛盾和摩擦，出现某些不适应、不协调、不配套的现象；新旧思想道德观念的交替、更新，在人们思想中引起种种矛盾和冲突，甚至发生某些思想混乱。解决前者，是我国经济体制改革所面临的重要任务；解决后者，则是社会主义思想道德建设的重大课题。只有把这两方面的问题都同时解决好，才能保证我国的商品经济沿着社会主义的、有计划的方向健康发展，才能使两者相辅相成、相互促进、相得益彰。

我们知道，我国的社会主义商品经济是在自给、半自给经济和产品经济的基础上发展的。农村家庭联产承包责任制的推行，专业户的发展，国家对农村经济宏观管理体制和手段的改革，使广大农户和乡镇企业成了独立的商品生产者和经营者，农村的社会分工有了较大的发展，价值规律在农村经济发展中发挥着越来越大的作用。城市的工商企业和其他企业，也逐步成为相对独立的经济实体，有了一定的经营管理自主权和相应的经济利益，并将随着改革的深入发展，逐步走向自主经营、自负盈亏。城市经济的发展和企业之间所广泛存在的商品货币关系，市场调节部分的适当扩大，指令性计划范围的逐步缩小，以及企业之间竞争的发展，使商品经济的特有规律——价值规律在城市经济发展中的作用逐步增强，市场机制的作用也日益受到重视。社会经济生活的这些变化，使自然经济和产品经济条件下形成的一些传统观念受到了越来越大的冲击，价值观念、市场观念、竞争观念、时间观念、效率观念、利润观念、利益观念、人才观念、信息观念等等与社会主义商品经济相适应的新观念，开始并逐步在人们的思想中树立和加强起来，这些新观念的形成和确立，对于解放人们的思想，改变人们的精神面貌，激励人们锐意进取、开拓创新的精神，对于促进我国的经济体制改革和社会生产力的发展，都有着巨大的作用。对于这些新的思想观念，以及它们所带来的积极因素，我们必须有足够的认识，给予正确的评价。现在我国的社会主义商品经济，无论在城乡，都还处在不发达的阶段。克服自然经济、产品经济条件下长期形成的传统观念，仍然是社会主义思想道德建设面临的一个重要任务。

　　然而，也必须看到，社会主义商品经济固然是生产资料公有制基础上的有计划的商品经济，支配它的运动规律，仍然是包括价值规律在内的商品经济通行的规律。因此，商品经济固有的自发性、盲目性等带来的消极因素仍然存在。社会主义的公有制、计划性以及商品范围的有限性，只是给克服这种盲目性和自发性等消极因素提供了可能性，而要把这种可能性变成现实，需要有科学的计划基础，强大的宏观间接控制能力，完善而灵活的调节机制，高水平的管理人才，等等。而这些在短时间内是难以完全具备的。

　　在如何认识、对待发展社会主义商品经济所带来的思想观念变化，特别是在如何认识、对待由此产生的某些盲目性、自发性等消极因素的问题上，需要注意和防止两种倾向：一是认为商品经济发展了，经济体制改革了，思想建设就自然会好了，用不着花力气了，可以用经济发展、经济手段和物质利益来代替了，即所谓"自发论"、"自然好"的观点。这种认识把社会主义的商品经济"理想化"，看得完美无缺，把商品经济发展中所出现的某些自发性、盲目性等消极因素，以及诸多思想观念上的消极影响，统统归结为有计划商品经济发展不足，生产力水平不高，认为只要社会主义商品经济发展了，一切弊端就可以自行消除了。这是对商品经济的某些本质属性对人们思想观念的影响估计不足，只看到有利的、积极的一面，看不到不利的、消极的一面，从而产生了认识上的绝对化和片面性。另一种倾向，是把上述消极因素可能带来的消极思想观念扩大化、严重化，认为发展商品经济必然导致资本主义思想泛滥，即便是在公有制的基础上，在有计划的前提下，也无法克服。这种认识把发展社会主义商品经济可能产生的弊端看得过于严重，只看到不利的一面，甚至把它视为"万恶之源"，把某些改革过程中难免出现的工作上、方法上的问题也当做发展有计划商品经济的必然结果，从而产生了悲观的、无所作为的论点。

　　实践表明，在新时期、新形势下的社会主义思想道德建设，应该在注意克服上述两种倾向的同时，针对发展社会主义商品经济在人们思想观念上引起的震荡和变化来进行。特别是要对社会主义商品经济本身有一个正确的认识，认清社会主义商品经济与资本主义商品经济的本质区别，认清社会主义社会制度下的商品经济与资本主义社会制度下的商品经济的本质区别。要充分意识到发展社会主义有计划商品经济的利与弊的关系，使人们首先看到商品经济的发展是社会经济发展不可逾越的阶段。在现阶段，只有充分发展有计划的商品经济，才是建设社会主义、实现共产主义的必由之路；与此同时，又不能忽视其弊端，因为它终究具有商品经济的一般属性。如何在不断发展城乡社会主义商品经济的同时，努力做到兴利去弊，发挥和充分利用其积极因素，防止和扬弃其消极的思想影响，这就是社会主义思想道德建设中的一个重要的新课题、新任务。

（二）发展社会主义商品经济所引起的社会财富占有和分配观念上的重大变化

在新的历史时期，由于所有制结构和分配制度方面的改革，必然在人们的思想上引起社会财富占有和分配观念上的矛盾和冲突，在各种经济成分之间、各种利益集团之间、各类人员之间的经济利益关系上引起明显的变化。

党的十一届三中全会以来的经济体制改革，使我国的所有制结构发生了很大的变化：（1）单一的公有制结构变为以公有制为主体的多种所有制结构，其中包含着少量非社会主义的所有制因素；（2）所有制形式的等级阶梯已经改变，开始形成以公有制为主体的多种经济形式长期并存的格局；（3）全民、集体两种公有制形式出现了多样化的发展，全民所有制中有了企业所有和个人所有因素，集体所有制中有了个人所有制因素；（4）集体和全民所有制的内部结构，也发生了很大的变化，农村集体经济已经实现了所有权与经营权的分离，全民所有制内部也正在进行适当的分离；（5）产生了新的所有制形式——不同所有制联合以及中外联营的形式。

与上述所有制结构的变革相联系，我国的分配制度和分配关系，也已经和正在发生着明显的变化。从全社会来说，按劳分配仍然是分配制度的主体，但已经出现了非按劳分配的因素。从各种不同的经济成分来说，分配制度则产生了明显的差异。农村由过去的工分制改为联产计酬制，按劳分配有了较好的体现。但由于个体经济的发展，非按劳分配因素，富裕程度的差别，呈现出逐步扩大的趋势。全民所有制企业实行了企业和职工参与利润分配制，以及职工收入与企业经营好坏、效益高低相联系的工资制，按劳分配有了新的体现。这一方面有利于调动企业和劳动者的积极性、主动性、创造性，有利于增强企业内部的经济动力，但也同时加剧了企业与国家之间的矛盾，加剧了行业之间、企业之间的矛盾。个体经济的发展，补充了社会主义公有制经济的不足，活跃了城乡市场流通，但也出现了少数人收入过高和某些不公平现象，引起人们的某些不满。承包和租赁等经营方式的推行，私人雇工的出现，促进了经济的发展，但也带来了承包者和租赁者与职工之间、私人企业主（店主）与职工之间在收入分配上的过分悬殊。国家机关干部实行结构工资制，有利于加强机关工作的责任制，但也引起了新老干部之间、机关干部与企业职工之间的某些矛盾和相互攀比。

以上这些改革和变化，适应了我国生产力结构、所有制结构多层次发展和商品经济发展的现实需要，大大增强了人们的物质利益观念，打破了长期处于支配地位的吃大锅饭的平均主义分配模式。这无疑是一个历史的进步。但是，也正是由于平均主义的被打破，人们在分配和实际生活水平上，就难免出现差别，而且随着多种经济形式、多种经营方式的长期并存，随着社会主义商品经济的进一步发展，这种差距在一定时期内还将有所增大，并有可能超出人们的预料。根据按劳分配原则，分配上、收入上和实际生活水平上保持一定的差距，人们是可以理解、可以接受的，但如果差距过大，在社会上出现分配不公平的现象，又必然会在人们思想观念上、心理上引起种种矛盾，甚至会使人们对社会主义的发展趋势产生困惑和怀疑。特别不容忽视的是，经济利益的企业化、个人化，如不进行有力的、切实有效的调节和制约，就有可能导致片面追求企业利益和个人利益，从而造成各种所有制成分之间、各种利益集团之间、各类人员之间的利益矛盾和利益冲突，造成经济发展上的混乱，带来政治和社会生活的不安定。

　　社会财富占有和分配问题，是涉及广大人民群众、各个社会阶层切身利益的最敏感问题之一，再加上改革、开放和搞活企业过程中可能出现的某些不完善、不配套，宏观经济控制和经济调节方面可能出现的问题，以及物价等因素的影响，将使其变得更加复杂。因此，在发展社会主义商品经济和进行经济体制改革，特别是在变革所有制结构和分配制度的过程中，必须把人们在社会财富占有和分配观念上的变化，作为新时期社会主义思想道德建设的一项重要任务和重要的研究课题，引导人们的思想观念适应变化了的所有制结构，适应和促进分配体制的改革，解决好经济利益关系这个极为敏感也极易引起思想波动的问题。

　　（三）高度重视商品交换关系、商品交换原则对国家和党内政治生活的重大影响

　　社会主义城乡商品经济的广泛发展，以等价交换、等价补偿为基本内容的商品经济原则的贯彻实行，必将对国家的政治生活和党内的政治生活产生很大的影响。

　　发展社会主义商品经济，企业成了相对独立的商品生产者和经营者，有了自己独立的经济利益。多种经济形式和经营方式的发展，也使我国的社会经济结构和各方面的经济利益关系发生了很大的变化。要使企业在生产经营活动中始终沿着有计划商品经济的轨道前进，实现微观目标与宏观目标的统一，企业利益与社会利益的统一，使企业活动符合国家宏观综合平衡的要求，使其他各种经济形式和经营方式的发展不脱离社会主义的方向，国家就必须对企业和各种社会经济活动制定行为规范，并且运用各种经济的、法律的、行政的手段，对社会经济进行有效的管理和监督。为此，国家的政权机构及其活动，就不能也不应该与经济利益直接联系，更不能以经济利益的有无和多少来左右政权机关的行为，以便充分发挥其管理社会主义商品经济的职能作用，防止商品经济的等价交换原则、商品交换关系侵入党和国家的政治生活。国家一切党政机关既不能直接从事生产经营活动，也不能利用自己手中的职权为本单位、为个人谋取任何经济上的好处与"实惠"，否则，国家和党内的政治生活就会严重地商品化，领

导管理和监督社会经济活动的职能就会变成一句空话。

然而，不容回避的是，现在不但各级管理企业的国家机关有不少都在经营自己的所谓"公司"，为本单位谋取不正当的经济利益，就是其他管理机关，如税务、物价、工商行政管理等行政部门，有的规定可以从查处违法案件的罚没收入中取得一定比例的"分成"，作为本单位职工的额外收入；有的还利用职权，索取回扣，接受贿赂，营私舞弊，等等。可以毫不夸张地说，商品经济的等价交换原则、商品交换关系侵入党和国家的政治生活，已经是一个严峻的事实。其中甚至已有一些人深深地陷入泥潭，堕落成为社会主义的蛀虫和经济犯罪分子。如果我们不对此予以高度重视，并采取坚决而有效的措施来纠正这种不正之风，那么国家和党内的政治生活将受到严重的危害。

我们的党政机关面对着这样的情况：同样一个领导干部，一方面是共产党员，是政治家；另一方面又是企业的经营管理者，或者是同企业的经济利益有直接利害关系的官员。他们在频繁的经济活动中，有时为了部门的、地区的、企业的利益，有时也为了自身的利益，就把商品经济的等价交换原则渗透到政治生活中来。所谓上有政策、下有对策，往往就是这种情况的反映。当然，对所谓"下有对策"的"对策"，也要进行具体分析。但除了极个别政策本身的缺陷以外，多数是损害国家利益、抵制国家监督的行为。所以，在社会主义商品经济条件下，国家同部门、地方、企业之间的监督与反监督的斗争将是长期的。这实质上也就是社会主义有计划的商品经济同资本主义"自由经济"的斗争。

比较起来，商品经济的等价交换原则、商品交换关系侵入党内的政治生活，具有更大的危害性和严重性，党风的不正对社会主义精神文明建设，特别是对社会主义思想建设的消极影响尤烈。因为我们的党是社会主义国家的执政党，也是社会主义精神文明的领导者。它对革命和建设的领导作用，一是通过党的路线、方针和政策来实现，二是通过党的组织作用来实现，三是通过广大党员和党员干部的模范带头作用来实现。如果党风正了，就会人心服，民风正，才有可能团结全国人民同心同德地建设社会主义的现代化强国，努力发展有计划的商品经济；否则，就不可能在全国人民心目中树立一个好的形象，领导的地位和权威就建立不起来，从而不能坚强有力地领导全国人民进行两个文明的建设。正是这个原因，我们党在近几年来，一直把党风问题作为一个重要的战略任务来抓，把它看做是当前进行精神文明建设、实现社会风气根本好转的关键。防止商品交换原则侵入党内的政治生活，努力进行党的思想建设，这是全社会精神文明建设，社会主义思想建设的支柱，共产党员则应该是共产主义思想道德方面的模范和表率。如果在新的历史时期、新的形势下，我们全体党员能团结全社会的先进分子，努力传播共产主义思想，并在实际行动中抵制资产阶级思想和"糖衣炮弹"的侵袭，带动越来越多的社会成员成为有理想、有道德、有文化、有纪律的劳动者，那我们就不仅能建设高度的社会主义物质文明，大力推进社会主义商品经济沿着坚定正确的方向健康发展，而且将使社会主义的精神文明建设取得光辉的成就。

三　社会主义商品经济条件下的思想政治工作

党的十一届三中全会以来，在改革、开放和搞活企业，大力发展城乡社会主义商品经济的新形势下，中央曾多次强调要努力抓好思想政治工作。中央所说的思想政治工作，当然绝不是提倡在"左"的指导思想下曾经出现过的某些简单化的做法，不是"以阶级斗争为纲"的思想政治工作，而是作为新时期的经济工作和其他工作的有力保证的思想政治工作。就是说，要努力适应新时期的需要，开创思想政治工作的新路子，要努力做好人的工作。特别是领导干部，要经常到工人、农民和知识分子中间去，同群众一起商量解决人们普遍关心的各种思想问题和实际问题。要建设一支精干的思想政治工作队伍，关心和帮助他们的工作，鼓励他们不断提高思想和业务水平，以热情为群众服务的行动和卓有成效的工作来赢得群众信任，充分发挥思想政治工作的作用。

总之，要求各级党组织和无论从事哪个方面工作的干部，都要根据新时期的新情况、新变化、新特点，根据社会主义商品经济健康发展的需要来安排和做好思想政治工作。

（一）新时期思想政治工作的特点

多年以来，我们的政治机关多忙于搞各种运动，对于如何做好经济领域的思想政治工作，特别是如何做好社会主义商品经济条件下的思想政治工作，的确还缺乏一套科学的、完整的经验。因此，必须下工夫、花力气研究总结这方面的经验教训，使思想政治工作适应四个现代化的要求，同经济工作紧密结合起来，同职工的思想实际紧密结合起来，做到有的放矢，真正解决问题。为此，应该认真研究新时期思想政治工作的新特点，并把它作为开展和加强社会主义商品经济条件下思想政治工作的基本出发点。

总结近几年的经验，新时期思想政治工作的特点，可以简要地概括为以下几个方面：

1. 复杂性

社会主义商品经济的发展，将使新时期思想政治工作的复杂性增大。因为：第一，对社会主义的商品经济性质从否定到肯定，将在人们的思想上产生一个由不认识到逐渐认识的过程；对社会主义商品经济由不重视、不发达到既重视又发达，也需要一个逐渐的转变和发展时期，因而社会主义商品经济关系的确立和完善，必然使某些问题的是非标准发生争论，人们思想认识上的某些分歧甚至混乱，也在所难免。再加上某些钻改革空子和投机倒把、敲诈勒索、倒买倒卖、欺骗坑害消费者等现象的出现，将使人们在对待发展社会主义商品经济，对待经济体制改革，对待某些经济政策、经济措施的看法上产生混乱，从而增加了新时期思想政治工作的复杂性。第二，多种经济形式和经营方式的发展，一方面使商品货币关系复杂化；另一方面在对诸如多种经济形式的合理配置和各自的行为规范，各种经济形式的特点、规律及其相互关系，社会主义国家对它们应该有哪些基本的政策，怎样才能使它们的发展符合有计划商品经济的方向与要求等问题，都需要在深入实际、系统调查的基础上，从战略的高度对其进行定量和定性分析，即有一个逐步探索、逐步解决的过程。这就不可避免地会产生某些片面性，甚至因缺乏经验而造成某些偏颇与失误，带来前进中的一些问题和思想认识上的不统一，从而增加了思想政治工作的复杂性。第三，如上所述，发展商品经济，客观上存在着两面性，既有利又有弊，如何通过加强思想政治工作来做到兴利除弊，这本身就是一门高深的学问，一个十分复杂的问题。比如，发展社会主义商品经济必须提倡企业之间的合理竞争，以打破"大锅饭"格局下的沉闷气氛，推动企业努力提高经营管理水平，加速技术进步，挖掘内部潜力，振奋进取精神，这是有利的一面。但如果缺乏对社会主义有计划商品经济的正确认识，用资本主义的经营作风、经营手段来开展竞争，就必然造成无政府状态，使社会主义的企业经营和竞争误入歧途。这就需要通过加强企业的思想政治工作，通过端正企业的经营方向、经营思想、经营作风，正确处理局部与全局、企业利益与国家利益以及正常竞争与不正常竞争之间的关系来解决。

2. 适应性

自党的十一届三中全会以来，我国正处于如邓小平所说的"第二次革命"的过程之中。如果说第一次革命推翻了压在中国人民头上的三座大山，把命运真正掌握在人民自己手中，那么，第二次革命将改变几千年来遗留下的贫穷、落后面貌，把中国建设成为社会主义现代化强国。这次革命具有新的对象、任务和主客观条件，需要制定正确的战略、策略，需要进行重大的变革。在经济方面，从经济模式到经济运行机制的改革过程，必然带来许多过去从未遇到的新情况、新变化，也必然在人们的思想上产生许多新曲折、新问题，从而就使我们的思想政治工作面临一个不断变动的新环境，面临一个如何以变应变的问题。变动着的社会环境，变革中的经济进程，不断完善的经济手段和经济政策，将给以宣传党的方针、政策为重要任务之一的思想政治工作，在内容上、要求上带来相应的变化。因为，一个事物从不完备到完备，往往要经历一个渐进的时期和过程，经济体制的改革，社会主义有计划商品经济的发展，也是如此。因此，为适应新形势的变化和发展的需要，思想政治工作的内容、方式就不能一成不变，而必须跟上经济发展和体制改革的步伐，使其与变化着的形势相适应。如果以不变应万变，思想政治工作就会僵化，就会缺乏应有的生命力和实际的效果。在新旧体制交替和人们思想观念的相应变化中，如何使广大群众克服旧的传统观念的束缚，认识和适应社会主义商品经济的发展要求，认识和适应经济体制改革的发展进程，认识和适应有关经济政策，以及经济手段、法律手段、行政手段运用方面的发展变化，从动态上、发展上切实加强思想政治工作，就不仅显得十分必要，而且唯有如此才能收到良好的效果。

当然，思想政治工作上的这种适应性、变化性，绝不意味着消极地跟着形势跑，不分青红皂白地去迎合人们的一切思想变化，把应该坚持的都统统变化掉，把某些不完善，甚至失误的政策、措施也硬要当成新生事物和正确的东西来宣传，来肯定。而是说，我们的思想政治工作，要紧密结合经济建设和经济体制改的实际，结合人们思想变化的实际，有的放矢地进行，以促进和推动形势的发展，引导人民群众朝着正确的方向前进。

3. 防止各种有害思想的侵蚀

在贯彻对内搞活经济、对外实行开放的方针，大力发展社会主义商品经济的过程中，要十分警惕资产阶级腐朽思想的侵袭。特别是在对外开放、引进西方国家的先进科学技术和科学的管理经验的同时，外国资本主义的各种腐朽的东西也会通过各种渠道，以各种形式渗透到我国的经济生活和政治生活中来。由于过去较长时期以来的闭关锁国政策，使人们对国外资本主义的东西了解甚少，以致一些思想意志薄弱者对一些不适合我国国情和社会制度的腐朽政治意识、经营思想、生活方式也大为崇尚，缺乏分析判断能力，从而盲目模仿，有的甚至与外国资本家勾结起来，合伙坑害国家和企业，丧失了起码的国格和人格。因此，新形势下的思想政治工作，必须正确引导，以生动的事例，教育全国人民提高对资产阶级思想侵扰的高度警惕。

（二）加强社会主义商品经济条件下的思想政治工作需解决的几个突出问题

第一个问题是，关于新时期的思想政治工作与经济工作的关系问题。

在发展社会主义商品经济的条件下，有的同志认为，企业以经济工作为中心，那么一切都给经济工作让路，思想政治工作也应靠后站；企业思想政治工作只要保证各项经济指标完成就行了，有了经济效益，那就什么都有了；还有些同志认为，按照经济规律办事，就只能靠经济手段办事，只要有了"钱"和"权"，就能办好工厂，搞好企业。一句话，这些同志认为，新时期的思想政治工作已经不是经济工作的有力保证了，并不显得那样重要了。

应该说，这是一种糊涂认识。

党的十一届六中全会决议重新肯定了毛泽东的这一命题，即："思想政治工作是经济工作和其他一切工作的生命线。"为什么思想政治工作具有"生命线"的重要意义和作用呢？从根本上说，就是因为党的思想政治工作能够有力地保证经济工作和其他一切工作具有坚定正确的政治方向。具体地说，就是要通过思想政治工作，保证四项基本原则的实现，保证党的重大方针、政策在经济工作中得到切实的贯彻和体现，不仅要使社会主义经济的发展取得适当的速度和良好的社会经济效益，而且要避免经济工作走到背离社会主义方向的邪路上去。

社会主义的商品经济是在公有制基础上的有计划的商品经济，它应该而且必须坚持四项基本原则，沿着社会主义的轨道前进。然而，如上所述，由于商品经济的共同规律及其弊端的存在，由于商品拜物教、货币拜物教观念的影响还一时难以消除，再加上实行开放、搞活政策之后，国内外一些有害思想的侵蚀有所增加，因而企业的经济工作还存在着背离四项基本原则和社会主义正确方向的可能。近几年来少数企业在经济工作和经营活动中所出现的严重违背党的方针、政策的现象，出现的"一切向钱看"和损害国家、消费者利益的行为，都说明了这个问题的存在。理论和实践都表明，在企业成为一个相对独立的、有着自身利益的商品生产者和经营者，在有了较大的生产经营自主权以后，其经济工作的正确方向问题，不但不能完全解决，不能自行解决，而且在新的形势下将变得更加尖锐，更加突出。因此，思想政治工作是经济工作和其他一切工作的生命线的论断，非但没有过时，没有失效，而且在新的时期、新的条件下还具有更加丰富的内涵和新的意义。

第二个问题是，关于商品经济原则与政治、社会生活准则的关系问题。

长期以来，由于我们对社会主义经济是有计划的商品经济这一点缺乏科学认识，不承认企业是一个相对独立的商品生产者和经营者，具有自身的物质利益，因此，商品经济原则，即在处理国家与企业、企业与企业之间的经济关系时所应遵循的等价交换、等价补偿的原则，以及物质利益原则，就理所当然地受到了极大的忽视。随着对社会主义经济是有计划的商品经济这个科学命题的充分肯定，随着企业逐步成为一个相对独立、自主经营、自负盈亏的经济实体和商品生产、经营者，商品经济原则和物质利益原则也就自然而然地受到了应有的重视。因为在社会主义的商品经济条件下，无论在国家与企业之间，还是在各种不同所有制以及同一所有制内部的各个企业之间，都应该而且只能是以等价交换、等价补偿为基础的商品交换关系。只有这样，才能体现和实现不同企业由于其生产经营好坏、生产成果多少、经济效益高低所决定的不同经济利益，才能调节企业与国家、企业与企业之间在经济利益上的矛盾。这既是社会主义经济还内在地具有商品经济属性的直接原因所在，也是使企业具有强大的内部经济动力和旺盛的经济活力的客观需要。

然而，这种等价交换、等价补偿的商品经济原则和物质利益原则，是不能"引进"社会主义的政治生活，特别是党内的政治生活之中的，更不能用它来代替社会主义社会和党内的政治生活准则。

我们知道，坚持党的政治路线和思想路线，是党内政治生活准则中最根本的一条。如果在对国家、对社会、对事业、对人民大众的问题上，在处理社会主义社会人与人之间的相互关系上，也讲等价交换、等价补偿，斤斤计较个人的利益得失，甚至不惜损人利己、损公肥私、敲诈勒索，一切以是否对我或对小集团的有利为转移，那就不仅会极大地败坏党风、民风、把社会主义的同志式互相合作关系变成金钱、商品关系，把自己当成商品，使人们的政治、社会生活打上商品化的印记；而且，这种状况也必然使社会主义商品经济的发展迷失方向，并将葬送在这种"人不为己、天诛地灭"的资产阶级思想泥潭之中。

政治与经济密不可分，但经济的法则并不等于政治和社会生活的法则。贯彻社会主义的商品经济原则、物质利益原则，是发展有计划商品经济的客观要求，是正确处理社会主义国家与企业、企业与企业、企业与职工的经济关系的客观需要，但却并不是也绝不能作为我们政治生活、社会生活的准则。

第三个问题是，关于允许和鼓励一部分地区、一部分企业和一部分人先富裕起来，与社会主义的共同富裕的关系。

邓小平1985年9月在党的全国代表会议上的讲话中指出："在改革中，我们始终坚持两条根本原则：一是社会主义公有制经济占主体，一是共同富裕。有计划地利用外资，发展一部分个体经济，都是服从于发展社会主义经济这个总要求的。鼓励一部分地区、一部分人先富裕起来，也正是为了带动越来越多的人富裕起来，达到共同富裕的目的。"允许和鼓励一部分地区、一部分企业和一部分人先富裕起来，不仅是加强社会主义物质文明建设，大力发展城乡社会主义商品经济的客观需要，而且也并不妨碍社会主义的精神文明建设。

首先，实行允许和鼓励一部分地区、一部分企业和一部分人先富裕起来的政策，其目的是为了通过它去影响、带动和促进全社会的共同富裕，而不是人为地去扩大贫富差别，从而不会造成旧社会所特有的那种"朱门酒肉臭，路有冻死骨"的现象。这种影响、带动和促进本身，就体现了社会主义的精神文明，体现了以生产资料公有制为基础的社会主义制度的优越性。

我国是一个幅员辽阔，人口多，底子薄，商品经济很不发达的国家，各个地区之间在资源条件、经济技术发展程度等方面的情况差别很大，发展很不平衡，再加上长期以来实行高度集中的、以指令性计划为主的经济管理和统收统支的财政分配体制，单一的经济形式，以及受平均主义的影响，致使各个地区、企业和劳动者的生产经营积极性未能得到充分发挥，城乡商品经济的发展受到了极大的束缚。这种状况，不仅不利于社会主义经济的活跃，不利于各个地区和企业因地制宜、扬长避短地开展多种多样的生产经营活动，不利于充分调动各个方面的积极因素，而且也不利于在促进社会财富尽快增长的基础上不断改善和提高全体人民的物质文化生活水平。在国家统一计划的指导下，放手发展多渠道、多种经济形式和经营方式的社会主义城乡商品经济，克服平均主义的弊端，允许和鼓励一部分地区、一部分企业和一部分人先富裕起来，就必然产生极大的示范作用，影响左邻右舍，带动更多的地区、企业和劳动群众向他们学习，从而使整个国民经济不断地波浪式地向前发展，使全国各族人民都能比较快地富裕起来。

这种经济发展和劳动致富道路上的示范作用，以及一部分先富裕起来的地区、企业和个人，通过各种经济联合、经济协作，通过资金上的支持、扶助，技术和经营管理上的支援、协助等途径，不但能在促贫变富、扶贫共富、带贫致富等方面产生巨大的"辐射"作用，而且这种示范、带动、促进、推动的过程本身，就体现了社会主义的精神文明和团结互助的道德风尚，体现了社会主义社会中人与人之间，地区、企业之间的新型关系。近几年来，在我国涌现了大批助贫致富、促贫致富的先进地区、企业和劳动者个人，就有力地说明了这一点。

其次，允许和鼓励一部分地区、企业和个人先富裕起来，是以进行正当的、为社会所需要的生产经营活动和走劳动致富的道路为前提条件的，即允许和鼓励他们通过辛勤劳动，通过产品和技术开发，通过提高生产经营管理水平等而使其收入先多一些，生活先好起来，而不是鼓励通过非法手段，通过剥削他人而致富。因此，这种致富政策不会必然地诱发资本主义思想，从而危害社会主义的精神文明建设。至于在发展城乡社会主义商品经济过程中所出现的诸如买空卖空、投机倒把、倒买倒卖、走私贩私、弄虚作假、制造伪劣产品和其他违法活动等现象，则正是我们所要坚决打击的。

最后，劳动致富的要求和愿望，劳动致富的过程和结果，将激起对文化知识、科学技术、经营管理、文化生活等的渴求，从而将有力地促进社会主义的文化建设和思想建设，即推动社会主义的精神文明。近几年的大量实践证明，一部分先富裕起来的地区、企业和劳动者个人，在发展教育，提高科学技术和文化水平，开展健康的文体活动等方面所产生的强烈要求，所起的积极作用，尤其是在广大农村和一些乡镇企业中所出现的经济信息热、科学技术热、智力投资热，出现的诸如文化服务专业户、电影放映专业户、图书专业户、信息交流站，等等，都有力地说明了这个问题。

改革,开放,搞活横贯我国东西、联结亚欧陆上动脉地带的经济[*]

发展横向经济联合,是社会化大生产发展的必然趋势,是发展社会主义商品经济的客观要求,也是经济体制改革的一项重要任务。以研究和促进横向经济联合为宗旨的陇海—兰新经济研究促进会的正式成立,正是反映了这一客观要求和必然趋势。这不仅是这一经济地带贯彻执行党的改革、开放政策的大事,也是关系全国经济发展,促进我国社会主义现代化建设的一件大事。

一 开通陇兰经济带横向联合的战略意义

陇兰经济带,是指以陇海—兰新铁路为纽带,沿线大、中城市为骨干,东、西两个对外开放"窗口"为口岸而联结起来的广大的经济区域。这一地带从东到西全长 4123 公里,它横跨我国东中西部三个经济地带,包括苏北、鲁南、淮北、河南、晋东南、陕西、甘肃、宁夏、新疆 10 个省、区,面积约 360 万平方公里,人口 2.2 亿。它具有跨度大、地域广、自然资源丰富兼有古代文明和当代风貌等优点。

陇海—兰新铁路在祖国中部,从东到西,一路贯通,它的作用不仅体

---

* 本文原载《开发研究》(双月刊)1987 年第 3 期。

现为一条负荷运载的铁路，而且是前景广阔的促进商品经济大流通、东西经济大融合的经济带。对这一经济带在我国社会主义建设中的地位和作用，不仅应从全国经济社会总体发展战略的高度，而且应从亚太经济、环太平洋经济乃至世界经济发展的战略趋势去评价、去展望、去预计它的重要意义和潜在的功能。

据国外经济学家统计，目前美国与东方的贸易总额已超过与西方的贸易总额。近年来，亚太地区、环太平洋地区的经济区正在崛起，一批发展中国家在经济上的起飞引起世界的注目。经济迅猛发展的潜在地带正在由西方向东方转移。中国的体制改革和近八年来的发展举世瞩目，欧亚经济往来、合作和开放已成为不可逆转的巨大潮流。目前国际上不少有识人士公认下一个世纪经济崛起的地区将是以中国为中心的亚太地区，这一预见是应当重视的。

在当前世界性经济调整的大变动中，在各国商品经济发展的大变动中，陇海—兰新铁路处于横贯中国东部、中部、西部三大地带，并在不远的将来成为连接欧亚的大陆桥，这是必须预见到的。

就国内而言，陇海—兰新铁路又在祖国东部与京浦路、大运河纵横相交，在中部与京广路、焦柳路南北会合，在西部与宝成路、成昆路互相沟通。沿线各站又与密如蛛网的公路、水道、广大腹地彼此毗连，成为装点我国经济体魄的"金腰带"。陇海—兰新沿线连接的各个城市又像是装点我国壮丽河山的"宝石项链"。我们要研究正确的发展战略和可行的实施办法，使这条金腰带和宝石项链大放异彩。

由于自然环境、地理环境、经济环境和生产要素的组合状况不同，我国客观上存在着东部经济发达地区、中部经济次发达地区和西部经济不发达地区。每一地区又因城镇乡村的差异显示不同的经济层次。这些地区各有自己相对的优势和劣势。东部在对外开放、科技力量、智力配置等方面存在着相对优势，而在地理和劳动力成本方面却处于相对劣势。西部呈现出与东部恰恰相反的相对劣势和相对优势。这样，通过陇海—兰新铁路的东西大贯通，可以迅速地加快商品物资流、货币流、智力流、信息流的运动，使东部与中部、中部与西部、东部与西部相互吸引、彼此补充、发挥本地区在生产要素方面的相对优势，避开劣势，达到不发达向欠发达、欠发达向发达的方向尽快地演变。

由于历史上政治、经济、民族、文化、地理、自然等因素的长期交互作用的结果，陇兰经济带内部的经济发展水平极不平衡。从西部、中部到东部，大致呈阶梯式倾斜状况。西部自然资源丰富，国土利用程度较低，人民勤劳俭朴，劳动力资源充裕，有一定的工业基础，又有闻名世界的丰富的旅游资源，等等，这些都是发展经济的有利条件。然而，交通不便，信息不灵，技术水平低，商品经济不发达，以及资金短缺、人才匮乏等问题，又使经济发展受到很大制约。东部的情况与西部相比，大致相反；中部则兼有东、西部的优势和劣势。由此可见，陇兰经济带，集东、中、西部的经济优势和劣势为一体，在发展社会主义商品经济的各个要素上，如资金、技术、资源等，表现出很大的势能和位能的差异，因而极易形成各自优势的对流辐射。在这一经济带内有较好的工业基础（"三线"建设先进技术），有若干农牧业比较发达的地区，有丰富的自然资源，具备了经济全面发展的良好条件，它的东、西两端分别是海、陆对外开放口岸，陇海—兰新铁路与苏联土西铁路接轨后，将成为连接欧亚两个大陆的最便捷的国际大通道，它对未来国际政治和经济格局的影响应予足够的估计。因此，开展陇兰经济带东、中、西部之间的横向经济联合，可以取长补短，相辅相成，使各种生产要素在整个经济带达到合理配置与有机结合，促进经济的共同繁荣，加速我国四个现代化的进程。它的战略意义是深远的，目前可以预见到的有以下几点：

第一，有利于陇兰经济带自然资源、经济资源和劳动力资源的开发利用，促进生产力布局和产业结构的合理化。在经济带内通过各种形式、各种渠道、不同层次的横向联合，可以在较短时期内集中人力、物力和财力，按照经济合理的原则，共同开发西部地区的丰富资源，建立各种原料基地，以弥补东、中部能源和原材料之不足；同时，在价值规律的作用下，促使一部分工业接近原料、燃料动力产地、消费市场和交通枢纽，减少劳动耗费，使这个经济带的生产力布局在全国总体战略部署指导下，逐步趋于合理。如通过联合生产、共同开发、产品扩散，技术转移等方式的联合，改造和加强西部地区的轻纺工业、加工工业并加速自然资源的开发，等等。当然，中、西部地区的资金、技术按照经济合理的原则，也可以向东部转移，如"大三线"企业的高、精、尖技术向东部扩散，合资开发连云港海运码头，等等。

第二，有利于发挥陇海—兰新沿线各个中心城市的作用，促进整个经济带的共同发展。陇兰经济带内的各个中心城市各有自己的特色和优势，主导产业也各有所长，特别是西部地区，军事工业比较发达，但从总体来说，基本属于资源分布型。在这些城市之间，按照劳动地域分工原则，围绕各自的主导产业，开展技术经济协作和横向联合，可以互通有无，发展商品交换，更有效地组织生产和流通。横向经济联合带来的商品、资金、技术、人才和信息的合理流动，可以促成经济带的投资市场、资金市场、物资市场、技术市场、信息市场和劳务市场的建立，形成全国和世界相关国家保持密切联系的开放型的市场体系。

第三，有利于突破条块分割、地区封锁，促进封闭型经济向开放型经济的转变。开展陇兰经济带横向联合，这件事本身就是对传统的封闭式的自然经济格局的突破，这样大跨度的以铁路线作为连接纽带的横向经济联合，是经济体制改革中的一个创举，它可以充分利用陇海—兰新铁路和东、西两个对外开放"窗口"及沿线城市的资源、技术和市场优势，大搞"外引内联"，建立起面向全国及欧、亚大陆的开放型的经济格局。同时，可以充分发挥沿线中心城市的辐射作用，促进城乡经济联系的发展，增强民族团结。

据《人民日报》1986年12月17日海外版头条报道，自1985年8月我国东部沿海地区与西部地区开展经济技术合作以来，已签订了1600多个意向协议和600多个合同，合作资金已达12亿元。目前已有2/3的项目开始实施，获得明显的经济效益。其中已有6亿多元资金用于开发西部的能源、有色金属和化工原料。合作内容也从过去单一的物资交流，发展到人才和技术交流，联合到引进技术及设备、兴办交通运输事业和建设出口商品基地等方面。已签订的项目中钢铁、有色金属资源开发性资金约占一半，机械电子行业的合作生产、技术转让等生产约占30%。东部也获得了明显的利益,如1985年上海在西部投资3亿元,得到补偿的有水泥17万吨、生铁5万吨、煤14万吨,弥补了这些紧缺物资的缺口。与此同时,东、中、西部地区分别开了近千个加工厂和联合经营部,建立了信息交流中心,大大活跃了各地的经济。

二　发展陇兰经济带横向联合需要解决的几个问题

第一,发展横向经济联合与传统的以纵向为主的管理体制之间的矛盾。纵向管理体制是与传统的计划经济相适应而建立起来的经济管理模式,它主要依靠行政手段和指令性计划来调节经济运行机制,这对于控制宏观经济是有效的,但却不利于搞活企业、搞活城市、搞活经济。横向经济联合同传统的计划体制相背离,越来越多地依靠市场机制的调节。因此,开展陇兰经济带横向联合,首先面临的是如何突破传统的计划、物资、金融、税收、外贸等体制的束缚,走出一条具有中国特色的发展社会主义商品经济的新路子。在这方面我们还缺乏经验,需要做比单个城市的改革层次更高的综合性的改革工作的探索。

第二,发展横向联合与各省、市力求自成体系、独立发展的传统观念的矛盾。传统的计划体制导致了地区间横向经济联系的分割,封闭式的独立发展的自然经济观念盛行不衰。发展陇兰经济带的横向联合,必然会带来各种生产要素的横向流动,这对于以块为主的地方经济和传统观念,将是一次强烈的冲击。

第三,利益分配方面的矛盾。互助互利原则,实质就是等价交换原则。在组织陇兰经济带横向联合时,这一原则必须遵守。但在社会主义商品生产和交换中,那些技术、智力、资金比较密集的地区与技术薄弱、智力短缺、资金匮乏的地区搞联合,一般来说,前者总要获得较多的利益,特别是在今天价格扭曲,原材料、粗加工产品价格偏低的情况下,就更为突出。如何正确对待这一矛盾,将是陇兰经济带横向联合能否发展与巩固的关键。

第四,当前利益与长远利益的矛盾。发展陇兰经济带的横向联合,由于受财力、物力、技术等方面的限制，经济发展不能齐头并进，必须有所侧重。这就会使得沿线各地、市在经济发展速度上有快有慢，在利益所得上，有的当前受益多，有的将来受益多。决策者不能急功近利，或者怕吃眼前亏不敢越出雷池半步，而应当有战略眼光，高瞻远瞩。

三　陇兰经济带横向联合的模式选择

我国目前区域经济联合的模式大致有以下几种：（1）规划协调式（如上海经济区、山西能源重化工基地、五省六方协作区、东北协作区等）；（2）城市集团式（23 个城市联合开发长江、沿海 14 个城市、省会城市的联合等）；（3）物资协作式，等等。根据陇兰经济带的主要特点，是否可参照长江流域经济协作的经验，选择以运输通道为纽带的城市集团式横向联合的模式。长江流域经济协作是以长江为纽带的沿江的上海、南京、武汉、重庆等大城市，以及众多的中等城市为骨干的经济联合体。它以综合开发长江大流域的市场、资源、技术和智力的最佳系统效益为目的。在这个大前提下，长江流域各地、市，充分利用水运之利，取长补短，互相依存，以图形成各具特色的中心城市，达到共同繁荣的目的。这一模式最显著的特点是，经济发展的诸多方面有较强的一致性和互补性，合作领域广阔，不受行政区划的限制，在社会再生产的某些领域、某些方面实行统筹规划，以使联合朝着一体化的方向发展。因此，它要求各个城市根据自己的优势调整产业结构，实行专业化分工，形成各具特色的中心城市。从而使城市之间建立起经济上相互依存的内在联系，构成一个统一的经济有机体。据 1986 年 11 月 18 日《人民日报》消息，长江沿岸中心城市协调会在推动长江联运联营、金融融通、内外贸易、经济协作、技术交流、邮电通信和旅游等方面，取得了可喜的经济效益。沪宁渝 3 市 11 家电冰箱厂利用引进先进技术和设备，就电冰箱开发、生产、销售实现用户化方面全面合作，开始批量生产，扩大了国内外销售市场。熊猫牌电视机工业集团、武汉复印机生产集团也是在联合中应运而生求得发展。联合开发长江的前景吸引了长江沿岸许多城市纷纷要求参加协调会。它很有可能成为推动开放改革的大动脉，在长江流域建立一个全面开放的联合市场，把长江流域建成横贯我国东西的繁荣生产的经济带。

陇兰经济带是以铁路为纽带、以沿线大中城市为主体构成的。城市是商品经济的产物，同时又是促使商品经济进一步发展的基地。从国外商品经济发展的历史和我国经济发展的现状来看，城市经济的繁荣与发展水平，在很大程度上取决于该地区内中心城市的多寡、经济实力以及辐射面和吸引力的大小。

从这一意义上讲，要搞好陇兰经济带的横向联合：第一，要考虑如何发挥中心城市的功能和作用。经济带内的各个城市都有自己或大或小的辐射面和功能圈，通过陇海—兰新铁路的纽带作用，把这些大小功能圈和辐射面串联起来，必然会产生巨大的聚合效应，以带动整个经济带的经济振兴。这是我建议选择以运输通道为纽带的城市集团式联合模式的基本出发点。如果这样，在我国幅员广袤的国土上，横贯东西的就有两个大的以运输通道为纽带的经济带，一南一北，一水路一陆路，相互补充、相互比赛、相互媲美。

第二，陇兰经济带由经济发展不同水平、生产力不同层次，以及自然资源不同结构的城市和地（州）所组成，彼此之间在经济发展上有较强的一致性和互补性，而这一地带的工业、资金、人才、物资等生产要素绝大部分集中在城市，由于它们的不平衡性，要求有统一的市场体系来合理调节各种生产要素的流动方向。城市本身就是一个巨大的调节市场，是各种生产要素合理流动的直接组织者和承担者。同时，这一经济带有较好的工业基础，且各具特色，不仅客观上有开展专业化协作的要求，也具备了相应的条件。发展横向经济联合，可以按照劳动地域分工原理和生产力合理布局规律的要求，调整不合理的产业结构，进行合理的产业布局，以形成互相依存的有内在联系的经济联合体。并且，企业和行业的联合化、集团化，最终也必须以新的城市各方面的条件为基础。

第三，建立以运输通道为纽带的城市集团式，是我国经济体制改革的一大突破。陇兰经济带中的城市，分属不同的省、区，由于条块分割、地区封锁的影响，在计划、物资、金融、税收、外贸等体制上受到很大制约。选择这种模式,正是解决上述问题的有效途径。它不是采取传统的办法用行政手段在地区之间按系统调拨人、财、物;而是依靠中心城市的多种经济功能和辐射力、吸引力,按照经济的内在联系来组织协调某些经济活动,沟通企业之间、城市之间,以及各种经济组织之间的横向联系,形成各种生产要素合理流动的社会主义统一市场。同时,以城市为中心的横向经济联合,打破了城乡分割的局面,促进了城乡经济的一体化。这种一体化的直接动力是城市市场功能的发挥和运行。

第四,交换和开放是现代城市的本质特征,也是现代城市政治、经济、科技、文化获得全面发展的巨大推动力。陇兰经济带"一线两口"的特点,是进行"外引内联"的优越条件。通过城市群体的优势和物资的集散功能来组织外贸商品的进出口,必然会大大加强外贸出口的能力,也会大大提高我们在外贸谈判中的地位。同时,引进先进技术和科学的管理方法,对陇兰经济带内的城市和城市内部的企业进行技术改造,引进资金对资源进行合理开发,等等,这一切必然会大大增强城市的经济实力,也将带动落后地区的发展。

四　陇兰经济带横向联合的方向和内容

要有力推动陇兰经济带的横向联合,由两路沿线的省市负责同志和有关铁路管理部门,仿效长江沿岸中心城市经济协调会的办法,建立一个自愿参加的经济协调促进会,立即开展工作,以促进尽快形成一个突破条块限制的对内外开放的联合市场,是十分必要的。

第一,陇海—兰新铁路被称为第二条欧亚大陆桥,它不仅是经济带形成的基础,也是维系和发展经济带的主要依据之一。因此,根据国家总体战略部署,加速"大陆桥经济"的开发,不断改进、扩大、丰富、完善大陆桥的功能,是经济带一项长期的、共同的战略任务。而大陆桥的开通和发展,肯定会带动和促进整个经济带的繁荣。

第二,在加快交通建设的同时,以流通领域为联合的突破口,组织陇兰经济带联合市场,扩大健全城市市场体系,加深城市之间和城乡之间的经济联系。流通领域的联合,必然会带来各种生产要素的流动与协作,进一步发展到共同开发资源、联合生产等高级联合形式。

第三,生产领域的联合最终要体现在企业之间的联合上。企业是横向联合的基础,大中型企业的联合集团对经济带起着举足轻重的作用。陇兰经济带应根据各个城市的不同产业优势,大力组织跨地区、跨部门的企业联合集团。这一地带有几万个企业,其中有不少大中型企业是国家在"一五"时期和"三线"建设时期兴建的。这些企业一般来说技术较先进、人才多、设备好。搞好这些企业的横向联合,对经济带的经济起飞意义重大。同时,这部分企业搞活了,将会带动一大批中小企业、乡镇企业和第三产业的发展。

第四,发展外贸领域的联合,加深对国内外的经济联系,建立外向型经济格局。要充分发挥"一线两口"的优势,利用自己丰富的农副产品、工业产品和自然资源,利用广阔的内陆腹地,联合发展对外贸易,在资源开发、生产流通、交通、旅游、科技、教育等多方面同国外进行广泛合作,把陇兰经济带建设成为开放型的左右逢源的经济联合体。

五　旅游经济是繁荣陇海、兰新经济带旅游业的重要支柱

第二次世界大战之后,旅游事业成为经济效益、社会效益都很高的一个新兴产业,被认为是"无形的贸易"、"无烟工业"。西班牙在第一次世界大战之后,由于战争的破坏,经济异常困难。为了恢复经济,克服困难,西班牙大力发展旅游业,增加外汇收入,结果"立竿见影"。"旅游业拯救了西班牙"。1975 年西班牙外贸逆差为 78 亿美元,而旅游收入达31 亿美元,占贸易逆差补偿的 40%;1978 年旅游收入 50 亿美元,相当于全部出口收入的 1/3;1979 年高达 55.6 亿美元。瑞士旅游业收入居外汇收入的第 2 位,列为国民经济的三大支柱之一。意大利 1979 年的外贸赤字 58.1 亿美元,是依靠 66.7 亿美元的旅游收入挽救过来的。

陇海—兰新线横贯祖国的黄河文化带,可以说,它连接着我国每一个历史时期的历史和文化。沿途大大小小的人文景观和自然景观璀璨夺目,

构成了一幅精彩的历史画面，展观了我国古老文明中光辉的艺术瑰宝。

我们不妨从东到西简要列举一下：连云港的花果山、水帘洞是吴承恩笔下《西游记》的真实写照。徐州既是楚汉相争时的古战场，又是现代的淮海战役的鏖战之地，这古往今来的兵家必争之地沉淀着一部惊心动魄的战争史。开封的禹王台、相国寺，战国时期信陵君的故宅，北宋时期的铁盛塔向人们倾诉着引人入胜的历史变迁。洛阳是九朝名部，龙门石窟那举世闻名的艺术之花与千姿百态的牡丹争奇斗艳，每年都吸引着大批中外游客。西安更是秦汉、隋唐多代京城，这里有风景秀丽的骊山，有号称世界第八大奇迹的秦兵马俑。这个奇迹只是该省众多帝王陵之一的一个殉品坑，但仅这一个坑就震惊了世界，使全世界的游客叹为观止。另外，天水的麦积山石窟，敦煌的莫高窟，还有光辉千古、迷离莫测的古丝绸之路。至于沿线各个城市风味各异的菜肴和饭食，更令人向往。这一切都是陇海—兰新经济带取之不尽、用之不竭的旅游资源。

发展陇海—兰新经济带的旅游事业，有着良好的基础。旅游的基础必须有旅行的交通线，必须有旅游的景观点。而这两方面，陇海—兰新线和沿途的景观群落在国内是首屈一指的。为了促进旅游经济的发展，要千方百计地提高铁路的客运量，使铁路的运行与游客的流向相适应；要大力发展旅游点的铁路、公路、航空的联运，拓宽公路，改造车站，完善机场设施。使游客"进得来，散得开"，"屡"游不厌，还想再来。

旅游经济是一种综合性很强的经济。发展旅游业需要与其相关的很多产业来支持，实际上是要发展以旅游业为龙头的包括第三产业在内的系列产业。当然，首先应该发展运输业、服务业：旅馆、饭店、美容店、影剧院、照相馆、邮局。随着旅游业的发展，还需要建立文化设施，如博物馆、图书馆、俱乐部、资料馆。历史文化名城的旅游业还可以为国际性会议提供良好的服务，吸引更多的国际性会议到历史文化名城来开，有条件的可逐步形成一批像日内瓦那样的国际会议中心。尤其是在旅游淡季更可为国际、国内会议提供服务，充分利用各种服务设施。这样既可以直接提高旅游业的经济效益，还可以取得可观的经济技术信息，扩大观光旅游、商务旅游、公务旅游的业务，为发展经济作出贡献。

　　在社会主义有计划的商品经济的发展过程中，区域经济合作的潮流在全国普遍兴起，以商品经济的客观规律所支配的、受区域市场所维系的区域经济带正在逐渐形成。如东北的三江平原经济区、京津唐经济带、环渤海湾经济区、上海经济区、长江三角洲经济区、长江流域经济区、珠江三角洲经济区、西南"四省五方"经济区，现在我们又建立和形成了陇海—兰新经济带，它们的形成无疑是经济体制改革的产物，同时又会给经济体制改革以巨大的推动。这对于活跃地区经济，逐步形成全国的商品流向合理的统一的大市场将产生有力的推动作用，对于全国的产业结构的合理调整将起到积极的促进作用，对于投资结构、产品结构、劳力配置、技术和智力的流动都会产生不可估量的有益的效果。我们欢迎这种区域经济区的形成，我们希望经济学界和社会各界密切关注这种崭新的事业，认真地研究它形成的历史和现状，科学地预测它发展的未来，为全国的经济改革和经济发展贡献力量！

把发展和改革结合起来研究产业政策[*]

一　产业结构的形成和产业政策的确定取决于哪些基本条件

决定我国产业政策选择的主要因素，是取决于我们的国情；是取决于我国工业化、现代化的道路；是取决于我国所处的国际环境。

（一）关于我国国情的特点

大家都很清楚，小平同志曾反复说明：我国国家大，土地面积大，居世界第三位，仅次于苏联、加拿大；人口多，居世界第一位；底子薄，从人均国民生产总值看，处于世界第 130 位，是倒数第二十几位；经济发展很不平衡，比如上海现在的人均国民生产总值达 1500—1600 美元，早已达到了全国本世纪末的预期水平，而边远的穷困地区大概人均收入只有几十美元。就是我们发达地区的内部也不平衡。美国的东部、西部过去也不平衡，南部、北部也出现不平衡状态。当然，他们的不平衡和我们比较起来，很不一样。我们的不平衡，差距大。总之，我们想问题、办事情，都不能离开这些国情的特点。这个问题小平同志在他的文选中有许多精辟的论述，我们应当精心阅读。

谈到我们的国情，不仅要从国家大、人口多、底子薄、经济发展不平

---

* 本文是作者 1987 年 7 月 22 日在产业结构和产业政策研讨会上的发言。

衡出发，还要认清我国社会主义建设现在处在什么历史阶段，任何人也不能逾越历史发展阶段去办事情，逾越了历史阶段是不能成功的。

1981年党的十一届六中全会通过的《关于建国以来党的若干历史问题的决议》明确提出我国现在处在社会主义的初级阶段，1982年党的十二大报告进一步肯定了这个论点。1986年党的十二届六中全会通过的《中共中央关于社会主义精神文明建设指导方针的决议》再一次阐述了这个重要的论断。这个论断有两层含义：一是当今我国的社会是社会主义社会，我们必须坚持社会主义，而不能离开社会主义；二是当今我国的社会主义，又是初级阶段的社会主义。我们考虑问题，处理问题，必须从这个实际出发，而不能超越发展阶段。正确地认识这个问题，是现阶段建设有中国特色的社会主义的首要问题，也是我们采取现在这样的路线、方针、政策而不能采取别的路线、方针、政策的基本依据。

我国仍处在社会主义初级阶段，最根本的是由于我国现时生产力的落后。而产业结构和产业政策则是一定的社会生产力发展程度的反映。所以我们研究产业结构和产业政策，也不能离开这个基本点。

马克思主义告诉我们，实现共产主义，要经过低级阶段也就是社会主义，然后到高级阶段——共产主义。这是一条极其重要的真理。同时，实践又告诉我们，对于这条真理的认识需要发展、深化。在建设社会主义社会这个历史阶段中又应该划分若干阶段，至少应划分为初级阶段和发达阶段。然而，仅仅这样认识还不够，还要认识这个初级阶段的长期性。特别是在那些经济不发达的国家，工人阶级取得了政权之后，建设社会主义初级阶段会长得多。企图很快地完结这一历史过程，是一种空想。我国和苏联的经验都已经充分地证明了这一点。

为什么这样讲呢？因为工人阶级只要具备了夺取政权的条件，采取革命的方式，推翻剥削阶级的统治，改变旧的生产关系，这是能够在比较短的时间以内完成的。不承认在一定历史条件下，半殖民地、半封建国家的人民，可以取得政权，超越资本主义发展阶段，而走上社会主义道路，这是革命发展问题上的机械论。我们党就是反对了陈独秀等人的这种错误观点，经过艰苦卓绝的革命斗争而取得胜利的。但是，要把近似中世纪式的以手工劳动为主的落后的生产力变为现代化的大生产的先进的生产力，要消灭文盲、普及教育，赶上发达国家的经济文化发展水平，是不能像夺取政权、改变旧的生产关系那样在很短的时间内完成的。一个是革命，一个是发展生产力，这是不一样的。我们要达到发达国家的水平，虽然由于社会主义制度优越可以比发达资本主义国家所经历过的时间短些，但还是需要相当长的时间。不承认生产的社会化、商品化是不可逾越的，以为不经过生产力的巨大发展，就可以进入发达的社会主义，是社会主义建设问题上的空想论。

在我国，从新中国成立初期算起，要实现邓小平同志所说的人均国民生产总值达到中等发达国家水平的目标，需要多少时间？大约100年时间，也就是要到下一个世纪中叶。至于要达到发达国家的水平，可能需要更长的时间。

统一对我国社会主义发展阶段的认识，不仅具有巨大的理论意义，而且具有巨大的实践意义。为什么这样说呢？不承认社会主义发展的阶段性，不认识社会主义从初级阶段到发达阶段需要相当长的时间，把社会主义革命和社会主义建设看得很容易，在这个方面，我们有过痛苦的教训。一个是急于过渡，急于由社会主义过渡到共产主义。比如：从多种经济成分急于过渡到单一的公有制；从集体所有制急于过渡到全民所有制；从按劳分配急于过渡到按需分配，追求所谓"一大二公"，吃饭不要钱啦，诸如此类。这种"过渡"，过去大家都经历过了。另一种是急于求成。比如，提出违反自然规律和经济规律的"大跃进"，苦战三年，就要改变中国的面貌。"人有多大胆，地有多大产"、"不怕办不到，只怕想不到"，等等。总之，有一种速成论的思想，认为社会主义建设很快就可以成功。这种倾向曾对我国建设事业造成了严重危害。这个历史教训是必须汲取的。我们建设社会主义过程中所以出现这种急于求纯、急于求成的错误，根本就在于离开了我国的基本国情，没有清醒地认识我国社会主义发展要经历一个相当长的初级阶段，当然，我们也要反对慢吞吞的、不着急的、没有紧迫感的那种懒散思想。但是，两相比较，37年来，我们受害最大的还是急于过渡、急于求成的"左"的思想所造成的损失。小平同志最近反复强调了这个问题。因此，我们反复强调要坚持实事求是的思想路线，致力于发展生产力，建设四个现代化，并逐步实行我国经济体制、政治体制的改革。

通过几年来的实践和探索，对于我国目前仍然处在社会主义初级阶段这个问题，大家的认识逐步趋于一致了，但是，初级阶段的基本特点是什么？初级阶段究竟有多长？看法不尽完全一致，需要进一步认真探讨。现在，根据大家讨论的意见，对于初级阶段的一些基本特征，大概有这么一些看法，我给同志们简要介绍一下，因为这和我国产业结构的设想、产业政策的制定有着密切的关系。产业结构和产业政策不是游离于我们这个社会之外的，它是根植于我们这个社会之中的，它当然同生产力的发展有直接的关系，同时也和生产关系以至上层建筑有关系。

人民民主专政的社会主义基本政治制度已经基本确立了；意识形态方面，马克思主义、社会主义已经占了主导地位，我们要把社会主义物质文明和精神文明建设同时抓起来。

实现祖国的统一，这是历史赋予我们的任务。"一国两制"的科学构想对推动祖国的统一事业产生了巨大的作用。香港、澳门问题已经得到了圆满解决。但祖国统一的事业还没有完成，我们还要按照这一原则和平解决台湾问题。解决台湾的问题，也需要我们的经济有一个很大的发展，现在的台湾在那里翘尾巴，就是这个问题。如果我们把产业结构搞得合理，经济发展得更快，这个问题的解决就更顺当一些。

总之，社会主义初级阶段，既区别于新民主主义向社会主义的过渡时期，又区别于发达的社会主义，这是在经济不发达的基础上建设社会主义。有人说，我们既然没有经历过资本主义阶段，就先干一段资本主义然后再干社会主义好了。如果那样，我们就和印度现在的情况差不多。印度独立比中华人民共和国的成立时间早一年。印度现有7亿多人口，土地面积没有我们大，但人均耕地面积5亩地，我们不到2亩。人均国民收入比我们低得多，贫富悬殊，两极分化相当严重。历史不允许我们退到资本主义去，但又要求我们在社会主义条件下吸取资本主义已经取得的反映现代社会化、商品化生产规律的那些东西，利用它作为社会主义的某些补充，以完成历史赋予我们的任务。这样，经过长期的努力，我们就能在经济发展上接近并最终超过发达的资本主义国家。

我们还可以看看苏联的教训。列宁在"十月革命"取得胜利之后，由于当时国际上帝国主义的武装干涉和国内反革命武装的叛乱，于是实行军事共产主义制度。帝国主义的干涉结束以后，列宁很快由军事共产主义转变为新经济政策。新经济政策，包括以国营经济为主体，允许一些私人的、个体的经济活动存在，也允许外国资本租赁本国的企业。直到现在，苏联又开始注意研究列宁的新经济政策。斯大林一直说是在建设社会主义，他倒没有说马上要搞共产主义。但到赫鲁晓夫上台，就宣布苏联已经进入共产主义的阶段。勃列日涅夫上台又改变了，说现在不是处在建设共产主义阶段，而是处在建设发达的社会主义阶段。到安德罗勃夫当政，又说是处在发达的社会主义门口。由此可见，他们对这个问题的认识也是逐步深化的，逐步地接近于实际的。

回顾一下我们自己的认识过程，那也是很有意思的。1958 年 8 月北戴河会议通过的关于农村建立人民公社问题的决议就认为，共产主义在我国的实现，已经不是什么遥远将来的事情了，并提出在七八年后就可以实行按需分配。后来，很快地发现了这个错误。到同年底武昌会议时，又作了《关于人民公社若干问题的决议》，指出，不能混淆社会主义和共产主义两个阶段，社会主义阶段是长期的，但还没有提到初级阶段的问题。我们在这个问题上的认识，也值得很好总结。我们建设社会主义的历史比苏联短，经济发展的起点和自然资源的拥有量也比它差得多，而我们的人口要比他们多得多。因此，我国社会主义建设初级阶段的时间可能要比苏联长得多。

（二）关于我国工业化的国际环境

从我国 30 多年来社会主义建设的实践来看，国际形势的变化以及我们对国际形势的看法，对我国工业现代化道路的选择是有非常大的影响的。

我国以重工业为中心，强调发展国防工业，强调发展内地，不发展沿海以及后来的三线建设都是与此有关的。

现在国际形势同 50 年代相比有了很大的变化，而中央又确定了对外开放的方针，所以，我们应当充分利用国际有利条件，及时地调整产业结构，使它合理化，加速发展我国的生产力，加快我们的现代化事业的进程。

目前国际上的几个大的趋势，对我国经济的发展和产业结构的调整总的来说是有利的。

第一，技术革命、产业革命的浪潮在全世界汹涌澎湃，在这个浪潮面前各国都在进行产业结构的调整，使他们的产业结构合理化，这就给我们调整产业结构提供了很多机会。它们原来生产某些东西，现在不经济了，要退出市场，这就给我们的发展以机会。正如一次大战空隙中，中国的民族工业得到了很快的发展一样。但有些机会我们没有及时利用，比如近年来日元升值、美元贬值，中国台湾与韩国利用这个机会就得到了很多好处，我们动作迟缓，丧失了一些机会。

第二，社会主义国家改革的潮流，东欧各国都在积极行动。戈尔巴乔夫最近在中央全会的报告来势很猛。这些对我们的改革、对我们的发展也会有所促进。

第三，一些新近发展起来的国家和地区的经济发展开始遇到困难，如韩国和中国台湾的货币都在升值。不要看中国台湾有那么多外汇储备，但它在这方面遇到了很大的困难，产品成本普遍上升，销售困难，有些产品被迫退出市场。不仅中国台湾如此，其他一些新近发展起来的国家和地区，也有类似的情况。这也给我们的发展以新的机会。

第四，发展中国家的困难越来越多，包括墨西哥、巴西的欠债，其他一些经济不发达国家原材料跌价，等等。由于我国与发展中国家关系日益密切，所以它们对我国经济发展的影响也越来越大。

我们必须看到国际上这些变动的情况。因为我们的产业结构是开放的结构，而不是封闭的结构，必须和国际经济联系起来考虑。

二　从宏观角度加强产业结构和产业政策的研究

从国家宏观的角度来说，产业结构、产业政策确实要有重点。重点选择什么，选择重点是多点好，少点好？重点和一般的关系如何处理？部门和地区如何处理？要解决这一系列问题就要有选择的标准，要有个评价重点的目标体系，要做一些科学的研究和论证。

应该有部门的产业结构。大的部门，首先是三种产业，然后是每种产业中起重要作用的那些大的产业。

还有，就是地区。怎么划法好呢？东部、中部、西部，是一种划法；发达、次发达、不发达，也是一种划法；还有按自然梯度、按行政区划分的。怎么划好？最后还是要落实到每个省市到底起些什么作用。

总之，要有个总的、部门的、地区的产业政策，把中央总的要求、部门的要求、地区的要求协调地融合起来。

这里，首先要处理好三种产业的关系。有人主张这么划分产业，有人不主张这么划分。但我们已经通用这种划法，世界也通用这种划法，我们不妨采取这个办法来研究。

我们三种产业从新中国成立初期到现在是有大的变化的。比如 1952 年我们第一产业是 52.1%，第二产业是 21.7%，第三产业是 26.2%；到 1985 年，第一产业是 35.9%，第二产业是 42.3%，第三产业是 21.6%，第三产业减少了，第一产业也减少了，第二产业增加了。这个变化和我们现代化的要求不是完全适应的。第三产业的发展是比较慢的。根据世界发展的趋势，第三产业在经济发展中的比重会越来越大。但它绝不是离开第一产业、第二产业发展的，而是随着它们的不断高度化而得到发展的，不然，"皮之不存，毛将焉附"？

其次，是要解决大的产业内部的关系。这里一个重要问题是农业。从发展趋势看，农业的比重要下降。但这不是说我们在产业结构和产业政策上可以忽视农业的发展。相反，对农业应给予极大的重视，要大力促进它的发展。因为虽然农业产值占国民生产总值的 1/3 左右，但农业人口占总人口的 80%，农业劳动力占 60%—70%，农业情况如何，对我们经济发展影响极大。江苏工农业产值居全国之首，超过上海。江苏同志讲，他们工业产值中的 60%，还是以农副产品为原料的，出口的产品里以农副产品为原料的占 50%。所以离开农业来谈工业，来谈其他产业的发展是不行的。在其他国家也不行，在中国更不行，这是由中国的国情所决定的。江苏工业如此发达还是这样，那么，工业欠发达、不发达地区就更应该加强农业了。

毛主席说，农业是发展国民经济的基础，实际上这个论点是马克思早就已提出来的，他说到了共产主义农业也是基础。当然，那时农业也工业化了。

党的十一届三中全会以来，农业的发展速度大大加快了，同时农业内部结构也发生了很大变化。比如1987年和1985年比较，种植业从76.7%降到66.2%，可是粮食的生产量却大大增长了，最高达到4000亿公斤，这几年将近增加了千把亿斤；林业由3.4%上升到5%，牧业由15%上升到19%，副业由3.3%增加到7.1%，渔业从1.6%上升到2.4%。

农业结构的变化，促进了农业的发展，使农民的收入也相应地有了较大幅度的提高。

我国产业结构的变动，最大的是农业，所以它发展快。农业产业结构的这种变动是好事情，但是从整个产业来说要求一下改得合理化也不可能。农业粮棉油等种植比重的改变，一年就是一个生产周期，变动较快，但工业生产周期（特别是建设周期）要长一些，变动较慢。当然农业的大的建设如水利工程的建设、农业的机械化等也是要较长时间的。也就是说，现行的产业结构的形成不是一朝一夕的结果，它的合理化也只能在改革与发展中逐步实现。

第二个是工业内部的结构，主要是解决基础工业与加工工业的结构问题。

还有就是第三产业，其中交通、通信等特别落后，怎样促进它的发展，在研究倾斜政策时要解决这些问题。

重点产业和倾斜的产业政策的确定，要从我国现实的产业结构不合理的状况出发，有针对性地保持适当的倾斜度，多大的倾斜度还要取决于经济上的开放度和国际市场上的竞争力。

没有重点就没有政策，但如果都是重点，那也就没有政策了。当然，全国有全国的重点，地区在服从全国、发挥本地优势的条件下，也可以有自己的重点。各个行业内部也是如此。

三　关于地区的产业结构与产业政策

这是这次会议讨论的重点。

总的来说，地区的发展战略要同地区的产业结构与产业政策结合起来研究。最近几年，对前者的研究比较重视；对后者的研究才开始。而只有把这两方面的研究结合起来，才能制定正确的发展战略和保证它的实施。

在这方面，是不是有这样几个问题要深入讨论：

1. 国家的整体性和地区的适应性如何统一

从原则上讲，每一个省市，都应该有全局的观点、整体的观点，应该服从和服务于这个整体，而不能背离全局的利益、整体的利益。这一点应首先明确。

2. 地区的产业结构和产业政策要能"扬长避短"，充分发挥本地区的优势，都应该具有地方的特色

小平同志讲要建设具有中国特色的社会主义，中国特色是由各省市的特色综合起来的，没有各地的特色也就没有中国的特色，还是要多彩多姿。

每个省市都要认清本省本市在中国现代化过程中扮演什么角色最合适，是孔明、鲁肃、周瑜、赵云？毛主席讲过抗日战争是个大舞台，要各地军民大显身手，表演出威武雄壮的话剧来。我们现在搞社会主义现代化，也是个大舞台，每个地区扮演什么角色，各自应起什么作用，要向国家提出建议。国家吸收各地方、各部门的合理建议就会形成一个全国威武雄壮的社会主义现代化建设的大舞台，使各路英雄都有用武之地，各抒所长，大大促进我国社会生产力的发展，千万不要千篇一律。过去要翻两番就每个省市都来翻两番，每一种产品也都是翻两番。如果这样，到本世纪末，我们产业结构不合理的问题，依然如故，不仅不能提高经济效益，而且翻两番的任务也难以顺利实现。

要抓住比较优势，别的省市不可替代的优势。不仅是自然条件，还有

人的智力的优势。日本就没有多少自然资源，但它抓住了自己智力的优势。日本的"一村一品"运动，就不仅是面向国内市场，还面向国际市场，这就是比较优势。我们要研究这种经验，特别是乡镇企业，更要注意这种经验。

3. 各地要有适合各地情况的具体产业政策，以保证具有本地特色的合理化的产业结构的形成和发展

一些地方研究中心的同志说，我们只能研究产业结构，制定产业政策是国家的事。如果我们只提出产业的构想，没有相应的产业政策保证，这种构想也是无法实施的。

每个地方都有自己的地方特点，要根据自己的特点因地制宜地制定一些具体的政策。国家不宜把权力都集中在中央，不能一刀切，要授予地方必要的主动权。

4. 地区产业结构、产业政策，不仅要注意工业、交通运输业、第三产业，更要把农业放在真正基础的地位

农业千差万别，地区性特别显著。一个钢铁厂、机械厂建在什么地方，它的生产并无很大的差别性；农业则不同，一个地方一个样，差别是很大的。而且同其他产业都有着千丝万缕的联系，所以在研究产业结构和产业政策时，应当十分重视农业问题。一定要把农业放到重要位置上。忽视了这一点，其他产业结构和产业政策也搞不好。

5. 城市问题

现代化的过程就是改变二元结构为单元结构，把传统产业，逐步纳入现代化轨道，也就是要把农业人口的大部分转化为非农业人口，使农业生产现代化。但是，农业人口都放到大城市去是不可能的，要发展中小城市和集镇，形成适合我国国情的城镇体系。把农村的非农产业的发展抓好，这也是和农业现代化直接有关的。

大中城市实行市管县之后，管了很多农村，这使城市功能又增加了新的内容。市管县以后，有的县从市里得益了，有的县则被市里挖得更穷了。千万不能从县里，从农民那里挖钱，来搞城市的建设。这样就会重复过去损农业、养工业的错误。

城市本身各有特点。例如，丹东就有丹东的特色。辽宁是重工业区，而丹东却以轻工业见长。尽管它现在有困难，但有发展轻工业的各种有利条件，有力量克服目前的某些困难。当然情况不是一成不变的，要想办法扬自己之所长。产业结构要随需求的变化而不断变化。在这个产业兴旺时，就要预见到不久的将来它滑坡时，有哪一个合适的产业来替代它。丹东的手表业目前遇到的困难，就给我们提供了一个宝贵的经验。

要发挥中心城市的作用，特别是省会城市和省辖市的作用。

6. 新的基本建设与技术改造的关系要处理好

我们现在有 8000 亿元的固定资产，怎么把它很好地动用起来，是个极其重要的问题。新投入的固定资产（即增量部分）怎么更好地引发原有的部分（即存量部分）发挥更大作用，即起到"催化剂"、"药引子"的作用，这是一门大学问。8000 亿元固定资产是几十年奋斗的结果，每年新投入的资金数量很有限，把技术改造搞好了，比新建项目要经济得多。

7. 地区产业结构、产业政策应该是开放的

应鼓励跨地区、跨行业的横向经济联合，既对国内各省市开放，又对世界各国开放。不能采取封闭式，不能只限于行政区划范围，搞大而全、中而全、小而全，自成体系，那是作茧自缚。一定要开放，首先对国内开放，有条件的就要同时对国外开放，总之，要越来越开放。

最后是如何以改革精神推动产业结构的合理化和产业政策的贯彻执行，使产业结构、产业政策和新的经济运行机制统一起来。

自然科学与社会科学相互
渗透融合的一个范例[*]

　　王竹溪教授是国际著名的物理学家兼数学家，素以治学严谨著称。他在理论物理学的各个领域，特别是在热力学、统计物理学和数学物理方面，具有很深的造诣。王竹溪教授不但在物理学、数学方面卓有建树，而且具有渊博的知识，是当代中国与世界上屈指可数的百科全书式的伟大学者。他在深入钻研物理学、数学的同时，还潜心研究汉文字学，坚持 40 余年之久，夙兴夜寐，呕心沥血，默默地编纂了这部 250 万字篇幅的皇皇巨著《新部首大字典》。

　　王竹溪教授遗稿《新部首大字典》，以收字之全、检索之便、释义之精、定音之准，堪称我国历代字典之楷模。

　　《新部首大字典》共收汉字 5.1 万余个，多于《康熙字典》和《中华大字典》，是目前已完成的字典中收字最多的一部，兼收繁体字、简化字，在楷书单字条目下附录有代表性的甲骨文、古文和小篆。

　　王竹溪教授对部首做了大胆的革新。东汉许慎编写的《说文解字》，在分析小篆字形结构的基础上，按汉字形体及偏旁结构，采取了以"部"相从的收字原则，把 9543 个汉字分成 540 个部首，创立按部首收字的体例，这是我国字典编纂史上的一大发明。但《说文解字》的部首数量太

多，为翻检和记忆带来诸多不便。

清朝康熙四十九年（1710 年），张玉书等奉命编撰《康熙字典》。该书部首的建立基于楷书字形，分部标准是以字形为主，形意兼顾。不仅字的归部以字形为主，而且部首的排列，每部所属字的次序，都突破了《说文解字》以意义为依据的原则，改为以字形的笔画多寡为序。它把部首从 540 个较合理地归并为 214 个，数百年来，颇受人们的欢迎。近年来国内外出版的一些汉语辞书，如《辞源》修订本、《中文大词典》和《大汉和词典》，都采用这一部首系统。

中华人民共和国成立以后，文字改革委员会、文化部、教育部颁发了《关于简化字的联合通知》，并公布了《简化字总表》，这为字书编辑工作提出了新的课题。《新华字典》裁削了《康熙字典》中的 58 个部首，增列 19 个简化部首，形成了一个 189 个部首的反映汉字形体演变的部首体系。嗣后出版的《现代汉语词典》、《古汉语常用字字典》都采用了这一检字系统，可见其影响之大。

从《说文解字》的 540 个部首，到《康熙字典》的 214 个部首，到《新华字典》的 189 个部首，部首数越来越少，字形的分析归纳越来越概括，它们代表了汉字部首划分不断改革的三个发展阶段。随着科学技术的迅猛发展，电子计算机的应用日益广泛，这对汉字检索提出了新的要求。怎样使笔形和结构复杂多变的 5 万多个汉字能运用电子计算机自动检索？要做到这一点，关键是做到部首字母化和检字无重码。王竹溪教授作为一个杰出的自然科学家，率先探索了这一问题。他考虑到英文检索机器化的基础是字母，因为英文都是字母拼成的，于是他把《康熙字典》的 214 个部首改成 56 个新部首，再依照先上后下、先左后右的方法来确定顺序，从而解决了汉字检索机器化的关键问题。王氏新部首，充分照顾到汉字的读识习惯，撷取初小程度所能熟悉的最常用方块字、最常用笔画、偏旁作为"字母"依次编为歌诀，使检索者易学、易记、易用，具有极大的普及功能。王氏新部首的另一个特点，是充分考虑到汉字的结构特点，合理分割，合理拼接，基本上消除了 5 万多汉字分解检索的重码现象。王氏新部首的这两大特点，首先使汉字部首笔画检字、四角号码检字、汉语拼音检字等先检字头后以页码查读音释义的两步检字，简化为如同查外文词典那样的一步检字，同时，它适于汉字的机器检索，无疑为汉字自动化检索提供了优化方案。由于它有这些优点，因而它很有可能广泛地应用于对图书资料和各类文字档案的自动检索、电报自动化、汉字印刷排版自动化等方面，不仅适用于繁体字、常用字，而且适用于数万个不常用字和冷僻字，这样不但对当代的汉字信息资料，而且对历代文献，均可自动检索。

王竹溪教授的《新部首大字典》，其所收的字和例词，广泛地涉及社会科学和自然科学领域的许许多多概念。王竹溪教授博古通今，文理兼长，在对历代文献和当代百科知识融会贯通的基础上，对字与词均做了简要精辟的释义。

王竹溪教授不仅是著名的科学家，也是著名的翻译家，他通晓多种语言文字，是汉字拉丁化和推广汉语普通话的积极倡导者之一。他将全部汉字用反切拼音改为拉丁化的汉语拼音，一律用普通话定音，这在我国字典编纂史上，诚为一大创举。

一位著名的物理学和数学权威，以个人之力编成了这一部颇具规模、颇有特色的汉字大字典，这在中外古今实属罕见。王竹溪教授以个人力量编纂的这部概括人类知识与中华文明的现代化的汉字大字典，正是他博学多才、治学严谨的一生的结晶和写照。任何一位只懂一门专业知识的学者、任何一个文理偏废的集体，都不可能编纂出如同王竹溪教授这样高水平的大字典。即使勉力编纂出版，往往出现诸多错误，至少在释义上不可能保持整齐划一的高水平。由此可见，重视知识的全面发展，提倡自然科学与社会科学的融会贯通，对于人类文明的继往开来，对于教育后代、培养人才，应当成为社会主义精神文明建设和教育体制改革的一个重要的战略方针。

在人类历史上，出现过许多百科全书式的学者，他们在人类文明史上留下了许多光彩夺目的篇章。在中国，春秋战国时代的孔子、墨子、荀子，两汉的刘向、刘歆父子、王充、张衡，北宋的沈括，明末的方以智，清初的顾炎武，近代的蔡元培；在西方，古希腊的亚里士多德，欧洲文艺复兴时代的达·芬奇，俄国的罗蒙诺索夫，都在自然科学与社会科学的广泛领域中深有造诣，有所建树。即使是专攻某一学科的专家，由于知识本身的交叉性，也需要博学多才，才能成为某一领域的杰出学者。就经济学而言，以英国资产阶级古典政治经济学为例，其创始人威廉·配第，其理论体系的建立者亚当·斯密，其完成者大卫·李嘉图，这三位经济学家都是文理兼长的著名学者。在群星灿烂的百科全书式的伟大学者群中，王竹溪教授不愧为一颗明星，在将近半个世纪的漫长岁月中，他从事教学与科研40余年，从事编纂《新部首大字典》40余年，为中华民族继往开来，自立于世界之林，赢得了荣誉，赢得了骄傲。

现代科学不断产生出边缘科学，自然科学与社会科学的相互渗透融会具有重要意义。建设有中国特色的社会主义，不但需要大批精通各业的专家，同时需要大批通才、博才。王竹溪教授为我们树立了榜样。我赞同本字典的编审委员会关于在出版发行本字典的基础上设立"王竹溪博才奖"的倡议。希望本字典的出版，不仅对坚持汉字改革的方向、实现汉语的规范化、汉字检索的自动化，实现使汉语早日成为国际通用语言之一的伟大目标作出贡献，而且将能通过"王竹溪博才奖"的设立和评选，为促进教育体制的改革，为祖国实现社会主义四个现代化，发现、培养和造就大批文理兼长、博学多才的卓越人才。

是为序。

新思路　新方法[*]

　　这次会议的目的，是怎样使我国产业政策的研究进一步深化，使我国的经济改革和经济发展更健康地前进。会议经过三个半天的讨论，与会同志发表了许多好的意见。这将使产业政策的研究提高到一个新的水平。昨天我们几个人商议了一下，要我来讲一讲，我根据讨论的意见讲一些个人的看法，供同志们参考，不对的地方，请予指正！

　　第一讲新思路，第二讲新形势，第三讲新战略，第四讲新方法，第五讲新要求。

一　新思路

　　所谓新思路就是指把计划与市场结合起来，改革与发展结合起来，宏观与微观结合起来，保证国民经济在改革的过程中实现持续、稳定、协调的发展。

　　老的思路，在考虑发展时，往往是只考虑生产指标的高低和向国家要多少投资，很少考虑产业结构，特别是产业政策问题。而且只注意发展的问题，不太注意改革的问题，而考虑改革时，又不太注意发展。新的思路，不是只研究发展的问题，不研究改革的问题，也不是相反，而是要把

---

　　* 本文是作者 1987 年 8 月 26 日在产业政策研讨会上的发言。

两者结合起来，并且把计划和市场统一起来考虑。不是单纯考虑我们需要生产多少东西，还要考虑生产的这些东西有用没用？给谁来用？生产什么东西才能更适应于市场的需要、消费者的需要？不是只有一个简单的数量，而且还应该有质量、品种、效益，等等。把这些问题统一起来考虑。不能躺在国家身上，而要靠自身的努力来实现本部门、本地区发展的要求。我们确实要改变这样一种现象，以往每逢讨论到产业部门的发展的时候，大家就要向计委要钱，一是强调本产业部门如何重要；二是强调发展本产业有多少多少困难；三是最终的目的，就是要争多少投资。比如，这次讨论时，讲到办电，大家反映过去的做法是："办电靠国家，用电找国家，缺电怨国家，停电亏国家"。这种办法是不能够再让它存在了。又如煤炭部反映，过去产业发展的目标和年度计划的目标是脱节的，宏观结构政策和微观组织政策是脱节的，产业结构的目标和配套改革的政策是脱节的，这种搞法就是一种旧思维的搞法。实际上，现在情况已经发生了很大的变化，比如，纺织部门在这次会议上提供的材料：他们去年固定资产投资约85亿元，其中靠国家基建计划与技改措施解决的不足20亿元，也就是3/4的资金来自另外的渠道。今年6月，国务院决策咨询协调小组在二汽开了一个汽车工业发展战略讨论会，研究中国汽车工业的发展。当讨论建设一个年产30万辆规模的轿车厂时，照过去只靠国家投资的老办法，没有100亿—120亿元投资是很难办成的，但要企业自己想办法时，一汽和二汽的厂长都说只要让他们干，自己筹集60亿—80亿元就可以办起来。由此可看出，老的思路和新的思路是大不相同的。今后我们产业的发展基本上要采用企业自主经营、自负盈亏、自我积累、自我改造、自我发展的形式，不是像过去那样，国家给多少钱办多少事。最近国务院会议上决定我国的投资和物资体制将进行大的改革，今后部门不管物资的分配了，物资分配集中到国家物资总局来搞；投资也不给部门分配了，国家建立有关的发展基金，然后由国家的投资银行——建设银行来投资。对那些不营利的、属于公共事业的建设项目，如学校、医院等用拨款的办法，而不是拨改贷了。凡是营利性的、经营性的建设项目国家就不再拨款，完全采取贷款的办法。当然对不同的产业要采取不同的利率政策：对那些不应发展的产业利率就要高，或者不贷款；对那些国民经济迫切需要的、盈利率比较低的，在价格还没有理顺的情况下，就要给予一定的贴息，扶持其发展。所以将来部门争投资、争物资的职能就消失了。我们的思想一定要适应这些新的变化。

我们各个产业部门应该客观地认识本产业在整个社会主义现代化建设的历史进程中处在什么地位，起什么作用？过去是什么地位，起什么作用？现在是什么地位，起什么作用？将来是什么地位，起什么作用？在现代化的过程中，每个产业所处的地位和所起的作用不可能是始终如一的。如资本主义国家工业化一般是从轻工业开始的；社会主义国家工业化按斯大林的说法要从重工业开始——其实苏联也不完全是从重工业开始，它搞重工业时，轻工业已经有了一定的发展。美国的现代化是由农业发展所引起的，从交通发展开始的，从东西大铁路建设开始的。

对于产业地位、作用这个问题的研究，要从如下几个方面来考虑：

首先是从国民经济全局来看，不能光从本产业出发来研究本产业的地位和作用，要切实地研究我们这个产业在社会主义现代化建设整个进程中应该扮演一个什么样的角色，怎样扮演好这个角色。毛泽东在抗日战争时期曾经说过：抗日战争是个大舞台，每个抗日根据地的军民都要扮演一个好的角色，这样才能在全国演出一场威武雄壮的戏剧来。同样，社会主义现代化建设也需要各个部门、各个产业、各个地区能扮演一个自己最适于担当的角色，对现代化事业作出最大的贡献。不要做自不量力的事，也不要应该做的事不去做，应该担当的角色不担当。

其次是要从发展的动态的观点来看问题，不能从停滞的静止的观点来看问题。比如纺织工业在我国近代工业发展史上曾经占有非常重要的地位，今后它的地位也是重要的。但显而易见，今后它的地位和以前的地位是不能相比的，今后继续发挥它的作用时，也不能光用过去的办法，靠数量扩张，再建多少纺织工厂，而应在多品种、高质量、高附加价值，并且能打入国际市场方面下工夫。所以，在新的形势下，同样一个角色要发挥自己的作用，也必须适应新的形势，有所变化。瑞士的手表行业，过去光搞机械表，不搞电子表，竞争不过日本，现在瑞士也在搞电子机械表，这样它的优势就容易发挥了。

最后是产业的地位和作用还要从质量和效益来看，不能光从数量和速度来看。过去我们讲产业和产品发展时，往往只看它数量多少，多少吨煤？多少吨钢？多少吨铁？现在我们生产了5000多万吨钢、4000多万吨钢材，而库存钢材量就达3000多万吨，但是急需的钢材又不能满足。由此可见，光讲数量不讲品种和质量，怎么能提高效益呢？像这样一类问题必须很好地研究。

把本产业的地位和作用认识清楚以后，还要进一步探讨这样一些问题：一是时间的布置，也就是本产业的发展阶段，近期、中期、长期发展的规模。到本世纪末，本产业的发展如何，在这期间可否再划分不同的发展阶段？如用多少年解决严重缺电问题？5年？8年？每个产业都有这样一个问题。二是空间的布置，也就是产业的地区发展政策，产业的地区分布。某个产业究竟放在哪些地方？怎样的地区合理布局才可能使本产业获得最好的发展？这个问题就和地区的产业政策研究结合在一起了。我们不能光考虑需要发展什么东西，还要考虑在什么地方发展是最有利的、最经济的。三是考虑采用什么样的技术政策、什么样的工艺路线对本产业的发展是最经济的？这里要尽一切努力运用新技术改造传统产业，使传统产业现代化。同时要处理好发展传统产业与新兴产业的关系。四是要考虑资金的来源和资金的使用问题。过去主要向国家计委要，今后主要靠自己筹集了。国家发展基金主要用在能源、交通等基础设施等方面，其他的一般不再直接拨款。怎样使有限的资金得到最大限度的利用？今后产业的发展究竟是以内涵为主还是以外延为主？要解决存量和增量的关系问题，这里最重要的是如何把现有8000多亿元固定资产存量最好地运用起来，增量应成为运用存量的引发剂——就像化学工业中的催化剂，使存量发挥最大的活力。五是要研究产业政策体系，包括价格、金融、税收、物资、投资及组织等问题。产业政策体系不是光要多少钱，或者定几个项目，产业的真正发展需要一系列的配套政策。

这里我着重强调一下产业发展的企业组织结构政策问题。企业组织结构政策一定要解决好专业化和协作问题，解决好横向经济联合问题，解决好集团化问题，解决好跨行业、跨地区的经济组织问题，甚至还要考虑跨国公司之类的问题。

二 新形势

新的思路是适应国际、国内的新形势而提出来的。

从世界范围来看，目前有两个大的潮流：一个是新技术革命的潮流，也有叫做新产业革命潮流的；另一个是社会主义国家改革的潮流。新技术革命或产业革命潮流引起了世界各国进行经济结构和产业结构的调整和改组。当今世界新技术革命或新产业革命的迅猛发展，经济结构和产业结构的调整或改组，科学技术的发展，经济上的变动，使世界市场的竞争日益加剧，使国际政治风云变幻。这种情况表明：从世界范围来说，挑战是严峻的。有些什么挑战呢？一种是新的技术革命或者产业革命对我们的挑战，当然这种挑战也给我们带来了机会。这就是我们有可能获得后发性的利益。同时，必须抓住机会，利用发达国家调整改组的时机，发展自己。现在发达国家把它们认为自己经营不经济的那部分产业转移到别的国家去，转移到经济不发达或者欠发达的国家去。如美国、日本就把他们自己认为不经济的产业转移到韩国、中国台湾、中国香港和其他一些地区；这些地方又由于日元、台币等的升值，经营这些产业也不经济，所以又往别的地方转移，这个趋势越来越明显。这种情况对我们是一种机会，同时，也是一种挑战。就是说我们如果不能很好地利用这种机会，就会更加落后。再一种是两种社会制度竞争的挑战。大家都在议论这样的问题：社会主义发展得快还是资本主义发展得快？谁的优势更多？这是要我们经过艰苦奋斗用事实做出回答的。第三种是社会主义国家改革进程的挑战。除了个别国家之外，社会主义国家都在进行改革，苏联现在改革的调子是很高。我们改革的进程能不能够加快，这对于我国在世界上的地位、作用和形象的影响是很大的。从意识形态方面看，还有各种思潮对马克思主义提出了挑战：世界许多新的发展以及新技术革命提出了许多新的问题，马克思主义能否解决这些问题？有人说马克思主义已经过时了，是不是过时了？能不能解决新情况下出现的新问题？这些问题不仅要从理论上更重要的是通过实践才能解决。

从国内来讲，我们对自己社会主义建设的历史进程也应该有一个再认识，这不是对一种新形势，而是对国情的一种新的认识，对我们社会主义建设发展阶段的新认识。我国经过30多年的社会主义建设，以生产资料公有制为主体的社会主义经济制度已经确立了，人民民主专政的政治制度也已经确立了，马克思主义在意识形态中的领导地位也已经确立了，人剥削人、人压迫人的制度已经消灭了，国家的经济实力有了很大的增长，特别是党的十一届三中全会以来，人民的生活也有了显著的改善，教育、科学、文化事业也有了相当的发展，这些大家都是看得见的。但是，我国人口多，底子薄，人均国民生产总值居世界130位之后；10亿多人口，有6亿多居住在农村，从事农业生产，基本上还是用手工工具劳动；少量的现代化工业同大量落后于现代化水平几十年甚至上百年的传统工业同时存在；沿海发达地区同内地不发达地区和贫困地区同时存在，如上海人均国民生产总值约1500美元，而一些贫困地区人均还不到100美元；少量具有世界水平的科学技术，同广大劳动者科技水平不高，文盲半文盲还占人口1/4以上的状况同时存在。生产力的落后决定了生产关系和上层建筑领域还有许多很不完善的方面。所以，我们仍然处在社会主义社会发展的初级阶段。这些都是业已存在的情况，但我们必须有新的认识。而且，不仅我国，许多社会主义国家也存在这个问题。在苏联，斯大林于1936年正式宣布："苏联社会已经做到基本上实现了社会主义，建立了社会主义制度。"赫鲁晓夫在1961年提出苏联"进入了社会成长为共产主义的新的历史发展时期，并宣布要在1980年'基本上建成共产主义社会'"。到勃列日涅夫时代改变了赫鲁晓夫的说法，于1967年宣布已建成发达社会主义。到安德罗波夫则说是"正处在发达社会主义这一漫长历史阶段的起点"；现在戈尔巴乔夫又在论证他们仍然处在发展中的社会主义阶段。在我国，过去也有一些不适当的看法：1958年秋季，中央北戴河会议时曾宣布再过七八年就可以实行按需分配；到同年年底的武昌会议纠正了这个看法，指出我们仍处在社会主义阶段，而且这个阶段是长期的；但到

"文化大革命"，毛泽东又说按劳分配、货币都是资产阶级法权，来了一个十年大动乱。1978年12月党的十一届三中全会以来，我们改变了上述看法，提出我国处在社会主义社会初级阶段。这是在1981年十一届六中全会《关于建国以来党的若干历史问题的决议》中明确起来的，后来在党的十二大的报告中也讲了，去年在《中共中央关于社会主义精神文明建设指导方针的决议》中又肯定了这一条。肯定这一条是很重要的，而且说初级阶段是一个相当长的历史时期，从现在开始，大约要百把年时间才能完成这一历史过程。这个问题将成为党的十三大政治报告的主题，是制定党的基本政策的出发点。

世界发展各方面对我们的挑战及我们自己生产力落后的情况，决定了我们这一代人和下一代人必须警觉起来，团结一致，加倍努力，奋起直追。如果不是这样，我们的国家和民族就可能更加落后，世界上就将没有我们的地位。这也是党的十三大报告中准备讲的一个重要问题。这就是说，我们应该有紧迫感。前些天，我会见了前日本企划厅次官宫崎勇先生，他写了一本《迎接二十一世纪的战略》的书，其中有一个对本世纪末各国国民生产总值的预计，他相信我们能实现翻两番的目标，人均国民生产总值达到1000美元，而那时日本则是人均2.4万美元，也就是说，从绝对量来看，那时候我们和日本的差距比现在还大。如果没有紧迫感怎么行呢？但是，并不是每个人都有这样一种紧迫感。这是考虑我国发展和制定产业政策时，在精神状态上必须解决的一个重要问题。

三　新战略

产业政策是为发展战略服务的。从党的十一届三中全会以来，特别是从党的十二大以来，我们的发展战略就在转变，我们逐步改变了过去那种片面追求产值、产量增长速度的发展战略，转到像党的十三大提出的注重效益、提高质量、协调发展、稳定增长的战略。这就要求把发展战略的研究与产业结构、产业政策的研究结合起来。为了使新战略能够更好地实施，要以改革的精神从现在到本世纪末要有成效地实现以下转变：

第一，要由指令性计划经济也就是通常所说的产品经济转到有计划的商品经济，要逐步地形成一个符合社会主义商品经济的全国统一的市场体系，使市场不断地得到发育和完善。

第二，要由总产值增长的速度型经济向经济结构、产业结构合理化的效益型经济转变，使能够促进协调发展、稳定增长的经济结构和产业结构逐步形成。

第三，要由封闭型、半封闭型的经济向开放型的经济转变，国际经济变化的一些有利条件我们要尽量加以利用，不利的一些东西要想办法加以克服，要逐步地加强我国在国际经济活动中的地位和作用。前面谈过我国对外出口占我国国民生产总值的比重，已从党的十一届三中全会前的5%上升到12%，这是一个很大的进步。今后进一步贯彻执行对外开放政策，这一比例还将继续提高。

第四，扩大再生产要从外延型向内涵型转变，要充分利用"存量"，新投入的"增量"要引发存量发挥更大作用。这里技术进步因素将起越来越重大的作用。

第五，经济发展不但要搞好自然资源和人力的开发利用，而且要向智力开发转变。过去我们以消耗大量的能源，消耗大量的原材料，以大量人的就业，来解决发展问题，而对智力的开发做得是很不够的。所以我们全国人民的文化水平、教育水平要有一个新的提高，才能够适应经济发展的新要求。

第六，农村要从单一的农业经济向多种产业经济转变，农业人口要向非农业人口转化，逐步形成具有中国特色的、城乡一体化的布局。根据统计局统计，现在农村人口约占63.6%，因为已有8000万—9000万的劳动力转移到非农产业，农业劳动力约占总劳动力的64%，这个情况已经有了很大的变化。我国出现的这种变化，不是把农村人口转移到大城市，而首先是农村城镇化，逐步地把农业人口变成非农业人口，这就要求城乡要有合理的布局。世界各国相当重视我国的这条农业劳动力转移的道路。四年前我到印度访问，甘地夫人接见我时曾问到这个问题。在他们国家，农村人口盲目地流入大城市的现象是很严重的，像加尔各答这样的城市有一半的人口露宿在街头，孟买约有1/3人口露宿在街头。甘地夫人也为这件事情焦急，她说你们采取农村城镇化的经验两国可以交流。把农业人口的大部分逐步变为非农业人口，这是一个发展的趋势。一个国家要工业化，就必然包括一个农业人口变成工业人口的过程——这个工业化是一个广义的概念，农业本身也要工业化。

第七，各个经济区域的资源优势向经济优势转变，生产力的布局要有新的变化。现在每个地方都强调当地的资源优势，问题在于如何把这个资源优势变成经济优势，特别是西南、西北地区自然资源确实很丰富，但是还没有转化为经济优势，其他一些地区也有类似情况，这在研究地区产业政策时应特别加以注意。

第八，国防工业和科研要同军民结合、以民为主转变，改变军民各成体系的格局，逐步达到军民一体化，在面向国民经济建设中加强国防建设。

第九，国营企业要从依附型向自主型的方向转变，由生产型向生产经营型转变，逐步地使其成为具有活力的自主经营，自负盈亏、自我积累、自我改造、自我发展的新型企业。

第十，人民的生活将由温饱型逐步向小康型转变，从衣食为主转向住食用为主，现在我们吃的占消费支出的50%以上，而在发达国家吃的不到20%，将来发展的趋势，是要转到住、用方面，住房要商品化，要重视人民生活质量的改善。这种种方面都和以提高经济效益为中心，长期稳定发展有联系。

这些举例可能还不完全，但都和新的经济发展战略以及相关的产业政策有关。

四　新方法

过去我们往往是"铁路警察各管一段"，你搞你的，我搞我的，结果事倍功半。这种方法要改变。这里提出几个问题供同志们考虑。

第一，产业政策的研究要把自然科学和社会科学结合起来，把自然科学家、工程技术家、社会科学家、经济工作者结合在一起，把国家的管理机关和科研机构结合在一起搞。

第二，把定性的和定量的分析结合起来，应当重视定量的分析。真正使产业政策科学化，没有定性和定量分析的结合是不行的。

第三，要把投入和产出结合起来考虑。我们过去只是考虑要多少投资，产出只是一个简单的产量指标，其成本是多少？盈利多少？产品能否适应市场需要？对这些考虑得少。

第四，要把数量和效益结合起来。过去我们多是考虑产品的数量，很少考虑它的经济效益以及社会效益和环境效益，这个问题也请同志们注意。

为了使上述几个方面结合得好，需要科学的研究方法，我们应该进行跨产业、跨部门的研究，特别是每个产业在把自己的问题基本搞清楚后，要把关联的产业好好研究一下，回头再考虑本产业如何更好地发展。我们那一次汽车工业的发展战略讨论会，就把汽车工业关联的产业——钢铁工业、石油化学工业、机械工业、电子工业、交通运输业等部门都请到一起讨论。过去我们搞"以钢为纲"，元帅升帐，都要让路，历史证明是行不通的。每个产业要发展起来，没有关联产业的配合是很困难的。经过这样的研究，产业政策才能真正落实，不至于孤军突出，没有支撑的东西来保证。每个部门的产业政策提出来后，我们还要进行综合的研究，综合研究后才能够真正确定哪些部门是主导产业、支柱产业，等等，而且主导产业和支柱产业是不断变化的，在一定时期内是主导产业或支柱产业，过了一定时期，就不一定是了。主导产业和支柱产业不是自封的，而是经过综合研究得出的。过去，缺乏综合性研究，要切实加以改变。

五　新要求

最后，提出一些新的要求。各部门、各地区对产业政策的研究都已经做过不少工作，都写过初步的研究报告，现在要根据中央的新精神，对本行业和本地区的现状进行新认识，力求符合实际。在此基础上，地区产业结构和产业政策的研究，要做好以下几项工作：

第一，把国家总的要求与地区的特点结合起来。地区的产业结构构想和产业政策设计必须服从全局的总要求、整体的总利益。

第二，要扬长避短、发挥地区优势，施展地方特色，特别要抓住本地区的比较优势。

第三，在提出合理的产业构想的基础上，根据自己的特点拟出具体的产业政策设计方案。

第四，要把农业放到重要位置上，有步骤地促进农业的现代化。脱离这个基础，其他产业结构和产业政策是搞不好的。

第五，发挥中心城市的作用，特别是省会城市和省辖市的作用；发展小城市和集镇，促进农业人口向非农业人口的转化，形成适合我国国情的城镇体系。

第六，产业结构的构想和产业政策的设计都要坚持开放，而且要越来越开放。不但要对外开放而且要对内开放，绝不要再像过去那样各自搞完整、部类齐全的经济体系。

第七，在上述研究的基础上，对本地区资源配置及统一市场进行分析与预测，对本地区生产力布局现状进行分析，并预测其发展变化，认识本地区在全国范围内的地位、作用和比较优势所在，然后提出主导产业、不予限制的产业及应限制的产业，并提出产业的合理分工格局。

第八，为了在资源最优配置的基础上实现合理的产业结构和企业组织结构，应该采取哪些价格、金融、税收、外贸、外汇等一系列调控政策。

部门产业政策的研究，要做好以下几项工作：

第一，着重研究一下本产业的现状和它到本世纪末的变化。

第二，本产业的发展和其他产业的关系？要求人家解决些什么？能够给人家解决些什么？本产业这种发展能够给整个国民经济解决什么问题？

第三，为了达到本产业发展目标，需要哪些重要的政策？这些政策哪些需要国家解决？本部门能够解决些什么？把这些问题弄清楚后，能否再提出一个中期研究报告，即以本产业的发展变化，和其他相关问题、相关产业的关系以及重要的政策这三者为主要内容，写出一个研究报告？这个报告能否今年年底完成？要完成这个报告，当然需要组织一定的力量。过去各部门大体是由政策研究室、计划司，有的还有部门的经济中心、研究所来完成的，今后还得依靠这些组织来进行，使工作前后衔接。

以上各地区与各部门的产业政策研究应相互配合，在研究地区产业政策的过程中要考虑各行业的发展，各部门的产业政策研究要考虑生产力的合理布局和区域分工。

为了使我们的工作得到领导的支持，建议同志们把会议的精神向部党组和省市委汇报，取得领导上对这项工作的支持，使这项工作开展得更顺利些。这项研究工作也是各部门和各地方领导最关心的事情，因为大家都很关心自己怎样发展。所以，这项工作一定会得到他们有力的领导和支持。

项目评估和决策应注意的几个问题[*]

　　从世界范围来看，现在有两个大潮流：一是新技术革命潮流，一是社会主义国家改革的潮流，这两个潮流对我们来说，既是一种机会，也是一种严峻的挑战。如果我们不能抓住时机，奋起直追，那么就像准备提交党的十三大的政治报告里面所说的。我们的国家就会更加落后，在世界上就没有我们的地位，这是一个很严峻的现实。在这样两个潮流面前，我们要改变落后局面，就要发展。要加快我们的发展，必须进行改革，不改革我们就没办法取得很快的发展。所以党的十三大要把深化改革作为中心问题，而改革的目的最终还是为了发展。

　　关于经济发展的战略，在提交十三大的报告中讲到，我们要由过去那种片面追求产值、追求速度的发展战略转变为以提高经济效益为中心的、保证我们的国民经济能够长期稳定协调增长的战略。战略转变要求我们提高宏观经济效益。在过去片面追求产值产量的条件下，盲目扩大基本建设规模，是不可能有很好的经济效益的。

　　经济发展战略的实现，有赖于经济体制改革的加快和深化。改革的部署和步骤要保证发展战略的贯彻执行。改革和发展两者的结合点就是产业政策，要运用多种经济杠杆来保证产业政策的实施。这是把建设和改革、计划和市场、宏观和微观结合起来的关键。

---

* 本文写于 1987 年 9 月 16 日。

经济体制改革，特别是投资体制改革，赋予银行，特别是投资银行以新的职能。银行要对投资效果负责。今后国家投资，一般事业性的投资，不是现在这种"拨改贷"了，而是国家拨款。拨款当然也要进行核算，要很好地加以管理。凡是经营性的投资，都要经银行贷款。国家要发展的项目，建立国家基金，成立基金会。基金会怎么用这笔投资，也要经过银行。当时曾经提出要搞一个投资银行，后来讨论的结果是不搞新的投资银行，就是要靠我们建设银行担负这个职能，这样一来，建行责任增加了。要改变过去那种投资按条条块块分配的办法。刚才高扬同志讲了，首长拍板定案那个办法不行了。交给银行，银行就要考虑投资效果，要对这笔投资将来究竟能不能生利，能不能收回资金，进行评估。

另外，政企分开以后，投资主体主要转向企业。过去企业投资向部门要，向地方要，向政府要。今后企业要投资，就要向银行借。政府的投资要建立基金会，通过银行贷款。这样的变化，就使建设银行在项目评估和对项目投资的决策中担负了前所未有的、极其重要的责任。而建设银行要把自己工作做好，没有强有力的投资咨询机构是不能担当的。我们公司作为建设银行的投资咨询机构，在新的形势下，担负了光荣而艰巨的任务。

我们公司要完成自己的任务，最重要的是要在宏观政策指导下评估项目，也就是用宏观指导微观，要真正考虑微观项目的取舍对宏观经济发展的作用和效果。微观效益好而宏观效益不好的，微观必须服从宏观。否则的话，微观的效益也是难以确保的。这个问题刚才曹尔阶同志的报告里已经举了一些例子。

最近我到新疆去做了一次调查，新疆这个地方产羊毛，年产羊毛4万吨，而现在已经建设或正在建设的毛纺厂，需要8万吨羊毛，现在不仅是自治区建立了大的毛纺厂，而且每个县，甚至一个大的乡也搞毛纺厂。伊犁地区有两个大的毛纺厂，其中一个是自治区最大的，但现在伊犁地区又建起了12个毛纺厂。新疆地区不仅不能供应全国其他地区毛纺厂羊毛，本区的毛纺厂都吃不饱，因此自治区下命令羊毛不许"出口"，不是出口到国外，而是出口到国内其他地区。每一个县、每一专区也不许"出口"，这个问题是相当严重的。这类问题在江苏、河南、内蒙古都出现过，不仅是羊毛，也涉及其他原料。一个项目不光看微观效益，要从整个宏观来看，因此项目评估和决策，我们要注意下面几个问题：

一　有利于产业结构的合理化

我们现在产业结构还是不合理的，产业结构不合理和宏观经济效益差有很大的关系，这是个很大的问题。不仅我们原来的产业结构不合理，我们新搞的产业结构也很不合理。例如，现在豆腐、面包、西装、方便面、炸土豆片生产线引进过多。湖南一个县，在深山里面，根本不产土豆，也搞了炸土豆片生产线，但土豆还要从内蒙古、山西运去，这是一个很大的浪费。电冰箱、彩电、洗衣机、大理石等生产线大量引进的问题也确确实实值得我们注意。这些项目能不能搞，在什么地方搞，我们有责任发这种信号，及时把信息通报到全国，在宏观经济上起些作用。不然的话，这种情况控制不住。

湖南的岳阳市，饭店有两万个床位，其中对外开放的占 40%，即 8000 个床位，1979 年对外开放以来，到此地的外宾有 1.4 万人，在此过夜的只占 4‰。建这么多楼堂馆所谁来住？而且仍在建设，这确实是个问题。

我们审批项目要有全局观念，要看对产业结构的合理化，结构调整是否有利，以及新的产业结构的建立是否合理。

二　有利于生产力的合理布局和各地的共同富裕

我们说一些地方先富起来，这与共同富裕是相辅相成的，绝不是说一些地方先富起来，就把所有投资都集中到那些先富起来的地方，还要根据实际情况决定。新疆只有 4 万吨羊毛，是都在当地用掉好呢，还是运出来好呢？新疆羊毛质量好，是崀羊绒的重要产区。崀羊绒产量中国占世界40% 以上。崀羊绒价钱很贵，当原料卖出去的价格 110 美元，如果做成羊毛衫可以卖到 160 美元一件。英国用我们的原料，加上自己配一点原料，可以卖到 300 美元一件。北京和上海都有崀羊绒厂，但都没有原料。有时是我们卖到中国香港去的原料，又从中国香港进口回来。生产力如何合理布局是很大的问题。

三   技术上是重复过去的东西，还是技术进步

党的十三大政治报告中把这个问题提得很高，我们有好多项目都是老技术的产物，经济效益不高。

四   注重发展内涵，还是扩大外延

按照党的十二大的要求，我们的发展战略目标是到本世纪末翻两番。翻两番是什么意思呢？3/4 的任务要靠我们的增量带动存量来完成，要靠我们新的投资带动原来的固定资产。我们现有固定资产 8000 亿元，每年能够新增投资数量有限，怎样能够用新投入的东西，把原有的东西带动起来发挥作用，这是个很大的问题。现在我们往往是要搞就搞新的项目，每年几千到上万个新项目，而原有的已经建设起来的项目吃不饱。将来我们进行项目评估时，凡是能够利用原有投资，新增一点投资就能解决问题的，就不要上新的项目。这就是控制投资规模，提高经济效益。

五   能否增加国际竞争能力

我们的产品最终要打出去，经济效益高低要看国际市场上竞争能力高低。当然不是所有企业都有这样一个问题，但有不少企业存在增加竞争能力的问题。

要用宏观指导微观，就必须熟悉我们的国情。小平同志讲，要建设中国特色的社会主义，就要研究什么是中国特色的社会主义。要了解我国的产业结构和产业政策，要了解行业规划和地区规划，还要研究投资结构、投资政策、投资体制。我们国家的发展战略在转变之中，我们的经济体制

和政治体制在改革中，各种矛盾错综复杂。我们遇到的困难是很多的，我们的任务是很艰巨的。在这种情况下，投资咨询工作带有很大的开拓性。我们的公司是改革、开放的产物，我们应该以开拓者、改革者、创业者的精神，来从事伟大的事业。我们从事这个事业的人，要提高素质，加强公司建设，以适应发展和改革的需要，适应社会主义建设的需要。

中国经济体制改革和对外开放[*]

中国经济体制改革和对外开放，是 1978 年 12 月召开的中国共产党十一届三中全会决定的。从 1979 年起到 1986 年为止，我国经济体制改革已经历了 8 个年头，可以划分为两个阶段：

第一阶段，从 1979—1984 年 10 月大约 6 年时间，这一阶段改革的重点在农村，取得了显著的成功。与此同时，城市的改革，从扩大企业自主权到对外开放建立特区等方面进行了大量的试验。在农村改革的推动和影响下，城市经济生活也呈现出前所未有的活跃局面。

第二阶段是从 1984 年 10 月党的十二届三中全会通过的《中共中央关于经济体制改革的决定》到现在，已有两年多时间。这一阶段，一方面农村改革继续深入发展，同时把改革的重点转向城市。城市改革比农村要复杂得多。需要改变多年来集中过多的计划体制，商品流通体制和财政、金融体制以及企业制度、工资制度，等等。物价改革则将贯穿于改革的全过程。现将有关改革的若干理论和实践问题分述如下。

一 理论上的新发展

1981 年 6 月中国共产党中央委员会总结了新中国成立以来的历史经

---

* 本文写于 1987 年 10 月。

验，提出了中国目前仍处在社会主义初级阶段的论断。1986 年《中共中央关于社会主义精神文明建设指导方针的决议》，对这一论断做了进一步阐述，指出："我国还处在社会主义的初级阶段，不但必须实行按劳分配，发展社会主义的商品经济和竞争，而且在相当长的历史时期内，还要在公有制为主体的前提下发展多种经济成分，在共同富裕的目标下鼓励一部分人先富裕起来。"这就为我们进行经济体制改革确立了基本前提。

我们所要建设的社会主义是有中国特色的社会主义。这是邓小平同志在中国共产党第十二次全国代表大会上提出来的。在《中共中央关于经济体制改革的决定》中，提出要在公有制基础上发展有计划的商品经济，并在几个重大理论问题上有了新的发展。一是突破了过去把计划经济和商品经济对立起来的陈旧观念，确立了社会主义经济是有计划的商品经济的理论；二是突破了计划经济就是指令性计划的陈旧观念，明确了要逐步减少指令性计划的范围，转向以指导性计划为主，要充分利用市场机制的新观念；三是突破了所有权和经营权不可分离的陈旧观念，树立了政企分开和所有权与经营权适当分离、企业经营方式多样化的新思路。理论上冲破了陈旧观念的束缚，为进一步改革、开放，打下了思想基础。

二　关于农村改革

在农村改革中，取消了原有的政社合一的人民公社制度，在全国范围内逐步推广了"家庭联产承包责任制"。同时国家采取了大幅度地提高农副产品收购价格，调整农村产业结构和鼓励发展农村商品经济等一系列政策，使农村经济有了很快的发展。改革调动了 8 亿农民的积极性，粮食、棉花和油料等经济作物连年增产，农林牧副渔全面发展，为市场提供了相当充裕的商品和工业原料。8 年来，全国农副业总产值年平均增长 12.0%，农业总产值中，林、牧、副、渔所占比重由 1978 年的 23%，上升到 1986 年的 51%。1985 年年末农村乡办工业企业有 21.7 万个，总产值 2300 亿元，农村人均纯收入由 1978 年的 134 元增加到 1986 年的 424 元。扣除物价因素，8 年来实际收入增长 1.6 倍。随着经济的发展，农村的文化、教育、科技、医疗卫生事业也都有了相当的发展。

目前，农村改革正在继续深化，随着商品经济的发展，8 年来已有7000 万农村劳动力转向小工业和商业、服务业，土地开始向专门从事耕作的农业大户集中。农民在家庭经营的基础上，在农副产品的加工和运销方面，正在自愿发展联户或小区的合作经营，农村供销合作、资金融通、信用合作等事业，都在发展中。

三　关于工业企业管理体制改革

工业企业体制改革，以增强企业活力为中心，逐步扩大企业独立自主的经营权力。国家规定了企业在执行国家计划的前提下可以有以下几项权力：（1）企业有权选择灵活多样的经营方式。（2）有权安排自己的产、供、销活动。（3）有权拥有和支配自留资金，自行决定奖励办法。（4）实行厂长负责制。企业有权依照规定自行任免、聘用和选举本企业的工作人员。（5）实行劳动合同制。企业按照生产需要有权向社会公开招工，录用各种人才，国家允许人才合理流动，企业有权辞退多余的或者违纪的职工。（6）企业有权在国家允许的范围内确定本企业产品的价格。（7）国家规定一部分生产出口产品的大型企业有直接对外贸易的权力。1986年又采取了撤销政府对企业的若干行政性管理机构和禁止向企业乱摊派等一系列措施。所有这些，都为企业走向实行自主经营、自负盈亏、自我发展创造了条件。

1987 年深化企业改革又迈出了新的步伐。今年城市改革以深化企业改革，进一步搞活大、中型国有企业为重点，实行多种形式的承包经营责任制，按照所有权和经营权适当分开的原则，实行"国家所有，企业经营"。承包经营是走向规范化改革的过渡形式。由于各地区、各行业、各类企业都有不同的特性，所以具体的承包办法不能千篇一律，应该使多种形式的承包经营的优点相互吸收，逐渐完善。据最近 11 个省、市、自治区统计，全民所有制大中型工业企业推行各种形式的承包经营责任制的已达到 36% 以上。国营小型企业今年继续推行租赁制。从实行的情况来看，承包经营的企业其经营状况比承包前都有明显的改善。

当前正在全国范围推行的企业承包经营责任制是以国家与企业签订协议（合同）的方式，把企业的责、权、利明确下来，协议中规定企业在承包经营期内（一般定为 5 年）所要达到的各项经济目标，包括技术改造项目的完成和财政的上缴任务，在这个前提下，企业可以获得较多的企业基金和工资奖励基金。协议书经过社会公证，具有法律效力。企业如果经营不善，完不成协议书规定的各项目标，企业及其领导人必须相应承担一定的经济责任和法律责任。

在推行企业承包经营责任制的时候，还从企业内部经营机制和外部环境两方面进行一系列的配套改革。例如，企业内部普遍实行厂长负责制和厂长任期目标责任制，从厂部、车间、班组直到每个工人的岗位层层实行责任制和工资奖金挂钩的分配办法；在企业外部，正在着手改革投资体制、金融体制和物资体制，发展资金市场、生产资料市场等。

在企业改革的过程中，国家还采取了推动企业横向经济联合的措施，从税收、信贷等方面实行优惠政策，引导各地进一步打破地区、部门之间的分割，在企业自愿互利的基础上发展生产、流通、科技等领域多层次、多形式的横向经济联合，有的是专业化的协作生产的联合；有的是人才、资源、资金、技术和商品购销方面的联合；有的是生产企业与科研单位之间的联合；有的是工、农、商、运输企业之间的联合，等等。近年来横向经济联合又有了新的发展，出现了一批以名牌优质产品为"龙头"的新型的经济联合体和企业集团。也有的采用股份制形式，相互参股联合经营，成立董事会领导下的股份公司。1986 年年底全国已有各种经济联合体 3.2 万多个。

四　关于商品流通体制改革

流通方面的改革，首先是改变过去国营商业独家经营的局面，发展了一批集体和个体的商业网点，开放了城市农贸市场，取消了对日用工业品的统购包销制度。工厂在完成了购销合同之后，多余的产品允许到市场上自销。地区部门之间可以自由组织商品交流，并允许集体和个体人员从事长途运销贩卖，允许他们从事某些批发交易。流通体制改革，发展了多种经济形式、多种经营方式和多种流通渠道，同时，一批国营商业的批发机构也改成了经济实体，增强了活力。

物资流通方面，生产资料作为商品进入了市场，开设了许多生产资料服务公司或交易市场。国家统配物资的品种从 1980 年的 256 种减少到现在的 26 种。现在很多生产资料可以在市场上自由选购，在若干大、中城市已经开设了钢材等生产资料交易市场。1986 年，钢材自销比重已达 30% 左右，水泥达 40% 以上，国营大型煤矿自销煤达 25% 左右。

商品购销已由过去单纯按行政区划、行政层次层层分配的体制改为按经济区域，开设贸易中心，打破地区分割，面向全国，实行了五个放开，即放开购销对象、放开经营范围、放开经营形式、放开作价方式和放开服务领域。城市实行敞开城门，欢迎外地投资者和农民进城开设商店和服务行业，出现了各种形式的联营商业、农工商联合企业和股份企业。

农村基层供销社向着民办的方向发展，正在逐步办成农民自己经营、自负盈亏的合作商店。

近年来在中小商业企业中实行的租赁、承包、股份制等经营方式，比工业企业发展得快。据不完全统计，国营小型商业已经实行租赁、承包的已达全部小型商业企业的 60% 以上，这个趋势目前还在继续发展。

五　关于工资和奖金制度的改革

我国国营企业，过去按照不同行业，分门别类执行国家制定的标准工资等级表，职工基本上按照工作年限轮流升级，不能正确地反映职工的劳动贡献，所以职工的积极性不能充分发挥出来。工资改革开始是在增发一些奖金上做文章，使职工所得同他们的劳动贡献在一定程度上挂起钩来。有些企业根据本行业的特点，在探索本行业的工资制度的改革，例如，建筑行业试行"百元产值工资含量包干"的办法，企业内部各个工种的工资都同他们的工作量、质量、劳动生产率等指标挂钩，层层承包。执行结果，各个工种效率明显提高，使产值、利润和职工收入同步增长。煤炭行业产品单一，采用"吨煤工资含量"的办法，生产出合乎质量标准的煤炭越多，工资提成也越多。实际上这些都属于计件工资的形式。有些企业实行工资总额增长与企业上缴利税挂钩的办法，使工资总额随着经济效益的提高而提高。企业内部则实行浮动升级，发放各种岗位津贴和奖金等，职工多劳可以多得。

为了从宏观上控制工资基金的增长，国家设立了奖金税。规定企业全年发放的奖金在四个月标准工资以内的，免征奖金税，超过部分按累进税率征收。

今后企业工资的改革方向是：第一，继续贯彻按劳分配原则，克服分配中的平均主义。第二，企业内部的工资分配，应完全由企业根据国家统一的政策自主决定，凡能实行定额计件工资制的，都实行计件工资制。第三，要制定工资基金增长的宏观控制办法，更有效地防止工资基金增长过猛等现象的出现。

六　关于利润和税收制度的改革

1983 年以前，我国国营企业实行利润留成制度。企业实现的利润，除按规定的留成比例留给企业以外，全部用利润的形式上缴财政。1983年实行第一步利改税，把上缴财政的利润改为按 55% 税率的所得税形式上缴财政，其他不变。这只是加大了税收的比重，实际上仍然是"税利并存"，是一种过渡的办法。1984 年第四季度起，实行第二步利改税，调整了产品税的税率，并增设了资源税、增值税、城市维护建设税和几种地方税，把国营大、中型企业的利润分别按所得税、调节税向国家缴纳。税后利润全部留给企业使用。由于各个企业原有的利润水平高低不一，所以调节税的税率是按各个企业分别核定，即一户一率。税率确定以后，一定7 年不变。每年调节税的增长部分，减征 70%。这样企业得利逐年增多，能够调动企业增产增利的积极性。小型盈利企业按超额累进的税率缴纳所得税；微利企业则免缴所得税；亏损企业减少亏损的可以得到鼓励。第二步利改税后按人平均留利比第一步利改税增长 80%。1978 年前，企业实行统收统支的体制，所以企业留利水平很低，经过多年的扩权、让利，到 1986 年企业留利增加到占全部实现利润的 42%。

企业留利的使用按规定分成三个部分：（1）生产发展基金；（2）职工福利基金；（3）职工奖励基金。生产发展基金大多占企业留利总额的 60%。

由于企业之间留利水平相差较大，苦乐悬殊，所以近两年来国家决定给大中型企业逐年减免调节税，今后要逐步取消调节税，并考虑适当降低所得税。

除实行利改税的企业以外，还选择少数大中型企业，试行上缴利润递增包干的办法，企业完成了国家各项承包指标以后，剩余的利润归企业支配。如首都钢铁公司，实行这种办法以来取得了比较好的效益：8 年来实现利润平均每年递增 20%；资金利润率由 1978 年的 22% 提高到 1985 年的 54%，几年来用企业留利投资而增加的固定资产达 9 亿元，占 1986 年年底固定资产净值 16.8 亿元的 53.6%。近年来，铁道部、中国石油化工总公司等单位实行投入产出经济承包责任制也取得了很好的成绩。

七　关于价格改革

我国价格体系长期以来处于扭曲状态。8 年来，我们根据有计划调价同放开价格管制相结合的方针，先后采取了以下措施：第一，提高农副产品收购价格，对城市居民食粮保持平价销售，由此发生的亏损由国家财政补贴；1985 年肉、禽、蛋购销价格提高，城市蔬菜等鲜活副食品价格放开，同时国家对城市居民实行副食品价差补贴。这样，我国长期以来很难解决的工农业产品"剪刀差"问题初步得到了缓解，比价逐步趋向合理。第二，对日用小商品和服务、修理行业价格逐步放松管制，允许企业自行定价或买卖双方议价，已有 1000 多种小商品价格陆续放开。现在全部工业产品中由国家定价的比重已缩小到占销售总额的 40% 左右。第三，对钢铁、汽车、煤炭等产品以及一些机电产品实行双轨制价格，即计划内产品实行国家计划价格，对超产部分允许企业自销，并实行一定幅度的浮动价或市场议价。第四，实行产品优质优价，拉开产品质量档次，允许企业对优质名牌产品价格上浮，对劣质滞销产品实行价格下浮。第五，根据有升有降的原则，有计划地调整了一部分商品的价格，调整了铁路和水路运输的比价，提高了烟酒等产品的价格，降低了手表等产品的价格。这样，我国的价格体系，就由过去国家单一定价，变为国家计划价格、指导性的浮动价格和市场价格三种。后两种所占的比例，农副产品为65%，工业消费品为55%，生产资料为40%。实行上述措施在一定程度上理顺了市场的价格关系，使不合理的价格体系有所改善，对于活跃经济生活、促进生产、增加花色品种、繁荣市场起到了积极的作用。

在价格改革过程中出现过物价上升幅度偏高的情况，我们通过对居民的价格补贴，提高工资，适当提高储蓄存款利率和加强物价监督等多方面的措施保证了人民生活水平稳定提高。总的来说，几次价格调整，进行得还比较顺利。下一步价格改革的重点是有步骤地解决能源、原材料等重要生产资料计划价格偏低的问题，逐步使计划价格与市场价格的水平接近。在条件具备时，还将适当调整粮、棉等主要农产品价格，以解决农用生产资料价格提高后粮食、棉花价格偏低的问题。其次，要合理调整房租，逐步推行住宅商品化和合理调整劳务收费标准，以利于城市第三产业的发展。

我们考虑到价格改革要与国家的承受能力、企业的承受能力和社会的承受能力相适应，所以价格改革只能是渐进的、稳步的。要采取"调放结合"的方针，有计划、有步骤地缩小国家计划定价的范围，更多地让市场供求机制在价格形成中起到调节作用。同时要努力保持物价总水平的基本稳定。

八　关于发挥城市的中心作用问题

1984年10月以后，城市经济体制改革综合试点又有了新的发展。到目前为止，全国综合试点的城市已由8个增加到72个。试点的目的就是要扩大城市的经济管理权限，增强中心城市在发展经济方面的多种功能，开拓各种商品市场特别是金融市场、技术市场和劳务市场，把城市变为开放型、多功能、社会化和现代化的经济枢纽。金融改革在城市经济中占有重要的地位。银行体制的改革，改变了中央银行的大一统体系，初步形成了以中国人民银行为领导，四大专业银行为支柱的多种金融机构并存、相互分工协作的金融组织体系；还成立了交通银行、中国人民保险公司、中国国际信托投资公司等50多家信托投资机构，绝大多数是国营金融企业，少数是股份联营企业。此外，开设了1000多个群众集体所有制的城市信用社，在部分城市开办了邮政储蓄业务。金融业的活跃，对城市经济发展起到了重要的推进作用。

九　关于对外开放

党的十一届三中全会以来，对外实行开放，建立了经济特区，开放了沿海城市，形成了一个人口在2亿以上、工农业产值占全国50%以上的对外开放的前沿地带。1986年进出口贸易比改革前增长了两倍多，出口总额占国民收入的比例从1978年的5.6%提高到1986年的12%。国外和港澳地区来国内旅游的人数由1978年的180万人增加到1985年的1783万人，增长9倍。对外经济联系的发展，在我国经济发展中，正起着越来越重要的作用。

自从1979年7月中国政府颁布第一个吸收外资的法律——《中外合资经营企业法》以来，我国在吸收外商直接投资方面迈出了可喜的一步。到1987年上半年止，我国政府批准举办的外商投资企业（包括中外合资企业、中外合作经营企业、外商独资企业）已达8500多家，协议规定外方投资总额199亿美元，已开业的外商投资企业达3100多家，实际使用外资70多亿美元，从业人员共50多万人。

为了进一步吸引外商来华投资，几年来我国政府为改善投资环境做了许多努力。归纳起来主要有以下几点：

1. 开辟了有利的投资场所。继深圳等4个经济特区的建立和对广东、福建两省实行特殊政策之后，于 1984 年开放了上海等 14 个沿海城市和海南岛，1985 年又开辟了长江、珠江、闽南等 3 个经济开发区。国家对这些地区分别在税收、信贷等方面给予一些优惠待遇。这些地区工业基础较好、商品经济发达、人才比较集中，交通也较为方便，进一步实行开放，就为外商来华投资提供了有利的场所。

2. 加强了能源、交通、通信等基础设施的建设。1981—1985 年间，我国沿海各港口新建了 1 万吨级船舶停靠的码头泊位 54 个，到 1986 年年底沿海主要港口深水泊位已达 214 个，中级泊位 162 个，吞吐能力达 3.4 亿吨。14 个沿海城市除南通、温州民用航空都已通航，并开办了国际电信电话业务。在能源供应、市政设施和接待外宾的饭店等建设方面，也有了较大的改善。这些基础设施的逐步完善，为外商投资企业的生产经营创造了较好的环境。

3. 为鼓励外商来华投资，切实办好外商投资企业，还制定和实施了一系列优惠政策。1986 年 10 月 11 日公布实施的《国务院关于鼓励外商投资的规定》，对外商来华投资办企业给予了更多的优惠。1987 年 6 月底，国务院各有关部门又先后公布了 10 个具体实施办法，以确保上述规定的贯彻实施。

1986 年 10 月 11 日的规定以及过去公布的规定所给予外商的优惠政策和措施可以分为两大类：一类是普遍适用于一切外商投资企业的；另一类是专门适用于外商投资企业中的产品出口企业和先进技术企业的。

其一，普遍适用于一切外商投资企业的主要有以下几个方面：

税收方面。首先是延长企业所得税的减免期限。《中外合资经营企业所得税法》原第五条：对新办的合资企业，合营期在 10 年以上的，经企业申请，税务机关批准，从开始获利的年度起，第一年免征所得税，第二年和第三年减半征收所得税。从 1983 年起改为第一、第二年免征所得税，第三、第四、第五年减半征收所得税。其次是《中华人民共和国中外合资经营企业法实施条例》第九章第七十二条规定："合资企业生产的出口产品，除国家限制出口的以外，经中华人民共和国财政部批准，可免征工商统一税。"国务院 1986 年 10 月 11 日公布的规定，将这项优惠政策的适用范围扩大到包括纯外资企业在内的一切外商投资企业，并明确规定"对外商投资企业的出口产品，除原油和成品油以及国家另有规定的产品外，免征工商税"。

简化手续，为外商投资企业的生产经营提供便利条件。《国务院关于鼓励外商投资的规定》第十七条指出：由国务院主管部门审批的外商投资企业的协议、合同、章程，审批机关必须在收到全部文件之日起3个月以内决定批准或者不批准。这项规定的贯彻执行，可大大缩短举办外商投资企业的审批时间。

外商投资企业需要进口（包括国家限制进口）的机械设备、生产用的车辆、原材料、燃料、散件、零部件、元器件、配套件，按照原《中外合资经营企业法实施条例》第六十三条之规定，凡属国家实行进口许可证的，应申领进口许可证。《国务院关于鼓励外商投资的规定》则明确，外商投资企业为履行其产品出口合同所需进口的上述物资，不再报请审批，免领进口许可证。

在企业经营管理上，上述《规定》针对当前存在的某些问题，着重强调了要保障外商投资企业的自主权，指出：各级人民政府和有关主管部门应当保障外商投资企业的自主权，支持外商投资企业按照国际上先进的科学方法管理企业。外商投资企业有权在批准的合同范围内，自行制定生产经营计划，筹措、运用资金，采购生产资料，销售产品；自行确定工资标准、工资形式和奖励、津贴制度。同时，外商投资企业还可根据生产经营需要，自行决定其机构设置和人员编制，聘用或辞退高级经营管理人员，增加或辞退职工；对违反规章制度，造成一定后果的职工，可根据情节轻重，给予不同处分，直至开除。从而使外商投资企业在经营管理上有更大的灵活性。

其二，为了正确地引导外资的投向，《国务院关于鼓励外商投资的规定》，对外商投资于产品出口企业和先进技术企业给予特别优惠的待遇。所谓产品出口企业，是指产品主要用于出口，年度外汇总收入额减除年度生产经营外汇支出额和外国投资者汇出分得利润所需之外汇额以后，外汇有结余的生产型企业。所谓先进技术企业，是指外国投资者提供先进技术，从事新产品开发，实现产品升级换代，以增加出口创汇或者替代进口的生产型企业。

对上述两种类型企业的特殊优惠，主要包括以下几点：

降低生产费用。按照《中外合资经营企业劳动管理规定》，合营企业必须按照国营企业标准，支付中方职工劳动保险、医疗费用以及国家对职工的各项补贴。1986 年 10 月 11 日《规定》，对产品出口企业和先进技术企业，则在支付中方职工劳动保险、医疗费用以外，免缴国家对职工的各项补贴。此外，还降低了这两类企业的土地使用费标准。

减免税收。合营企业的外国合营者，将其分得的利润汇出国外时，须按汇出额缴纳 10% 的所得税。按照 1986 年 10 月 11 日的《规定》，产品出口企业和先进技术企业，免缴此项赋税。这项《规定》还在企业所得税方面给予这两类企业以更大的优惠，即：产品出口企业按照国家规定减免企业所得税期满后，凡当年企业出口产值达到当年企业产品产值 70% 以上的，可以按照现行税率减半缴纳企业所得税。经济特区和经济开发区的以及其他已经按照 15% 的税率缴纳企业所得税的产品出口企业，符合上述规定的，减按 10% 的税率缴纳企业所得税，先进技术企业按照国家规定减免企业所得税期满后，可以延长 3 年缴纳企业所得税。原规定的合营企业的外国合营者，从企业分得的利润在中国境内再投资，期限不少于 5 年的，经税务机关批准，退还再投资部分已纳所得税税款的 40%。按照 1986 年 10 月 11 日的《规定》，外国投资者在中国境内再投资举办、扩建产品出口企业或者先进技术企业，全部退还其再投资部分已缴纳的企业所得税税款。

改善经营条件。为了使这两类企业的生产经营条件切实得到改善，1986 年 10 月 11 日的《规定》要求有关地区和部门优先向其提供水、电、运输条件和通信设施，按照当地国营企业收费标准计收费用。这两类企业在生产和流通中所需借贷的短期周转资金，以及其他所必需的信贷资金，经中国银行审批后优先发放。

改进对外商投资企业的服务工作。1986 年 10 月 11 日的《规定》公布后，各地纷纷采取有力措施，改进对外商投资企业的服务工作。例如，上海市为方便外商投资办企业，已于去年 10 月起先后设立了外汇调剂中心、外商投资服务中心和外商投资企业物资供应服务中心；天津市也成立了外商投资服务中心；大连、上海、天津等沿海城市，都相继采取各有关机构联合办公的办法，对开设外商投资企业进行集中审批，简化了审批程序和手续，过去几个月办不成的事情，现在几天、十几天就办成了。

尽管目前我国的投资环境尚有许多不足之处，但随着我国经济体制改革的深入进行，随着我国经济，特别是能源、交通、通信等基础设施的不断加强，我国的投资环境将越来越好，外商投资企业将越办越兴旺。

外国投资者来华投资，一般着眼点是放在中国这个世界上最大的潜在市场上，因此对其投资企业的产品是否允许在我国国内市场上销售，销售多少，是非常关心的。而我国一般要求外商投资企业产品有一定比例的外销，要尽量做到外汇收支平衡，这一要求也是合理的。因为外商投资企业生产经营所需的外汇资金，如外国投资者的红利、外籍职工的工资以及企业生产所必需从国外进口的原材料、零配件等都需以外汇支付，如果外商投资企业投有一定比例的产品外销，就无从取得。当然，只要外国投资者提供的是我国需要的先进技术，或者是我国需要长期进口的产品，经过批准，我国是可以提供部分国内市场的。在这种情况下，外商投资企业的外汇收支就难以做到自行平衡。为了帮助他们解决这个问题，我国政府做了许多努力。1986 年 1 月 15 日国务院发布了《关于中外合资经营企业外汇收支平衡问题的规定》，提出了六条具体解决办法：（1）对于外国合营者提供先进技术、关键技术生产的尖端产品，或在国际上有竞争能力的优质产品，如国内急需，经主管部门鉴定合格，按国家规定的审批权限和审批程序，经过批准，可以在内销比例和内销期限上给予优惠。其所不能平衡的外汇，按照规定程序报国家计划委员会或地方计划委员会批准后纳入长期或年度用汇计划，予以解决。（2）中外合资经营企业生产国内需要长期进口或急需进口的产品，可根据对该项产品的质量、规格要求和进口情况，经国务院主管部门或地方主管部门批准实行进口替代，以外币支付。其用汇方案按办法：（1）中的有关规定解决。（2）中外合资经营企业为求得外汇收支平衡，经对外经济贸易部批准，可利用外国合营者的销售关系，推销国内产品出口，实行综合补偿。（3）中外合资经营企业销售给经济特区和沿海开放城市的经济技术并发区以外的其他地区有外汇支付能力的企业的产品，经国家外汇管理部门批准，允许以外币结算。（4）同一外国合营者在中国境内（包括不同地方、不同部门）兴办两个或两个以上的中外合资经营企业，其合法所得外汇份额有的有余，有的不足时，经国家外汇管理部门批准，可在其所办的各个企业之间调剂解决。（5）经对外经济贸易部和外汇管理部门批准，外汇收支不能平衡的中外合资经营企业的外国合营者，可将其从企业分得的人民币利润，按《中外合资经营企业法》第七条的规定再投资于国内能够新创外汇或新增加外汇收入的企业，可从接受该项投资的企业新增加的外汇收入中获得外汇，以汇出其合法利润。这些规定也适用于中外合作经营企业。1987 年 3 月，对外经济贸易部就外国合营者推销国内产品，进行综合补偿，制定和颁发了具体办法。通过这些规定和办法的贯彻实施，外国投资者来华投资所面临的产品销售市场和外汇平衡问题，基本上可以得到解决。

十　结束语

综上所述，我国经济体制改革以来的 8 年，由于贯彻执行了"对内搞活经济，对外实行开放"的总方针，使各种经济成分和产业结构发生了很大的变化。1986 年全国工业总产值中，全民所有制的比重从 1978 年的 80% 调整为 70%，集体经济从 20% 调整为 28%；个体和其他经济为2%。城镇个体劳动者人数由 1978 年的 14 万人增加到 1986 年的 408 万人。农村个体工商户 1986 年为 920 万户，1438 万人。在社会商品零售额中，国营商业的比重，从 1978 年的 90.6% 调整为 1986 年的 40%；集体商业从 7.4% 调整为 36%；个体和其他商业从 2% 调整为 24%。第三产业在三大产业中的比重，从 1980 年的 21% 调整到 1985 年的 25.7%。

改革以来的 8 年，我国国民经济正在走上持续、稳定、协调发展的轨道，社会财富和经济实力有了很大增加，人民生活显著提高。8 年来社会总产值年平均递增 10.1%，国民收入递增 8.7%；财政收入递增 9%。

1986 年与 1978 年相比，农村人均纯收入和城市人均生活费收入，扣除价格变动因素以后，分别增长 160% 和 80% 以上。8 年内共安排城镇人口就业约 6000 万人。城乡人民的储蓄存款从 1978 年的 210 亿元，增加到 1986 年的 2237 亿元，增长 10 倍多。总之，改革、开放给人民带来了实惠，所以改革和开放政策，得到了广大人民群众真诚的拥护和支持。

在改革过程中遇到的问题，主要是前两年宏观经济中出现的某些失控。这是在改革前进中产生的问题，在新旧体制交替过程中是难以完全避免的。由于我们坚持改革、开放政策，采取积极、稳妥的步骤，这些问题正在解决。

最近，邓小平同志说："党的十一届三中全会起，我们制定了一系列新的政策，把发展生产力，搞社会主义四个现代化作为中心。"新的政策，主要是改革、开放政策，他又说："经济体制改革的方针、政策、步骤是确定了的，不可能改变，现在的问题是要加快改革的步子。"

目前中国经济体制改革的重点[*]

　　中国的经济体制改革,已经分两阶段进行了 8 年,在农村收到了巨大效果;在城市,也有了一个良好的开端。这 8 年,是我国经济持续、稳定、协调发展的 8 年:社会总产值年平均增长 10.3%,居民消费水平年平均提高 8.6%;农民平均纯收入由 134 元增加到 398 元,增长 197%;职工平均工资收入由 614 元增加到 1148 元,增长 86.9%;人民生活水平的提高是新中国成立以来空前的。这 8 年是新中国成立以来最好的时期。我国人民从经济体制改革中普遍地得到了好处。在中国,改革已成为不可逆转的历史潮流。

　　那么,1987 年我国经济体制改革的重点是什么呢?经过多种方案的比较、研究,确定了这样的重点:除给农业注入新的活力,增强农业的发展后劲之外,城市的改革,以增强企业(特别是国营大中型企业)活力为中心,深化企业改革,相应地进行有关的配套改革。

　　为什么做出这样的决策?

　　因为企业是否具有强大的活力,对于我国经济的全局和国家财政状况的根本好转,对于实现我们党十二大提出的战略目标是一个关键问题。现行经济体制的种种弊端,恰恰表现为企业缺乏应有的活力。所以,增强企业活力是经济体制改革的中心环节。

---

　　*　　本文原载《管理世界》(双月刊) 1987 年第 6 期。

企业的活力是什么呢？

我们认为，首先在于企业具有自我改造、自我发展和自我积累的能力。只有如此，企业才能真正成为相对独立的经济实体，成为自主经营、自负盈亏的社会主义商品生产者和经营者。

而目前，我国的企业大都缺乏活力，缺乏以上三种能力。所以，决定以深化企业改革、增强企业活力为改革的重点。现在，我着重谈谈这个问题。

过去，我们扩大企业自主权的工作，着重在处理国家同企业的关系，尤其是在减税让利，为企业经营活动创造较好的外部环境方面，取得了显著的成效。现在，则要把企业的注意力引向企业自身，引向如何改善企业内部的经营机制，以充分利用外部给予企业的有利条件，充分发挥企业内部的潜力，为社会主义建设事业作出最大的贡献。

下面，从九个方面谈谈我个人对这个问题的看法。

一　把企业的所有权同经营权分开，给企业以充分的经营管理的权力

农村改革成功的经验是把所有权同经营权分开了。在城市，国营企业两权没有分开的情况普遍存在，这也就是设备、技术及其他生产条件较好的国营企业，为什么反而比起设备技术及其他生产条件差很多的乡镇企业发展慢、步履艰难的一个关键问题。

国营企业的两权分开，从目前现实可能来看，就是"国家所有，企业经营"。企业把国家的资产用在生产、经营上。在这种情况下，国家基本上将逐步地不再参与企业微观经济活动领域内的事务，不再直接向企业无偿投资，企业投资方向根据社会需求、预期利润率及贷款利率等逐步由企业自主决定，资金也由企业自行筹措。

全民所有制企业实行法律所有权与经济所有权相分离，具体形式要进一步探索。目前实行的租赁和承包就是广泛采用的形式。

租赁的方式比较规范，承包的方式则各有不同，按承包主体分全体职工承包、经理（厂长）承包、经理（厂长）代表承包等三种方式；按承

包形式分，主要有利润递增包干、投入产出包干、资产经营责任制承包、利润包干和目标责任包干，等等。目前，比较广泛推广的是目标责任包干这种承包方式。

租赁或承包之后，企业不仅有了经济上的经营权而且有了经济上的所有权，就是说，企业有权支配自己的生产资料并且有相对独立的经营自主权，既负盈，又负亏，亏了不能转嫁给国家或消费者。这不是改变所有制，而是改变了企业内部的经营机制，使企业搞活。

除此之外，我们还将要采取这样几种做法，继续发展多种所有制形式和多种经营方式，寻找在公有制条件下两权分离的具体形式。

（1）在横向联合的企业群体或企业集团中，在集体工业企业以及全民所有制大中型骨干企业中选择若干企业试行股份制，今后联合投资的新建企业，有条件的也可采取股份制的形式。

（2）实行资产经营责任制，把资产损益与企业职工特别是经营者的利益关系联结起来，全面强化公有制企业的预算硬度和竞争能力。

（3）根据企业破产法的规定，有些经营不好或濒临破产的企业可买卖，由经营好的国营或集体企业收买它，使其摆脱困境，起死回生。这样做，还可以大大减少重复与盲目建设，缩小基本建设规模，使公有制更加完善。

二　要从培养企业"造血"机能入手，理顺国家与企业的关系，给企业以具有自我发展、自我改造、自我积累能力的条件

除了实行企业扩权外，从根本上讲，还必须赋予企业"造血"机能，才能使其在提高、开拓与发展上有所追求、有所进取。这就必须在国家与企业关系上深化改革，包括这样几个方面：

第一，把国营工业企业自我改造、自我发展的投资主体归于企业。

第二，对工业企业采取新的折旧改革。

第三，结合国家对企业管理体制的改革，明确划分国家与企业的资产关系。

第四，确立鼓励企业自我积累的机制。

第五，企业的工资基金要同劳动效果，即对社会贡献的大小直接挂钩。

总之，要通过多方面的改革措施，使企业外有压力，内有动力，这样企业才能在竞争中越搞越活。

三　充分调动职工积极性

首先，是坚决贯彻各尽所能、按劳付酬的方针，主要是使职工劳动报酬和劳动成果挂钩。如已实行的煤炭行业的吨煤工资含量，建筑行业的百元产值工资含量等；有些行业的某些企业，或有些企业的某些工种，则采取计件工资（个人计件或集体计件）的办法，或工资总额与上缴利税挂钩的办法。这些，都起到了积极作用。现在的问题，是要把它规范化，使劳动报酬与劳动成果更好地联系起来。今年在奖金税和工资调节税方面已有所放宽，今后企业内部工资奖金分配的具体形式和办法，完全由企业自主决定。

其次，是职工工作的分配，应尽可能考虑职工兴趣。有的工种的工作没人愿意做，这大都是因为待遇不合理，那就应提高这一工种的岗位津贴。

最后，要允许工人和知识分子在一定范围内流动。

更为重要的是加强和改进对职工的思想政治工作，提高广大职工群众主人翁的责任心，为现代化建设勤奋地劳动和工作。

四　实行厂长负责制

这是我国企业领导体制的重大变革，必须有健全的民主集中制和严格而明确的规章、条例来加以保证。

过去，我们实行的是党委领导下的厂长负责制，后来一度试行厂长负责制，现在已经在全民所有制企业中广泛实行厂长负责制。实行厂长负责制后，厂长（经理）是一厂之长，是企业法人的代表，对企业负有全面责任，处于中心地位，起中心作用。

五　造就千千万万的社会主义企业家

所有权与经营权的分开，厂长（经理）负责制的普遍实行，为造就千千万万的社会主义企业家创造了必要的条件。而没有千千万万的社会主义企业家，社会主义有计划商品经济的发展就缺乏中坚力量，社会主义经济建设的舞台就缺乏主角，现代化建设就缺乏强有力的经营者和最有成效的组织者。必须创造一系列条件，造就社会主义企业家队伍。

从根本上说，这个大队伍的形成，取决于整个经济体制和政治体制的改革，以及从观念、法制等方面创造的条件。只有实现经营权与所有权的分离，使企业由政府直接管理转向自主经营，建立并发展社会主义市场体系，才能为大批的社会主义企业家脱颖而出创造机会。

六　行政性公司问题

目前企业上面的公司大部分是挂公司牌子、行政府职能的行政性公司。下放的权力好多不落实，主要因为这种公司在中间起梗阻作用。现已规定，除少数经批准赋予行政职能的全国性公司外，要切断行政性公司与企业人、财、物的关系，促使其尽快转为经营型或服务型经济实体。

七　进一步发展和加强横向经济联合

要在发展横向经济联合的基础上，鼓励和支持由企业自主，以大型骨干企业或名优产品产业为主体，根据自愿互利原则，组建各种形式的企业集团，并允许参加两个以上这样的集团或自由退出。有条件的可实行股份制；为便于展开竞争，促进技术进步，在同一行业中一般不搞独家垄断的企业集团。同时，也要防止把企业集团变成行政性公司或把行政性公司改头换面变为企业集团。

横向经济联合的进一步发展，还要求在计划、物资、信贷、税收、经济立法等方面改革管理体制，还要在这些方面做好配套改革。

八　国家对指令性指标要逐步减少

要减少国家对指令性产品的管理，对指令性产品中国家调拨部分要适当压缩，议价部分要增加。但关系到国计民生特别是人民生活必需品的价格变动，要由物价部门批准。

九　进一步贯彻落实有关增强企业活力的条令

扩大企业自主权的落实情况是不能令人满意的。好多权力被部门、省、市、厅局特别是行政性公司截留了，落实到企业的不多。有些权力尽管给了企业，但由于改革措施不配套，企业也用之不便。在配套改革中，已经把贯彻落实关于扩大企业自主权，增强企业活力条令的情况，作为考核每个城市和地方政绩的一个标准。

把陇海—兰新经济带的经济发展
战略和产业政策研究结合起来[*]

　　自陇海—兰新经济研究促进会成立以来，陇兰经济地带已经发生了许多可喜的变化。陇海—兰新经济带和欧亚大陆桥已成为新的经济概念被越来越多的人所接受。以中心城市为依托的、大跨度、多层次的横向经济联合有了一个良好的开端，开始在我国国民经济总体战略格局中日益显现其地位，有力地促进了这一地带横向经济联合的发展和经济的振兴。

　　陇海—兰新经济研究促进会倡导和组织了陇海—兰新地带经济发展理论和发展战略的研究。今年以来，对外贸、流通、旅游、工业、金融五个方面的横向联合进行了专题调研，并取得了初步成果。同时，对这一地带发展横向联合的战略思想、战略方针、战略重点和战略措施进行了初步探讨，大家的认识基本上取得了一致，这样就使经济技术协作与联合有了较好的思想基础。在共同的战略思想指导下，这一时期陇海—兰新经济带的横向联合开始迈出了新的步子，除了城市之间、地区之间、行业之间和企业之间双边或多边的合作外，还在连云港和西安举办了涉及整个经济带的外贸洽谈会。在郑州召开了有 51 个市、地、州参加的经济技术协作洽谈会以及商讨如何建立陇海—兰新经济带的金融市场等。上述工作虽然只是开端，但已经显示出陇海—兰新经济研究促进会的号召力和生命力。随着

---

* 　本文原载《地域研究与开发》（季刊）1987 年第 4 期。

工作的进展，陇兰地带经济的发展，必将对我国社会主义现代化建设产生越来越大的影响，它将为我国发展以运输通道为纽带的城市集团式的横向联合树立一个榜样，同时，也将为我国欠发达地区联合起来共同开发、共同发展、共同富裕积累有益的经验。在伊犁召开陇海—兰新经济发展战略讨论会，不仅对振兴陇海—兰新经济带具有重要意义，而且对全国经济的发展也将产生积极的影响。

一

我们为什么要研究经济发展战略？对于这个问题，各人回答的侧重点会有所不同。这里强调一点，就是我们研究经济发展战略的一个重要任务，是要实现资源的合理配置，或者说，是为了力求做到资源的最优配置。研究全国的经济发展战略，是要在全国范围内实现资源合理配置，研究地区的经济发展战略，是要在地区范围内实现资源的合理配置。

资源配置是指经济中各种资源（包括人力、物力、财力）在各种不同的使用方向之间的合理分配。分配资源问题的重要性，马克思在1868年写给库格曼的一封信中说得很明白："人人都同样知道，要想得到和各种不同的需要量相适应的产品量，就要付出各种不同的和一定数量的社会总劳动量。这种按一定比例分配社会劳动的必要性决不可能被社会生产的一定形式所取消，而可能改变的只有它的表现形式，这是不言而喻的。"马克思这里说的主要是劳动资源的分配，其他资源也都有一个合理配置的问题，这是提高经济效益、满足人们需要的关键问题。

合理配置资源不仅是经济发展战略所要解决的问题，而且是经济管理体制要解决的问题，同时也是产业政策要解决的问题。

我们知道，对于如何才能合理配置资源历来是有分歧意见的。例如，一种意见认为，只有实行排斥商品经济的指令性计划体制，才能实现资源合理配置；另一种意见认为，只有实行没有宏观控制的完全竞争的市场经济体制才能实现资源合理配置。实践表明，这些意见都有片面性。我们根据邓小平同志关于建设有中国特色的社会主义理论，把计划和市场有机地结合起来，形成有利于发展有计划商品经济的社会主义经济体制。这样，才有可能实现资源的最优配置。

实现资源最优配置，还要求发展和改革结合起来，计划和市场结合起来。什么是它们的结合点？这就是产业政策。因此，要把经济发展战略的研究和产业政策的研究结合起来。前几年，我们着重抓了发展战略的研究，而对产业政策的研究注意不够，而产业的合理配置和正确的产业政策的制定，则是发展战略研究的深化、补充、完善和落实。所以要把两者结合起来，以合理的产业结构和正确的产业政策，保证正确的发展战略的制定和实施。

今年 3 月 11 日国务院经济技术社会发展研究中心向国务院领导同志提交了《我国产业政策的初步研究》的报告，国务院领导同志做了批示。我认为，这个批示对我们研究全国的、研究各个专业部门和各个地区（包括陇海—兰新地区）的经济发展战略和产业政策都有极其重要的指导意义。国务院领导同志批示中说："此文提出了一个很重要的思路，值得认真研究。资源的合理配置，企业组织结构的合理化，是决定宏观经济效益的关键所在。在我国的现阶段，单靠市场的作用，单靠企业、地方、部门的自由竞争是不可能做到的。要靠国家的产业政策和企业组织结构政策进行干预。而要使干预达到预期目的，必须运用经济手段，运用一系列调控手段，以改革促使产业政策和企业组织结构政策的落实。这样就把经济发展战略同经济体制改革结合起来了，也体现了计划与市场的结合，符合有计划的商品经济的要求。按照这样的思路去搞，可能会减少改革中的困难和矛盾，可能更易于显示改革促进发展的作用，而对计划的改革，也就有了方向。"

国务院领导同志的批示，针对我国经济发展过去只注重产值速度、忽视效益效率的状况，提出了改变这种状况的几个重要论点：

第一，决定我国宏观经济效益的关键，是资源的合理配置和企业组织结构的合理化。发展中心的研究报告中含有这个意思，但没有提到这个高度。这个关键，是国务院领导同志指出来的。

第二，提出了关键，怎么解决？国务院领导同志以为，要解决这个问题，单靠市场的作用和自由竞争是不可能做到的。要靠，但不能单靠，就是说，还要靠国家的产业政策和企业组织结构政策进行干预。

第三，采取什么办法能够做到既靠市场作用、自由竞争，又靠国家的产业政策和企业组织结构政策进行干预呢？国务院领导同志说："干预要达到预期目的，必须运用经济手段和一系列的调控手段，包括税收、信贷、价格，等等，才能使上述政策落实。"

第四，通过上述政策的落实，就把发展同改革结合起来，计划与市场结合起来，宏观与微观结合起来，计划工作的改革也就有了方向。

国务院领导同志的批示，是对我国 8 年多来关于改革和发展的丰富经验的科学总结，回答了经济工作者和经济理论工作者所普遍关注的重大问题。同时，也给我国计划体制的改革指明了方向。

根据国务院领导同志的批示，陇兰地区产业政策问题也应该提到议事日程了。怎样进行地区产业政策研究呢？我以为至少要注意以下几个问题：

第一，把国家总的要求与地区的特点结合起来。地区的产业结构的构想和产业政策的设计，必须服从全局的总要求、整体的总利益。陇兰沿线城市对于社会主义现代化建设事业，都是有很高的积极性的，为着这样一个共同的目标大家走到一起来了。这些城市属于沿线几个省、自治区，就有个地区性的经济问题。总的来看，它们属于陇海—兰新线，是这条线上的整串珍珠，加上它们各自的辐射区域，这里有个更大范围的地区性的经济问题。一要考虑所在省区的利益；二要顾及沿线地区的利益；三要顾及相邻的横向和纵向经济带的利益。这三个地区利益怎么摆？这里无疑有一个你那个市同你那个省、自治区的关系如何协调的问题，可能所属的省、区需要你这样配置产业，而陇海—兰新线又建议你那样配置产业，那该怎么办？答案很清楚，应该是怎样能更有利于发展社会生产力，促进宏观经济效益的提高，就怎样去努力，就怎样去提高产业结构的构想和产业政策的设计。这样，才更有利于整体利益与局部利益的结合。

第二，扬长避短，施展地方特色，特别要发挥本地的比较优势。中国特色是由各省市的特色综合起来的，没有各地的特色就没有中国的特色。

陇兰沿线城市本身就各具特色，伊犁河谷和古都西安及沿海城市连云港大相径庭；这些城市所在的省、区又各具风采，绝不雷同。在社会主义现代化建设的大舞台上，各个省、市、自治区、各部门能扮演什么角色，起什么作用，应向国家提出建议，国家综合各地方、部门的积极建议，就会形成一个能使各路英雄都有用武之地，各个角色都能各抒所长的社会主义现代化建设的大舞台，演出威武雄壮的戏剧来，大大促进我国社会生产力的发展。用一个比较形象的说法，就是我们所在的省、区，一般来说，是扮演大角色的，我们这些省会城市、中小城市是分别扮演大角色、中角色和小角色的，我们的特点是在省里扮一个角色，发一分光；在我们这个经济地带扮一个角色，发一分热，目的是一样的：为大舞台、大戏剧发光发热。希望通过在经济地带中的互相联系、互相补充，能够在省区里把自己的角色扮得更好些，把陇海—兰新这条联结欧亚大陆的大动脉搞得更活跃、富有生机和活力。这条陇海—兰新铁路，是这个经济地带的比较优势，是不可替代的。我们一定要扬这个比较优势之所长，这一优势内的产业结构、产业政策问题解决好了，将对社会主义商品经济的发展，面向国内外市场，作出引人注目的贡献。

第三，各地要有适合自己情况的具体产业政策，才能促进具有本地特色的合理的产业结构的形成与发展。8月26—29日，国务院发展研究中心组织全国各省市经济研究中心召开了工作会议，专题进行了地区产业政策研究工作。会议要求各省市认真贯彻国务院领导同志的批示精神，做好本地区产业结构和产业政策的研究工作，并要求今年年底提出一个中期研究报告。我们这些城市的同志，是不是可以和各省研究中心的同志们接触一下，根据自己这个城市的特点，提出从省区考虑出发，它应采取什么具体产业政策；从这个经济地带以及与相邻地带的经济联系出发，又应采取什么样的产业政策，并把两者结合起来。产业结构、产业政策的设计应该坚持开放方针，不仅要对外开放，而且要对内开放，无论如何不要再搞过去那种每个地方都门类齐全自成体系，这样就不可能有资源的合理配置。

第四，因地制宜地处理好各个产业部门的关系，尤其是要把农业放到重要位置上，有步骤地促进农业的现代化。农业，一个地方一个样，差别大、变化大，同其他产业有着密切的联系。不仅吃饭要靠农业，相当一部分产业的原材料、辅料也与农业有密切联系，忽视了这一点，产业结构和产业政策就难以搞好。所以在研究这个问题的时候，一定要把农业放到基础的位置上，特别是市管县的地方更应注意，还要处理好农业人口向非农业人口的转化问题，把农村的非农产业的发展抓好，积极发展中小城市和集镇，形成适合我国国情的城乡一体化的体系，以促进农业生产的现代化。一定要注意不要重复过去损农业、养工业的错误。

产业结构要随需求的变化而变化。当某个产业兴旺时，要见到它将来可能停滞甚至衰落，研究有哪一个或哪几个合适的产业来替代它。

第五，处理好基本建设与技术改造的关系。陇兰经济地带拥有全国相当部分的固定资产，如何把它很好地动用起来是一个大问题。新投入的固定资产（即增量部分）怎样更好地引发原有的部分（即存量部分）发挥更大作用，即起到"催化剂"、"药引子"的作用，这是门大学问。现在全国有 8000 亿元固定资产，是全国人民几十年艰苦奋斗的积累，而每年新收入的资金数量则很有限，把技术改造搞好了，等于把有限的死钱变成无限的活钱，比新建项目要经济得多。

二

陇海—兰新地带发展中涉及产业政策的几个具体问题：

（一）交通问题

陇海—兰新经济带，包括 570 多个县市，从东到西跨度 4200 余公里，以铁路为纽带是它的主要特征。随着经济带联合市场的建立，内外贸易的增加，以及资源的开发和旅游业的发展，必然会使陇海—兰新线的运输任务更加繁重。因此，必须把交通运输这个产业，特别是铁路建设作为战略重点来抓。当前要加速北疆铁路的建设和陇海—兰新线的技术改造，并抓紧进行管理体制的改革，不断改进、扩大、完善陇海—兰新线的功能。同时，要统筹规划建立以铁路为主体的公路、水运、航空综合发展的运输网络。

随着北疆铁路的延伸，将与苏联的土西铁路接轨，这样一来欧亚大陆桥便可一路贯通。目前我国与苏联、东欧的关系正在改善、海湾地区不安定因素短时期难以消除，开辟连接亚、欧、非三大洲的陆上国际通道已成为许多国家的共同要求。因此，开通并经营安全便捷的欧亚大陆桥日益为国际社会所关注。建设欧亚大陆桥，实现亚欧海陆国际联运，涉及国际政治和经济中的许多微妙问题，仅就运输方面而言，也是一件十分复杂的事情。我们必须尽早进行系统研究，提出相应的战略方案和产业政策。

（二）流通问题

陇海—兰新经济带，要发挥"一线"、"两口"的优势，从流通入手，促进社会主义商品经济的发展。为了合理配置资源，不仅商品，而且各种生产要素，如人力、物力和财力等都有一个合理流动的问题，这里很多问题涉及流通问题。而且我们还要发展与国际市场相联系的商品生产和流通体系，以及与之相适应的资金、人才、信息、技术的流通网络。为了开拓国际市场，应以苏联、东欧及西亚、中东伊斯兰国家为对象，适当调整产业结构和产品结构，利用西部丰富的资源，利用东部、中部较先进的技术和经营管理经验，联合发展对外贸易，建立出口创汇生产基地和经营体系。抓住当前有利时机，奋力开拓国际市场，使陇海—兰新经济带逐步发展成为既面向全国又面向苏联、东欧和伊斯兰国家市场的开放型的经济走廊。对内要建立经济带的联合市场，发挥这一地带各市、地、州的优势，统筹规划，调整生产力布局，围绕各自的主导产业，开展经济技术协作和多层次的横向经济联合。要制定相关的产业政策和优惠办法，发展商品交换，促进经济带内物资、金融、技术、信息市场的建立和完善。逐步形成与全国及国际市场保持密切联系的商品流通体系。

（三）旅游问题

陇海—兰新地带旅游资源十分丰富，人文景观和自然风光都很有特色。可以组成多变化、大容量、魅力深厚的旅游路线和特殊的旅游项目。但过去由于种种原因，除西安、敦煌、洛阳等少数几个点外，旅游业都很不发达。当前，世界旅游业的发展，正在从沿海城市常规观光型向内陆边疆动态特色项目过渡，尤其青年旅游者更是酷爱猎奇和冒险。我们这一地带的大多数党政领导人，都把发展旅游业视为对外开放和振兴经济的突破口，对于推进旅游业的横向联合积极性很高，这些都是旅游业发展的有利条件。当然，这一地带目前尚属于欠发达地区，旅游业不可能不受落后的经济水平的制约。但旅游业在发展中国家和地区的实践已经证明具有更大的渗透力和超前性。陇海—兰新地带当前迫切需要旅游开发的全套战略，管理技术和管理人才，并希望国家在体制和产业政策上加以扶助和支持，就旅游业内部而言，当务之急是确立这一地带独特的旅游参观对象，设计丰富多彩的旅游线路和特殊项目，并大力进行宣传。这一地带的旅游业扩大跨省、市的横向联合，并成立一个联合实体，发展自主外联，将会促进陇海—兰新地带旅游业的更快发展。

（四）资金问题

开发自然资源，发展外贸和旅游以及建设欧亚大陆桥，都需要大量资金，但是国家在"七五"、"八五"期间不可能拿出大量资金在这一地带投资，所以陇海—兰新经济带的发展，应采取以自力更生为主，多方联合筹资，用多种方式引进地区以外和国外资金的筹资战略。为此，需要制定相应的集资政策，随着国家建设重点的西移和对大西北的全面开发，国家必然会把这一地带作为重点投资地区，也定会引起国外投资者的更大兴趣。从现在起，必须不断改善投资环境和提高投资效益。要广开筹资渠道，欧亚大陆桥的建设和东西两个口岸的改造，要尽可能争取国际联运主要货源国和石油输出国的投资，有的项目可以国家、地方、集体、个人一齐上，谁投资谁得益。还可以在经济带内外发行债券、股票，要进一步办好金融市场，开展横向资金金融联合。

向市场经济转变是一场深刻的
经济社会大变革*

由社会主义市场经济体制替代计划经济体制，不仅仅是一个提法上的变化，它涉及对社会主义经济性质认识的重大变化，进而涉及社会主义经济的组织方式、经济改革的目标和改革策略的相应变化。社会经济生活的各个领域的变化，对政府、企业、个人都将提出新的要求并产生深刻的影响。我们对此一定要有充分的思想准备。实现由以往的计划经济向市场经济过渡，需要做好以下十个方面的转变：

第一，所有制方面，将由单一的国家所有或集体所有的公有制形式向以公有经济为基础的混合型所有制（股份制）转变。改革以来，我们在搞好全民所有制企业方面做了大量工作，但是效果不尽如人意，关键在于这样一种所有制的管理形式是适应当时产品经济或计划经济的要求而形成的。在这种企业组织形式下，政企关系不易理顺，企业筹集资金渠道过窄，不利于企业的成长，不适应市场经济的要求。要发展社会主义市场经济，实行股份制企业制度势在必行。当然这种股份制企业是以公有股份为基础的，各种所有制的企业间以及各种法人间相互持股，包括个人持股在内的混合所有制。所以，现在的全民所有制、集体所有制为主的形式将逐步改变，向公有股份为主的混合所有制形态转变。

---

* 本文是作者 1987 年在党的十三大小组会上的发言，原载 1992 年 2 月 1 日《大众日报》。

我国的产权制度改革，其目的是要使我国社会主义公有制的产权安排成为一种适应市场经济规律并能有效配置社会资源的财产制度。构造这样一种产权制度的要点应包括：（1）公有资产的所有权主体应是多元的、独立的，并相互竞争的；（2）公有资产的所有权必须从行政权中分离出来，成为一种只依财产利益而不依行政意志而独立行使和实施的权力；（3）公有资产的所有者主体与经营者主体之间关于使用公有资产的相互约束条件应是清晰的而不是模糊的，而且使用公有资产过程中的风险和收益应是对称的；（4）公有资产的产权应是流动的，各权力主体在追求自身财产安全和增值中，可以依法转让各自的财产权。现在看来，实行股份制是社会主义产权制度的基本形式和基本方向。

第二，经济运营方式，将由政府为主体向企业为主体和个人为主体的格局转变。在目前的双重体制下，从上而下的各类行政组织（特别是企业的主管部门），仍然作为经济运营的主体，控制着各种权力，企业并没有真正成为经济主体。实行社会主义市场经济，政府不能再继续扮演经济主体的角色，企业和个人应当成为决策主体、执行主体、利益主体。企业经营的决策、执行和利益又是要落实到企业家和职工个人的。个人在经济活动中的责、权、利必须统一。企业为主体同时意味着个人主体作用的加强。只有企业家和职工个人的责任和利益明确，职工个人的主体作用发挥出来了，企业的主体作用才能落到实处。

首先应进一步从法律上明确企业作为独立的市场主体的地位。我国的法律已经规定企业是独立的自主经营、自负盈亏的经济实体。但由于缺少操作细则，对一些具体的过程和程序没有明确规定。最近颁布了《有限责任公司条例》、《股份企业试点条例》，以及《全民所有制企业转换经营机制条例》，可操作性增强了，有利于进一步解决政企分开问题。但到目前为止，这个问题还没有完全解决。例如，企业要不要有主管部门，法律上如何限定主管部门的权限，政府在劳动人事上对企业控制和企业独立性之间的矛盾。这些问题至今在认识上还没有完全解决，法律上也不可能马上完全明确起来，需要有个探索过程。所以，企业的独立性，不仅仅是一个口号，也不仅仅是缺少法律细则的原则性条文，而应当是以法律形式反映的组织规则和运行程序。

第三，企业经营的决策风险，从由政府和社会承担，转变为由企业和个人承担。市场经济是一种风险经济，没有风险，就缺少竞争的动力。目前，一些企业经营不善，长期亏损，也不能宣布破产，经营者不承担经济责任，风险由政府和社会而不是由决策者承担，这种状况必须改变。企业要自负盈亏，风险必须自负。企业破产后，经营者首先应承担相应的责任，职工也应承担应有的责任。这样，企业、企业家和职工才能真正走向市场。

以往有一种不正确的说法，认为全民所有制企业不能破产，认为这类企业破产就是破社会主义的财产。这种看法是不正确的。对那些没有经济效益、长期亏损、给国家造成很重负担的企业，早破产，国家财产就少浪费、少损失，破产恰恰是保护国家财产免遭更大损失的可行办法。《中华人民共和国破产法（试行）》规定，企业无力偿债时，即应宣布破产。当然，从目前情况看，国有企业亏损面大，简单地按照无力偿债规则处理，企业破产面就会很大，社会承受不了。但从长远看，这个问题必须解决。要严格执行《中华人民共和国破产法（试行）》，否则，优胜劣汰、自负盈亏就不可能真正落实。

第四，企业的经营战略由依赖型向自我发展型转变。在旧体制下，那种由上级部门下达计划、包销产品，企业依赖于政府的经营方式已经不能适应市场经济的新形势。企业要在市场竞争中取胜，必须寻求一条适合自身经营特点的、走向市场的生存和发展之路。企业要强调竞争意识和质量意识；要重视产品的市场占有率；要确立自己的主导产品，强化名牌意识；提高产品的竞争寿命；要延长产品的生命周期，注重市场信息的收集与整理；要把规模经营和多元化经营相结合，形成自己的经营特色。

近几年来，我国企业在经营战略转变方面已取得了很大的进展。绝大部分企业已经开始注重市场调研，注重新产品开发，注重产品质量和信誉，注重市场营销。特别是随着国家指令性生产和收购计划的减少，企业对市场的依赖程度日益增加，市场竞争意识和市场开拓能力已大大加强。但是仍有一部分企业，特别是一些国有大中型企业，经营战略没有实现真正的转变，不能适应市场经济的新形势。正是这些大型企业蕴藏着巨大的经营潜力，它们具有良好的科研基础与生产条件，有条件形成自己的产品销售网络。只有大中型企业经营战略转变，国民经济的整体实力才能发挥出来。

第五，政企关系将由以往的政企不分向无行政上级隶属的企业转变。改革以来，国家虽然在政企分离方面做了大量工作，但政企仍难以真正分离，其根源在于每个企业都必须有个主管部门。既然有主管部门，就有了隶属关系，政府部门就有权对企业进行各种形式的干预。要真正政企分离，企业应当向无行政隶属方式转变，这样才能彻底解决行政干预问题。当然，企业在无行政隶属关系的条件下，要按照国家的方针政策依法经营，受法律的规范和约束，并接受股东及董事会的监督。

第六，政府管理经济由实物的、直接的、一对一的管理转变为价值的、间接的、行业性的管理。今后，国家对企业一般不再下达实物性生产计划、物资分配计划、产品收购计划。产品供求由市场调节。对少数大型骨干企业以及一些重要产品的管理，也由实物型向价值型转变。对绝大部分企业不再直接干预。随着无行政隶属关系的企业的形成，政府部门的机构与职能将相应地改革，政府与企业之间"一对一"的隶属、挂靠关系将不再存在，政府职能将转向全行业的间接管理，主要是统筹规划、掌握政策、信息引导、组织协调、提供服务和检查监督等。

第七，国有资产的管理将由实物化向价值化、货币化、证券化转变，同时由单一的固定资产管理向地产、房产、有价证券、商品等资产一体化转变。

以往的国有资产管理是实物性的，如只对国家投资形成的厂房、设备进行登记，不准转移等，而缺乏价值形态的管理，对国有财产的保值、增值、价值运动不能有效管理。今后，随着资本市场的形成和完善，国有资产也将以证券形式在市场上运行。同时，随着房地产市场的形成，部分国有资产也将进入房地产市场。所以，今后国有资产管理不仅仅是实物型的，而是主要表现为价值型、证券型、房地产型。

第八，劳动用工制度将由国家包就业向职工自主择业转变，企业经营者由政府任免向董事会选举或聘任的方式转变。随着劳动合同制的推广和完善，企业职工不再采取"国家职工"的形式，各种福利也实行社会化保障，国家不再一切包下来。相应的，经营者的选择也破除"铁交椅"，经营者的任免和报酬与经营业绩直接相联系。

对在社会主义条件下是否存在劳动力市场，我们也曾有过曲折的认识过程。实际上，社会主义劳动力市场是一个习惯或借用的说法，在广大劳动者共同占有生产资料、平等劳动关系的基础上，使劳动力资源得到合理利用的组织形式。主要是形成一种用人单位与求职者之间相互双向选择的机制，即使劳动者有权选择自己满意的职业，又使用人单位有权吐纳员工，提高经营效率。形成适度的劳动力市场，有利于在劳动力使用中引入奖勤罚懒和优胜劣汰规则，有利于调动广大劳动者的积极性，从而也有利于更好地体现按劳分配原则。

第九，竞争的机制将由目前的不同所有制企业采取不同的标准向各类企业实行同一竞争规则转变。目前人们普遍反映企业的竞争条件不平等，不同类型的企业赋税不同，享受各种优惠政策和享有的权利不同。实现企业间的平等竞争，首先要解决用法律规则代替行政规则的问题，消除由于行政干预不规范造成的企业间权利与义务的不平等，形成企业自主地进行生产经营活动的完备的法律环境。其次应制定统一的、对各类企业均适用的公司法或企业法。目前，对全民所有制企业、集体所有制企业、"三资"企业都有不同的法律。今后应当通过制定统一的法律、法规，使各类企业在相同的法律和政策环境下从事平等的竞争。再次对各类企业平等赋税。同时，要制定反垄断法、反不正当竞争法，以及保证市场有效竞争的各种法律、法规。

第十，价格制度将由行政性定价向市场定价转变。近几年在放开价格、理顺价格体系方面做了大量工作，大部分产品实行了指导价和市场价，但基础部门的产品价格偏低的问题依然存在，其他产品的行政性定价仍然有相当大的比重。所以，分阶段、有步骤地理顺价格体系，并相应地完善价格形成机制，是今后一段时期市场建设的一项基本任务。今后，国家定价的产品主要是在某些自然垄断行业，如铁路、电力、航空等部门，其他产品应当逐步由市场定价。国家定价也要反映价值规律和供求规律。不仅要完善工农业产品和其他劳务产品的价格机制,而且还应当包括广义价格,如利率、汇率、土地使用费等方面的相应改革。

建立社会主义市场经济体制,是一项艰巨复杂的社会系统工程,需要有一个长期发展的过程,既要有持久的努力,又要有紧迫感。应当看到,这样的新体制形成得越快,我国经济发展的速度也就越快,经济效益也就越高,我们应当为之努力奋斗。

开发黄金水道　发挥流域优势[*]

西江走廊经协会提出的关于开发西江流域中间地带经济的建议是很重要的。

西江流域的开发，不仅要着眼于三地一市一县这个中枢地区，而且要着眼于整个西江流域，即贺、桂、柳、黔、郁、浔、绣等整个水系区域，要充分考虑这个地区在全国的地位。就是说，要放眼全国，放眼东南亚，来考虑这一地区的开发问题。这一地区的整体的、综合的开发，对于本世纪末到下一个世纪我国的社会主义现代化事业具有重大意义。

我对这个问题，没有做过系统的调查研究，很难提出中肯的意见。这里谈几点不成熟的想法，供大家参考。

一　西江流域可不可以称为"黄金水道"呢？

我认为是可以的。西江是仅次于长江的我国第二大河，西连云、贵、川，东接穗、港、澳，是祖国南部承东启西，连接沿海和腹地的最重要的交通大动脉，是南国的"长江"。

西江河床稳定，水量充沛，年平均径流量 2460 亿立方米，分别为黄河和淮河的 5 倍、8 倍，为联邦德国莱茵河的 4.5 倍。这为发展水运，促

　* 本文写于 1987 年。

进商品经济繁荣，提供了天然的难得的优势。莱茵河是联邦德国的"生命之河"，西江能否成为我们南国的"生命之河"呢？

西江水力资源十分丰富，不仅可以发展航运、灌溉农田，还可以发电。三地一市的水电资源蕴藏量达 483 万千瓦，可开发量为 355 万千瓦。整个流域的水电资源一定比这要大得多，请同志们做个统计。这是第二笔财富。

西江两岸还有可观的矿产资源。有的居全国之首，得天独厚。如肇庆地区的云浮硫铁矿储量达 2.6 亿吨，居全国第一，玉林地区锰矿总储量居全国首位，肇庆黄金储量 200 多万两，其中高要河台矿居全国第三。此外，还有锡、钨、铅、锌、钇、铌、银等矿藏及稀有金属。大理石、花岗石、石灰石、重晶石、石英石等非金属矿储量更大，仅大理石和花岗石储量就达 141 亿立方米，而且有较高开采价值。这笔地下财富，为发展工业提供了良好的前提条件。

西江地区是全国少有的亚热带地区，对发展农业，种植粮食作物，尤其是发展亚热带作物，如林果业、甘蔗、药材、麻类以及禽畜生产是十分有利的。林业资源丰富，仅三地一市森林面积就达 3600 万亩，森林总积蓄量 8400 万立方米，这笔地上财富，说明这里确实是一块不可多得的宝地。

旅游资源这里也十分丰富，有国家重点风景区、国家对外开放的旅游点，计有十五六处，确是发展西江"无烟工业"的资源。

无论是天然形成的大河，还是历史留下的名胜；无论是地下富饶的矿产资源，还是地上拥有的财富，都从不同的方面表明了西江流域有巨大的发展潜力。因此，称之为"黄金水道"是当之无愧的。

二　西江流域是有待开发的黄金水道

西江走廊经协会关于流域开发的设想，对于开发这条"黄金水道"，是一个有力的促进。开发这条黄金水道，有两个问题需要认真研究。

（一）要尽快使西江的自然资源优势转化为商品经济优势

西江流域最大的自然资源优势莫过于西江。前面说过，它的年平均总径流量为 2460 亿立方米，是莱茵河的 4.5 倍，流域面积为 35.81 万平方公里，比莱茵河的 22.4 万平方公里多近 1/3，但年货运量，西江只有 2000 万吨左右，只及莱茵河 2.3 亿吨的 1/10。之所以发生这种情况，一是西江水运本身有待开发；二是西江流域商品经济很不发达，没有很多物资可运。所以只好让宝贵的西江"黄金水"付诸东流。这是十分可惜的。必须借鉴国内外发展商品经济、发展水运的成功经验，尽快使西江这一自然资源优势转化为商品经济优势，创造更高的经济效益。

这里，第一要开发西江水运，排除急流险滩，利用好整个水系的运力，延长水运线路，增加航运能力。

第二，向西江要电力。三地一市水电资源可开发量为 355 万千瓦，仅梧州地区就还有 30 万—50 万千瓦尚待开发，这也是应该抓紧抓好的工作。

以上两项都是属于基础设施的，它不能直接生产商品，但都是为发展商品生产创造条件的。要发展商品生产，就要抓好地上和地下资源的开发。

第三，西江流域有着丰富的亚热带地上资源，现在还没有很好地开发，还没有转化为商品经济优势。这是花钱少、见效快的事情，应该及时规划，及早动手。

第四，要有计划地开发地下资源。梧州地区在提出努力抓好十大经济作物和畜牧水产商品基地设想的同时，还提出了利用丰富的生物资源和矿产资源，发展 12 种加工工业的规划。这些都是很好的。把自然资源优势转化为商品经济优势，就包括对自然资源、农产品、矿产品的加工工业的发展。没有这种发展，转化则是低效率、低效益的；而适应生物资源和矿产资源的开发，有计划地发展加工工业，才能促进自然资源优势真正转化为商品经济优势。

（二）变单项优势为综合优势、整体优势

要把西江流域作为一个整体来观察。开发西江流域的经济不能单打

一，不能只搞工业，不搞农业；搞农业，也不能只搞粮食，只搞种植业，而要搞大农业；不能只搞生产，不搞交通，不搞能源、不搞流通，而应综合开发。但也不能平均使用力量，要发展支柱产业。综合开发，要有先有后，相互配套。这样才能取得最好的经济效益。

三　西江要成为承东接西和连接沿海与腹地的枢纽

经协会的材料谈到，先行开放的珠江三角洲，资金、技术、管理和信息都具有优势，但能源、资源短缺；亟待开发的桂西北、粤西和大西南，能源充足，资源丰富，但资金、技术不足，信息不灵，通过西江走廊的开发，可以发挥双方长处，弥补两方的不足。这种分析是有道理的。

如何使西江成为有力的东西部地区衔接的枢纽，是要很好地研究的。沿海经济发展要向腹地辐射、扩散，腹地的经济开发和外向活动也要寻求适当的通道。西江走廊正好适应这一客观要求。问题是采取怎样的发展战略，建立怎样的经济布局，产业结构怎样才更合理，联合开发如何才更有效，等等。这是要下工夫深入、客观地进行研究的。

四　发挥自己力量、借助横向联合，开发黄金水道

如何开发黄金水道？我考虑得很不成熟，想和大家探讨一些问题。

（一）珠江三角洲、长江三角洲经济发展是"贸一工一农"的格局，西江"黄金水道"，是不是也要"贸一工一农"呢？

从建设"西江工业走廊"的设想看，可不可以是"工一贸一农"？这三者的顺序如何处理更适当？这需要结合西江流域的具体情况，历史地、全面地、综合地加以科学的研究，站在本地区、站在全国、站在东南亚等不同层次上进行分析，根据对优势、劣势，对资金、技术，对资源、人才等方面的客观的估计，通过科学论证，才能适当地确定下来。

（二）　开发，总是要牵涉到资金、技术、人才的。如何能解决这方面的问题？

我想基本的是不是两条：一是依靠自己力量，二是借助横向联合。依靠自己的力量，就是要充分调动西江流域人民群众的积极性、创造性，依靠现有的农、工、运（输）、商这些方面的经济组织，努力挖掘内部潜力，把可以利用的各种资源，合理地利用起来。要采取国家、集体、个人一齐上的方针。国家的支持当然是必要的，比如西江整治开发，国家已有计划，一些大的水电站建设国家也已列入计划，这是没有问题的，但是整个的基点恐怕要放在自力更生基础上。

横向联合是不是可以考虑这样六个层次：

第一个层次是企业之间的横向联合。现在三地一市一个县已经有很多企业，怎样加强这些企业的联合？

第二个层次是企业集团或企业群体的横向经济联合。

第三个层次是地区（或市）以内的横向经济联合。就是三地一市一县之间的联合。

第四个层次是大的区域内的横向经济联合。

第五个层次是西江流域内和全国范围内的横向经济联合。

第六个层次是对国外开放，与外国企业或企业家进行技术经济合作。这个方面三地一市已有了很有成效的工作，但还需要大大发展。因为这些地方有这么个有利条件，它是联结港澳和东南亚的，地区内还有很多海外华侨，这个工作是大有可为的。

应该相信，只要西江两岸人民，在党的领导下，依靠自己的力量，发挥自身的主观能动作用和创造性；借助横向联合，适当引进其他地区的先进技术、资金、人才，尽快使本区的自然资源优势转化为商品经济优势，尽快发挥东西结合部的枢纽作用，就一定能使西江流域在改革开放之中迅速发展起来，发达起来，富足起来。一条"黄金水道"将很快出现在我国辽阔富饶的南方大地上！

上海旅游业的发展要与它在亚太地区的地位和作用相适应[*]

上海要建设成为一个开放型、多功能、产业结构合理、科学技术先进的社会主义现代化的中心城市，其中一个重要的问题，就是要发展第三产业。第三产业中一个重要的方面就是旅游业。根据国务院批准的《上海经济发展战略汇报提纲》，上海在本世纪末，第三产业要占到国民生产总值的 35%（1986 年占 27.4%）。有的同志认为，35% 这个数字是比较保守的，应当达到 40%—45%。非常清楚，上海真正要实现开放、搞活，如果第三产业没有一个较大的发展，是根本不可能的。应该说，我们越是要开放，越是要发挥城市多功能的作用，就越是要发展第三产业包括旅游业。这是世界上所有大城市发展历史反复证明了的一个真理。上海在新中国成立前，城市的多功能作用可能比现在大一些，这当然是由内外许多原因造成的。党的十一届三中全会以来，上海有了逐步发挥这方面作用的可能。事实上，这几年来，上海在这些方面已经做了不少工作，取得了很大的成绩。但是，环顾周围世界，我们还处在一个低水平阶段，同中央已经确定的对上海这个城市发展的要求，相距甚远。要制定一个长远发展规划，使上海起到它应该起的作用，发挥它应该发挥的功能。

回顾世界各国历史，可以看到，战后几十年来世界经济发展是很快

---

* 本文写于 1987 年。

的。由于新技术革命汹涌澎湃地发展，不论是发达国家或发展中国家，发展都很快，特别是亚太地区国际上不少专家和学者预言，下世纪发展的中心将会转移到亚太地区。21 世纪是亚太地区经济崛起的一个世纪。上海地处亚太地区中心，它的作用、地位将会越来越重要。所以我们现在考虑上海旅游业的发展战略和长远规划时，不能仅仅着眼于上海市区及其所属的 10 个郊县，而应该着眼于华东地区，着眼于全国，还要着眼于整个亚太地区乃至全世界。应该以当今眼光来规划、部署上海旅游事业的发展。

1984 年讨论上海经济发展战略时，会议指出，上海地处两个扇面的枢纽：一个是对外的，首先是亚太地区，然后是全世界；另一个是对内的，就是面向全国。上海居于两个扇面的枢纽地带，我们在研讨旅游发展战略时要有这个思想。当然，在进行具体工作时，还要一步一步做，但是思路要开阔点。1986 年，上海同 160 个左右的国家和地区建立了贸易关系，上海是一个名副其实的国际性的城市。上海的旅游资源有直接的和间接的两部分，可以说，整个中国的旅游资源都是我们上海的间接资源，不要只是把上海市内和所属 10 个郊县的旅游资源看成是上海的资源。到中国来观光的人中，70% 左右要到上海来，而且许多人还是为了到上海才到中国，所以整个中国都是上海的旅游资源。同时，视野要更宽广些，要考虑进一步利用国外的旅游资源。如果我们服务得好的话，加上交通通信设施现代化，许多旅游者到亚太地区旅游时也会顺道到上海来。所以，上海周围地区的中国香港、中国台湾、日本、菲律宾、马来西亚、新加坡、泰国等地的旅游资源，不能绝对说不是上海的间接旅游资源，因为我们是开放型的国际城市。总之，不要把眼光局限在狭窄的天地里，否则对我们考虑旅游发展战略是不利的。

要发展旅游业，必须解决交通运输问题，包括电信和通信问题。旅游者如果到上海以后同世界隔绝了，就不愿再来。因为他们中许多人是来做生意，进行商务旅游，没有现代化的交通设施，通信设备，信息闭塞，就无法开展商务活动。宾馆不足也是个问题。如在北京，客人已经下了飞机，但旅馆却没有空的房间，人家从美国或其他国家飞到北京，经过十几个小时的飞行，已经精疲力竭，却还要把他拉去颐和园游览一次再进旅馆，这些人在车上就呼呼睡大觉，这种情况怎么行呢。此外，人才也是很大的问题，没有很好的管理人才就没有很好的服务质量，也就不会把人家吸引来，这是个很重要的问题。

上海在考虑旅游发展战略时，除了要解决上述一些共同性的问题以外，还要考虑解决以下几个问题：

第一，上海要体现自己的城市特色。在世界一般旅客心目中，上海是个国际化的城市，很有特色。上海要有一个国际化的标志，但不要完全照搬外国人那一套，因为人家到上海来，希望看到中国的特色。上海是中国的上海，如果国际旅游者住在中国的宾馆同美国的希尔顿饭店一模一样，那就没有什么意思。这方面有很多问题要研究。城市宾馆建设除了要符合一般性的国际旅游的要求外，如何发挥中国的特色、上海的特色是值得好好研究的。要建设具有中国特色的社会主义，中国的旅游业如果没有它的特色，上海如果没有它自己的特色，这怎么行呢？要把上海的特色和中国的特色结合起来考虑。如果只从上海这一地区来看还不能完全体现中国的特色的话，那么，把杭州、无锡、苏州、南京等包括在内，再扩大一点，把黄山、九华山、庐山、长江三峡、桂林、北京等包括在内，这个特色就不得了。这是最吸引旅游者的东西。从旅游收入中很大一部分是旅游者购物，买东西。如果我们卖的东西都是外国货，那他何必到上海来买呢。中国各地的名、特、土产上海都有，这样，上海对旅游者购物的吸引力就更大了。购物，这个物一定要是其他地方买不到的，或不易买到的，只有上海才能买到，这也是上海的特色。

再有一个问题是饮食。外国人到中国来吃外国饭，他并不感到满足，他希望吃到有中国特色的饭菜。好多外国人喜欢在街上吃，不在宾馆吃，因为宾馆的饮食太一般化了，甚至太西化了。其实在饮食方面，中国有很大的特点，各地有各地的风味，应该发挥各地饮食的特色。

宾馆建设也不一定千篇一律，有的外宾住进了蒙古包，感到很高兴。如果仅仅是贪图生活得舒服，他就不来旅游了。有些外国旅游者就是喜欢这种有特色的房屋，比如四合院，如果设备好的话，他就愿意住，而不要住高楼大厦。在曲阜住孔府的外宾比住宾馆的要多得多。

　　还有一个文化问题，在宾馆里的音乐，大都是外国音乐也不好。我到了奥地利，发现跳迪斯科的很少，放的音乐都是奥地利歌曲，如《蓝色的多瑙河》等。到了印度就听到印度歌曲，到了西欧就听到西欧古典音乐。又如闭路电视，前两年我到广州住在一个宾馆，放的都是武打片。这些都值得我们研究。旅游发展战略应该体现社会主义精神文明建设的要求。要给人这样一种感觉，中国确实是一个具有古老的优秀文化传统的国家，而且它同现代文化结合起来了。前几年我去奥地利访问，我问奥地利的一位政府官员，"你们在建设上有什么经验？"，他说："就是传统加进步。"传统，就是奥地利的文化传统；进步，就是第二次世界大战后美国带来的新技术，但是美国的新技术并没有改变它的传统文化。

　　第二，旅游业是在党的开放、改革、搞活这样一个大的方针下面发展起来的，它的发展又促使这一方针更好地贯彻。旅游业不能只有纵向联系，它要加强横向联合，包括国内外两方面的横向联合。各个集团和饭店可以同国外的有关集团、饭店搞联合。特别是国内更要加强横向联合。这样，才能更充分地利用一切旅游资源，促进旅游事业的发展，这个问题涉及旅游业的管理体制，要好好研究和解决。

　　第三，加强旅游宣传很重要。吸引游客是一个重要的艺术，首先要有好的宣传品，可惜我们的宣传品质量不高，不能引人入胜。宣传品要科学化，还要有艺术性。翻译要译出水平，描绘名胜再好的诗句如译得不好，外国人读起来就索然无味。导游必须经过专门的训练，一位好的导游可以使你的旅游增长知识，增添乐趣。有一年，我去法国参观凡尔赛宫，巴黎大学一位女教授给我做导游，她的讲解等于给我上了一堂法国历史课。对比之下，现在我们许多导游差距很大，有些导游只知拿着小旗引路，外宾看不懂只好摇头，这样下次他就不愿来了，而且还要影响其他人。

　　最后，旅游人才的培养问题应该摆到重要的议事日程上来。中国人的宾馆不能老是让外国人来管理。我看现在旅游业这一行很有吸引力，是很有发展前途的事业。我们应该很好地利用时机，有计划地培养优秀青年，使我们的旅游事业后继有人，更加兴旺发达起来。

在河北省产业结构调整研讨会上的讲话[*]

不久前，我们刚刚开完了党的第十三次代表大会，十三大制定了在社会主义初级阶段的基本路线，也就是从社会主义三大改造完成到下一个世纪中叶，把我国建设成为一个中等发达国家，人民生活比较富裕，基本上实现现代化，也就是说建设成为一个有中国特色的社会主义国家。那么，在完成这个伟大的历史任务当中，我们每一个省都担当了一定的角色。我们河北省可能担当一个什么角色？应当担当一个什么角色？这是摆在我们面前需要讨论的一个很大的问题。因为我们各个省市都在贯彻执行十三大的决议，都要在这个伟大任务面前承担起自己的责任。我们河北省在这个过程中处在一个什么地位，应该起一个什么作用？这是制定我们发展战略的一个重要问题。要建设有中国特色的社会主义，就要研究中国的特色是什么。中国的特色是由 29 个省、市，区的特色组成的，没有 29 个省、市、区的特色，也就没有中国的特色。每个省市都有每个省市的特色，我们河北省有什么特色？我们河北省在建设有中国特色的社会主义中的战略地位是什么？作用是什么？这个问题需要我们大家来研究。从我们这个国家看，根本的国情就是我们处于社会主义发展的初级阶段。当然，我们河北省也是处在这样一个社会主义发展的初级阶段。这是从历史的阶段划分来看的。除此之外，我们还有许多具体的国情和省情，是不是我们应从这

---

* 本文写于 1988 年 1 月 17 日。

么几个方面来看一下。

第一，从地理上来看，河北省是一个地区，是首都的依托，是京、津这两个重要城市的依托。因为京津都是在河北省的包围之中。但是这个事情的重要性和它的意义在什么地方？这需要大家研究。在清朝有个时期，还有在明朝的一个时期，有人曾把河北省叫做"京畿省"。可见，从地理位置上看，河北省的战略地位和责任都是极为特殊的。

第二，我们这个地区从地域上讲是华北的要冲，在整个华北5省市中，处在一个最重要的关口位置上。

第三，我们还是华北和东北连接的枢纽。

第四，我们还是一个沿海的开放省，我国29个省、市、区并不是每一个省市都是沿海地区，只有9个省是沿海省份，河北省是一个最重要的省份之一。我们海岸线是相当长的，我们沿海省份，照中央的规定，都是开放地带，进入国际大循环，我们也是首当其冲的。

第五，就我们省内部来讲，我们有比较丰富的自然资源，如煤炭、钢铁、海盐、石油等，也有很好的农业资源，还有很好的旅游资源，如万里长城的终点，承德的避暑山庄、易县的西陵、遵化的东陵等。

第六，我们不仅有物质方面的优势，而且从整个地域上来看，还有人才、技术、科学文化的优势，特别是我们有首都和天津这样两个重要的城市在我们的腹地中间。

第七，从全国来讲，我们是重要的原材料工业基地之一，是全国重要的纺织工业基地之一，是重要的棉花产地之一。我们有一些产品已经打入国际市场，同时还应该看到，在改革开放方面是走在全国前面的省份之一。特别是我们石家庄市创造了许多新鲜的经验，引起了全国的重视，大家在这些方面应向石家庄学习，石家庄就是我们的省会所在地。

当然，我说的还很不完全，很可能我们这个省还具有很多其他省市所没有的特点，我这里只是举一些例子，难免挂一漏万，这些方面确确实实值得我们研究。我上面讲的这些，实际上，也就是我们的长处。我们要制定有本地特色的发展战略，就是研究一下我们究竟有哪些长处，还有哪些短处。我们要扬长避短，发挥优势，避开劣势，这样我们才能求得经济有一个更好的发展。从上述情况来看，我们河北省不仅从经济上，而且从政治上，都有着别的省无可比拟的重要条件。比如说地理上，首都是我们的依托，别的省无法比拟。作为华北的要冲，作为东北和华北的枢纽，又有这样丰富的资源，这并不是每个省都有的。比如我的家乡山西省有煤，但是，它没有海盐、没有石油。我们要看到这个综合性优势。只要我们很好地发挥我们的优势，在未来的社会主义建设当中，特别是在发展社会主义商品经济中，在扩大社会主义的市场中，我们将会越来越起到重要的作用。当然，我们在前进中需要解决的问题还是很多的，省委批发的文件和省经济研究中心的产业结构调整研究报告中都提到了。比如说我们如何加强农业这个基础，特别是我们怎样更好的发展乡镇企业，增强我们农业发展的后劲和整个经济的后劲，这个问题是需要我们解决的；怎样提高我们工业的经济效益和整个经济效益以及综合性的效益，这也是需要我们进一步研究解决的问题；怎样改善我们的技术结构，怎样培养我们的人才，我们这个技术结构怎样高级化；比如怎样更好的发展我们的第三产业，怎样使我们的人民过上小康生活，等等，这些都是我们在发展战略当中发挥我们的优势需要进一步解决的问题。这个在报告里都说得很清楚，我就不必要再多说了。这是我要说的第一个问题。

第二个问题就是发展战略。河北省的发展战略是全国发展战略重要的有机组成部分，这里讲三点：

第一点，全国的发展战略。党的十三大提出全国的发展战略是"注重效益、提高质量、协调发展，稳定增长"这十六个字，这就是我们实现第二个目标采取的战略。当然，实现第三个目标也要实行这个战略，不过要更加丰富它。这个战略的基本要求就是要努力提高产品的质量，讲求适销对路，降低物质消耗和劳动消耗，实现生产要素的合理配置，提高资金的使用效益和资源的利用效率。总之一句话，我们这个战略基本上就是要从粗放经营为主逐步走向集约化经营为主的道路。为什么我们必须走这样一条道路呢？十三大报告里面讲，只有走这条道路，才能够逐步缓解我国人口众多，资源相对不足，资金严重短缺的矛盾。我们从整个国家来讲有这样三个矛盾：一是人口众多；二是资源相对不足；三是资金严重短缺。我们讨论产业结构时，在你们的研究报告中看到要发展河北的经济，资金严重不足也是一个困难。我们采取什么样的办法才能够克服这些矛盾呢？只有采取从粗放经营为主转向集约化经营这个道路，才能够解决这些矛盾，才能够保证我们的国民经济能够以比较高的速度持续发展。今天报纸上刊登了美国总统里根的一个智囊团对中国经济发展的一个预测，我们过去也做过 2000 年的中国研究，也有过一个预测，但是这个预测和我们的预测距离还是很大的。他预测，中国到 2000 年，从总量上讲，从国民生产总值上讲，第 1 位是美国，第 2 位是中国，第 3 位可能是日本，第 4 位是苏联。这是从总量上来说的。但是，如果按我们的人口来平均一下，那就很少了，可能是世界第七十几位，这是一个很大的问题。从资源来看也是这个问题，我们有多少吨铁，多少吨煤、多少吨钢，这个数量是很大的，但是我们拿 10 亿人口一平均，这个份额就很小了。而现在我们的人口控制是个很大的问题，不知河北省是怎么样？其他方面超额完成是好的，这个方面超额完成就不好了，这是一个很大的问题。这个问题如果不注意，将是很被动的。这是关系全国的发展战略，大家都在学十三大的文件，我们应该很好地领会这个文件的精神。这个文件精神有一句最概括的话，就是我们要由粗放经营为主逐步转到集约化经营的道路。这个道路就是注重效益，提高质量，协调发展、稳定增长。这就是我们全国发展的战略。这个战略所要解决的问题就是我们人口众多，资源相对不足，资金严重短缺这些矛盾。这要靠走集约化经营的道路，采用我们这个新的发展战略才能解决，这是第二个问题里面讲的第一点。

第二点，要实行新的战略必须在许多工作上实行转变。这就是要求我们把发展战略的研究和产业结构、产业政策的研究结合起来，为了使新的发展战略更好地实施，从现在起到本世纪末要有成效地完成以下转变：

第一，由指令性计划的经济，也就是我们常说的产品经济转到有计划的商品经济，要逐步形成一个社会主义商品经济的全国统一的市场体系。这样可以使我们的市场不断得到发展和完善。

第二，由总产值增长的速度型经济向经济结构、产业结构合理化的效益型经济来转变。促进我们经济的协调发展和稳定增长。

第三，由封闭型、半封闭型的经济向开放型的经济转变。这方面国际上的条件是很好的，我们不要错过当前这个机会。现在由于日元的升值，台币的升值，韩元的升值，过去从美国、日本转移到这些地区的产业现在不合算了。由于货币的升值、工资的提高，现在这些产业就要向外转移了，这种转移 50 年代、60 年代初曾经发生过。比如当时美国这些西方的发达国家把对它们不利的产业转到日本，转到韩国，转到新加坡，转到我们的台湾省，转到香港地区，所以有了日本的繁荣，有了"四小龙"的繁荣。那个时候我们错过了这个机会，那时我们搞"文化大革命"，搞"大跃进"，没有来得及利用这个机会。现在新的机会又到了，如果我们不及时地抓住这个机会，把这些产业转移到中国来，这些产业就会很快地转到泰国、马来西亚、印度尼西亚、印度、斯里兰卡去。你不能认为纺织仅仅是我们的优势，印度的纺织品和我们比是很有竞争能力的。而日本人不想把这些产业转移到中国来，它希望把这些产业转移到东南亚这些国家去。因为日本人脑子里面还是视中国为它最大的竞争对手，如果中国发展起来了，对它是不利的，他们现在是想尽一切办法来限制我们。前年我们和日本人开了一个研讨会，有一个日本学者在会上公开讲，要使日本和中国很好的合作，必须有一个条件，就是日本要保持在技术上比中国先进 15—20 年，不然的话，日本就没有办法来和中国讲平等。他就是公开这样讲，实际这也是日本的一个国策。要它转让技术，它一点都不转让，更不希望我们国家很快的发展起来。如果再失掉这个机会，就像党的十三大报告里讲的，我们的国家和民族就会更加落后，世界上就没有我们应有的地位了。我们应该振奋起来，实行这样一个转变，这是很重要的事情。这方面我们的比例还是很低的，比如对外出口占我国国民生产总值的比重，党的十一届三中全会以前不到 5%，现在提高到 12% 多了，但还是很低的。如果是一个真正的外向型经济，就应该是 30%、40%、50%、60%。

第四，我们扩大再生产要由外延型向内涵型转变，就要充分利用我们现在的固定资产。我们现在的固定资产全国有 8000 多亿元，而国家一年真正能够新投入的只有不到 500 亿元，和这 8000 亿元比起来只是九牛一毛。因此，怎样使新投入的资金引发那个 8000 亿元更好地发挥作用，这是一个很大的问题，也就是靠内涵的发展。技术进步的因素也将起越来越重要的作用。这一次党的十三大文件把这个问题提到了很高的地位。

第五，经济发展不但要搞好自然资源和人力的开发利用，而且要向智力开发转变。过去我们以消耗大量的资源、原材料，以大量人员的就业解决我们的发展问题，而对智力的开发做得很不够。党的十三大报告里也讲了这个问题，要靠智力开发来发展我们的经济。我们全国现在还有20%—30%的人是文盲，不知河北省这个比例是多大？这是一个很大的问题。列宁讲过，在一个文盲充斥的国家里是建不成社会主义的。

第六，我们农村要从单一的农业经济向多种产业经济转变，农业人口要向非农业人口转化，逐步形成一个具有中国特色的城乡一体化的布局。根据国家统计局的统计，现在农村的人口已经不是80%了。因为已经有8000万—9000万的劳动力转移到非农产业了，也就是说，农业劳动力只占劳动力总数的64%，那就是36%转到非农业方面了，这个情况已经有了很大的变化。我国这种变化不是把农村人口转移到大城市，而是首先农村城镇化，逐步地把农业人口转化成非农业人口，这样城乡就要有一个合理的布局。我看了我们这个材料，河北省从事非农业劳动的人口有780多万人，农村从事非农产业的人口1978年占农村人口总数14.4%，现在占31.7%，每年有50多万人实行这种转移。全国是36%，我们是31.7%，我们这个转移没有达到全国平均水平。世界各国都相当重视我国农业劳动力转移的这条道路。四年以前我曾到印度访问过一次，当时的印度总理甘地夫人，接见我时问到过这样一个问题，她说在印度农业人口盲目地流入大城市的现象是很严重的。我在加尔各答这样一个城市看到，街头露宿的人很多。加尔各答和我国的上海差不多，但它有一半的人没有地方住，都是从农村跑来的，躺在街上盖一张报纸或盖一个塑料布。甘地夫人为这件事情很焦急，她对我说，你们采取的农村城市化的经验我们两国可以交流。那时印度和中国的关系还不太好，但她在这点上还是承认中国是有成就的。把农村人口大部分转化为非农业人口，这是一个发展的趋势。一个国家要工业化，就必然包括把农业人口变为工业人口的这样一个过程。这个工业化是个广义的概念，农业本身也要工业化。

第七，各个经济区的资源优势向经济优势转变，生产布局要有新的变化。现在每个地区都强调单一的资源优势，问题就在于怎样把这种资源优势变为经济优势，这个问题在研究地区的产业政策时是非常重要的。

第八，国防工业，国防科研要向军民结合、以民为主转变。改变军民各成体系的格局，逐步地做到军民一体化。在面向国民经济建设当中，加强国防建设，这是件很重要的事情。如果总结世界各国的经验，那么美国是军民一体化的，所以它的经济发展得很快。苏联是军民分开的，我们过去也是学的苏联这一套。"三线"建设花了2000多亿元，而"三线"力量还没有很好地利用起来。我刚从贵州回来，贵州的"三线"建设花了很多钱，有很好的设备、工厂和工人，但就是没活干。我们河北省没有"大三线"，但有"小三线"，我们"小三线"不知道利用得怎么样？

第九，国营企业要从依附国家政府机关型向自主型转变，同时从生产型向生产经营型转变。逐步使它成为具有活力的、自主经营、自负盈亏、自我积累、自我改造、自我发展的新型企业。只有这样我们的经济细胞才有活力。

第十，人民的生活将由温饱型向小康型转变，从吃饭、穿衣为主向住的、用的多方面的需求转化。现在我们吃的东西占消费支出的50%以上，而在发达国家吃的东西在消费支出里面不到20%，将来的发展趋势是要转到住的、用的方面。住房要商品化，现在国务院要把住房商品化全面推开。在资本主义国家、在经济发达国家，住房一般占职工收入的30%，我们大概占职工开支的1.2%—1.5%，最高的3%。当然，这件事情只有提高房租，才能够实现住房商品化。要提高房租就要增加工资，就有一大堆问题，这可以采取转换的办法。比如把我们的房子卖给职工，收的钱再盖新房子卖给职工，有的职工有买房子的能力，有的职工就没有这个能力，怎么办？可以采取延期付款的办法。这样就使人们的消费结构发生了变化。现在有钱就是买电视机这类东西。在发达国家一个中等收入的人买一套房子没有20年不行，也是20年延期付款，这自然就把居民的储蓄引向长期化了，变成了长期存款，所以住房商品化是有很大意义的。

上面说的这些转变，都和以提高经济效益为中心、长期稳定发展有关系。我们只有实行这些转变才能实行新的战略。

第三点，关于河北省经济发展战略中的有关问题。我们河北省的发展战略应该根据全国发展战略的要求，结合本省的实际情况来制定。河北经济发展战略曾经有过一稿，1984 年那次发展战略的讨论我也来参加了。我看了 1987 年 10 月 19 日省委批发的文件和 12 月 20 日省经济研究中心的研究报告，和我在 1984 年看到的那个发展战略相比，有了很大的进步。我认为这两个文件写得很好，经过这次讨论，这两个文件一定能修改得更好。根据全国总的发展战略的要求和我们本省的具体情况的结合，这个发展战略的中心应该是什么呢？应该是以提高效益和技术进步为中心，应该把改革放在总揽全局的位置上。根据这样一个精神，我讲几条具体意见。

第一，关于我省发展战略的表述，文件里提到这个战略是一个加速发展的战略。对于一个发展中的国家和一个发展中的地区来讲，要赶上先进国家，要赶上先进地区这是必要的。要赶上人家，当然要加速发展。问题是加速发展的含义和十三大提出的战略是什么关系，要把它说清楚。这个加速发展战略和十三大提出的发展战略可以认为是一致的，也可以理解为是不一致的。因为加速发展战略应该是以提高效益、技术进步、发展内涵为主来加速发展，这是符合十三大发展战略精神的。我也是这样来理解我们省里的这个提法的。我们现在所说的加速发展战略同过去那种片面追求产值、产量，扩大外延为主的发展战略是根本不同的。我们对这个问题应该有一个统一的认识，就是要按照十三大精神来加速我们的发展，而不是片面追求产值产量，扩大外延来加速我们的发展。这样，我们才能够更好地贯彻十三大的精神。关于战略的表述，这个文件里面提出了"科技兴冀"，这是一个非常好的提法。这个提法是适应世界潮流的，因为现在世界上新技术革命正在日新月异地向前发展，经济发展必须依靠科学技术进步，这在十三大的报告里已经明确的提出来了，把科学技术进步提到了首要的地位，而且提出要把经济建设转移到以提高科学技术进步和劳动者素质的轨道上来。省里这个提法是非常好的，这个提法也是针对我省产业结构这种资源型、内向型的低级化而提出的。要使产业结构合理化，多创汇，朝内外双向型格局发展，我们也必须加强科学技术这个方面的工作。

经济的发展必须依靠科学技术进步。我们现在不是缺能源吗？资源也不够吗？产品质量不高吗？品种少吗？外汇少吗？效益低吗？我们应该通过科学进步，向科学技术要能源、要资源、要产品质量、要产品品种、要外汇、要效益。为了做到这一点，我们要有一些具体的改革措施，比如怎样更好地调动科技人员、知识分子的积极性。最近李鹏同志给我们发展研究中心出了两个题目：一个题目是怎样调动科技人员的积极性；另一个题目是怎样消灭财政赤字，怎样减少财政赤字，能不能用国债办法解决这个财政赤字问题。中央正在研究如何鼓励技术人员搞一点儿第二职业，适当促进科技人员的流动。前面已经说过了，由于京、津在河北省境内，京津两地技术人才、知识分子荟萃，真正流动起来，不会挖我们河北省的人才。我记得1984年讨论这个问题时，说我们不少的知识分子流到北京、天津去了，现在我们是不是能想一种办法，把北京、天津的科技人员，知识分子流到我们河北来。这个事情是可能的，应该看到这是我们的一个很大的优势，别的省就没有这个优势，因为河北离京、津近。记得前年我到上海附近的沙州县去调查了解情况，它那个地方的乡镇企业每逢星期六下午开很多好车到上海市内去，把那些要请的人请来，住在乡镇的宾馆里，宾馆也是不错的，不比我们这个宾馆差。星期天给乡镇企业咨询、出主意、想办法解决技术问题，解决产品销路问题，解决管理问题，晚上大家吃一顿好饭，给多少钱就不知道了，然后又用车送回去。有的还带着家属去，有的还在那里安家，当然户口还在城市，但可以在那里工作两三年，这是一个很好的办法。有的城市里的教授还到这个地方来讲课。在北京的医院里有名的医生都可以单独挂牌，河北省不知这样搞了没有？最近我问一个给我看病的大夫（这是一个很有名的大夫，挂他一个号三元钱，每天大概可以看50个人，挂号的人很多。）收入怎样分配？那个大夫说他拿40%。也就是挂一个号他拿1.2元，剩下的1.8元钱交给医院，医院里那些不挂牌的医生也可以得到一些好处。当然，这种挂牌的医生一般是有名的，没有名的，人家不会来挂号看病。这样，真正有本事的人就有一个发挥才能的机会，同时他也可以为社会做出很好的服务，可以促进经济和文化的发展，促进人民健康水平的提高，这是一件很好的事情。这样搞起来，在真正有本事的人中间，出一些万元户是不困难的。我们正在研究这方面的问题。我们要以科技振兴河北省，在这方面也要搞出一些具体办法。我们发展战略不仅是提出一个目标，而且要提出采取什么样的办法来实现这个目标。

第二，关于主导产业问题。我们的主导产业提了八个，有农业、纺织、食品、钢铁、化工、建材、机电、电力，这些当然是很重要的。那么既然叫主导产业，是否能在里面先选择一些更重要的，否则都成了主导，也就没有主导了。而且主导产业在不同时期有不同的侧面，这个产业在这个时期是主导产业，在另外一个时期就不成为主导产业了。这里面要做一些研究，怎样处理得更好，使我们的经济更协调地发展。比如举一个例子，我们中国的纺织工业曾经是主导产业，中国现代工业是从纺织工业开始的，现在我国纺织工业还是一个很重要的产业，它是现在中国的主导产业。但是每一个地区的主导产业是不一样的，因为每一个地区的情况不同。我们河北这个材料是分为四个经济区，我看是切合实际的。这四个经济区的情况不同，这四个不同的地区的主导产业也可能是不同的。全省有一些主导产业在不同的地区有各自侧重的方面，我们在规划中要有些具体的分析才行。

第三，关于农业集约化和适度规模经营问题。文件里提到了农业集约化和适度规模经营的问题，同时提出了大力发展乡镇企业问题。农业的集约化是必要的，集约化不仅仅是农业，我们整个的经济都要集约化，党的十三大文件里讲了，要从粗放经营向集约化经营转变。集约化首先是我们整个经济的集约化，工业本身要集约化。交通运输要集约化，商业也要集约化，当然，农业本身也要集约化。我们现在提农业集约化当然有稳定的含义，这就是和适度规模经营相联系的。农村包产到户以后，我们的经营规模不合理，种粮食的搞成种粮大户，种棉花的搞成种棉大户，养猪的搞成养猪大户，养鸡的搞成养鸡大户，大概有这方面的含义。这些都需要做，当然，这方面要很谨慎就是了。避免我们过去合作化时期、公社化时期曾经发生过的那些问题。说到农村经济，发展乡镇企业是一个很重要的问题。河北省有一些乡镇企业是发展得不错的，但总的讲，我们乡镇企业的发展正像文件里所说的，和江苏、浙江、山东这样一些地方比，我们的步子还需要迈得更大一些。最近讲到参加国际大循环，我们的乡镇企业的产品能不能够不仅面向国内，而且面向国外，当然，面向国外是一件不容易的事情，但是我们可以研究一下珠江三角洲的经验、长江三角洲的经验。珠江三角洲和我们这儿不同，它面临着港澳这样一个地区，有这样一个有利条件。但是长江三角洲没有这样一个条件，它有一个好的条件就是和上海比较邻近，过去它的产品就有外销的传统。我们也有一个好的条件，和天津邻近，天津过去也是一个很好的口岸。这些东西都要研究。怎样把乡镇企业发展起来，乡镇企业的发展要因地制宜，有矿产的地方开矿，比如遵化这个地区，铁矿就开得很好。一方面国家缺少铁矿，另一方面农民通过挖矿以后生活大大富裕了。就像我的家乡山西大家挖煤富裕起来一样。当然并不是每一个地方都有这种条件，有这种条件的地方也不要破坏自然资源，要安全生产，这是需要用科技来解决的问题。我们规划里面提到乡镇企业劳动力到本世纪末，逐步达到占农村劳动力的50%，如果经过努力达到这样一个目标就好了，如果能够超过当然更好。这样整个结构就会发生很大的变化，城乡结构就会发生很大的变化，产业结构也会发生很大的变化。现在是31%，搞到50%，还有将近20%的劳动力要转移出来，至于去搞什么产业，哪一种产业最能促进我们经济的发展，和相关联的产业怎样处理好关系，使产业能够协调发展？这些方面有很多事情要做，这里要求展开一下。

最后我讲一讲以改革促进经济的发展。发展战略要把改革放在总揽全局的地位，要使发展和改革相结合，逐步地向外向型经济发展，因为我们是一个沿海省份。现在的材料里面还看不出我们现在有多少国民生产总值是出口的？到本世纪末出口创汇达到多少？这方面需要做些研究。这里面有一个产业结构和产品结构的调整问题。下边李泊溪同志还要专门讲这个问题，我不准备在这方面多说了。

我先讲讲企业组织结构的合理化问题。由于产业结构和产品结构的变动，必然要引起企业组织结构的变动，过去我们采取关、停、并、转的办法，不是一种经济的办法，效果往往不是很好。今后企业组织结构的合理化要采取经济的办法，靠承包的办法，这个企业承包另一个企业；也可以采取租赁的办法，这个企业租赁那个企业；也可以采取买卖的办法，有偿转让的办法。我们承包、租赁已经在进行。现在有个新的问题，就是企业能不能有偿转让，能不能够买卖？最近，一些地方在企业产权转让方面进行了一些试点，效果很好。它和过去的关、停、并、转不同，关、停、并、转是上边下一个命令，"乔太守乱点鸳鸯谱"，当然也有不是乱点的，但不是采取经济的办法。最近我在北京齿轮厂开了一个座谈会，齿轮厂是一个很大的市属企业，它买了一个区属全民所有制企业，花了几百万元。那个企业是一个濒临倒闭的企业，每个月区里要拿许多钱来发工资，买过来后，区里的补贴就不要了，把它变成了齿轮厂的一部分，不盖新厂房，不招多少新工人，结果很快就把它变成了一个盈利的企业。出卖这个企业的区里得到了几百万元钱，它又拿这几百万元钱来发展需要的产业，把整个事情搞活了。依靠一个企业救活另一个企业，又发展了一个企业，这就使整个经济搞活了。这个方面我们要采取一些办法，使我们的经济搞得更活些。这需要改革，而不是一个简单的发展问题，要把改革和发展结合起来考虑。

第二点就是要使企业能够真正建立起一个自负盈亏的机制。把企业推向市场，参加市场竞争，这样才能增强企业的活力，使我们的细胞具有旺盛的生命力。这个方面中央有关同志有一个讲话，主要是强调两权分离，两权分离以后，重点是经营权。所有权他主张不要做太大的变动，国家的财产要管理起来，财产要有偿使用。这次国务院机构调整时还要成立一个管理国家财产的部门，由国家计委来管理，还有这样几个问题：一个是所有权和经营权分开，所有权和经营权分离是企业管理体制改革的一个重大理论问题，对两权分离的理解直接关系到企业能不能有充分的活力。我们提两权分离的目的，是扩大企业独立核算，自负盈亏、自主经营的权力，而不是为了扩大强化资产所有权对企业的制约。一部分同志认为，企业作为法人，不能没有所有权，两权分离妨碍了企业的自主权，似乎这个提法比原来的扩大企业自主权的提法后退了；另外一些同志想强化资产所有权对企业的干预，比如想建立一个拥有至高无上权力的董事会，作为资产所有的代表者，不仅要分红利，而且要负责资产的经营。这两种看法，问题都出在对两权分离的出发点和目的的不同理解上。我们强调两权分离的出发点和目的，在 1984 年中央《关于经济体制改革的决定》中已经讲得很清楚了。过去说全民资产必须全民管理，全民管理不能由全体老百姓都参加，只能由国家代表去管理。因此，就带来了全民所有、国家管理的问题。讲两权分离，就是不能国家管理，而是经营管理权要下放，国家不直接经营管理了。经营权的含义有广义和狭义两种解释。我们对经营权应当有广义的理解，不应当狭义的理解。狭义的理解，经营就是日常的管理，具体的经营活动。这样的理解是不完整的，不全面的。广义的理解就是马克思所讲的那个样子，把经营权同占有权、使用权、支配权作为同一个概念。马克思在《资本论》第三卷中讲，"直接生产者，不是所有者，而是占有者"；"所有权留在贷款人手中，而对货币的支配则转到产业资本家手中"。这是经常引用的一句话。过去地主出租土地表现得最明显，土地的所有权是地主的，而怎样去种，包括转让都给承租者了。马克思还说，"实际执行职能的资本家转化为单纯的经理，即别人的资本的管理人，而资本的所有者则转化为单纯的所有者，单纯的所有者即单纯的货币资本家"。一个是企业家，一个是金融家，一个是收利息的，一个是拿着这个钱去经营产业的。马克思举了一个很明显的例子，"资本主义生产本身已经使那种完全同资本所有权分离的劳动，指挥劳动比比皆是，因此，这种指挥劳动就无须资本家亲自担任了。一个乐队指挥完全不必就是乐队的乐器的所有者"。股份制企业，持着股票到企业按股分红就是了，或者按股份产品，所有者对企业有一些制约，但制约不能过大，不能干涉企业的经营管理，就是所有者不要干扰企业的经营管理。两权分离要坚持不改变所有权，这不是说不实行所有制的多种形式了，而是说重点不在改变企业的所有权。不是说扩大企业的自主权，就把所有制也交给企业。

同志们注意，有些同志想变国家所有制为企业所有制，这在中国是行不通的。比如有人主张全国只保留几千个国营大企业就行了，其他的可以拍卖或者转让。沿海有的地方对少量的小企业可以试一试，但是全国不能那么搞。如果大量的企业转让给私人，就会出现很多百万富翁，社会矛盾就会加剧，社会就不得安宁。在今天中国的条件下，如果出现资本主义发展初期那样的矛盾，那是经受不起的。如果那样，很可能物极必反，现行的政策也坚持不下去。有的经济学家只讲效率，而政治家就要审时度势，从政治、经济各方面考虑。关键还是在于解决经营权的问题。所谓经营权，就是要使企业走上自负盈亏的道路，采取承包的办法。怎么样使承包搞好，就是要进行投标和招标。当然投标和招标以后，承包企业的人怎样处理好和企业的关系，和职工的关系，他究竟代表国家的利益，代表企业的利益，还是代表全体职工的利益，还是只代表他个人的利益？这些问题要处理好。最近通过的《企业法》就是要解决这些问题，这是一个很大的问题。

再一个问题就是企业的横向联系。横向联系是个很大的问题，我们企业产业结构的调整，产品结构的调整，企业组织结构的合理化，都和横向联系有很大的关系。我们要在产业结构和产业政策的调整中注意研究企业组织结构政策，企业组织结构的重组，就是要企业专业化协作，要搞活，要改组、要实行集团化。这样才能够达到党的十三大文件里面提出的工业化、商品化、社会化、现代化这样一个目标。有必要也有可能的地方，我们要搞科研、设计、生产、销售一体化。这种组织最容易使最新的科学技术在生产中发挥作用。

最后一个问题是外向型经济。昨天上午国务院开会，李鹏同志主持讨论了一下外贸体制改革的问题。这就是要使我们各个省，特别是沿海开放的省份，能够在这个方面的步子迈得更快一些，也要采取承包的制度，这个问题准备在2月召开的省长会议上专门讨论。省长会议是讨论一下今年的经济形势，这只是讨论议论，实质的问题是要解决外贸体制改革的问题。外贸体制改革着重是出口的问题，这个问题会议要做出决定。

我国技术改造政策的探讨*

党的十三大提出了我国社会主义初级阶段的历史任务，即发展社会生产力，实现工业化和生产的商品化、社会化、现代化，推进传统产业革命，迎头赶上世界新技术革命的伟大而光荣的任务。

实现这个历史任务分三步走，第一步实现国民生产总值翻一番，解决人民的温饱问题，这一目标已基本实现。目前我们正在迈出第二步，即从现在到本世纪末，把国民生产总值再翻一番，人民生活达到小康水平。完成了第二步目标，就为我们实现第三步目标奠定了基础。第三步目标就是到下个世纪中叶人均国民生产总值达到中等国家水平，人民生活比较富裕，基本实现现代化。

为了实现第二步目标，关键是要从粗放的经营为主逐步转向集约经营为主的轨道。要实行这样一个转变，就要遵照十三大的决定："坚定不移地贯彻执行注重效益，提高质量，协调发展，稳定增长的战略。"实行这个战略，要求努力提高产品质量，讲求产品适销对路，降低物质消耗和劳动消耗，实现生产要素的合理配置，提高资金的使用效益和资源的利用效率。只有实行这样的战略，才能逐步缓解我国人口众多，资源相对不足，资金严重短缺等矛盾，保证我国国民经济以比较高的速度持续发展。要实

---

　*　本文是作者 1988 年 1 月对一汽的技术改造问题调查后写的文章，并于 1988 年 4 月提交"第三次中日经济学术讨论会"。

行新的发展战略，从粗放经营为主转向集约经营为主的轨道，首要的关键问题是技术改造和技术进步。

一　我国企业技术改造和技术进步取得了重要进展

新中国成立 30 多年以来，我国基本建设投资总计约 1.6 万亿元，形成固定资产约 8000 亿元，建成大中型企业 8000 余个，其中五六十年代建立的老企业占 70% 左右。我国的经济发展、财政收入和国防建设主要是依靠这一批起骨干作用的大中型企业。但是，由于长期以来受旧的管理体制和管理方法的影响，在指导思想上重基建，轻技改，使得这批大中型骨干老企业大都设备陈旧、工艺落后、产品老化、素质下降，变成了"老态龙钟"的样子。如果再不给其"输血"，使其恢复"活力"，则将更衰老不堪。许多中小企业也不同程度地存在上述问题。还有新建的企业，特别是蓬勃发展的为数众多的乡镇企业，许多仍然是采用了陈旧的生产技术。

早在 1978 年，邓小平同志就明确提出"科学技术是生产力"，"四个现代化，关键是科学技术现代化"。"六五"后期，党中央又做出了把建设重点转移到现有大中型企业技术改造和改建、扩建上来，把以内涵为主扩大再生产作为我国经济发展方向的重要决策。

1982 年，国务院颁发了《关于现有企业有重点、有步骤地进行技术改造的决定》。明确提出要改变过去以新建企业作为扩大再生产的主要手段的做法，要实行以技术改造作为扩大再生产的主要手段的方针，还规定了将技术改造计划作为国民经济计划的组成部分纳入国家计划，等等。在党中央、国务院一系列方针政策的指导下，经过各方面的努力，"六五"期间完成技术改造投资 1477 亿元，比"五五"期间增长了 75%，占固定资产投资的比重增加到 28.7%（1953—1980 年占固定资产投资不到 20%），"七五"期间计划安排为 2760 亿元，占固定资产投资的比重为 36%。从投资的安排来看，开始了通过技术进步和老企业技术改造发展经济的战略转变。

许多企业通过技术改造的实践，获得了宝贵的经验。1987 年 5—7 月间，国务院发展研究中心等单位的同志，对一汽的技术改造问题进行了一个半月的蹲点调研，从产业政策、投资政策、资源配置、产业结构、产品开发、经济体制、企业精神、横向联合、经济效益等方面进行分析总结，从一汽的技术改造情况来看，可以清楚地看出技术改造的巨大成效。

一汽是"一五"时期建设的 156 项重大工程中的一个，是我国汽车工业的摇篮。30 年来它总共生产解放牌汽车 130 多万辆，总计上缴利税和折旧基金 65 亿元，相当于建厂投资的十多倍。为国民经济发展作出了重大贡献。但是，由于多年来"统收统支、统购包销"等僵化经济管理体制的束缚，企业缺乏应有的活力，工厂老化、设备老化、产品老化的状况日趋严重。自中央提出老企业要进行技术改造的方针政策后，从 1983年开始，一汽在不停产、不减收的情况下，执行国家的政策和借助银行贷款的支援，主要依靠自己的力量，以 3 年多的时间，用 4 亿余元投资，胜利完成了以产品换型为中心进行技术改造的艰巨任务。它制造出一代崭新的具有 80 年代初国际水平的新型解放牌汽车，使其技术水平从"老解放牌"一跃向前跨越了 30 年，而且经济效益十分显著。按年销售利润、税金和折旧基金三项合计，一年的经济效益就可抵消这次产品换型和工厂技术改造的全部投资。

一汽换型改造的成功，创造了不少宝贵的经验。主要是：

第一，把产品的不断更新换代作为企业发展的核心环节。通过技术改造，使企业在技术装备水平和新车的动力性、平稳性、安全性、可靠性、油耗和污染排放等方面的水平，达到了国内先进水平，部分达到了国际先进水平，取得了"纲举自张，一网丰收"的效果。

第二，围绕产品"上水平"推进企业技术改造。按照新车的技术和质量要求，对原有的工艺流程、生产装备和管理进行了改造和调整，将有限资金集中使用，取得了事半功倍的效果。

第三，敢于闯关，加快产品更新换代的进程。汽车产品换型，一般有两条路线：一条叫做"双轨换型，平行转产"；一条叫做"单轨换型，垂直转产"。前者风险小、周期长、投资大，进退有余地。后者风险大、周期短、投资小，进退无余地。一汽的领导和职工采用了后者。背水一战，一举成功，节约投资 1 亿多元，时间约 3 年，是国内外汽车工业发展史上罕见的事例。

第四，充分利用开放条件，引进和消化国外先进技术，加速企业的技术进步。一汽把视野扩展到世界各国，通过"走出去，请进来"的双向交往，以及"以我为主，博采众长"的原则，有选择地引进了不同国家的 14 项先进技术和相应的关键设备，对新车上水平和企业技术进步起了重要作用，而且投资少，见效快，收益大。

第五，管理换型与产品换型同步进行。主要表现是：注重科研与生产相结合；按"高起点、大批量、专业化"原则组织生产；建立了严格的质量保证体系；发展了技术培训和岗位练兵活动；推行了多种承包经营责任制，调动了全厂职工的积极性；按照系统工程的理论、方法和现代信息技术，有条不紊地组织、指挥庞杂的生产和换型改造工作，等等。

第六，用企业精神的力量加快企业现代化改造。一汽把长期形成的"争第一，创新业"的精神注入具有改革时代特点的内容，树立了商品经济观念、市场观念、竞争观念，培养了换型意识、质量意识、开拓意识、文明意识，开展夺三杯（换型杯、质量杯、文明杯）等竞赛活动。建设起一支爱厂如家、艰苦奋斗、争先创优的职工队伍，保证和加快了企业改造换型的步伐。

第七，组织企业集团，推动相关企业的改造和发展。企业集团是发展商品经济和发展社会化大生产的必然产物。以一汽为"龙头"的解放牌汽车工业联营公司已发展成为一个包括 95 家企业、140 个工厂在内的，横跨 21 个省市、11 个部门的大型工业企业集团。一汽根据新车技术和质量的要求，帮助许多相关企业引进技术、革新工艺、改造设备，焕发新的生机，使这些企业的生产要素的重组和改造结合起来，有利于全社会的资源、资金、劳动力等生产要素的合理配置。

一汽是我国工业的"元老企业"之一，它的经验对其他大中型老企业的技术改造很有启迪作用，对一般的中小型企业也有一定的参考价值。

总的来看，改革开放 9 年来，随着技术进步和技术改造政策的实施，我国工农业技术开发活动空前活跃，产品品种花色增多，产品更新速度加快，部分新产品开始进入国际市场，许多企业获得了技术改造、技术进步的宝贵经验。特别是在人们的观念上有了很多改变，从重视发展速度到开始重视经济效益；从重视外延发展（扩大存量）到重视内涵发展（投入增量）；从单纯追求产值、产量到开始重视品种质量；从封闭式的"自力更生"到开放式的"自主发展"；从因循守旧到进取创新。追求技术进步，向技术进步要能源、要资源、要质量、要效益、要外汇、要速度，已成为广大干部和群众特别是企业家们越来越迫切的要求。同时，在技术开发中，出现了一批科学家、企业家，他们在推动科技成果工业化、商品化活动中，活跃在国内外市场上，富有生命力。一些渴求技术进步的乡镇企业和农民企业家，在开拓市场上已有所成长，他们将是技术创新的重要推动者。部分科技人才和大学生、研究生被乡镇企业吸收，他们在生产第一线成为推动技术进步的骨干。这些都是技术进步和技术改造中出现的引人注目的新事物。这些成就是新中国成立以来任何时期所不能比拟的。特别是党的十三大总结了历史经验，把技术进步问题提到了战略的高度。这一决策必将推动我国技术进步和技术改造事业日新月异地前进。

二　技术改造和技术进步的任务任重而道远

几年来，我们对部分大中型企业进行了技术改造，取得了明显的效果。但是，应该看到，技术进步是一个持续的动态的过程，永无止境，一旦停顿，它就落伍了，尤其应该看到我们仍有 2/3 企业的技术装备还未改造，还处于落后水平，需要有计划、有步骤地逐步改造，使它们焕发青春。

如何用先进的适用技术武装蓬勃兴起的成百万的乡镇企业和其他小型企业，使它们尽快实现现代化，这是一项重大的历史任务。如何组织科技大军深入这些企业，帮助它们提高管理水平和劳动素质，改善技术条件，提高产品质量，降低物耗，提高经济效益，使这些企业的人力物力资源发挥更大的作用，这是当前一件很紧迫的大事。

引进技术和设备有大量的消化吸收工作需要加紧进行。据国家科委对2300项引进技术的调查，现在已消化吸收的仅占 9.2%。至于如何改造，如何创新，则任务更重。

不少新兴产业和新技术，例如，微电子技术、信息技术、生物技术和新材料技术的研究和开发，需要不失时机地进行，以促使其较快地发展。我国是一个发展中国家，技术基础薄弱。目前，除个别高技术领域具有一定优势外，大部分技术领域都与国际先进水平有较大的差距（在总体上大约相差 20—30 年）。在新技术革命中我国面临严峻的挑战，也面临一次难得的机遇。因此，充分利用这个时机，大力推进我国的技术进步，可望在本世纪末，在提高经济效益的基础上，实现"翻两番"的战略目标。与此同时，把我国现有的技术基础转到新的技术基础上去。如果我国不抓紧这个机遇，我们将在这次新技术革命中继续扩大与国际先进水平的差距。正如党的十三大报告中指出的：如果是这样的话，我们国家和民族就可能更加落后，世界上就将没有我们应有的地位。所以我们更要有紧迫感。在五六十年代，当新技术革命在世界兴起的时候，我们失掉了一个机会，日本发展起来了，"四小龙"发展起来了。现在它们遇到了困难，要转移出去一些它们认为经营不合算的产品，而这些产品又是国际市场所需要的。但是，转移到什么地方去呢？是转移到我们这里来，还是转移到东南亚、泰国、印度尼西亚、马来西亚，甚至转移到印度去？如果是后者的话，我们将又要失掉一次机会。无论如何不能失掉这次机会。但是，如果我们的工作做得不好，很可能失掉这次机会。所以，党的十三大提出：历史决定了我们这一代和下几代中国人，首先是共产党人，必须警醒起来，团结一致，奋起直追，这就是我们面临的任务。

三　关于促进我国技术进步的政策体系的设想

要正确地制定政策，需要充分认识我们的国情。我们的国情是什么？党的十三大指出，我国的基本国情是处于社会主义的初级阶段，在现阶段需要大力发展生产力，发展社会主义的商品经济。从这个国情出发，党的十三大规定了我国的经济发展战略和改革、开放的方针，这就为我们确立了研究技术改造，技术进步政策的指导思想。

技术改造是发展、改革、开放中的一项极为重要的工作。如何把技术进步、提高效益作为目标，如何更好地把改革、开放和发展结合起来，如何使改革、开放促进发展，如何使发展保障改革、开放，采取什么样的改革和开放的方针及相应的促进技术进步的政策体系和措施，推动我国企业的技术改造，从而推动我国经济和社会的发展，这是我们面临的重要问题。这里，我谈几点粗略的看法。

第一，企业技术改造、技术进步要同产业结构、产品结构的调整以及相应的产业政策相结合。技术改造是产业结构和产业政策中的一个大问题。

在当前的经济建设中，我国的能源（包括设备）、交通、邮电以及部分原材料和元器件属于短线产业和短线产品。由于建设和发展的需要，我国不得不每年花费大量的外汇从国外进口这些产品。为了改变这种状况，在当前建设资金不足的条件下，我们在规划企业技术改造时，务必与产业结构和产品结构的调整相结合，使资源合理配置，使生产要素合理重组，使一些企业的产品能加快更新和转换，推动短线产业和短线产品的发展，限制长线产业和长线产品的发展，以适应我国经济发展的需要。不是一提技术改造就不加区别，不做调整，一律开放绿灯，都进行改造。过去我们在这方面缺乏一种具体指导，这个问题需要注意。

这里，要优先考虑生产具有出口优势的新兴产品和传统产品的企业的技术改造和技术进步，增加新的花色品种，提高产品的质量和增加产量，以利在国际市场上占有更大的份额。这在沿海地区尤其重要。

第二，企业技术改造、技术进步要与优化产品组织结构政策相结合，发展企业集团、生产科研联合体，以及设计、研究、生产、销售一体化等新型产业组织结构。

历史经验说明，发展工业搞"小而全"、"大而全"体制，只会使产业结构失调，技术落后，效益下降。解决这个问题，需要从两方面入手：一方面按专业化、社会化的组织方式，为实现规模经济，推广先进适用技术创造条件；另一方面，用发展商品经济的办法，加强横向联合，调整产业组织。如前所述，一汽在换型改造中，以产品为"龙头"，已发展成为一个大型工业企业集团。它根据新车技术和质量的要求，帮助许多有关企业引进技术、革新工艺、改造设备，焕发了新的生机，使这些企业和研究所的生产要素的重组和改造结合起来。这样做，有利于全社会的资源、资金、劳动力等生产要素的合理配置，成为新型的产业组织结构。一汽迅速发展轻型车生产的事例还说明，在有一定的工业基础和市场竞争日益激烈的情况下，加快所有权和经营权分离，实行企业经营机制的改革，可以较快地形成专业化生产和企业联合的新机制，迅速提高生产能力。企业技术改造和优化产业组织结构相结合，应当成为进一步推动企业改造的基本原则。通过改造，促进企业组织的调整，包括建立企业集团和生产科研联合体，以及设计、研究、生产、销售一体化的组织形式，这是带动企业技术改造和技术进步的一项重要措施。这类组织多数是跨地区、跨行业的，在政企分开之后，它们不应再受行政部门的无理干预。

第三，技术改造、技术进步要与技术政策相结合，用技术政策引导企业技术进步，发展具有国际竞争力的先进适用技术和产品。

目前我国已颁布实施的 12 项技术政策，对能源、交通、运输、通信、机械工业、环境保护等技术领域都分别提出了有关的政策，对引导技术和产品的发展具有指导意义。但有些约束性的规定还不够有力，以致在一些企业中忽视技术进步的现象还比较严重，一些能耗高、材耗高、成本高、质量低、经济效益差的状况依然存在。今后，一方面要大力推动和引导企业开发先进适用的技术，不断推出国内外市场需要的低成本、高质量的新一代产品，提高我国工业的竞争能力；另一方面，要强化政策约束，对应该限制或淘汰的技术和产品更应有硬约束，主要采取经济办法并辅之行政办法，使其无法生存下去。

第四，企业的技术改造、技术进步要与发展对外经济技术交流与合作相结合，以利于更好地吸收、消化、创新引进技术，并控制重复引进。

在当前高技术飞速发展的时代，世界上许多国家都把发展对外经济技术交流与合作作为发展本国经济和科学技术的重要策略。我们也应尽量放宽政策，创造条件，使一些企业有更多的对外自主权。通过交流与合作，吸取国外的先进技术和经营管理经验，来改造和搞活自己的企业。在引进方面，今后我们要从过去的设备引进为重点转向技术引进为重点，即从引进硬件为主转向引进软件为主，并严格控制重复引进。对引进技术和引进设备，要从组织上和资金上落实到消化、吸收、制造和创新的全过程，以引进提高我国的技术起点，并在高起点上建立和形成新的技术基础。只有这样才能建设具有中国特色的技术体系。

第五，技术改造、技术进步要与企业经营机制转换相结合。只有使企业真正成为自负盈亏、自我积累、自我改造、自主发展的经营和投资主体，才能使技术改造、技术进步成为企业自我发展的迫切需要。

要使企业关心技术进步，就要使它真正实行自负盈亏。企业拿多少钱去搞技术改造、技术进步，那是它自己的事、自己的权力。企业实行自负盈亏之后，它要在竞争中立足，并在竞争中取胜，不靠技术进步怎么行呢？现在国营企业不如乡镇企业那样关心技术进步，国营企业对把科技成果转化为生产力的积极性不如乡镇企业高，根本的问题是全民所有制企业和乡镇企业是两种不同的机制的企业。全民所有制企业没有自负盈亏的机制。通过完善包括承包制在内的各种责任制，两权分离，配套进行计划、投资、财税、金融、价格、物资体制的改革，加强宏观控制和引导，把企业推向市场，促进企业走上自负盈亏的道路，实现经营机制转换。在实行上述经济改革的同时，要实行政治体制改革，党政分开，政企分开，各级行政部门要把经营管理的权力下放给企业。改变大中型企业"有能力、少活力"的局面，充分发挥大中型企业在发展生产力、优化产业组织中的骨干作用。

第六，要大力发展社会主义商品经济，逐步形成比较完善的市场秩序，强化市场导向，优胜劣汰，用竞争机制推动技术进步。

我国处于社会主义的初级阶段，商品经济、企业竞争都将有力地推动经济的发展。建立新的公平的市场竞争条件，推动一切企业（包括国营的、集体的、个体的、外资的、合资的各种企业）投入优胜劣汰的竞争，将大大改变僵化的、呆滞的、没有市场竞争压力的旧的市场秩序，从而有利于培育出真正具有竞争能力的在商品经济环境中能够生存、发展、壮大的企业群体和企业家，推动我国技术进步。

在市场竞争中，要特别重视乡镇企业的经验。这几年，乡镇企业吸收了农村劳动力 8000 万人，1986 年产值达到 3540 亿元，上缴利税 160 亿元。乡镇企业的活力，表现在开发新产品上，比国营企业步子要快；接受外贸订货，搞多品种，少批量，及时交货，比国营企业灵活得多。外贸部门都愿意与乡镇企业打交道，外商也愿意和中国的乡镇企业合作。乡镇企业的兴起，是具有重大意义的历史性事件，它在推动农村现代化、城乡一体化上，具有中国的特色。乡镇企业的技术进步比较快，年年有发展。有一部分乡镇企业已经不是原来乡镇企业的概念了，不是"坛坛罐罐"了。有的纺织厂，全是进口的一流设备，是它们通过外贸赚回来的。我们有一种估计，在未来的 10 年中，乡镇企业还会有新的发展，在商品市场上，由于乡镇企业的参与，优胜劣汰的竞争将加剧。这种竞争压力将刺激我国的各类企业，比以往任何时候都更加关心科技成果利用，更加注重本企业的技术进步。

第七，改善国家宏观调控机制，协调与技术进步相关的各项政策，形成有利于企业技术进步的环境。

企业技术进步是在社会宏观环境中进行的，支持企业技术进步必须调动国家拥有的各种宏观调控手段，在财税、金融、外汇、物资、价格等方面，采取协调的相关政策，否则，单一的政策措施难以奏效。而且各项政策之间还会出现相互掣肘，无法实施的现象。这方面的情况，企业的反映很多，值得认真研究。当然，这个问题涉及面很广，政策性很强，敏感性也很强，要慎重从事。我们的财税和金融政策也应该区别不同的行业、企业、产品和地区，以及它们在国家经济建设和技术进步中的作用，不要搞"一刀切"。政策上要区别对待，这是非常重要的。从长远来看，对我国经济发展作出重要贡献的，在出口创汇方面有优势的行业、企业、产品的技术改造应该采取优惠的政策，让它们能够茁壮成长、开花结果。

第八，实行分类指导，要分层次、有重点、有步骤地进行企业技术改造，优先改造关键性的薄弱环节，从整体上提高技术改造宏观经济效益。

在我国经济和技术基础比较薄弱的情况下，必须用有限的增量投资换取现有固定资产存量的最大效益。这是一个很重要的问题，我国已经形成的固定资产有 8000 亿元，这是一个很大的数目，我们每年新增加的固定资产是很有限的，怎么样使有限的钱把很大的存量调动起来，把新增加的投资作为催化剂，把现有的固定资产引发起来，把内部的力量能够充分地调动起来，是一个很大的改革。这样做就能够使技术改造发挥更大的效益。因此，我们应该分别不同的层次考虑这个问题。在宏观层次上，要加强促进和推动整个国民经济发展的重点行业的技术改造；在中观的层次上，要抓住行业中重点骨干企业、关键产品生产企业的技术改造；在微观层次上，企业技术改造要以提高产品质量、降低产品成本、开拓新产品为目标，优先改造关键工序和关键工艺。这样做，有利于从国民经济整体上促进技术进步，提高技术改造的宏观经济效益。

国际会议得来的信息[*]

一

今年达沃斯会议的主题是"世界经济的新形势"。会议在主题之外，提出了一句格言式口号叫做"做生意的生意经，不仅仅是做生意"，意思是说，世界发展的大趋势使相互依存的关系日益密切，而技术的进步又日益深化地改变着世界的面貌，因此企业经营，即所谓做生意，已不是一个孤立的问题，而涉及生态、伦理、道德，以及人类今后生存与发展等多方面的复杂问题。今日的决策不能不考虑到既对当前，又对长远可能产生的影响。有人在会上提出，目前能源造成大气一氧化碳的增加和导致臭氧层的破坏，以及森林覆盖率的不断减少，沙漠化的日益严重，等等。这些造成的危害，可能都要在几百年后才能更明显地威胁人类。但如果我们现在还不警觉并采取得力措施，就会贻害子孙后代。有人认为，技术是一把双刃剑，既可危害人类，也可造福人类，像核能就是个典型。关键是我们如何正确对待，正确利用。日本索尼公司董事长也在会上就经营的伦理道德问题发表了意见，认为不能把职工仅看做是企业盈利的工具，而要看做是公司最宝贵的财富，这样才能从公司和职工双方的长远利益着眼，做出妥

---

[*] 本文写于 1988 年 2 月 7 日。

善安排，包括职工的培训与调动积极性，使企业能长期得到发展。

我们认为，大会提出这样的"格言"式的口号确实反映了当前西方企业经营面临的种种弊端。企业作为一个国家经济活动的细胞的确不能仅从一个企业本身的眼前利益出发，损害社会的公共利益，而需瞻前顾后，从纵向和横向，从当前和未来，做系统的考虑，把企业的活动放到整个国内和国际环境的背景上去权衡利弊，这样才能做出既符合眼前，也符合将来利益的正确决策；从这一点来说，这个口号提醒我们要建立系统论的观点，不但是对企业的经营，而实际上对待全体事物，对待我们当前改革开放所采取的各项措施，如都能瞻前顾后，从系统的各个方面，各个角度，周密地考虑到其后果与影响，则决策的正确性、可行性与权威性必将大为提高。因此，从这一句话中，我们还是可以得到某些启迪的。

二

这次会议虽以世界经济问题为主，但到会的有些企业家也谈到了一些管理问题，其中给人印象深刻的是，大家都强调要把满足用户需要，放在企业发展的首要地位，因为产品与服务的高质量是满足用户需要的前提条件。日本企业特别强调，要克服企业的短期行为，不能只着眼于股东红利的逐年增加而损害企业的发展后劲。欧洲企业也重视向美、日购买高技术，以提高其竞争能力。一些成功的企业都在两个方面不惜功本地投资：一是在研究开发费用上；二是在人才培训上，这是有战略眼光的。会上还提到，知识的价值对提高企业的国际竞争能力有着特殊的重要意义，因为知识不像别的物资，它极易转移，且不受国界或地域的限制。由于技术进步的加速，知识的更新过程也在加快，就整个产业结构而言，知识密集、技术密集型产业占的比重正在不断增加，产品的增值今后更多的不是主要靠投入更多人工、材料，而主要靠投入知识与技术。而就企业而言，需要使职工不断更新知识，开展"终身教育"，以适应使用新技术的要求。

福特汽车公司每年有2%的中、高级管理人员接受提高领导水平的培训，重点是三个方面，即信息、创造性与性格。信息是指善于利用外界信息，加以"加工改造"后"为我所用"，使企业能获得新的机会、开发新的市场，获得新的顾客。创造性是指能从别人看不到的东西中"独具慧眼"，从而获得别人意想不到的机会与结果。性格是指企业领导人的性格，要具有勇气、热情，为人公正坦率，并能平等地对待下级。

国外企业在这些方面的观点与经验，如企业以质量求生存、求发展，不仅对中小企业，而且像索尼这样的国际大型企业也同样适用，同样重要；又如企业必须克服短期行为，必须在培训人才与科研上下工夫。这对提高我国企业素质，造就新一代社会主义企业家，也是有借鉴意义的。

三

达沃斯会议由于它的非官方性质，使到会的各国、各界代表可以畅所欲言，自由交换意见，共同探讨目前世界经济发展的重大趋势，因此使这一年一度的会议，越来越具有吸引力，使各国的政界与商界首脑人士每年年初共聚一堂，起到相互沟通，共商世界大计，以利于制定本国和本公司发展战略的一个重要信息来源。

我们要走向世界，必须及时掌握世界经济变化的最新动态。达沃斯会议正是提供这方面综合性资料的百家争鸣之地，对我们了解人家、宣传自己提供了一个极好的场地与讲坛。中国企业管理协会与世界经济论坛的合作与友好往来到今年正好进入第十个年头，在这一基础上，我们建议，今后要进一步加强与发展和世界经济论坛的联系，重视一年一度的达沃斯会议，派负责同志率团参加宣传我国的对外开放政策、收集世界的经济信息并加以研究，提出对策。

转让企业产权优化资源配置[*]

——北京齿轮总厂购买小企业的情况调查

  我国经济生活中存在的一个重要问题是资源配置效率不高。由于国家新增投资和企业财力有限，许多经济效益好的企业难以得到必要的扩大再生产资金，而一些经济效益很低或亏损的企业，却长期依靠国家补贴维持生存，成为社会的负担。如何实现资源配置的优化，是深化经济改革中需要着重研究解决的一个重要问题。

  近两年来，北京市对这个问题进行了积极的探索。在近 2000 家商业、服务业企业进行租赁改革的基础上，拍卖了 31 家长期不景气的国营小型商业、服务业企业，取得了良好效果。继此之后，又进行了一次更大胆的尝试，允许一家极有发展条件的国有大企业购买另一家连年亏损的国有小企业，通过产权有偿转让的方式，实现了资源的重新配置，展示了一种将改革与发展结合起来的新形式。

  最近，我们到北京齿轮总厂就这一问题进行了调查，并与有关同志进行了座谈。通过调查我们感到，这种公有产权买卖所包含的意义，已经超过了它本身带来的直接效应。企业买卖不仅是 8 年改革的必然结果，而且很有可能成为进一步深化改革，并把改革与发展结合起来的一条有效途径。

---

  * 本文是作者 1988 年 2 月 15 日与田源、任兴洲合著，原载《中国经贸导刊》（半月刊）1988 年第 3 期。

一　买卖双方的基本情况

这次企业为买卖中的买方——北京齿轮总厂（下简称北齿厂）是北京汽车工业总公司所属的一个大型国营工业企业，也是全国最大的汽车齿轮制造厂。该厂的特点是：实力强——拥有固定资产 8700 万元，职工 6000 人，工程技术人员 420 人；效益好——近几年平均每年实现税利近 3000 万元，全国固定资产逾千万元的齿轮厂家有 13 个，而北齿厂年上缴税利总额相当于其他 12 家上缴税利总和的 1.4 倍，占全国 58 家汽车齿轮制造企业上缴税利总和的 1/4；产品质量优——产品质量和各项经济技术指标均居国内汽车齿轮行业的前列。其主导产品汽车变速箱、分动箱，市场占有率为 55%。

北齿厂"七五"期间制定了新的发展目标，但现有厂区不能满足"七五"规划的要求。为寻求企业的发展，他们选择了联合的对象——北京朝阳区金属工艺制品厂（下简称工艺厂）。

工艺厂是 10 年前由街道修缮队发展起来的区属国营企业，有场地 42.6 亩，厂区面积 2.8 万平米，还有水、电等基础设施，职工 158 人和 57 位退休人员。该厂自建厂起一直缺乏主导产品，虽几经更名、屡换产品，但一直处于半死不活的状态，企业管理混乱，连年亏损，1986 年亏损达 51 万元，职工每月只发 70% 工资。因此也想通过联合谋求生路。

虽然两家互有需要，但联合的意图却难以实现。北齿厂虽然看中了对方的场地和基础设施，但由于联合不能取得对方厂的所有权和支配权，担心一旦发生变故，投资和心血就会白费。朝阳区政府及金属工艺厂更是心有余悸，他们曾经三度与其他厂联合，都未成功，一旦中途散伙，烂摊子更难以收拾。由于双方的顾虑很多，联合协议终未达成。

在双方相互接触过程中，北齿厂了解到理论界关于企业买卖问题的讨论，受到了启发。他们率先向朝阳区政府提出，能否跨过横向联合中"三不变"的规定，在北齿厂和朝阳区政府之间实行产权有偿转移，由北齿厂把工艺厂买下来。朝阳区政府在充分考虑了产权有偿转移的利弊得失之后，毅然同意有偿出让工艺厂产权。在报请有关单位批准和对工艺厂的资产清理，评估基础上，经双方协议，以505万元的价格成交。工艺厂资产和职工全部并入北齿厂，并于1987年7月25日正式签订了产权有偿转移的手续。

作为当事人，双方企业的职工和市、区两级政府对此事均持积极的态度。虽然少数人不太理解，有的人甚至称负责此事的朝阳区负责同志为"败家子"，但广大干部、职工对此表示了充分理解和支持。工艺厂职工多年缺少适当的工作，这次终于有了施展才能的机会。在整个产权转移过程中，他们人心安定，经短期培训，现都已走上了适当的岗位。北齿厂工人对这一尝试也深表拥护，他们认为买下工艺厂，是促进本企业生产发展、实现长远利益的好形式。

二　国营工业企业买卖的效应

这次国营企业买卖的直接效应，概括来说，是"四个有利"：

第一，对国家有利。北齿厂是大型国营企业，若走扩大生产的老路子（包括征地、基础设施建设、付给农民款项，等等），至少需要国家投资2000万元。而这次北齿厂从福利基金中拿出505万元购买企业，只需再投入200万元就可形成一定的生产能力，这既节省了国家投资，又提高了投资效益。不仅如此，由于北齿厂是盈利和上缴税利大户，通过购买工艺厂扩大了生产后，可以实现更多的利润，作为承包企业，上缴国家财政的税利也必然增加。而工艺厂多年亏损，不仅不能为国家财政增加收入，还要消耗补贴，实现买卖之后，政府停止补贴，减少了负担。

第二，对企业有利。北齿厂买下工艺厂，犹如添上了"腾飞的翅膀"，当年就可以多实现利润20万元，而且为实现"七五"计划乃至2000年的发展目标打下了重要的基础。北齿厂通过购买这笔资产，还争取了时间，在我国汽车工业大发展（对汽车齿轮需求将大量增加）阶段到来之前，通过对购买来的企业进行重新规划、改造，很快形成生产能力，达到经济规模。工艺厂也避免了破产的损失，全部职工找到了新出路。

第三，对职工有利。广大职工对企业买卖的理解和支持，来源于企业买卖后给职工带来的更大利益。工艺厂职工转入齿轮生产岗位后，不仅找到了施展才干的机会，而且与北齿厂职工享受同等待遇，每人月工资平均增长了30元。北齿厂用为职工盖宿舍的福利基金购买企业，从眼前看是做出了一些牺牲的，但从长远看，生产发展了，盈利增加，工资与上缴利税挂钩后，职工工资会增加，企业留利增多了，提取的福利基金也会增多，北齿厂工人受益会更大。

第四，对地方政府有利。朝阳区政府把工艺厂有偿转让出去，不仅可以减少每年支付十三四万元工资的负担，而且把实物资产变成了货币资产，区里可用这笔财力扶助新兴产业和效益好的企业发展生产，对区里财政更有利。

三　企业买卖是改革和发展的客观需要

第一，企业买卖是深化改革的需要。近年来，企业之间的横向经济联合有了相当的发展，也出现了企业租赁经营等多种形式，对于企业的发展起到了积极作用。但是，横向经济联合和租赁经营有一定的局限性，北齿厂与金属工艺厂最初在横向联合上的顾虑就表明了这一点。由于联合、租赁仍然没有解决企业之间的资产产权关系问题，因此即使联合起来，也难以避免双方的短期化行为，这也是导致许多联合体中途发生解体和横向长期联合成功率较低的主要原因。更重要的是，8年的改革在重视纵向关系的确立过程中，对社会资源的横向流动和重新组合，特别是对生产要素存量的合理流动重视不够。这些要素存量被按条块分割开来，形成了既定的资源配置格局。虽然几年来生产要素市场已经得到发展，但仍未触动要素存量的原有格局，特别是作为要素存量整体的企业不能买卖，不能成为交易的对象，使真正的要素市场难以形成。实践已经迫切地要求运用新的微观机制重新配置资源，而已经出现的国营企业之间的买卖正是在这种情况下应运而生的。它冲破了条块分割的束缚，触动了多年形成的僵化的资源配置机制，使作为生产要素整体存量的企业流动起来。由经营好的企业购买经营差的亏损企业，既解决了效益好的企业扩大和发展问题，又使社会资源得到合理重组和优化配置，使企业组织结构合理化，这是企业在发展横向经济联合的实践中，探索出的一条新途径，也是对投资体制改革的一种新尝试，是企业深化改革的迫切需要。

第二，企业买卖是实现企业组织结构合理化的有效机制。发展社会主义商品经济的一个关键问题是要提高宏观经济效益。而宏观效益提高，一方面取决于资源是否能优化配置，同时也取决于企业组织结构的合理化。30多年来，我国虽已形成了40多万个工交企业，但是企业组织结构不尽合理，已经形成的结构又缺乏合理调整的有效机制。多年来虽然也曾力图通过关、停、并、转和实行专业化协作等措施来调整企业组织结构，但由于这些做法以行政命令为主，缺乏效益，终难成功。近年来横向经济联合体以及企业集团的出现，虽然一定程度上改变了原有不合理的结构，但因其局限性也难以实现大规模的、实质性的调整。目前在改革中出现的企业买卖，将有可能成为实现企业组织结构合理化的有效机制。这一机制建立在商品经济的基础上。实力强、效益好的企业，在激烈的竞争中淘汰、兼并效益差的企业，其结果将是在某些行业实现集约化经营的同时，会突破地区和部门的限制，在全国范围内尽快形成专业化、系列化的组织结构。这种机制可以改变目前普遍存在的大而全、小而全的企业组织形式，那时出现在竞争市场上的，将是有竞争力、有发展能力的企业，这会极大地提高社会劳动生产率和整个社会的宏观经济效益。

第三，企业买卖为搞活企业注入了新的内容。搞活企业是经济体制改革的中心环节。然而值得深思的是：我们花大气力搞活的，究竟应该是哪一类企业？是不论大小、不论经济效益好坏一律用同样的力量和方式去搞活，还是着眼于效益高的企业？已经出现的国营工业企业买卖的实践做出了最好的回答：我们努力要搞活的，应该是那些经济效益好、产品质量优秀、市场占有率高、具有较强自我积累、自我发展能力的企业，政府对这些企业应优先扶助。而对那些产品无销路或长期亏损和濒临破产的企业，国家即使大量投资也只能是事倍功半，应该鼓励由经营有方的企业购买经营落后的企业。

　　第四，企业买卖是投资改革的新尝试。目前，我国投资基本上仍以外延型为主，投资就是征用土地、建新厂房、买新设备，投资来源也仍以国家投资为主。这种投资方式不仅导致了重复建设，而且还带来了年复一年的投资膨胀。企业买卖则提供了改变原有投资方式的新尝试。从北齿厂看，这次扩大再生产从本企业角度虽然仍属外延型，但他们注重挖掘现有的社会生产力，购买的是闲置社会资源。因此，从社会整体角度看，则是内涵的扩大再生产。在投资资金来源上，他们未向国家伸手，也不是动用企业的发展基金，而是将企业准备用于建设宿舍的消费基金转化为生产发展基金，实现了生产的扩大。可以设想，如果把这种企业买卖形式扩展到全国，不仅可以一改现有重复建设，到处铺新摊子的投资方式，发掘现存的社会生产力，而且会在一定程度上改变目前的投资需求和消费需求双膨胀的局面。

　　第五，企业买卖将带动整个市场体系的较快发展。企业买卖还将对地产市场、资金市场和就业市场的发育和发展产生有力的带动作用。例如，北齿厂在购买企业时，对工艺厂所占用土地的估价是资产评估和最后成交的主要内容。可以预见，随着企业买卖范围的扩大，会对城市地产市场的形成产生有利影响。同时，为解决购买企业的资金问题，很可能要求抵押贷款或其他融资形式有一个较大发展。企业收购企业之后，还将生产对劳动力的需求，会促使就业市场的进一步发展。

　　第六，企业买卖是"国有资产经营机构"的催生剂。企业买卖的前提是独立的企业财产所有权。在我国目前体制下，企业的财产所有权分属于各级政府或部门所有。在此情况下，企业买卖的出现将使各级政府和部门把成立"国有资产经营机构"的工作尽快提上日程，这些机构主要负责国有资产的增值，并由他们进行企业的买卖。这样，可以变政府管企业的"生产经营"为"财产经营"，更快地实现政府邪门的职能转换。

　　经过分析可以看出，国营工业企业之间的买卖虽然刚刚破土而出，但是它对于改革和发展所起的作用，将远远超出它的直接效应，对经济整体的运行将很有意义。1988年乃至"七五"期间，改革的重点是继续搞活企业、深化企业改革，进行投资体制改革和形成并完善市场体系。而企业买卖则很有可能成为把各项改革有机结合起来，并将改革与发展结合起来的一种有效形式。

四　几个需要研究的政策性问题

企业买卖过程中有几个政策性问题，值得研究和重视。

第一，应该使企业买卖行为有组织、有引导地进行。企业买卖应以"双方自愿、等价交换"为原则，但这并不排斥国家和各级政府的积极引导和组织。为避免出现混乱，可先引导企业买卖主要在同一所有制形式之间进行，也可规定产权有偿转移的一些必备条件和程序。更重要的问题是要防止一哄而起。应当根据现阶段我国的产业政策，重点放在产业结构和企业组织结构调整上。还必须注意各产业、行业之间的均衡因素，着眼于宏观效益，防止新兴产业和暂时微利的企业盲目流向"热门"的长线行业，但也要注意防止过多的行政命令和干预。

第二，企业买卖过程中，随着卖方企业法人地位的消失，对原定纳税户头如何处理也需要研究。如果企业已经有偿转让出去，仍要求企业所属的政府或部门继续按原户头纳税，会挫伤他们的积极性。考虑到原来那些长期亏损的企业也无力纳税的事实，为鼓励各级政府、部门将濒于破产的企业有偿转让出去，可考虑原纳税户头随企业法人地位消失而取消。对卖出企业取得的补偿基金如何处理，是否打入财政预算收入和用于哪种支出，中央财政是否要拿走一部分等问题，也应研究出切实可行的办法。

第三，企业买卖中出现了新的利益关系平衡问题，亟待运用适当的政策来调节。如北齿厂用企业留利中的消费基金购买的企业资产，属于何种性质？是否与国家投资形成的资产和企业以发展基金形成的资产同等看待？由这几部分资产带来的利润和收益，在国家和企业之间进行分配上是否要区别对待，等等，都是需要很好研究的问题，并需制定相应的政策。

第四，企业买卖涉及资产所有权的转移，会受到现存的条块分割体制的阻挠，因此需要有明确的法律予以保障。在有关法律尚不能马上制定的情况下，应规定一些条例，使企业买卖在法律保障下顺利进行。

房地产业应当有一个大的发展[*]

第一个问题，房地产业是世界各国，特别是
经济发达国家的一个重要产业

　　房地产业是从事房地产开发和经营的行业。在各类商品之中，房地产是最昂贵的商品之一。房地产业同广大人民群众的生产和生活有密切的联系，在整个国民经济中具有重要的地位，它是一项非常重要的产业。

　　要发展房地产业，必须在认识上解决一个问题：即房地产也是商品。房屋商品化，已肯定房屋是商品，因为房屋是劳动产品，它具有价值和使用价值，是为了交换而生产，具有商品的属性当然是商品。但它是有特殊性的商品（如不能移动位置）。问题是土地是不是商品，1984 年关于体制改革的决定，说它不是商品，但是又说所有权和使用权可以适当分开，就是说使用权即经营权是可以作为商品处理的，也就是说可以有偿转让和买卖的。一般来说，土地是自然物不具有商品属性，但经过开发的土地如建房用地，凝结着物化劳动，是土地投资的产品，所以也具有商品的属性。现在中央已确定企业可以买卖，即有偿转让，并且要写入七届人大准备通过的企业法中。企业产权的基本部分是固定资产，其中房地产又占极大的

---

　　* 本文是作者在国务院发展研究中心、国家体改委、建设部共同召开的房地产产业政策研讨会上的讲话。

比重。这就是说我们在实际上已不仅把房屋而且把地产也作为商品了，实践已经走在前面，在理论上也应做明确的科学阐述。

房地产业是随着商品经济的发展而发展起来的。世界经济发展的历史表明，工业化、现代化及伴随而引起的城市化都对土地和建筑产品产生着旺盛的需求。因此，房地产的发展，既是经济发展的产物，又直接影响着现代化的进程。当今，房地产业已经成为经济繁荣的重要支撑点之一。在许多国家，房地产业早已成为国民经济的支柱产业之一，在国民经济中占据显要位置。如美国战后经济的发展中，与房地产业相结合的建筑业就是四大支柱产业之一。日本和其他经济发达国家，也是如此。1980 年日本仅住宅投资一项就为 16 万亿日元，约占国民生产总值 267 万亿日元的6%。再如中国香港 1981 年房地产业向政府提供的积累达 170 多亿港元，占当年财政收入总额的 48%。根据 1961—1984 年的统计资料，中国香港地区卖地收入平均占财政收入的 17.7%，1980—1981 年的财政年度中，政府卖地总收入高达 20 亿美元，约占该年财政收入的 35%。中国香港 60年代以来的高速度发展可以说同房地产业的发展有很大的关系。

我国房地产业是随着资本主义的发展在 19 世纪末 20 世纪初才开始发展的。在新中国成立前一直作为行业存在着。新中国成立后随着 1956 年私有房产社会主义改造的完成和城市土地宣布国有化，并受产品经济指导思想的影响，房地产业作为一个行业已不复存在。直到 1978 年党的十一届三中全会后，尤其是近几年，房地产业才开始恢复，并迅速发展起来。目前，全国已有各类房地产开发企业 2000 多个，几乎遍及所有的城市，并向单位、个人出售了一定数量的商品住宅。全国已有 100 多个城市征收了土地使用费，深圳等特区、沿海开放城市已获准试行土地使用权的有偿、有期划拨和转让。全国已有 167 个城市设立了房地产交易中心，多数城市房地产交易呈上升趋势，成交额增长很快。

房地产业在我国国民经济中应该而且实际上也完全可能成为重要的支柱产业。

新中国成立以来，房地产已在我国形成了强大的物质基础。截至1985 年年底，全国城镇房屋建筑总面积为 46.76 亿平方米。其中，工业用房 13.53 亿平方米。商业用房 3.88 亿平方米，文教用房 3.88 亿平方米，办公用房 1.96 亿平方米，住宅 22.91 亿平方米，其他用房 6000 万平方米。即使暂不考虑土地使用价值（包括土地投资、级差收益等），仅按土建造价平均每平方米 150 元计算，全国城镇房屋的原价可达 7000 多亿元，地产总价值也达 7000 多亿元，目前全国城镇已形成的房地产总值不少于 1.5 万亿元。这是一笔巨大的财富。可以说，房地产业是我国固定资产最为雄厚的产业之一。

房地产业在国民经济中的巨大作用表现为以下几个方面：

第一，房地产业提供的建筑地段和生产用房，是城市经济活动的基本物质基础。

第二，住宅的发展为劳动者提供生活的必要条件，是劳动力再生产的必不可少的前提。

第三，城市房屋建设（包括生产用房和生活用房）的发展，将成为推动建材工业、建筑业及钢铁工业、机械工业等基础工业发展的重要力量。比如，建筑产品成本中有 70% 是材料消耗，它包括建材、冶金、化工、石油、森林、机械等 50 多个工业部门的产品。我国每年建筑工程材料消耗：约占钢材总消耗的 25%，木材的 40%，水泥的 70%，玻璃的 70%，塑料制品的 25%，运输量的 8%。因此，房地产业的发展直接或间接带动上述相关产业的发展。

第四，房地产业的发展，可以为国家提供巨大的财政收入，而这主要用于城市发展的资金，将大大改善城市的投资环境和生活环境，从而又将进一步促进城市经济的繁荣，并推动整个国民经济的发展。但是，由于房地产没有商品化，而未能实现。

特别要指出的是，发展房地产业，对于提高经济效益是具有重要意义的。在城市，土地是十分重要的生产要素和十分宝贵的资源。过去，由于无偿使用，这一要素不能合理配置，得不到有效的利用。实行有偿使用，发展城市房地产业，利用市场机制，则可以大大促进土地资源的合理重组，并取得良好的经济效益。

第二个问题，发展房地产业是我国经济发展和体制改革的迫切需要

社会主义商品经济的发展，住宅商品化的发展，特别是承包经营方式的普遍推行，房地产业的发展问题，已列入我国发展与改革的重要议事日程。

但是，新中国成立30多年来，我们长期实行城市住房的低租金供给制，城市土地无偿使用制，使房地产业无法发展起来，这是传统的产品经济体制下的产物，它与社会主义商品经济的发展是相矛盾的。这种旧的房地产管理体制，造成了种种弊端。城市住房问题长期得不到缓解，矛盾日益突出，这方面的问题，大家都很熟悉。城市的土地资源得不到合理的配置，影响了经济社会的合理发展。特别是今天，有计划商品经济的发展，许多生产要素都开始按照商品经济的规律运转以后，这一矛盾就更加突出起来。

第一，影响社会主义商品经济的发展。商品经济要求各生产要素都能迅速流通、循环、增值，但数以千亿元计的城市土地房产作为生产的基本要素，却是一大笔"死钱"，不能流通、循环、增值，必然阻碍社会主义商品经济的发展。

第二，不利于城市土地与房屋的节约与合理利用，也不利于城市用地结构的调整。

第三，由于否定了级差地租的规律，不利于企业之间，尤其是商业企业之间在平等条件下进行竞争。

第四，不利于城市产业结构的调整，许多城市第三产业的用地得不到应有的安排。

第五，不利于实现城市建设资金的良性循环。城市房地产的大量资金所产生的利润未能有效利用，造成城市建设所需资金严重不足，使城市市政公用等基础设施长期处于超负荷运转。

第六，城市房地产不仅租金很低，而且折旧也很低，还不够维修之用。因此房地产业既不增值，又难保值。

　　我国经济体制改革是一个大的系统工程，作为国民经济的支柱产业的房地产业，不能按照商品经济的规律进行运转，不仅妨碍了本行业的发展，而且影响到其他许多方面，使社会经济活动发生了严重扭曲。不改革，是没有出路的。

　　关于地产制度的改革，也必须积极推进，使住房制度改革和地产制度的改革配套实施。房产依赖地产而存在，地产则通过房产才能实现，因此，房地产是不可分的一个整体。

　　城市地产制度改革，当前的任务：一是要实行有偿使用；二是要建立和培育城市地产市场。现在部分城市开始了城市土地有偿使用的试点，收取了土地使用费，深圳、福州还开始了土地使用权的拍卖。在城市收取土地使用费，并从中提取一部分缴纳土地使用税，这一基本路子，现在看得比较清楚了，应当在通盘研究后，有计划有步骤地实施。

　　城市土地有偿使用，只是城市地产管理体制改革的开始，还应当进一步开辟城市的地产使用权的交易市场，这样才能使地产的管理体制纳入有计划商品经济的轨道。

　　发展房地产业，必然带来房地产市场的兴旺；而房地产市场是社会主义市场体系的有机组成部分。所以，发展房地产业将会促进社会主义市场体系的充实和完善，发挥社会主义市场机制的积极作用。

　　建立房地产市场，将对合理利用城市土地资源以及保持社会总需求和总供给发挥重要的作用。

　　首先，它将促进房地产自身的供需平衡。长期以来，我国城镇住宅实行产品经营的实物分配政策，一方面刺激人们的需求过量增长；另一方面由于住房投资只有投入没有产出，不能形成良性循环，不仅成为国家财政负担，而且原有的房产难以维持，日渐破损。新建房屋，又由于财力所限，难以更大规模展开，于是住房的供求总是处于紧张不平衡的状态。建立房地产市场则可以用经济规律去消除旧体制所造成的这种状况。对城市土地也是如此。国家通过地产市场，把土地使用权委托给经济效益最高、竞争性最强的那些企业开发，通过调整土地使用费的收取标准，从而调节城市土地的供给和需求。通过市场调节，对不合理的用地结构进行调整，按照级差地租的原理，使城市土地得到合理的利用，发挥应有的经济效益和社会效益。这里特别需要强调的是，对城市土地的市场调节机制和计划调节机制应当紧密结合起来。就是说，城市土地的利用，不能完全由市场机制来调节，而必须有城市规划对城市土地利用的科学合理的安排。这正是有计划商品经济的原则对城市土地利用的要求，从现在起就要十分注意处理好这个关系，并且制定必要的法规给予保证。

其次，发展房地产业可以调整居民消费结构。由于住房这个大商品没有进入消费市场领域，使我国的消费结构很不合理，居民住房支出只占家庭收入的 1%—2%，而在其他国家，如美国、法国、意大利、澳大利亚、土耳其等，住房支出都占家庭收入的 25%—30%。由于房屋租金太低，买房不如租房，人们有了钱就投向住房以外的其他消费品。首先是增大对各类食品的需求，使之与农业生产可能的供应之间的矛盾日益尖锐；其次是集中于高档消费品，造成某种消费超前现象。通过住房制度改革，发展房地产业，可以把大量的消费资金吸引到住房方面来，减轻市场压力，缓和供需矛盾。

房地产业进行商品经济的市场运转，要注意两个方面：一方面，市场机制将使房产地产得到合理的发展，促进整个经济的增长，这是主导的一面；同时，不容忽视的是，它具有很大的投机的因素。国外的情况表明，房地产的投机频繁发生，各国政府都密切注视和加以控制防范。我们在改革开始时，就要有准备，尽量减少这方面的损失。

房地产价格的水平，直接关系到整个国家的价格变化。土地的使用价格直接影响到生产和建设，房屋价格则影响到财政和人民生活。因此，在价格政策上要慎重对待，既要发挥市场调节的功能，又要适应当前国家的现实条件。

第三个问题，发展房地产业，对健全城市功能，发挥城市的中心作用具有重要意义

《中共中央关于经济体制改革的决定》指出："要充分发挥城市的中

心作用，逐步形成以城市特别是大、中城市为依托的、不同规模的、开放式、网络型的经济区。"要健全和发挥城市的多种功能。

但是，长期以来，我国城市的功能很不健全，只注重抓工业生产建设，对于第三产业，特别是对市政公用等城市基础设施注意很不够，结果是城市的投资环境和生活环境远远不能适应经济发展和对外开放的要求。城市供水不足，近年来全国有 180 多个城市缺水（严重缺水的有 40 个城市），日缺水量达 1200 多万吨，其中工业缺水 800 万吨。1984 年沈阳市因缺水，减少工业产值 15 亿元，成都市因缺水减少工业产值 10 亿元。有些城市又排水不畅，1982—1983 年，武汉市连续内涝，经济损失 5 亿元。去年济南市内涝，损失也很严重。城市道路桥梁很不适应，交通拥挤，尤其是大城市，交通问题已经影响了城市运转效率。城市邮电通信和供电很紧张。煤气和集中供热普及率低，防洪设施差。总之，城市基础设施的落后，已经成为制约城市经济发展的重要因素。

在经济体制改革中，搞活企业是中心环节。在搞活企业的诸多因素中，城市的外部条件是很重要的。缺水少电，道路不畅，排水不畅，企业是难以顺利发展的。现在，由于城市基础设施严重超负荷运行，已经使得部分城市的功能有衰弱的趋势，这是应当引起我们高度重视的。在改革中，在搞活企业的同时，应当注意搞活城市，给城市以活力，要大力加强城市市政公用等基础设施的建设。这是一个战略问题。我们过去长时期不大注意，吃了大亏，现在要认真总结经验，切实加以改进。

加强城市市政公用基础设施建设，资金是个大问题。实行土地有偿使用，是解决城市基础设施建设资金的最好办法。实际上，它是将政府对城市土地的投入（基础设施的建设），通过企业使用城市土地产生的级差收益（利润），以土地使用费的形式收回投资，用于城市基础设施的建设，即土地的再开发，实现良性循环。国外的经验大体也是这样，城市政府通过收取土地税等税收，用以加强市政建设，改善投资环境。企业发展后，上缴更多的税收，城市则有更多的钱用于基础设施和服务设施建设。实际上，是对城市土地的再开发。他们的经验，值得借鉴。现在，我国城市土地无偿使用，城市的市政公用等基础设施建设又缺少必要的资金，东讨一点，西要一点，端着城市土地这个"金饭碗"讨饭。这种状况，再也不能延续下去了。

房地产业上缴国家赋税之后的收入，应是城市的收入，应取之于城，用之于城。我们不要把城市挖得太苦。城市活不起来，企业也难以真正搞活。城市中心作用发挥不好，国家的经济也上不去。

第四个问题，城市住房和土地制度的改革，要与整个经济体制改革配套进行，有关方面要大力支持房地产业的发展

我国经济体制改革中一个重大的问题，就是各方面的改革需要配套。每项改革何时出台，改革步伐的快慢，都要统筹安排，各项改革也需要有相应的外部条件。

住房和地产制度改革，需要有经济的、行政的、法律的条件，国家和城市，都要通过经济的、行政的、法律的手段，来促进这一改革的实施，来调节这一改革中国家和地方，城市、企业和个人的经济关系。

住房和地产制度改革，涉及工业、商业、财政、金融、税收等多方面，涉及广大人民的切身利益，是一项影响面广泛而且相当敏感的改革。因此，需要有关方面的协力支持，还需要进行宣传，使城市的各个单位和人民群众了解这一改革，支持这一改革。

关于住房制度改革，国家已经做了具体安排。就地产方面的改革讲，还有一些外部条件需要考虑，比如，实行土地有偿使用，企业缴纳土地使用费，从财政上，就要统筹兼顾，正如中央领导同志指出的："看起来财政损失一块，实际上不一定有那么多。"从财政本身讲，在这一改革中，对地方财政与中央财政的关系上，也需要统筹兼顾。总之，这项改革需要做好调查研究，统筹规划，全面安排，积极而稳妥地进行。

第五个问题，对房地产业要放活和管好。

要使房地产业改革成功，在微观方面要搞活，而宏观方面要管好。对

于房地产的经营，要坚决采取经济方法，而不能采取行政性的方法。即应由专门的企业（公司）来经营这类产品，而不应再由房产管理之类的行政管理机关来管。要给房地产企业以充分的自主权，使它能够灵活经营，提高经济效益。

但是，政府对这一行业的行政管理必须加强。要制定科学的房地产管理条例：一方面要监督国家的财产不受损失；另一方面，对增值部分（特别是级差地租）要做到合理分配，既保证国家的必要收入，又照顾经营企业的利益，对各种投机活动要严加防范。

深入探讨社会主义初级阶段的产业政策[*]

一 关于制定产业政策的精神和原则

我们已经进入社会主义建设时期，发展生产力已经成为直接的中心任务。国家的富强，人民的富裕，教育科学文化事业的繁荣，公有制和人民民主政权的巩固和发展，一句话，社会主义优越性的充分发挥和吸引力的不断增强，归根到底，都取决于生产力的发展。一切有利于生产力发展的东西，都是符合人民根本利益的，因而是社会主义所要求的，或者是社会主义所允许的；一切不利于生产力发展的东西，都是违反科学社会主义的，是社会主义所不允许的。

产业政策的制定，不是游离于我们这个社会之外的，而是根植于我们这个社会之中的。它当然同生产力的发展有直接的关系，同时也和生产关系和上层建筑有关系。

党的十三大进一步肯定我国仍处在社会主义初级阶段，这是我们确定路线方针政策的理论基础。

我国仍处在社会主义初级阶段，最根本的是由于我国现时生产力的落后。而产业结构和产业政策则是一定的社会生产力发展程度的反映。所以

* 本文是作者 1988 年 3 月 7 日在中国管理科学研究院主办的全国产业政策研究班上的报告。

我们研究产业结构和产业政策，也不能离开这个基本点。

产业政策是为发展战略服务的。从党的十一届三中全会以来，特别是党的十二大以来，我们的发展战略就在转变。我们逐步改变了过去那种片面追求产值、产量增长速度的发展战略，转到向党的十三大提出的注重效益、提高质量、协调发展、稳定增长的战略。这就要求把发展战略的研究与产业结构、产业政策的研究结合起来。为了使新战略能够更好地实施，要以改革的精神从现在到 20 世纪末有成效地实现以下转变：

第一，要由指令性计划经济，也就是通常所说的产品经济，转到有计划的商品经济，要逐步地形成一个符合社会主义商品经济的全国统一的市场体系，使市场不断地得到发育和完善。

第二，要由总产值增长的速度型经济向经济结构、产业结构合理化的效益型经济转变，使各种能够促进注重效益、提高质量、协调发展、稳定增长的经济结构和产业结构逐步形成。

第三，要由封闭型、半封闭型的经济向开放型的经济转变，国际经济变化的一些有利条件我们要尽量加以利用，不利的一些东西要想办法加以克服，要逐步地加强我国在国际经济活动中的地位和作用。

第四，扩大再生产要从外延型向内涵型转变，要充分利用"存量"，新投入的"增量"要引发"存量"发挥更大作用。在这里，技术改造、技术进步因素将起越来越重大的作用。引进外资、引进技术有可能，要尽量用在这个方面。

第五，经济发展不但要搞好自然资源和人力的开发利用，而且要向智力开发转变。过去，我们以消耗大量的能源、消耗大量的原材料，以大量的人的就业，来解决发展问题，而对智力的开发做得还很不够的。所以，我们全国人民的文化水平、教育水平要有一个新的提高，才能够适应经济发展的新要求。

第六，农村要从单一的农业经济向多种产业经济转变，农业人口要向非农业人口转化，逐步形成具有中国特色的、城乡一体化的布局。根据统计局统计，现在农村人口约占 63.6%，因为已有 8000 万—9000 万的劳动力转移到非农产业，农业劳动力约占总劳动力的 64%，这个情况已经有了很大的变化。我国出现的这种变化，不是把农村人口转移到大城市，而首先是农村城镇化，逐步地把农业人口变成非农业人口，这就要求城乡要有合理的布局。世界各国相当重视我国的这条农业劳动力转移的道路。四年前我到印度访问，印度总统甘地夫人接见我时曾问到这个问题。在印度，农村人口盲目地流入大城市的现象是很严重的，像加尔各答这样的城市有一半的人口露宿在街头，孟买约有1/3人口露宿在街头。甘地夫人也为这件事情焦急。她说你们采取农村城镇化的经验两国可以交流。把农业人口的大部分逐步变为非农业人口，这是一个发展的趋势，一个国家要工业化，就必然包括一个农业人口变成工业人口的过程——这个工业化是一个广义的概念，农业本身也要工业化。由于乡镇工业的发展，去年我国农村的社会总产值中，非农业部分开始超过了农业部分，这是一个重要的趋势。

第七，各个经济区域的资源优势向经济优势转变，生产力的布局要有新的变化。现在每个地方都强调当地的资源优势，问题在于如何把这个资源优势变成经济优势。特别是西南、西北地区，自然资源确实很丰富，但是还没有转化为经济优势。其他一些地区也有类似情况。这在研究地区产业政策时应特别加以注意。

第八，国防工业和科研要向军民结合、以民为主转变，改变军民各成体系的格局，逐步达到军民一体化，在面向国民经济建设中加强国防建设。

第九，国营企业要从依附型向自主型的方向转变，由生产型向生产经营型转变，逐步地使其成为具有活力的自主经营、自负盈亏、自我积累、自我改造、自我发展的新型企业。

第十，人民的生活将由温饱型逐步向小康型转变，从以衣、食为主转向以住、食、用为主。现在我们吃的占消费支出的55%，而在发达国家则不到20%。将来发展的趋势，是要转到住、用方面，住房要商品化，要重视人民生活质量的改善。这种种方面都和以提高经济效益为中心、与长期稳定发展有关系，和新的经济发展战略以及相关的产业政策有关。

二　部门的产业结构和产业政策

30 多年来，从我们的发展速度看，和同一时期各国来比，都还是相当高的，是取得了很大成绩的。比如，1952—1985 年，我国的社会总产值平均每年递增 8.4%，工农业总产值递增 8.6%，工业总产值递增 11%，农业总产值递增 4.6%，国民收入递增 6.6%。纵比，中国历史上从来没有过这样高的发展速度；横比，包括日本在内的其他国家，也没有我们快。但我们发展速度快，经济效益却不高。针对这种粗放经营、经济效益低的情况，我们提出了通过资源合理配置和企业组织结构合理化来提高宏观经济效益的问题，这是个很大的问题，和我们产业结构的形成、产业政策的确定有密切的联系。

回顾我们 30 多年的历史，我们工业化（现代化）的道路，大约经过了以下几个时期：

第一，第一个五年计划时期，以重工业为中心，工业布局都在内地。毛泽东在《关于正确处理人民内部矛盾的问题》里讲，我国工业化的道路是以重工业为中心。重工业的发展又是和国防工业的发展联系在一起考虑的。当时苏联援助我们 156 项，都是分布在内地，而没有分布在沿海，这也是和当时对国际形势的考虑有关系。这就形成了后来我国经济发展，特别是工业发展的一个基本的格局。直到现在，我们的那些骨干企业还是那时搞起来的，当然以后也建设了一些，基本上还是沿着那个路子下来的。这样，一种近似苏联模式的产业结构在我国就逐渐形成了。我说近似，就是说不完全是苏联的模式，只是大体类似苏联的模式。

1956 年，毛泽东总结了“一五”时期建设的经验，发现有毛病，作了《论十大关系》的报告。他讲到工业和农业的关系，说苏联只重视工业，不重视农业；讲重工业和轻工业的关系，只重视重工业，不重视轻工业；也讲了沿海和内地的关系，只注意内地，没有发挥沿海的作用；还讲了国防工业和民用工业的关系，国防固然重要，但如果民用搞不好，国防也搞不起来。他说，你要什么原子弹？没有把经济搞起来，你也不会有原子弹；而且，还讲了体制上集中过多的弊病，说要给基层和企业以主动性，等等。这本来是很好的指导思想，但没有落实。后来，很快就在政治上进行反右派、经济上反对反冒进，搞"大跃进"、搞人民公社化，把这个正确的指导思想"一风吹"了。

我们现在这种产业结构的原型是从"一五"时期沿袭来的。当然，它也推动了我们经济的发展，但同时带来了很多弊病。

第二，"大跃进"时期。1958年提出了"以钢为纲，以粮为纲，全面跃进"；提出了"一马当先，万马奔腾"，又提出什么"元帅升帐，一切让路"，这个后果是很严重的。大家都很清楚，在这个时期，随着"人民公社化运动"，还提出了各地"自成体系"的口号。这个口号很厉害。一个公社就是一个自我封闭的经济单位，要公社自己什么都搞，工、农、兵、学、商综合，这对我们后来的各地、各部门自成体系有很大的关系。我们说各地的产业结构"趋同化"、"同构化"，有的同志不大赞成这种提法，但实际上恐怕还是存在这种问题的。这个问题的总根子还是从"大跃进"、"人民公社化"那个时候引发起来的。它同其后我们产业结构的发展有很大的关系。

第三，大搞"三线"建设。这是1964年提出的，是在贯彻调整方针、经济复苏之后。它和当时我们对国际形势的估计过分严峻有着直接的关系。"三线"建设花了多少钱？大概花了近3000亿元，这使产业结构加大了国防的比重。产业布局则是"山、散、洞"，造成了很大的损失。我们现在的产业布局和产业结构，和这个"三线"建设关系很大。我们现在固定资产是8000多亿元，"三线"加其他的军工就有3000多亿元，而且大都是按"山、散、洞"方针搞的。

第四，"文化大革命"之后。有一段时间，又提出了要搞"工业省"的口号，不管什么省都要限期搞成"工业省"。这实际又进一步强化了"趋同"与"同构"的倾向。所以说趋同和同构并不是一下子形成的。

从上面的情况看，我们在产业结构与产业政策上，从"一五"时期到"大跃进"，到"三线"建设，到搞工业省，恐怕都是倾斜政策。问题是：倾斜对象的选择对不对？倾斜的程度适当不适当？是不是倾斜得过度了，或者不该倾斜的倾斜了，而该倾斜的又没有倾斜？同时，在倾斜的政策中又缺乏系统化的配套的政策体系。日本采取倾斜政策成功了。苏联实际上也是采取倾斜政策的，至今还是如此，一个是重工业，一个是国防工业，这是非常明显的。但苏联有成功也有失误。我们也是如此，这里有很多教训。怎么把倾斜政策搞正确，这是个很大的问题。

所以，可不可以这样说，我国产业结构的不合理现象和所谓趋同、同构现象的产生和发展不是偶然的。我们也不能由于采取倾斜政策出了毛病，就不要倾斜政策。但是，我们应该从我们过去的经验中总结教训，使倾斜能搞得好一些。

党的十一届三中全会以后，特别是在"六五"计划时期，由于党的改革、开放、搞活政策的实施，需求结构对产业结构的牵动作用大大增强了，产业变动率随收入水平提高而加大，经济发展随之加速（1953—1978 年，社会总产值年递增 7.9%，而 1979—1986 年就递增 10.1%），农、轻、重比例趋于协调，为经济的稳步发展创造了条件。

不过，历史上形成的影响经济发展的产业深层结构不合理现象虽有改善，但还没有根本改观。这主要反映在以下几个方面：（1）基础产业的发展严重滞后。（2）加工工业发展过快，而且各省的结构趋同。这种趋同有过去的东西，也有新的东西。比如，这种同构化也表现在生产能力的引进上。据统计，到 1985 年年底，全国共引进电冰箱生产线（实际有些是装配线，下同）116 条，洗衣机生产线 108 条，彩电生产线 113 条。其中有相当部分因外汇短缺、进口零部件困难和市场饱和而开工不足。还有金属拉链生产线 57 条，总能力达 60 吨，有 90% 的引进设备在闲置。装啤酒、饮料用的易拉罐，引进的年生产能力达 30 亿个，大大超过了目前需要。如广东省每年只需要 3.5 亿个，却引进 9 条生产线，年产能力 11 亿个，而这种容器的成本要比玻璃瓶高 1 倍以上。（3）生产力闲置与紧张并存。（4）资源的短缺与积压并存。（5）出口贸易的初级化还没有明显的改进，等等。

这些是我们目前产业结构存在的弱点。要使产业结构合理化，就要采取相应的产业政策来克服这些弱点。

我国国内市场广阔，传统产业存在着很大的发展余地；对外开放的不断扩大，又为我们充分利用国外先进技术提供了广泛的可能性。我们应把这两方面的有利条件很好结合起来，以运用先进技术改造和发展我国传统产业为重点，同时注意发展高技术新兴产业，带动整个国民经济向前发展。根据这样的考虑，今后相当长时期内调整和改造产业结构的基本方向应当是：坚持把农业放在十分重要的战略地位，全面发展农村经济；在大力发展消费品工业的同时，充分重视基础工业和基础设施，加快发展以电力为中心的能源工业，以钢铁、有色金属、化工原料为重点的原材料工业，以综合运输体系和信息传播体系为主轴的交通业和通信业；努力振兴机械、电子工业，为现代化建设提供越来越多的先进技术装备；以积极推行住房商品化契机，大力发展建筑业，使它逐步成为国民经济的一大支柱；要重视发展第三产业，努力实现第一、第二、第三产业协调发展。我们必须加强基础工业和基础设施的建设，否则经济发展没有后劲。基础工业和基础设施的发展也不能孤立进行，要同其他方面的发展相协调。

要处理好第一、第二、第三产业的关系。有人主张这么划分产业，也有人不主张这么划分。但我们已经在用这种划分方法，世界也通用这种划分方法，我们不妨据此来进行研究。

三类产业从新中国成立初期到现在是有大的变化的。比如 1952 年，第一产业是 52.1%，第二产业是 21.7%，第三产业是 26.2%。党的十一届三中全会以来，这三大产业的比重，又从 1980 年的 30.8∶48.2∶21，变为 1985 年的 29.8∶44.5∶25.7。农、轻、重的关系由过去那种畸轻畸重的状况趋于协调，比重从 1978 年的 27.8∶31.1∶41.1 变为 1986 年的 34.1∶31.5∶34.4。但这个变化和我们现代化的要求不是完全适应的，第三产业的发展仍比较慢。根据世界发展的趋势，第三产业在经济发展中的比重会越来越大。但它绝不是离开第一产业、第二产业发展的，而是随着它们的不断高度化而得到发展的，不然，"皮之不存，毛将焉附"？

要解决大的产业内部的关系。这里一个重要问题是农业，要坚持把农业放在十分重要的地位。从发展趋势看，纯农业的比重要下降。但这不是说我们在产业结构和产业政策上可以忽视农业的发展，相反，对农业应给予极大的重视，要大力促进它的发展。因为尽管农业产值占国民生产总值的 1/3 左右，但农业人口却占总人口的将近 70%，农业劳动力大体也是这个比例。农业情况如何，对我们经济发展影响极大。江苏工农业产值居全国之首，超过上海。而该省工业产值中的 60% 还是以农副产品为原料的，出口的产品里以农副产品为原料的占 50%。所以离开农业来谈工业，来谈其他产业的发展是不行的。在其他国家也不行，在中国更不行，这是由中国的国情所决定的。江苏省工业如此发达还是这样，那么，工业欠发达、不发达地区就更应该加强农业了。

毛泽东说农业是发展国民经济的基础，实际上这个论点马克思早就提出过，他说到了共产主义社会农业也是基础。当然，那时农业也工业化了。

近年来，农业的发展速度大大加快了，同时农业内部结构也发生了很大变化。比如 1987 年和 1985 年比较，种植业从 76.7% 降到 66.2%，可是粮食的生产量却大大增长了，最高达到 4000 亿公斤，这几年将近增加了 500 亿公斤；林业由 3.4% 上升到 5%，牧业由 15% 上升到 19%，副业由 3.3% 增加到 7.1%，渔业从 1.6% 上升到 2.4%。

农业结构的变化，促进了农业的发展，使农民的收入也相应地有了较大幅度的提高。

我国产业结构的变动，最大的是农业，所以它发展快。农业产业结构的这种变动是好事情，但是从整个产业来说，要求一下改得合理化也不可能。农业粮、棉、油等种植比重的改变，一年就是一个生产周期，变动较快，但工业生产周期（特别是建设周期）要长一些，变动较慢。当然农业的大的建设如水利工程的建设、农业的机械化，等等，也是要较长时间的。今后，向淡水、海洋索取动物蛋白质，是我国食物发展战略的一个重点；在低山丘陵综合开发利用板栗、枣、柿、核桃、油茶、文冠果、杏仁、椰子、腰果以及竹笋、食用菌等各种干鲜食物，是扩大食物源、营养源，增加收益、改善农业生态环境的一个重要途径；通过草食家畜将草转化为肉、奶等畜产品，仍将是扩大食物来源的一个重要方面；以农民庭院为基地，经营种植业、养殖业，是最大限度地利用土地、劳力资源潜力，增加食物产量，实现脱贫致富的一个重要途径和经济形式。要把传统的粮食观念转变为现代的食物观念，并用物质流的观点解决好工农业协调发展问题，增强农业后劲。

第二个问题是工业内部的结构，主要是解决基础工业与加工工业的结构问题。

第三个问题是第三产业。其中交通、通信等特别落后。怎样促进其发展，在研究倾斜政策时要考虑解决这些问题。

重点产业和倾斜的产业政策的确定，要从我国现实的产业结构不合理的状况出发，有针对性，保持适当的倾斜度，但是确定多大的倾斜度还要取决于经济上的开放度和国际市场上的竞争力。没有重点就没有政策，但如果都是重点，那也就没有政策了。全国有全国的重点，地区在服从全国、发挥本地优势的条件下，也可以有自己的重点。各个行业内部也是如此。

部门产业政策研究要做好以下几项工作：一是着重研究一下本产业的现状和它到 20 世纪末的变化。二是本产业的发展和其他产业的关系。本产业的发展要求别的产业配合解决些什么？能够给别的产业解决些什么？本产业的发展能够给整个国民经济提供什么？三是为了达到本产业发展目标，需要哪些重要的政策？这些政策中哪些需要国家解决，哪些可由本部门解决？

三 地区的产业结构和产业政策

在产业发展的地区布局上，既要重点发挥经济比较发达的东部沿海地区的重要作用，又要逐步加快中部地区和西部地区的开发，使不同地区都能各展所长，并通过相互开放和平等交换，形成合理的区域分工和地区经济结构。对少数民族地区和贫困地区，要给予必要的支援，进一步研究和制定符合这些地区实际情况的政策，增强它们的发展活力，促进这些地区的经济繁荣。

地区的发展战略要同地区的产业结构与产业政策结合起来研究。最近几年，对前者的研究比较重视，对后者的研究才刚刚开始。而只有把这两方面的研究结合起来，才能制定正确的发展战略和保证它的实施。

在此方面，有几个问题要深入讨论：

第一，把国家的总的要求与地区的特点结合起来。地区的产业结构的构想和产业政策的设计必须服从全局的总要求、整体的总利益。

第二，要扬长避短，发挥地区优势，施展地方特色，特别要抓住本地区的比较优势。

第三，在提出合理的产业结构构想的基础上，根据自己的特点拟出具体的产业政策设计方案。

第四，要把农业放到重要位置上，有步骤地促进农业的现代化。脱离这个基础，其他产业结构和产业政策是搞不好的。

第五，发挥中心城市的作用，特别是省会城市和省辖市的作用；发展小城市和集镇，促进农业人口向非农业人口的转化，形成适合我国国情的城镇体系。

第六，产业结构的构想和产业政策的设计都要坚持开放，而且要越来越开放。不但要对外开放，而且要对内开放，绝不要再像过去那样各自搞完整、门类齐全的经济体系。

第七，在上述研究的基础上，对本地区资源配置及统一市场进行分析与预测，对本地区生产力布局现状及其发展变化进行分析与预测，认识本地区在全国范围内的地位、作用和比较优势之所在，然后提出主导产业、不予限制的产业及应限制的产业，并提出产业的合理分工格局。

第八，为了在资源最优配置的基础上实现合理的产业结构和企业组织结构，应该采取哪些价格、金融、税收、外贸、外汇等一系列调控政策。

四　借鉴其他国家和地区的经验

各国（地区）的产业政策，就其研究、制定、实施等方面，能够给我们提供一些什么有益的启示呢？

归纳起来，有以下几点：

第一，从国际竞争的大背景来考虑适合本国情况的发展道路，研究制定相应的产业政策，而不试图在闭关自守中创造什么奇迹。

在当今世界中，开放是生路，封闭是死路，唯有参与国际竞争，才有可能获得发展。成功的产业政策，是充分发挥本国优势，促进开放，促进交流，促进适应国际分工、适应国际竞争的产业政策。这样的产业政策，才有可能在国际经济的大舞台上创造奇迹。

发达国家也好，发展中国家也好，产业政策的制定总是以考虑国际经济形势的变化作为调整、重组的依据的。例如，世界新的技术革命推动了生产力的迅猛发展，发达国家为适应这一挑战，从 20 世纪 60 年代开始了产业结构的调整。其主要特征是：在整个国民经济中，资本和资源密集型的传统工业部门所占的比重不断下降，知识和技术密集型的新兴工业部门所占的比重不断上升。毫无疑问，这种产业结构的调整是和产业政策的重组有着直接的关系。这期间，韩国取得了发展中国家的一个有代表性的成功。1983 年，韩国因第一次石油危机的冲击、发达国家进行的结构调整以及其他因素，认识到要抓住这一时机发展重化工业，将产业政策从"出口刺激型"转变为"工业化刺激型"，参与国际竞争。这次转轨基本上是成功的：既比较注意国际分工，又保证了具有出口市场。

第二，审时度势，在世界经济的转折关头，抓住机会，迎接挑战，及时调整自己的产业政策。要果断行动，而不畏首畏尾，坐失良机。

灵活应变者生存，麻木不仁者淘汰，是当代国际竞争规律。即使处于相同的国际环境、具有相同的发展条件、参与相同的国际竞争，但最终成功的只能属于能够审时度势、抓住机会，勇于迎接挑战，及时调整、确定新的产业政策的强者。

20 世纪五六十年代，我国香港和台湾以及新加坡、韩国抓住发达国家向发展中国家和地区转移其劳动密集型产业的高潮这一时机，断然行动，调整各自的产业政策，取得了经济发展的成功。韩国是依次发展轻纺工业进口替代与出口替代、重化工进口替代与出口替代的产业政策，走了一条"正统"的工业化道路。我国台湾则采取先发展轻纺工业进口替代，然后发展高技术产品的组装加工出口，再迂回发展重化工的产业政策，是非"正统"的工业化道路。而新加坡与我国香港，则是以其独特的城市型经济的特点，在先实行了轻工业的出口替代以后，断然转而发展金融业等非物质生产部门的产业政策。从 1955—1985 年的 30 年中，这 4 个国家和地区合计出口额增长 66 倍，即从 16.86 亿美元猛增到 1133 亿美元，年平均增长率高达 24.2%。

第三，研究和制定产业政策，必须要有强烈的国家、民族的危机感和发展经济的紧迫感。我国人民要书写新的历史，而不能听天由命，等待历史摆布。

历史是无情的，它每时每刻都在抛弃不合时代潮流的落伍者，特别是在落后基础上起步的国家、地区与民族。如果不警醒起来，没有一种弃旧图新，敢于奋起直追、迎头赶上的雄心壮志；如果不脚踏实地，克勤克俭，艰苦创业；如果没有一套切合实际的、能够充分利用后发性效益的、缩短工业化进程的产业政策，那就会与发达国家的差距越来越大，最终被历史所淘汰。成功的产业政策总是在历史的选择面前，去选择自己将要书写的历史。

我国台湾正是在其危机感、紧迫感之下，考虑到自己资源、能源的贫乏，知道经济实力根本不能同美、日发达国家竞争而不听天由命，把重点放在发展技术密集度高、能源和资源密集度低、市场发展潜力大、附加价值高的技术工业上。我国台湾的这一产业政策适应了新的国际分工模式，也取得了成功，给人们以很好的启迪。

第四，政府强有力的正确干预，是产业政策产生与执行并获得成功的关键，而无政府主义状态下的产业政策往往是无所作为的。

政府应通过强有力的、积极的、主动的决策、干预，利用经济的、立法的、行政的手段，施以间接的宏观的调控，来保证产业政策能够达到预期的目的。而有些发达国家、发展中国家的政府，对于产业政策的制定和执行往往处于无计划性、无连续性、漫不经心的应付状态，这样就很难达到预期的效果。

日本的政府干预是很有效的。1963 年，日本政府提出《产业结构调查会咨询报告》，提倡新产业体制，发展重化工谋求出口，改善原材料进口、创汇率低造成的国际收支不平衡的状况。系统的产业政策得以贯彻，加快了日本经济的高速增长。后来，日本政府又提出了《七十年代的通商产业政策》，围绕 20 世纪 60 年代加强出口竞争转到 70 年代重视对外经济平衡及促进进口和资本自由化，提出了建立新产业政策的基本观点，主张知识集约化，并在长期计划中改变单纯追求数量增长的倾向，同时开始重视充实国民福利。这一系列通过产业政策而实施的干预（这种干预相当部分又是通过立法手段进行的）均告成功。

第五，要有一个由各方面专家、学者组成的专门从事产业政策研究制定的智囊机构作为政府决策咨询的重要部门，并使产业政策的决策过程成为政府各部门之间、政府与企业之间以及全国各地协调一致的过程，而不是缺少公众支持与多变的政策决定。政出多门、政策多变是公众最难以接受和容忍的。

产业政策体系的设计，必须是适合国情、符合国际竞争要求，审时度势、经过科学论证的政策设计。同时，经过协调各方面意见，取得共同认识，为顺利推行铺平道路。只有这样的产业政策，才能得到公众的理解与支持，才能充分发挥产业政策在组织全国协调一致的行动中的作用，保证政治与经济上的稳定，促进经济发展。

韩国在这一点上是比较引人注目的。它先后成立了两大经济智囊——开发研究院（KDl）和产业经济研究院（KIET）。尤其是后者，以韩国科学技术情报中心和国际经济研究所合并而成的产业经济研究院，专门研究产业政策，及时地分析预测产业结构的变化，为决策层提供了科学的依据。

第六，重视发展教育和科技，提高整个民族的素质，是在世界经济大动荡中采取新的产业政策的国民基础，忽视了这一点则难以形成内在的发展动力。

目前，在发达国家资本和资源密集型的传统工业所占的比重日益下降，知识和技术密集型的新兴工业所占比重迅速上升，这就引起了世界各国产业结构的大调整。各国在激烈的经济动荡之中，都采取了相应的新的产业政策。而新的产业政策要求国民对知识产业、技术产业，特别是高技术产业有相当的适应性。教育与科技的水平、劳动者受教育的程度、整个民族的文化素质，是使这些产业赖以发展的内在动力。一些国家和地区的历史经验证明：产业政策、产业结构的转轨成功与否，与国民的教育、科技基础息息相关。西方发达国家劳动力的素质，即受教育的程度是比较高的，而韩国、新加坡、我国香港和台湾的劳动力的素质在发展中国家和地区中相对也是比较好的。这对于发展劳动密集型、技术密集型、知识密集型产业来说是极为有利的条件。而在国民教育水平、民族素质处于较高水准的日本，从20世纪70年代初开始，就提出了推行"知识集约化"的产业政策。这一产业政策的基本观点，不仅对产业结构、产业组织政策提出了新的要求，也对国民的知识结构、知识层次提出了新的要求。很难设想，一个国家或地区的劳动者受教育程度很差，却能很好地执行发展知识型、技术型产业以及高技术的产业政策。所以，千方百计地、迅速有效地提高整个民族的文化科学水平，是执行正确产业政策成功的保证。

第七，产业政策的执行最终是通过经济细胞——企业来实现的。企业是否具有活力，是产业政策能否成功的关键，不依靠企业自身的主动性、积极性和创造性，产业政策的落实是不可想象的。

制定产业政策是针对一个国家或地区在发展过程中经常存在的供求之间的不均衡，根据需求预测去鼓励和引导社会资源向某些产业领域流动和转移的措施。在这种转移中，会形成最有竞争力的生产与经营规模，这样又会导致产生新的不均衡。解决这个矛盾的办法是依靠企业发挥创造性，不断地去克服正在产生的不均衡。产业政策的最终实现，只能靠企业自身的努力。因为需求影响供给，而供给在一定条件下也能创造需求。企业真正有活力时，不仅能纠正产业政策中可能出现的偏差，而且能使经济的发展比产业政策所预期的更好。

苏联和东欧等社会主义国家在较长时期内是靠国家投资新建一些大中型国营企业来推动整个经济发展的。法国、巴西、印度也接近这种类型。另一种类型，是支持形成若干巨型垄断性企业为顶点的企业组织结构，如日本通过持股关系形成的企业集团。第三种类型，是一方面通过市场竞争和兼并来提高资本集中度，另一方面通过政府的政策反对市场垄断，同时支持中小企业的发展，成立相应的中小企业管理机构。美国和联邦德国属于第三种类型。

第八，根据目前世界范围内存在的条件和机会，如果我们有一套切合实际的、符合社会主义初级阶段大力发展生产力要求的、有远见的、能保证我国经济稳定高速增长 20 年左右的产业政策，而且有相应配套的措施，各部门、各地区同心协力贯彻执行，我们完全有可能在 20—50 年内，从一个低收入国家跨入中等收入甚至高收入国家行列（从沿海开放地区来看）。这是具有现实的可能性的，并不是可望而不可即的。

历史的经验正是如此。日本、韩国是在具备必要条件时，抓住了机会，振兴飞跃的。日本 1982 年人均国民生产总值仅为 226 美元，由于它有一套正确的产业政策，在 1951—1980 年间保持了年均 8.1% 的经济增长率，1965 年人均国民生产总值突破 1000 美元，达到中等收入国家水平；1978 年人均国民生产总值达 8476 美元，进入高收入国家行列。韩国 1960 年人均国民生产总值仅为 240 美元，但因为它也有一套适合国情的产业政策，从而使它在 1960—1980 年间保持年均 7% 的经济增长率，1980 年人均国民生产总值达 1520 美元，进入中等收入水平国家的行列。

在世界经济发展中，随着劳动费用条件的变化，发达国家的产业结构不断调整。劳动密集型产业总是向劳动费用低的地方转移。从亚太地区看，早期是从美国向日本转移，以后又向"四小龙"转移。那两次转移我们因为搞"大跃进"，特别是后来又搞"文化大革命"，把良好的机会都失掉了。目前，国际形势又为我们提供了良好的机会：由于发达国家产业结构的调整，日本、德国、我国台湾等国家和地区的货币升值等因素，推动了又一次新的劳动密集型产业向劳动费用低的地方转移，包括订货单和工厂企业，都正在从发达国家和地区向劳动费用低廉的地方转移。这对我们是一个非常有利的机遇，该过程还会继续下去，值得特别重视。我们要有紧迫感，千万不要再失去这个机会了。在这种转移过程中，我们的优势是很有吸引力的。我国沿海地区劳动力费用低廉而素质比较高，交通方便，基础设施较好，尤其是科技开发能力比许多发展中国家都要强。我们具备着利用转移机会而参与国际竞争的内在条件。

　　还有一个值得注意的现象是，发达国家的股市下跌，剧烈的动荡使国际投资者更加谨慎地重新选择新的投资方向。因为股市的剧变有可能导致一定的萧条和衰退。如果这种情况发生，国际市场容量将会减小，而我们的出口商品多属中低档，受影响比较小，对我们参与国际交换与国际竞争有利；国际投资重心的转移和国际比较优势的转移都是不可避免的，这对我们吸引外资也是很有利的。

　　在这次国际产业结构的调整中，我们也面临着相当强的竞争对手，主要是东南亚的一些国家和印度等国，它们在国际贸易方面的经验比我们丰富，管理水平也比我们高。而经济发达的我们的邻国又不愿意看到我国的强大，对向我们投资心怀顾虑，更不会轻易转让先进技术，但却积极支持同我们竞争的那些国家，给我们带来困难。对此，我们必须有清醒的估计和正确而迅速的行动。

　　为了抓紧当前的机遇，我们必须迅速地相应确定我们的发展战略。同时，我们要相应调整我国的产业结构、产业政策。特别是沿海地区，要从战略的高度，有领导、有计划、有步骤地大力发展两头在外的外向型经济，走向国际市场，参与国际交换，投身国际竞争。这样，才能达到靠优势取胜、借机会发展的最佳效果。

　　我国是处在社会主义初级阶段的发展中国家，人口众多而经济发展水平又低，需要几代人的努力才能实现现代化的宏伟目标。在这个过程中，我们将面临许多机会和挑战，只要我们坚持改革开放的总方针，又有一套有中国特色的产业政策体系，来创造必要的条件，就一定能抓住时机，在当代的国际竞争中实现振兴中华的宏图大业。

加强社会主义制度下市场经济的研究*

这本讨论会文集，提出了一个很重要的问题，这就是在发展社会主义商品经济中市场的重大作用问题。

党的十三次代表大会总结了我国社会主义建设的经验，提出了社会主义初级阶段的理论，制定了党的基本路线，规划了经济发展的战略，设计了新的经济运行机制，这对于建设有中国特色的社会主义，是具有深远的历史意义的。

富有生机和活力的经济运行机制的建立，是贯彻党的基本路线，实现经济发展战略的一个基本条件。关于我国新经济运行机制的本质和特点，党的十三大曾有一个理论性的概括，这就是"国家调节市场，市场引导企业"。因此，深入研究市场问题，深入研究社会主义制度下的市场经济问题，是我们面临着的一项重要课题。

要发展社会主义商品经济，就必须要有市场，就必须研究与市场经济有关的各种问题，不但包括消费品和生产资料的商品市场有关的经济问题，而且包括资金、劳务、技术、信息和房地产等生产要素市场有关的经济问题。

最近，党中央根据国际经济形势的变化和国内改革发展的需要，提出

---

* 本文是作者 1988 年 3 月 21 日为广东省"市场经济研讨会"编写组编写的《社会主义初级阶段市场经济》一书所作的序。该书由东北财经大学出版社 1988 年 6 月出版。

了沿海地区经济发展新战略。要求沿海地区利用自己的优势，首先注重发展"来料加工"、"进料加工"等多种劳动密集型产业，以及劳动密集型与知识密集型相结合的产业；加工工业要实行"两头在外"、大进大出，而把原材料的购买和产品的销售放到国际市场上去，同时着重吸引外商直接投资，大力兴办中外合资企业、合作经营企业以及外商独资经营企业，尽快转向外向型经济的轨道。在这种情况下，对于社会主义制度下市场经济问题的研究，就更为迫切了。因为要实行"两头在外"、大进大出。参与国际经济大循环的新战略，不仅需要建立多种要素市场，完善市场机制，而且迫切需要了解国际市场情况，使国内市场与国际市场相互衔接，相互适应，否则我们就难以实现新的发展战略，在国际竞争中取胜。应当看到，这种新的形势，对于我们建立"国家调节市场，市场引导企业"的新的经济运行机制也是一个重大的促进和推动。

广东省和广州市地处沿海地区的前沿地带，又因毗邻港澳，自党的十一届三中全会以来，认真贯彻执行党的对外开放政策，在引进外资、引进技术，特别是在来料加工、来件加工、来样加工、补偿贸易等方面，取得了令人瞩目的成就。这种"三来一补"的对外经济活动，实际上就是实施"两头在外"的经济发展战略的重要起步，它将随着对外开放的不断发展而日益提高。

广东省和广州市对外开放的实践，已经走在全国的前面，实践给人们的理论思想提出了许多新的问题、新的想法，其中社会主义制度下的市场经济，就是一个大家议论的热门话题。尽管人们对这个问题有各种各样的看法，但是，探讨这个问题，探讨清楚它与发展社会主义商品经济的关系，不仅具有重大的理论意义，尤其具有重大的实践意义。

长期以来，"左"的思想影响给我国理论工作者和实际工作者吸收现代经济学的有用成果造成了严重障碍。过去许多同志曾经把商品经济混同于资本主义经济。现在某些同志虽然承认了社会主义经济是一种商品经济，即有计划的商品经济，却不愿意承认它还是一种市场经济，即有宏观管理的市场经济，从而有意无意地降低了市场机制在社会主义社会资源配置中的巨大作用。因此，进一步解放思想，为市场经济正名，对于建立

"国家调节市场，市场引导企业"的新的经济运行机制，就是十分必要的了。

如同大家所知道的，商品经济和市场经济是两个既相联系、又有区别的概念。它们是从不同角度来界定一种经济的特性的。商品经济是同自然经济相对立的一种经济形式。在我国条件下，它是同以自然经济为特征的产品经济相对立的一种经济形式。马克思和恩格斯把它称做货币经济。列宁则交替使用货币经济和商品经济这两种称谓。市场经济则是同统制经济相对立的概念。在我国的条件下，这是同指令性计划经济相对立的概念。前者所突出的是该种经济中是否存在独立生产者间的社会分工和等价交换。后者则是从社会资源的配置方式的角度来界定一种经济形式的。

无论从历史上看，还是从理论上说，商品经济都是较广泛的概念。市场经济必然是商品经济，但商品经济未必是市场经济。只有生产社会化发展到一定高度，市场成为资源的主要配置者的时候，商品经济才同时具有市场经济的性质。我国经济体制改革，是要以市场机制为基础的资源配置方式取代传统的、以行政命令为主的资源配置方式。也就是说，我们要通过改革建立的社会主义有计划的商品经济，是一种用有宏观管理的市场来配置资源的经济。我认为，在这个意义上也可以叫做社会主义的市场经济。

社会主义的市场经济问题，是一个内容丰富复杂、需要认真研究和讨论的重大问题。为了从理论和实践的结合上正确地解决这个问题，广东省社会经济发展研究中心、广东省社会科学院、广东省经济学会、广州市社会经济发展研究中心、广州市社会科学研究所、广州市经济研究所6个单位，于1988年1月下旬召开了研讨会，出席会议的有广东省、广州市的专家、学者70多人，收到论文50多篇。从这个研讨会的内容来看，呈现出广东的许多专家学者对研究社会主义的初级阶段理论的巨大兴趣，对探索解决改革开放实践中遇到的问题的高度热情。多数同志认为，广东实现以社会主义市场经济为目标模式的综合改革，是发展社会主义商品经济，实行开放改革方针的客观要求，是从内向型经济向外向型经济转变、参与国际竞争的迫切需要。这些观点，应当引起人们的重视和讨论。其中有一种观点，即认为商品经济同市场经济的一个重要区别，在于"前者计划和市场都是覆盖全社会的，后者只是市场覆盖全社会的"。这是需要斟酌的。因为社会主义的市场经济是有宏观管理的市场经济，因而是有计划的。在这种市场经济中，计划和市场都是覆盖全社会的。

应当感谢参加会议的提供论文的同志给我们提供了许多新的材料和论点，无论是赞成和不赞成这些观点的同志，都可以从中得到启发。

完善承包制迫切需要合理解决工资问题[*]

进一步完善承包制，是当前深化经济体制改革的一个重要任务。在承包中，能否将过去确定承包基数时单凭企业自身的纵向比较，改为行业内部相互比较而确定承包的基数比例，建立行业的横向比较尺度？如何使工资的增长与效益的增长相协调，有利于使企业形成一种合理发展、自我约束的工资机制？在这方面，北京市革制品厂厂长李久源、北京经济学院工经系副主任杨团两位年轻同志做了一些有益的探索，提出了一些值得重视的建议。

企业实行承包制，主要是通过强化企业的经营机制和利益机制来影响企业的行为，调动企业家和全体职工积极性，使企业充满生机和活力。这里，利益的分配是否合理，即企业和职工个人的所得是否与他们各自所付出的努力与劳动成果大体相当，是利益机制能否对企业和职工的行为进行积极、有效的鼓励、约束的前提。如果企业与职工付出了很大努力，创造了很高的效益，却难以得到相应的成绩、政绩和劳动报酬，或者不费什么气力而所得甚丰，那么，受利益机制消极机理的支配，就会做出消极的反应，使经营机制的作用削弱或丧失。

目前，深入推行承包制必须解决的主要问题之一，是利益的分配不公，鞭打快牛，苦乐不均。这是因为确定承包基数、比例时，以企业自身

---

* 本文原载《经济管理》1988 年第 3 期。

实现的利税额和工资总额作为企业效益和工资水平的比较基准，即企业纵向比较所致。应当看到，在目前国有资产基本上还处于被企业无偿使用和转移、价格扭曲、税制不完善、劳务市场基本未建立起来，平等竞争的环境尚未形成的现状下，企业所实现的利税额，很大程度上是各种非经营性的因素作用于企业的结果，难以反映企业真实的经济效益。

解决这个难题有两种办法：一是抓紧价格改革和税制改革，为企业创造平等的竞争环境，使企业实现利税额能大体反映企业劳动和经营的成效；二是通过完善工资总额与企业经济效益挂钩的政策，建立同行业内横向比较的规范化衡量尺度，以求得企业之间利益分配的相对合理。

对此，李久源、杨团同志提出了"改纵为横，建立尺度"，"改值为率，系数挂钩"的建议。一改过去确定承包基数时单凭企业自身纵向比较为行业内部相互比较来确定承包的基数比例，建立行业的横向比较尺度。这样做，有利于使国家对企业税后留利的分配、工资基金的分配规范化、系统化，有助于形成合理发展、自我约束的企业经营机制。

在经济体制改革的整个进程中，推行合理的工资政策，对于稳定经济、深入改革，有着重要作用。在企业工资水平合理确定之后，还必须解决好企业内部如何根据按劳分配的原则将工资总额科学、合理地分配到职工个人的问题。否则，仍就难以发挥利益机制对企业行为的积极推动和约束作用。

北京市革制品厂试行了由岗位（职务）、技能、年功、业绩、区类，津贴6个单元组成的结构工资制，试图将经济调控手段与行政调控手段结合起来调节企业工资的合理增长，并使之与效益的增长相协调。这是有利于形成一种合理发展、自我约束的工资机制，并使计算计件工资的单价科学化的一种有益尝试。该厂将岗位（职务）、技能、业绩（奖金）和变动性津贴作为浮动工资性质的部分，用以计算各车间计件工资的单价，这就基本解决了新老职工实行计件工资制时经常容易出现的同工不同酬的问题。这种力求以不同的工资组合反映不同职工的劳动差别的工资制度，有利于充分发挥工资对于调节企业内部劳动者之间分配关系的杠杆作用，调动广大职工的积极性，促进经济效益的提高。

北京市革制品厂的经验启示我们：企业内部要形成合理发展、自我约束的工资机制，应当特别重视发挥工资杠杆调整企业内部生产关系的功能，寻找尽可能以工资量反映劳动量的途径和方法，真正体现按劳分配的原则。经济理论工作者和企业家要密切合作，从企业丰富的实践中不断总结、提炼，为创立和发展社会主义初级阶段的工资理论而努力，用正确的理论指导实践，才能适应深化企业改革的需要。

当然，北京市革制品厂实行结构工资制的经验，也需要在实践中不断完善，进一步系统化和简明化。选样，才能更好地促进该厂生产的发展与效益的提高，也便于兄弟企业推广这一行之有效的经验。

把握世界经济发展趋势，进一步
做好对外开放工作[*]

  党的十一届三中全会以来所实行的对外开放政策，是使我国经济走向现代化的一个长期的基本国策。经过 9 年来的努力，我国实行对外开放已取得了举世瞩目的重大成就。当前，我国广大人民和干部正在贯彻党的第十三次全国代表大会精神，加快和深化改革，进一步扩大对外开放，积极实施党中央提出的加快沿海地区经济发展的战略，以促进沿海经济的繁荣带动整个国民经济的发展。按照党和国家所确定的方针，进一步扩大对外开放，加快沿海外向型经济的发展，对于我国社会主义现代化建设事业的成功具有重大的现实意义和深远的历史意义。

  各国之间的往来，古已有之，而规模日趋扩大的国际经济联系，则是历史步入第一次产业革命时期伴随着机器大工业的发展而发展起来的。它既是机器大工业的产物，又是机器大工业必不可少的条件。早在 100 多年前，马克思和恩格斯在《共产党宣言》中就指出："资产阶级，由于开拓了世界市场，使一切国家的生产和消费都成为世界性的了。……过去那种地方的和民族的自给自足和闭关自守状态，被各民族的各方面的互相往来

---

  * 本文是作者 1988 年 4 月 3 日为《世界经济年鉴》（1988）写的前言。原载《世界经济年鉴》（1988），中国社会科学出版社 1988 年版。

和各方面的互相依赖所代替了。"① 从社会生产力发展的一般规律来考察，这种世界性的互相往来和互相依赖，正是社会生产力发展和社会分工深化的一个重要标志。第二次世界大战以后，随着科学技术的加速发展，交通和通信的现代化，国际贸易往来、资本流动和技术转让的规模不断扩大，国际经济关系也越来越密切。在当今开放的世界，任何国家都不可能在封闭状态下求得发展。我国是发展中的社会主义国家，经济、技术比较落后，商品经济不发达，对我们来说，进一步扩大对外开放，不断发展对外经济联系，合理利用外资，引进先进技术，积极参与国际交换和国际竞争，更有着特殊重要的意义。这是我们在经济上和技术上逐步缩小同发达国家的差距，实现社会主义现代化的必由之路。

从现在到本世纪末，是我国实行全面改革和扩大对外开放的关键时期。在这一时期内，我们要实现党中央关于我国现代化建设所制定的经济发展战略第二步任务，到本世纪末实现国民生产总值比 1980 年翻两番，人民生活达到小康水平。为了实现第二步奋斗目标，加快发展沿海地区外向型经济，进一步扩大对外开放，最近中央提出了加快沿海地区经济发展战略。这个战略不只是地区性战略，而且是全国性战略，是贯彻党的十三大精神的一个新的创造和发展。随着沿海地区经济发展战略的实施，我们将进一步进入世界经济体系，世界经济的发展变化将对我国经济的发展产生越来越大的影响。这就要求我们必须加强世界经济的研究，提高我们适应世界经济发展趋势变化的能力。只要我们审时度势，正确发挥优势，趋利避害，就有可能使我国经济在较短的时期内取得较快的发展，在国际经济生活中发挥日益重要的作用。

和平与发展是当今世界的主题。目前世界经济正在发生极其深刻和重大的变化。综合分析当前和本世纪内的世界经济，归纳起来有以下四大发展趋势。

① 马克思、恩格斯：《共产党宣言》，《马克思恩格斯选集》第一卷，人民出版社 1972 年版，第 254—255 页。

一　世界经济发展不平衡加剧，经济增长减慢，各国普遍进行经济大调整，大改革

80 年代初，资本主义世界爆发了第二次世界大战以来最严重、最深刻的一次经济危机，资本主义世界各种矛盾进一步激化，资本主义政治和经济的不稳定性加剧，发达资本主义国家和发展中国家的经济增长速度都出现严重下降，到 1982 年分别降到 - 0.4% 和 1.6%。与此同时，苏联和东欧国家的经济陷于停滞，到 1981 年，它们的经济增长速度只达到 1.9%[①]。1983 年起，发达资本主义国家经济出现复苏，但从那时到 1987 年的 5 年中，除 1984 年以外，各年经济增长速度只达到 3% 左右。发展中国家从 1984—1987 年只略高于 3% 的水平。苏联和东欧国家的增长速度，1983—1987 年起伏于 3%—4.2% 之间。总的来看，进入 80 年代以来，作为一个整体的世界经济，基本上处于停滞和低速增长阶段，其经济增长率在 1980—1982 年的三年中，起伏于 0.5%—2% 之间[②]，1983—1987 年的 5 年中，在 3% 上下徘徊。为了摆脱这种局面，各类型国家都在进行产业结构、经济政策的调整和经济体制的改革。

第二次世界大战后，发达资本主义国家为了抑制经济危机，刺激经济增长，曾长期推行凯恩斯主义的膨胀性财政政策和货币政策，加强国家对经济的干预。这个政策长期实施的结果，对经济的发展虽然起过一定的促进作用，但是却导致巨额的财政赤字，造成严重的通货膨胀。进入 70 年代初期，终于陷入经济低速增长和高失业、高通货膨胀并存的局面，即所谓"滞胀"时期。

为了摆脱"滞胀"的困境，70 年代末 80 年代初，发达资本主义各国都先后进行经济结构和经济政策的调整。1979 年 5 月，撒切尔夫人就任英国首相后，实行货币主义的政策主张，以抑制通货膨胀为主要目标，严

---

① 国际货币基金组织：《世界经济展望》1986 年第 4 期。
② 同上。

格控制货币供应量，紧缩公共开支，削减财政赤字，同时实行税制改革，减少税收，减少国家对微观经济的干预，实行国有企业私有化的政策，发展高技术产业，推动传统工业的改造，提高劳动生产率，以促进企业的竞争力。几年之后，通货膨胀有明显下降，国民经济的发展也出现转机，1983—1986 年国内生产总值年平均达到 3.05% [1]，但失业问题则一直很严重。80 年代初以来，西欧其他国家也先后实行抑制通货膨胀、削减财政赤字的政策，通货膨胀率都有较大下降，但经济增长普遍放慢，多数国家失业人数仍然居高不下。

1981 年里根在美国执政后，采纳供应学派和货币主义学派的主张，实行削减税率和紧缩性的货币政策。到 1983 年后，通货膨胀率有明显下降，但是实行减税的结果，带来财政收入减少，加上军费开支不断增加，导致财政赤字连年大幅增加。在里根执政的 7 年中，联邦政府财政赤字累计达到 11838 亿美元 [2]。为了吸引大量外资流入美国来弥补庞大财政赤字和满足国内投资的需要，里根政府实行高利率政策，七年来美国的实际利率一直保持高于其他西方国家，造成了美国内外债务急剧增加。到 1986 年年底，联邦政府债务总额达到 23771 亿美元 [3]，目前美国公私债务总额已近 9 万亿美元 [4]；1985 年美国丧失了从第一次世界大战以来一直保持的债权国地位，开始变为净债务国，这一年净外债额达到 1074 亿美元 [5]，估计 1987 年年底净外债额大约达到 3600 多亿美元，是当今世界上最大的债务国。

自 1971 年美国首次出现外贸逆差以来的十几年间，除个别年份外，外贸逆差呈不断上升趋势，里根执政后，外贸逆差进一步扩大，从 1980 年的 362 亿美元增至 1987 年的 1712 亿美元 [6]。与此同时，日本和联邦德国则有大量外贸顺差，并呈不断上升趋势。1987 年日本外贸顺差达 798

① 根据英国《每月统计摘要》1987 年 9 月号有关各年国内生产总值数据计算。
② 美国《经济指标》1988 年 2 月。
③ 同上。
④ 美国《外交》（季刊）1987 年第 3 期，第 460 页。
⑤ 美国《商业现况》1986 年 6 月，第 28 页。
⑥ 美国《经济指标》1988 年 2 月。

亿美元①，联邦德国达 654 亿美元②。美国对日本、联邦德国之间的贸易不平衡达到了空前严重的程度。1987 年美国对日本贸易逆差达到 521 亿美元，1986 年美国对西欧共同市场贸易逆差达到 284 亿美元，导致美、日、西欧之间贸易摩擦加剧，贸易保护主义愈演愈烈。美国外贸逆差大幅度扩大的原因，首先是与美国经济实力相对下降及商品竞争能力下降分不开的。其次，美国实行高赤字、高利率政策导致美国国内需求的增长速度超过了国内经济的增长速度，1980—1985 年美国国内需求增长 3.4%，而国民生产总值只增长 2.4%，在经济增长放慢的 1985 年第三季度至 1986 年第三季度，国内需求以 3.6% 的速度增长，而国内生产总值则只增长 2.3%③，其差额只能依靠外国的商品和劳务来填补。再次，1985 年 3 月以前，美国实行高汇率政策，使美国出口商品价格上升，影响美国商品的国际竞争能力，同时 1983 年以来，其他西方工业国家和多数发展中国家经济增长缓慢，市场需求有限，抑制了美国商品的出口，也加剧了美国外贸的不平衡。

实行高赤字、高利率和高汇率政策，吸引了大量外资，刺激了国内需求，对支撑美国经济的增长起了一定的作用。但是这种政策实行几年之后对美国经济和世界经济也带来明显的祸患。一方面，美元汇率过高，抑制了美国商品出口，既造成美国外贸逆差急剧增长，也严重损害美国工农业生产，导致许多传统的基础工业生产能力严重过剩，大批工人被解雇，失业率居高不下；另一方面，美国实际利率居高不下，使世界范围内的资金流向发生极不合理的变化，不仅妨碍其他西方国家的经济增长，加剧了发展中国家的债务负担和资金困难，而且导致国际金融动荡不稳，引致美元汇率严重下降。

随着美国外贸逆差和经常项目逆差的巨额增长，到了 1985 年 3 月美元汇率已开始下跌，在此以后的 3 年中，虽然美元汇率节节下跌，外贸逆差不但未见减少，反而持续增加。在这种情况下，到 1987 年年初，流入

---

① 日本《东洋经济统计月报》1988 年 3 月。
② 国际货币基金组织《国际金融统计》1988 年 3 月。
③ 《美国总统经济报告》，1987 年，第 104 页表 3 - 3。

美国的外资，私人部分已大为减少，主要依靠其他西方国家的中央银行干预外汇和购买美元来维持。为了吸引外资和防止通货膨胀，这一年的 9 月 4 日，联邦储备银行把贴现率由 5.5% 提高到 6%，商业银行也进一步提高优惠利率。在股市早已过热，股票投机之风盛行的情况下，这次利率的上升，加上美国财长贝克以降低美元汇率的一些言论来报复联邦德国提高利率等因素的冲击，自 10 月初起，纽约股市已开始大规模抛售股票，终于在 10 月 19 日这一天，爆发了第一次世界大战以后最大的一次股市暴跌。股市暴跌是美国经济脆弱的表现，根本原因就是美国巨额财政和外贸"双重赤字"造成的美国经济内在的不平衡，以及世界经济不平衡的加剧。股市暴跌后，联邦储备银行立即转而放松银根，商业银行也降低利率，保证了银行流动资金的供应，没发生挤提存款的现象，但又引起美元汇率急剧下降，到 1987 年年底，美元对日元、联邦德国马克的比价都降到战后的最低点。这次股市暴跌，虽然没有立即引起美国经济的严重恶化，但是它将影响美国消费和投资下降，使美国经济在近期内增长减慢，也有可能引发一次严重的经济危机。

1988 年 1 月 25 日，里根在国会发表他任期内最后一次国情咨文，对过去 7 年美国的发展给予高度的评价，宣称美国经济正在再度崛起。的确，美国经济自 1982 年 11 月开始复苏，已经持续 5 年多，是战后和平时期最长的一次，但是应该看到，美国经济的增长是建筑在债务经济的基础之上，存在许多不稳定的因素，因此即使在经济增长的 5 年中，美国经济的增长速度起伏也很大。如果从里根执政以来美国经济年平均增长率来看，就只有 2.6%[①]，甚至低于 70 年代的增长率。总的来说，里根政府不但未实现执政当初所提出的复兴美国经济的目标，而且还加剧了美国经济内在的不平衡，各方面的困难还会进一步发展。因此，纠正里根执政时期出现的美国经济内在不平衡将是 90 年代美国政府需要花大力气才能解决的主要问题。

在 80 年代初的经济危机期间，日本经济增长速度比 70 年代虽然有明

---

①　美国《经济指标》1988 年 2 月。

显下降，但年平均增长率仍然保持在3%以上，没有像其他发达资本主义国家那样出现负增长。1984年美国经济急剧增长，日本出口大量增加，这一年日本经济增长率达到5.1%[①]。1985年，美国和其他发达资本主义国家经济增长普遍减慢，日元升值，日本出口量减少，加上内需乏力，从这一年的6月份起，日本经济开始出现停滞不前的状态。为了摆脱经济停滞的局面，日本不得不着力进行经济政策、经济发展战略和产业结构的调整。

1974—1975年资本主义世界经济危机之后，由于经济停滞，日本政府采取了扩大财政预算、刺激经济的政策，财政赤字和国债发行量逐年大量增加。1981年度起，日本政府实行财政紧缩政策，特别是从1983年度起，日本政府大力压缩财政开支，使财政赤字占预算的比率不断下降。然而，近几年来，日本外贸顺差不断扩大，美国和西欧国家要求日本扩大内需的压力不断增大，1987年日本政府不得不放弃财政紧缩政策，转而采取财政刺激政策以扩大内需。这一年的5月29日，日本政府决定实行"紧急经济对策"，减税1.3万亿日元，追加公共投资5万亿日元（合330亿美元）。据建设省估计，1987年公共建设费将比1986年增加21%。1985年9月西方七国财长会议之后，日元大幅升值，按美元计价的日本国民财富大幅增加，也促进了私人消费和住宅投资增长。

战后，日本在经济上走的是一条工业立国、贸易立国的道路。80年代初，日本提出"技术立国"的口号，这是日本产业政策的一个转折，即从传统的制造业转向发展电子、信息、生物工程和新材料等高技术产业。日元大幅升值后，日本政府和经济界为了克服日元升值所带来的商品竞争力的下降，一方面缩小对生产能力过剩的钢铁、化工、造船等产业的生产规模；另一方面大力开发上述新兴高技术产业，加快了产业结构的改造和调整。日本经济的增长过去主要依靠出口推动，进入80年代以后，随着出口商品的高级化，出口商品越来越集中于数目有限的特定产品，沉重打击了进口国的有关产业，加剧了与进口国的贸易摩擦。随着日元的大

[①]　日本东洋经济《统计月报》1987年9月。

幅升值，日本制造业产品的出口竞争力下降，1986 年日本的出口量开始出现减少，但是以美元计算的贸易顺差继续大幅扩大，达到了 827 亿美元之多。1987 年外贸顺差比 1986 年只减少 29 亿美元，而对美国和西欧的外贸顺差仍有所增加，从而加剧了日本同美国和西欧的贸易不平衡。为了缓解与贸易伙伴的矛盾，日本只好调整经济发展战略，一方面趁日元大幅升值降低了购买外国资产所需费用的时机，加紧输出资本，在海外大量抢购债券和股票、购买不动产，增加海外直接投资；另一方面，逐步扩大内需，使"出口主导型"经济向"内需主导型"经济过渡。

通过上述经济政策和经济发展战略的调整，到 1987 年下半年，日本工业生产明显好转。据日本经济企划厅的统计，1987 年日本经济增长率达到 4.2%，比 1986 年增加 1.6 个百分点。看来，在今后几年内，日元将继续保持坚挺，外贸顺差可能出现一定程度的下降，日本将继续依靠扩大内需来支持经济的增长，同时还将大量输出资本。

社会主义国家的经济体制改革从东欧开始。1978 年 12 月中国共产党十一届三中全会提出改革开放的总方针，从此以后，中国开始找到一条建设有中国特色的社会主义的道路，开辟了社会主义建设的新阶段。9 年来，中国经济体制改革从农村到城市全面展开，已取得重大进展。对外开放不断扩大，已从过去的封闭半封闭的状态逐步转向开放型经济。在改革开放的推动下，国民经济持续发展，国民生产总值、国家财政收入和城乡居民平均收入都大体上翻了一番，国家面貌发生了深刻的变化。1987 年 10 月中国共产党十三次代表大会进一步阐述了社会主义初级阶段的理论，制定了社会主义初级阶段的基本路线，决定加快和深化改革，扩大开放。随着社会主义建设的进一步发展，中国在国际上的地位必将日益提高。

70 年代中期以后，苏联国民收入的增长速度严重下降。70 年代末 80 年代初经济处于停滞状态，到 1984 年国民收入只增长 3.2%[1]。戈尔巴乔夫 1985 年 3 月就任总书记以来，大力进行经济和社会的调整和改革，调整组织，整顿作风，推行科技进步和经济集约化，对全面的经济体制改革

---

① 《苏联国民经济统计年鉴》1985 年。

积极进行思想上、理论上的准备，并扩大了改革的试验。1987 年苏共中央 6 月全会通过了《根本改革经济管理的基本原则》，决定大大扩大企业自主权，纠正管理过分集中的偏向，更大胆地利用商品货币关系，并以实行民主化保证改革的进行。在调整与改革的过程中，1985 年和 1986 年苏联经济增长速度有所加快，但是到了 1987 年又出现下降，这一年苏联国民收入只增长 2.3%[①]，是历史上的最低水平。不少现象表明苏联的改革遇到了阻力和困难。看来苏联的改革是一个复杂而长期的过程。

　　战后发展中国家作为一个整体，它的经济发展速度一直快于发达国家。进入 80 年代以来，由于受到发达资本主义国家转嫁经济危机的冲击，以及发达国家产业结构调整加快，对燃料和原料的需求相对减少，石油和其他初级产品价格一跌再跌，发展中国家的贸易条件恶化。与此同时，国际贷款利率高昂，致使重债的发展中国家外债负担加剧，资金倒流，多数发展中国家经济增长速度明显下降，人均国民生产总值与发达国家的差距进一步扩大。为了改变贫困落后的面貌，争取生存和发展，各发展中国家纷纷重新审查自己走过的道路，调整经济发展战略、经济政策、产业结构及经济结构。

　　总之，80 年代以来，世界经济增长减慢，其原因如果从国际经济环境这一方面来考察，主要是受到以下三方面的经济失衡的影响：一是美国的庞大财政赤字和外贸赤字所表现出的美国经济内在的不平衡；二是由美国的巨额外贸逆差和日本、联邦德国的外贸顺差所表现的西方国家之间的经济不平衡；三是由发展中国家的庞大外债、资金倒流和贸易条件恶化所表现出来的发达国家与发展中国家之间的经济不平衡。这三个不平衡，近年来已发展到相当严重的程度。预测美国经济内在的不平衡，将迫使美国政府不得不在 90 年代初以前较大地削减财政赤字，这就将影响世界经济的增长继续放慢和继续激烈动荡。在这以后，到本世纪末世界经济也只能是低速增长，各国经济的调整、改革将会持续一个或长或短的过程。

---

　　① 苏联《社会主义工业》报，1988 年 1 月 24 日。

二   科学技术革命对世界各国经济的影响越来越大

第二次世界大战后，科学技术取得了前所未有的巨大发展，出现了人类历史上又一次新的科学技术革命。这次新的科学技术革命，其规模大大超过了以往的科学技术革命。由于科学技术革命的社会化程度的提高，各国经济联系越来越密切，因此这次科学技术革命几乎使各门科学和技术领域都发生了深刻的变化，它不仅席卷了发达国家，而且涉及许多发展中国家。战后，所以出现这样一次规模巨大、影响深远的科技革命，一方面是科学技术自身发展规律作用的结果，同时和战后世界经济的发展有着密切的联系。在世界经济发展不平衡规律的作用下，国际市场竞争日益尖锐，各国尤其是发达国家竞相发展科学技术，争取在科技上和经济上建立优势，提高自己的竞争力。

这次科学技术革命的发展，促使分工更加深化，专业化与协作进一步发展，大大提高了社会生产力。据估计，70年代以来，在大工业中劳动生产率的增长依靠科技进步的比例，已从本世纪初的5％—20％提高到60％—80％。科技进步已成为当今各国经济发展的一个关键性因素，将决定各国今后的综合国力和在世界上的地位。因此各国都把它看成是一场严重的挑战，越来越多的国家把科技进步定为国家和社会发展的根本战略。美苏两国在高科技领域正在进行异常激烈的竞争；日本作为新兴的经济大国，咄咄逼人，力图赶上美国；联邦德国、法国、英国也在奋发努力，争取在新科技的一些领域超过美、苏、日；其他发达国家以及新兴工业国家和地区，无不在努力加快科技进步的步伐，以求在科技和经济两方面缩短与先进国家的距离。所有国家都为此而不断地调整各自的产业结构和经济结构以及发展战略，无疑的，今后国际竞争将日益侧重于科学技术，科技进步对各国经济的发展与世界政治和经济格局变化的影响也越来越大。

三 各国在经济上相互竞争激烈又相互依存 加强的趋势日益明显

进入 80 年代以来，在世界经济和科学技术发展不平衡加剧，各国竞争非常剧烈的同时，随着科学技术和生产力的迅速发展，在商品、科技、劳务、金融、投资等经济生活的许多方面日益趋于国际化。从各国对世界贸易的依存度（全世界出口总额占世界各国国民生产总值的比重）来看，1962 年为 12%，到 1984 年已上升到 22%，20 多年间提高了近一倍，各国经济越来越深地卷入世界市场。又如，从 70 年代以来，国际资本流动额的增长非常迅速。发达资本主义国家对外直接投资，1973—1979 年年平均增长 18%。特别是近年来，有大量经常项目顺差的国家和地区，对海外的证券投资和直接投资急剧增加。1987 年日本投资者在海外购买的股票达 168.7 亿美元，比 1986 年增加 1.4 倍；1987 年日本在海外直接投资 333.6 亿美元，比 1986 年增加 49.5%[①]。国际金融投资已成为推动世界经济发展的一个重要因素。实际上，金融活动在许多国家，特别是发达资本主义国家之间，已突破国界，从而使相互依存关系加强。

各国经济在相互竞争加剧而又相互依存加强的情况下，为了缓解相互之间矛盾的尖锐化，这就需要在一些重大的经济问题上加强协调，以避免发生重大的冲突，防止彼此都受到更大损害。有人由此得出结论，世界仿佛已进入一个国际协调时代，大家都能考虑以世界大局的利益来处理矛盾。这是不符合实际情况的。近年来，国际经济协调虽然有一些新进展，比如，在 1987 年 10 月股市暴跌后，美国和其他西方主要国家协调政策，采取了放松银根、降低利率的紧急措施，使得实际经济没有立即引起严重的恶化。近年来，美国、日本和联邦德国缓解彼此贸易失衡和稳定美元汇率，也采取了一些新的共同行动。在国际债务方面，1982 年以来，西方债权国和发展中的债务国，通过协商，进行延长清偿债务的安排，也使债

---

① 据日本大藏省 1988 年 5 月 31 日公布的数据。

务清偿危机有所缓和。但是，在国际经济协调中，各国的行动都是以本国利益为转移，国家利益超越世界大局的利益，从来没有一个国家肯为世界大局的利益而牺牲本国的利益，即使有时也须考虑他国利益，还往往要以对方让步作为交换条件。所以在国际经济关系中占主导面的还是竞争而不是协调。实际上在利益严重对立的许多国际经济协调中，往往是表面上力求协调一致，而实质上却是明争暗斗，互不相让。即使达成了协议，也还有不履行协议，甚至违背协议的言行。对各种国际经济协调的程度和作用，我们必须根据矛盾的不同性质和情况进行具体分析，避免做过高的估计。

四 世界经济格局进一步向多极化和集团化发展

第二次世界大战后，经过 40 多年的发展，世界经济格局已发生了很大的变化。现在发达资本主义国家在各类国家的经济实力对比中仍据优势。但是，与战后初期相比，美国在资本主义世界经济中居于支配地位的基础已经大大削弱。50 年代中期至 60 年代末，美国经济发展速度远远落后于日本、联邦德国等主要资本主义国家，资本主义世界逐步形成美国、日本和西欧在经济上三足鼎立的局面。进入 70 年代后，资本主义世界陷入长期的经济滞胀，美国经济增长速度大幅下降。1983 年以来，美国经济虽有所回升，但这是建立在债务经济的基础之上。由于巨额财政赤字和外贸逆差在今后几年内难以消除，潜在的债务危机正在日益深化。据预测，到 1991 年，美国净外债将达到 1 万亿美元①。这种债台高筑的状况将严重削弱美国在全球的影响，使美国在资本主义世界的经济地位进一步下降。

西欧是一个经济发达的地区。战后，在生产和资本日益国际化和欧洲形成美、苏两个超级大国对峙的形势下，西欧各国为了通过联合，以提高自己在国际市场上的竞争力，维护自身经济利益，增强国际地位，于

---

① 美国《国际货币评论》1987 年 10 月，第 8 页。

1958 年 1 月由法国、联邦德国等 6 国成立了欧洲共同体，目前已有 12 个成员国。随着共同体的发展和扩大，共同体在世界上的地位和作用日益提高。1979 年和 1980 年，共同体的国民生产总值曾超过美国，但是在此以后，共同体国家的经济增长率却明显地低于美国和日本。其主要原因是，80 年代初爆发的资本主义世界经济危机给予共同体国家经济以严重的打击，导致传统工业部门的生产连续 3 年出现负增长。在这种情况下，共同体经济一体化的进程受到了重大困扰。70 年代以来，美国和日本相继大力开发新兴的尖端技术，共同体国家则重视不够，而把大量财力通过补贴方式，投进农业、煤炭、钢铁、造船、纺织等传统工业部门，这也阻碍了共同体的科技和经济的发展。面对美国和日本的严峻挑战，近几年来，共同体各国日益感到加强西欧联合的必要性，从而推动了共同体的经济和政治一体化加快发展。引人注目的是，为了在尖端科技领域进行合作，1985 年 7 月欧洲 17 国采纳了法国倡议的"尤里卡"计划。这个计划的目的，就是要建立欧洲"工艺技术共同体"，协调一致地在现代化尖端科技领域开展科研活动和技术开发，使西欧在 21 世纪成为足以与美、日、苏在一切科技领域相匹敌的国家集团。同年 12 月，共同体卢森堡首脑会议还就 1992 年建成商品、人员、资本和劳务自由流通的内部统一大市场达成原则协议。建立内部统一大市场的目的，也在于为推动技术革新、发展高科技和加强共同体与美、日竞争的贸易地位创造有利环境。为了实现这个目标，两年来，共同体积极地制订改革方案，并为协调成员国之间的利益频繁地进行磋商。所有这些，充分表明西欧要在科技和经济领域赶超美国和日本的雄心。从目前情况看，今后十多年中，西欧经济只能缓慢增长，但它仍然是世界经济活动中心之一。

进入 80 年代后，日本经济增长速度虽然低于 70 年代，但它在主要资本主义国家中仍保持最高水平。近几年来，日本对美国、西欧出现大量外贸顺差，这实质上是彼此之间经济力量消长的反映。日本加速开发尖端的新技术，在某些方面已比美国略胜一筹。近年来，日本企业合理化和产业结构调整进展较快，加强了日本经济发展的基础。日元升值后，日本金融业发展迅猛。1987 年东京股票交易额达到 254.2 万亿日元，超过纽约，跃居世界首位。同年，日本外汇储备总额达到 811 亿美元，超过联邦德国，成为世界第一大外汇储备国。据日本大藏省公布，到 1985 年年底，日本在海外净资产已达到 1298 亿美元，成为世界最大的债权国。据日本《工业新闻》预计，到本世纪末，日本在海外净资产将达到 1 万亿美元。随着日本经济实力的上升，它在国际经济关系中将起着越来越大的作用。

　　战后初期，苏联和美国经济实力对比，美国占绝对优势。1955 年，苏联国民生产值大约相当于美国的 1/3 强。60 年代起至 70 年代中期，苏联经济增长速度快于美国，两国经济实力差距逐渐缩小。但自 70 年代中期以来，苏联国民生产总值的增长速度小于美国，差距有所扩大。① 目前苏联的国民生产总值大约相当于美国的 2/3。当前苏联和美国都面临严重的经济困难，两国在军事上和经济上居于支配地位的基础在削弱，因此不得不把经济调整、改革放在各自国家战略的首位，并开始同对方进行裁减军备谈判，以寻求出路。

　　第二次世界大战结束后，苏联和东欧国家面对美国和一些西欧国家的经济封锁，迫切感到有必要加强相互之间经济和技术方面的互助与合作。在这个背景下，保加利亚、捷克斯洛伐克、匈牙利、波兰、罗马尼亚和苏联 6 国于 1949 年 1 月发起成立经济互助委员会。"经互会"成立初期，原是一个欧洲区域性经济组织，1962 年起，"经互会"规定非欧洲地区国家也可参加，现在有 10 个成员国，其中有 7 个欧洲国家（6 个发起国及民主德国），3 个非欧洲地区国家（蒙古、古巴、越南）。"经互会"成立之初，它的活动主要在流通领域，50 年代中期以后，逐步由流通领域扩大到生产领域，由双边经济关系扩大到多边经济关系。1969 年"经互会"第二十三次特别会议上提出了"经济一体化"方针，强调要完善和深化协调国民经济计划，进一步发展国际生产专业化和协作。1971 年"经互会"第二十五次会议上通过了体现这一方针主要意图的"经互会成员国进一步加深和完善合作与发展社会主义一体化的综合纲要"。"纲要"规定，各成员国要在 15—20 年内分阶段实现生产、科技、外贸和货币金融

---

① 《美国总统经济报告》1987 年，第 368 页。

的一体化。

"经互会"自成立以来到 70 年代末，它的经济发展速度高于发达资本主义国家。60 年代"经互会"国家国民收入年平均增长率为 6.7%；70 年代前期为 6.4%，后期降为 4.2%[①]；进入 80 年代后经济增长速度进一步减慢。1981—1985 年 7 个欧洲国家国民收入平均增长率下降到 3.1%[②]。70 年代中期以来，苏联、东欧国家经济增长减慢的原因是多方面的。如这些国家劳动力严重不足，资金短缺，外债负担加重，机器设备陈旧老化，东欧国家能源紧张，特别是各成员国科学技术落后，加上从 60 年代中期开始的经济改革，多数国家进展缓慢，到 70 年代基本上都停顿下来。所有这些都阻碍着经济的发展。

为了摆脱经济停滞的局面，进入 80 年代后，大多数"经互会"欧洲成员国又先后着手进行经济改革。戈尔巴乔夫在苏共二十七大提出进行根本的改革后，对推动"经互会"国家的经济改革起到了积极的作用，目前多数"经互会"成员国正在出现又一次新的经济改革浪潮。与此同时，1985 年 12 月"经互会"第四十一次会议，就成员国进行联合开发先进、尖端科学技术问题，通过了《经互会成员国到 2000 年的科学技术进步综合纲要》。这个《纲要》被称为"东方的尤里卡计划"。制订这个《纲要》的目的，在于奉行一致的科学技术政策，为"经互会"成员国的科学技术合作创造一个重要前提。《纲要》规定，成员国将在国民经济电子化、全盘自动化、原子能动力工业、新材料及其生产与加工工艺以及生物工程 5 个方面组织全面的密切合作，以便为实现科学技术和生产现代化打好基础。当前，大多数"经互会"成员国的经济遇到不少困难，深化经济改革和组织实施《科学技术进步纲要》，对"经互会"国家将是一次重大的考验。1987 年"经互会"国家的经济增长速度属于中低水平，效益有所提高。看来，在今后几年内，它的经济增长也只能达到中速水平。

战后，广大发展中国家在政治上取得了独立，为发展民族经济扫除外

---

① 　根据《世界经济中的"经互会"国家》一文中有关数据计算，该文载于苏联《经济问题》1983 年第 10 期。

② 　捷克斯洛伐克《经济世界报》1986 年 8 月 20 日。

部障碍创造了有利条件。60 年代前期，发展中国家经济增长率达到 6.3%，后期增为 6.7%，70 年代前期增加到 7%①。与此同时，发展中国家为了维护自身的经济利益，组织了许多区域性经济合作组织，实行南南合作，这对推动发展中国家经济合作，共同开发资源，促进贸易和经济发展，以及对推动不公正的国际经济旧秩序的改革，都发挥了显著的作用。

亚太地区经济的崛起是战后世界经济发展中引人注目的一个事件。这里所说的亚太地区指的是东亚、东南亚和大洋洲等西太平洋地区。从 60 年代起，亚洲"四小龙"（韩国、新加坡、中国台湾和中国香港四个新兴工业化国家和地区）的经济发展大大加快。70 年代年平均增长率达到 8.9%，1980—1986 年增长率为 7.2%。据联合国亚太经社委员会统计，1987 年韩国增长 12.1%，中国台湾 11.2%，中国香港 12.1%，新加坡 8%。东南亚的东盟五国经济发展也很快，60 年代年平均增长 6.4%，70 年代达到 7.8%②。进入 80 年代后，由于受到世界经济危机的影响，五国经济增长率有不同程度的下降。到 1987 年东盟国家经济已出现迅速回升的势头，除新加坡以外，泰国的增长率也达到了 6.6%。日本从 50 年代起一直是发达资本主义国家中经济实力不断上升的国家。进入 70 年代以来，它在亚太地区起着资本货物和中间产品供应基地的作用。近几年来，日元升值，美元贬值，日本对其产业结构和贸易结构进行重大调整，向亚太一些国家和地区增加资本输出和转移一些劳动密集型产业；与此同时，"四小龙"和东盟国家也抓住日元升值所带来的有利时机，实行产业升级，大力发展对日本和美国的出口，积极引进日本资本，从而使这些国家和地区的经济取得了较迅速的增长。今后，日本如能大幅增加对其他亚太国家和地区的资本输出和技术转让，整个亚太地区的经济实力将会进一步增强。中国是亚太地区最大的发展中国家。9 年来，实行改革和开放，国民经济取得了持续增长；1988—1992 年，国民生产总值将争取年平均增长 7.5% 左右。随着对外开放的扩大，生产力的发展，中国这个潜在的巨

---

① 《美国总统经济报告》1987 年，第 368 页，这些统计数字不包括发展中的社会主义国家。
② 《世界经济年鉴》1983—1984 年刊，第 139 页。

大市场正在逐步变为具有现实意义的市场。中国积极参与亚太经济的交流与合作，必将进一步促进亚太地区的繁荣和发展。亚太地区是当今世界上最有活力的地区。据预测，到本世纪末，亚太地区经济发展速度仍将保持超过世界其他地区，并将成为世界经济活动的一个重心，与传统的大西洋经济重心相匹敌。

美国支配世界经济基础的削弱，日本经济实力的增强，亚太地区经济的崛起，加上原有的欧洲共同体、"经互会"和发展起来的发展中国家的经济集团，将使世界经济格局加速向着多极化和集团化发展。

总的来看，当前国际形势，对我们加快和深化改革、扩大对外开放是有利的。在世界各国人民为维护和平、谋求发展所做的巨大努力推动下，美苏就中导问题达成了协议，东西方关系有了某些改善，国际局势出现了一定程度的缓和。随着世界经济格局和世界政治格局加速走向多极化，美国和苏联两个超级大国争夺世界霸权的斗争将受到更大的牵制，和平力量的发展对战争力量将起着越来越大的制约作用。在世界经济方面，国际产业结构正在进行一次大调整，劳动密集型产业由发达国家向劳动力素质较好而费用较低的发展中国家转移。我国沿海地区劳动力资源丰富，素质较高，同其他许多发展中国家相比，又有科技力量较强的优势，这都有利于我们在参与国际分工体系上，根据互利的原则与世界其他地区实行垂直分工和水平分工，从而有利于我们的劳动力资源、自然资源、科技资源的开发和利用，加快我国经济的发展，同时也对世界经济的发展作出贡献。当前有些国家和地区，由于长期的外贸顺差，积累了大量过剩资本，在其本国货币升值的压力下，正在调整经济发展战略，调整产业结构和贸易结构，一方面扩大内需；另一方面积极向国外寻求投资市场和转移生产据点，这也有利于我们发展出口创汇，引进外资，引进先进技术，创办"三资"企业和改造老企业。世界经济形势的这些变化，对我们的扩大开放，加快经济发展是一个难得的机遇。但是应该看到，当前世界经济严重失衡，西方经济增长减慢，不稳定的因素很多，并将由此引起贸易保护主义的加剧，经济、技术竞争的激烈，以及国际金融继续动荡，政治风云变幻，这对我们扩大出口，进行国际结算等也会带来相当大的困难和风险。

因此，当前是机会和挑战同在，希望和困难并存。我们必须有危机感、紧迫感，不失时机地加快实施沿海地区经济发展战略，进一步做好开放工作，提高我们参与国际交换和国际竞争的能力，很好地利用有利条件，努力把不利条件转化为有利条件，积极促进我国社会主义现代化事业的发展。

最后，我想对《世界经济年鉴》讲几句话。我们的改革开放需要密切注意国际经济环境的变化。我们需要了解世界，同时也需要让世界了解中国，这两方面是同等重要的。不了解世界或不被世界所了解，都会使我们的改革开放遭到损失。《世界经济年鉴》适应时代的需要，于1981年应运而生，它对我们了解世界作出了贡献，被认为是了解和研究世界和各国经济基本情况的一本很需要的资料性工具书。希望它能够不断地总结经验，办得更富于科学性和适用性，更好地介绍有关中国改革开放及同世界各国发展经济技术交流与合作的情况，在增进相互了解、促进世界和平和发展方面发挥更大的作用。

以改革的精神探讨轿车工业发展的政策*

一　我国建设史上的一个新的尝试

以企业为投资主体筹建大型轿车项目，这是一个新的尝试或者说创举。为什么这样说呢？有必要先做个历史回顾。大家记得我们的第一汽车制造厂——新中国的汽车工业的摇篮，是在 50 年代中期，由国家集中投资 65000 万元，在苏联政府的援助下，用 3 年时间建成的，很快就生产出第一批解放牌载货汽车，随后又生产出红旗轿车，从此结束了我国不能制造汽车的历史。后来二汽等汽车厂的建设，大体上也是采取这种由国家集中投资建厂的建设模式。在当时的历史条件下，采用这种完全由国家集中投资建厂的办法是必要的，也是有成效的。目前正在筹建的大型轿车厂项目，所采用的是新的建设模式，主要依靠企业自己的力量，利用自筹、借贷和合资等方式筹集巨额资金、引进先进的技术，来建设现代化的轿车生产基地和配套的零部件生产体系。显而易见，这是按照社会主义商品经济的原则，贯彻改革与建设相结合的精神，进行的有益探索。现在，我国轿车工业发展的战略设想已经开了个好头。但在新的创业之初也碰到了不少困难，有些困难是企业自身难以解决的，迫切需要国家进一步给予支持。

---

*　本文原载《汽车与配件》1988 年第 9 期。

二　为轿车工业的发展创造良好的宏观环境

大家知道，轿车项目投资巨大，技术密集，关联性很强，更需要从宏观上加强管理和协调。在整个建设过程中需要各方面的大力支持。在起步阶段，这种支持尤其重要。支持的方式，可以是直接的、行政的，也可以是间接的、经济的。这些支持集中到一点上，可不可以说，就是要充分运用政策的力量，为发展轿车工业创造一个比较良好的宏观环境。世界上新兴的轿车工业发达的国家和地区，都提供了这方面的经验。

良好的宏观环境，具体地说，应当符合这样的要求：（1）有利于贯彻北戴河会议精神，确保集中布点；（2）有利于尽快地上水平，上规模；（3）有利于国家确定的几个重点企业以各种可行的方式筹措资金；（4）有利于引进先进技术或合资建厂；（5）有利于发展零部件生产，并使之尽早实现通用化、标准化、系列化；（6）有利于取代进口和实行出口导向战略；（7）有利于相关工业的同步发展。

在创造这种良好宏观环境的过程中，中国汽车工业联合会做了许多重要工作，贯彻改革的精神，积极参与汽车行业的指导、管理和协调，发挥了企业与国家之间以及与其他相关产业之间的纽带作用。大家期望中汽联今后发挥更大的作用。

三　研究轿车工业发展政策应当注意的几个问题

这次讨论轿车工业的发展政策，请大家考虑，是否有这样几个问题值得我们注意：

（一）要紧紧围绕落实国务院关于发展轿车工业战略决策和部署这一中心

国务院的决策和部署，就是要加快我国轿车工业的发展，尽早挡住进口和力争出口，面向国内国外两个市场，把我国汽车工业提高到一个新水平；就是主要依靠一汽、二汽和上海大众汽车公司。在全国范围内，国家不再安排新的轿车生产点，地方也不要自行安排或随意扩大轿车生产点；就是要按照既定的模式和产品方向进行建设；就是要加强行业的宏观指导和扩大企业自主权相结合。这次会上，主要是讨论如何使既定的项目快上，上好，早出车，出好车。实践已经证明，国务院的上述决策和部署是正确可行的。能否取得预期效果，主要地或者说完全地取决于能否抓住时机，认真落实。事实告诉我们，失去机遇所造成的损失，在一定意义上说，并不亚于决策的失误。小平同志曾经告诫说："千万不要贻误时机"，"时机有利时，要坚决些"。这一重要精神，当然完全适用于指导轿车工业的发展。现在，大家都有一种紧迫感。我们在轿车生产上已经落后了许多年，一再失去机遇；而当前和今后又面对着世界范围的激烈竞争。时间，对我们来说，是有限的，是十分珍贵的，机遇稍纵即逝。

（二）有关政策的讨论要以改革为主线

这几年，我国汽车工业的改革是有成效的，一汽、二汽实行的计划单列，实行的利润递增包干，实行的企业集团化即跨地区、跨行业的横向联合，等等，都是改革精神的具体运用和体现。通过这些措施，不仅使企业获得了自主经营的权力，也培育了他们自我积累、自我改造、自我发展、自我制约的能力，同时也增强了积极参加世界竞争的意识和勇气。可以说，改革使我国汽车工业焕发了生机，改革又将是加速我国汽车工业发展的催化剂。

在我国轿车工业的建设和发展中，已经遇到而且今后还将遇到种种困难。主要依靠什么来克服困难呢？要靠改革，要靠改革来调动企业的、部门的和有关方面的积极性和创造精神。而改革总是要冒一定风险的，要积极探索，胆大心细，迎着风险前进。我国包括轿车工业在内的整个汽车工业的振兴，必将经历改革和发展相结合，以改革促发展的进程。而且还应当看到汽车工业的改革和发展，将发挥很强的波及效果和带动作用，为深化和促进相关产业，以及整个经济体制的改革和运行机制的转换作出贡献。

现在，汽车行业和其他行业已经有了一系列的改革措施，有了一系列的相关法规，最近通过的企业法就是一个权威性的行动规范。它们是几年来群众性改革实践的结晶，应当得到应有的重视和充分的运用。有的措施本身可能不够完善，或者实行这些措施的条件一时还欠缺。我想，另一种情况也值得注意，就是主要由于我们自身的认识上和工作上的原因，使有些比较得力的政策措施未能发挥应有的效用。因此，要在落实上多下工夫。当然，有的改革措施和经验，还要不断完善、深化和发展。新的改革措施和经验，还有待探索和创造。企业处在建设和改革的第一线，更要在这方面发挥能动作用。

（三）注重政策的系统性、完整性

轿车工业发展的政策，应当是一个体系，它是国家政策体系中的一个子系统。只有符合系统性要求的政策，才真正具有可行性，才会收到实效。在从这样的观念出发进行论证的时候，需要注意：

——轿车工业政策要和全国的宏观政策大体协调，否则再好的设想也难以实现。例如，为保证轿车工程的合理工期，企业希望基建笼子能够跨年度。这个要求有它的合理性，但从国家来说，目前的计划体制和物资供应体制都是按年度平衡的。像轿车工程这样的大项目如果脱离国家计划的年度平衡，其自身影响和可能引起的连锁反应，在宏观方面，又是不能不慎重对待的。至于能否找到一个兼顾的变通办法，作为一种试点，这就需要认真加以研究。

——轿车工业政策要有利于相关产业、零部件工业的协调发展。汽车工业对相关产业，既有带动作用，又受其制约。而相关产业的发展，又往往有个滞后期。因此，要充分考虑到相关产业的同步发展。对零部件工业的发展，更要给予足够重视和重点扶持，没有坚实的零部件工业，国产化和出口导向，都将失去可靠的基础。

——轿车工业政策要注意阶段性和时序性。轿车项目可以分为准备期、建设期、投产期。在不同阶段，对人财物的投入和外界环境的要求，对国家政策上的保护和扶持的需要程度，都有所不同。同时，我国又正处在新旧体制并存和交替的时期，新体制的完全确立要经过有波折甚至有风险的较长过程。为了适应这两方面的情况我们选择的政策应该有阶段性，有出台的先后次序。这样，可以减少摩擦。例如，前边提到的合理工期和笼子的矛盾，可能集中出现在投资高峰期，把这两三年的问题重点考虑好，就有可能使矛盾变得容易解决一些。

——轿车工业政策要注意配套性。这就是说，要综合地考虑和运用价格、税收、信贷、财政、进出口等政策，进行调节和干预，以便促进轿车工业协调健康地发展。

（四）轿车工业发展政策要有重点

轿车工业发展政策包括多方面，都需要加以重视和研究。就当前来说，应该选择最有利于争取时间、保证轿车工业建设速度的有关政策，作为研究重点，这也是企业最迫切需要的。

在研究政策时，要充分考虑代价和效益，要用同等的代价获得最大的效益，或者说获取同等的效益，要付出最小的代价。同时，既要注重定性分析，即政策的一般合理性，又要注重定量分析，即实行某项政策能够获得的可靠效益究竟有多大。我们首先应当研究那些代价较小、收益较大、见效较快的政策。

最后，简单谈谈这次会的开法。我们在通知中列出了5个题目，大体上包括了这次会上想议论的主要内容。当然也不一定受它的限制。会议准备开4天，日程安排已经发给了大家。为了使讨论更集中和有针对性，准备先请几个轿车厂的领导同志，向大家介绍一下他们的建设进度、遇到的困难、在政策上的新的设想和建议。然后，请大家充分发表意见。

现在，汽车工业发展战略已经确定，轿车立项问题以及骨干企业计划单列问题，已经相继解决。面临的任务，就是要尽一切努力，积极提供政策支持和采取改革措施，把轿车的事情办得快一些，好一些。通过这次会的讨论，准备在会后形成一个进一步落实去年北戴河会议部署的若干政策建议，供国务院决策时参考。

中国社会主义现代化的道路和前景(上) *

前　言

中国在经历了"文化大革命"的十年动乱之后，将走向何处去？中国的现代化将走什么道路？发展前景如何？所有这些，都是举世瞩目的大问题。本书旨在研究这些问题，着重探讨从现在到本世纪末中国现代化的道路和前景。

"只有社会主义能够救中国。"这是中国人民总结了一百多年革命斗争和30多年社会主义建设正反两方面的经验所得出的科学结论。历史实践证明：中国的现代化，"全盘西化"走资本主义国家那样的道路是根本走不通的；照搬照抄别的社会主义国家模式，也难以取得成功。中国必须走自己的路，从国情出发，面向世界，建设有中国特色的社会主义，才能实现中国的现代化。

中国是一个拥有10亿多人口的大国，有它自己的特色。最明显的是：国土广大，人口众多，底子很薄，生产力相当落后，经济发展极不平衡，人均国民收入至今才400美元。人口的63.4%还居住在乡村，劳动力中的62.5%在从事第一产业。这就是说，30多年来的社会主义建设虽然取

* 本文是作者的专著，上海人民出版社 1988 年 10 月出版。

得了巨大成就，但是，我国仍处在社会主义社会发展的初级阶段，而且是它的前期。

这种基本情况决定了中国目前的商品经济和国内市场是很不发达的。国内市场的狭小和人均收入水平很低，互为因果，它制约着经济发展速度和能用于再投入的资金积累水平。作为一个渴望尽快赶上发达国家的发展中国家，百业待举。农业生产和农田基本建设急需加强；电力、交通运输、邮电通信、原材料和元器件的短缺急需克服，现有工业生产能力的技术水平急需提高；科学教育事业急需发展；居民的生活条件、居住条件、生态环境急需改善。巨大的资金需求和有限的资金供给是中国在现代化过程中必须解决的一个根本难题。

环顾世界，发展中国家在加快现代化过程中的成功经验，无一不是尽可能地利用了当时有利的国际环境。后进国家具有两重性：一方面，产品竞争力差；另一方面具有廉价劳动力的优势。当然，和五六十年代、70年代不同，80年代的世界市场基本处于停滞和缓慢增长的状态，各项初级产品的需求在逐渐萎缩。但是，新的环境也造成了一些新的发展机会：新技术革命在蓬勃兴起；社会主义国家的经济改革和政治改革在不断深入，日本等一些发达国家的货币在升值，迫使它们不得不把一部分生产能力转移到国外；由于债务危机主要发生在拉美国家，国际资本正在转向亚太地区；新兴工业国和地区的工资成本持续上升，劳动密集型产品的出口竞争力在下降，等等。这些国际环境变化的新趋势，既是对中国现代化的挑战，也是给中国加快现代化造成了可利用的机会。

面对国内外发展的趋势，中国社会主义现代化道路最根本的是要通过改革和开放，加快发展社会主义的商品经济、促进生产力的迅速发展，建设有中国特色的社会主义。这种商品经济既具有社会主义特征，保障人民走共同富裕的道路；又强调市场竞争，优胜劣汰，引导企业去努力开拓国内市场和国际市场，在对国家多作贡献的前提下，提高本企业职工的收入水平。

加快发展社会主义的商品经济，首先要进一步搞活企业，使企业，特别是国营企业成为真正的自主经营、自负盈亏的商品生产者和经营者。其次，要有步骤地建立和完善社会主义的商品市场、资金市场、技术市场、金融市场，促进劳动力的合理流动。在保证群众生活水平稳步提高的前提下，逐步放开价格，形成比较完善的价格体系和价格机制，为企业建立平等竞争的市场环境。再次，要从政企分开、简政放权、克服官僚主义、提高工作效率入手，逐步进行政府管理机构的改革。政府对企业的管理，应逐步从直接管理为主转变到间接管理为主，由行政手段为主逐步转变到以经济、法律手段为主，减少对企业的干预，为搞活企业创造条件。

中国的社会主义现代化道路也必须是能发挥我国劳动力充裕的优势，能比较有效地使用资金和资源的道路。在现阶段，中国经济发展战略要有步骤地改变过去那种片面追求产值、产量增长速度的发展战略，转变到以注重效益、提高质量、协调发展、稳定增长的发展战略。因此，今后产业发展的重点，应当是以下几个方面：一是农业，特别是粮食的生产，这对拥有十亿多人口的中国来说，无论在当前或今后长远时期都是经济发展的重要基础；二是电力、交通运输、邮电通信以及重要原材料工业；三是既能出口创汇，换取先进技术、短缺的原材料和元器件，又能大量吸收劳动力的轻纺工业和装配型机械工业；四是设备制造业。同时，用新技术改造传统产业，相应发展新兴产业，使产业结构逐步合理化。利用我国现有的工业基础，在满足国内需要的同时，努力扩大出口，逐步使农村从事农业的多余劳动力向城镇的第二、第三产业转移，以较快地提高人民的收入水平，从而使比较狭小的国内市场能够较快地扩展，整个经济的积累水平尽快提高。为了实现这样的战略，需要有一整套与促进产业结构合理化相适应的产业政策来加以保证。在增强企业活力、发挥地方积极性的同时，形成全国比较协调一致的力量，在较短的时间内，使新建立的生产能力能具有较好的规模效益，使已有的生产能力能改造成具有较好的规模效益，使我国的劳动密集型产品和劳动密集同技术密集相结合的产品，在世界市场上的份额能迅速扩大。

中国社会主义现代化道路是一条艰苦奋斗的道路。人口众多、资金短缺的国情决定了我国经济落后状况的改变是一个比较长的历史过程。为了在较长时期内能在国际市场上保持住劳动密集型产品的竞争力，我国职工的工资不可能提高得过快。我们需要的是个人利益和集体利益、国家利益的结合，眼前利益和长远利益的结合。企业和个人收入的提高应取决于他们对国家贡献的大小，而绝不是靠减少国家收入来增加企业和个人收入。因此，我们必须进一步大力提倡建设社会主义精神文明，必须大力提倡为我国社会主义现代化奋斗的献身精神，必须培养出大批具有献身精神的企业家、科技教育人员、各级行政管理人员以及亿万工农群众。先富起来的人应当是为国家和人民作出最大贡献的人。同时，必须健全社会主义法制，严厉惩处那些化公为私、损害国家利益和社会利益的违法乱纪者。

经过全国上下的艰苦努力，到 2000 年我国人民生活将达到小康水平，我国的经济实力和在世界经济中的地位将会大大提高，国内市场将会大大扩大，劳动力在第一产业中的比重将有明显的下降。这将为在下一世纪我国的进一步现代化打下良好的基础。那时，我国的经济发展重点就可能转向技术密集型和资金密集型产业，出口产品的加工深度将进一步提高，信息产业、服务产业将迅速发展，人民生活中自行支配的时间将逐步增多，社会主义制度的优越性将越来越明显地表现出来。

根据上述思路，本书分为中国社会主义现代化的背景、中国社会主义现代化的道路，中国社会主义现代化的前景共三大部分来进行论述，而以中国社会主义现代化的道路为重点。

现代化的道路是个既重要，又复杂、困难的课题。在一些进行现代化尝试的发展中国家里，他们或者把它看做就是全盘西方化，或者就是照搬某些社会主义国家的经验。结果往往是不成功的。中国作为 10 亿多人口的社会主义大国，在面临新技术革命挑战的世界环境中，探讨它的现代化道路，就有更多的困难和复杂性。本书力图应用马克思主义的观点，从中国的国情和世界发展变化趋势出发，结合中国近十年来改革开放的实践，概括出一条适合中国国情的、效益较好的现代化道路，但也难免以偏赅全，甚至可能存在某些疏漏和错误。

为了加快我国的改革、开放和发展，为了使改革、开放和发展能更好地配套和相互促进，使各级干部和广大群众清楚地理解和把握中国在近一二十年的基本发展道路，看清它的前景，对这些重大问题进行探讨，又是迫切需要的。这是作者撰写本书的主要目的。

　　本书在对现代化前景的描绘那一部分中，引用了原国务院技术经济研究中心组织的《2000 年的中国》的研究成果。全书的撰写过程得到了才晓予、王慧炯、方应先、田源、乔仁毅、乔刚、朱兵、李泊溪、李金昌、李剑阁、邵崇、杨沐、陈伯林、周叔莲、孟宪刚、赵林如、徐传珍、黄速建等同志（以姓氏笔画为序）的大力帮助。谨在此一并表示衷心的谢意。

作　者

1987 年国庆节于北京

一　中国实现社会主义现代化必须走自己的道路

一个多世纪以来，每一个具有爱国心的中国人，都在期望着把我们的祖国由一个贫弱的文明古国，变成一个富强的现代化国家。但是，在半殖民地、半封建的旧中国，无论是在晚清年间或者民国时期，现代化始终只是一种令人神往而又渺茫的幻影。无数曾流血奋斗的志士仁人为此抱恨终身。这是已经为中国的近代史所证明了的。

1949年中华人民共和国成立，使我们这个文明古国获得了新生，开始了中华民族凛然自立、奋发自强的新纪元。当前，我国的生产技术和经济发展水平，同世界上的发达国家相比，虽然还是落后的，但我们毕竟已建立了一个独立的比较完整的工业体系和国民经济体系，为实现我国的现代化奠定了可靠的基础。经济发达的国家在以往的发展过程中，从相近的起点，达到我国现有水平，用了近百年甚至更长的时间，而我们只用了30多年。实践清楚地告诉人们：建设一个社会主义的现代化的富强的中国，已经不再是一种可望而不可即的幻影，而是绘入蓝图，付诸实施的奋斗目标了。中国人民在中国共产党的正确领导下，正满怀信心地创造着伟大的未来。

从现在到未来之间的道路该怎样选择，确是一个具有重大意义的课题。过去的历史表明，"全盘西化"或照搬苏联的模式都是行不通的。那么，我国的现代化道路究竟应该如何选择？下面我们从基本概念入手，对此做一些有分析、有比较的探讨。

（一）现代化是历史性、世界性的概念

现代化从狭义理解是指技术的发展水平。机械化、电气化、化学化、自动化等标志着不同时期的现代化。从广义理解，现代化不仅是指技术发展水平，也不仅是指生产力的发展水平，而是指整个国民经济和社会生活各个方面的发展水平，以及组成这个社会的人的发展水平。由于人类社会的生产力和科学技术是不断向前发展的，在各个不同的历史时代，社会经济和科学技术所要达到的先进水平是不一样的，从而不同历史时代的现代

化就有不同的标准。这个标准，不是哪个国家任意制定的，而是在全世界范围内由社会历史发展客观地形成的。所以，现代化是历史性、世界性的概念。

从劳动资料的发展史来看，在机械化以前的历史时代，社会普遍使用人力、畜力来完成生产操作。只是随着资本主义的发展，才出现了机器，并越来越广泛地被应用于生产。在 19 世纪三四十年代，普遍运用机器的英国，就是当时世界上的现代化国家。以后，美国、法国、德国、俄国、日本等也逐渐普遍地使用机器，实现了现代化。从各主要资本主义国家基本完成产业革命到第二次世界大战前的这一历史时期，现代化的标准就是用机器体系进行生产，实现机械化。从第二次世界大战到现在，生产资料发生了又一次本质性的变化，机器体系中出现了极其重要的新的组成部分——自动控制系统，能够加工、处理和传输信息，代替了原先由劳动者在生产过程中执行的部分控制职能，如观察、测量、操纵等。当前，现代化的标准就不仅仅是机械化，而主要是实现自动化，即大规模地采用电子技术等更先进的技术装备。

既然一定历史时代的现代化的标准是适用于一切国家的，那么，衡量一个国家是否实现了现代化，就不是把它现有的技术装备和经济发展水平同本国过去的情况做纵向的比较，而是同当时世界的先进水平做横向的比较。只有在科学技术上和经济上达到当代的世界先进水平，才可以被公认为实现了现代化。从当代发达的现代化国家的比较中，可以看到它们有以下一些共同的特点：

第一，劳动资料现代化。马克思指出："各种经济时代的区别，不在于生产什么，而在于怎样生产，用什么劳动资料生产。劳动资料不仅是人类劳动力发展的测量器，而且是劳动借以进行的社会关系的指示器。"[①]发达国家的科学技术处于世界领先地位，他们不仅建立了一大批对经济发展起促进和推动作用的新兴工业，而且利用先进的科学技术，对传统工业部门的装备进行了改造，广泛使用效益高的新型能源、新型材料，使每个

---

① 马克思：《资本论》第一卷，人民出版社 1972 年版，第 204 页。

劳动者和单位能源、原材料所提供的国民财富越来越高。进入 80 年代以来，这些国家都集中了一大批科研力量，致力于微电子技术、机器人、激光技术、遗传工程、空间技术以及新能源、新材料和信息传输等方面的技术革命。由于这些国家掌握先进的科学技术，所以他们技术装备的自动化程度、物质使用的效益和劳动生产效率都比较高。

第二，劳动者的科技文化水平现代化。自有人类社会以来，劳动力始终是社会生产力中的决定因素，现代社会也依然如此。因为，无论是现代科学技术还是先进的劳动资料都是人发明创造的。而且只有当人们能够驾驭它们并使之应用于生产，才能发挥它们的应有作用。现代科学技术在经济和社会生活中的广泛应用，不仅要求劳动者普遍具有较高的科技文化水平和一定的专业知识，而且还引起了劳动者构成的变化，即在整个就业人员中，技术人员的比重将不断上升；在整个管理人员中，具有专业知识的人员将迅速增加。以美国、苏联、日本、联邦德国、法国、英国为例，这些国家在 70 年代末，科学工作者和技术人员占全国人口的比重大致都在20%—30%，中小学生的入学率在 80%—100%，高校学生的入学率为20%—30%（美国为 55.5%），成人识字率都在 98% 左右。

第三，经济管理的现代化。现代化大生产是一个既有严格分工又有高度协作的复杂的生产体系，具有严密的整体性。这就要求有与之相适应的现代化的经济管理，否则先进的技术和设备将很难发挥作用。发达国家的经济管理水平普遍较高。在企业内部，管理组织比较合理，层次少，效益高；管理方法比较先进，如系统工程、投入产出法、运筹学等得到比较普遍的应用；在管理手段上都比较广泛使用计算机，做到能够灵活有效地组织、指挥、调节和监督各种生产经营活动，从而取得较好的经济效益。

第四，经济结构的现代化。由于科学技术的进步并在各经济部门的广泛应用，逐步引起了整个经济结构的变化。同发展中国家相比，现代化国家的经济结构具有一些明显的特点。一是在产业结构层次上，农业占国民生产总值的比重和就业人员中的比重相对较低，而第三产业占国民生产总值的比重和就业人员的比重相对较高。二是在工业结构层次上，知识和技术密集度较高的新兴工业所占的比重相对较大。三是在产品结构层次上，加工深度高、附加价值大的产品所占的比重较大，原材料等初级产品所占的比重较低。

第五，主要经济技术指标和生活水平指标达到世界先进水平。目前，美国、苏联、日本、联邦德国、法国、英国的国民生产总值和国民收入都位于世界前列，人均指标也处于较高水平。如以钢、煤、油、发电量、小汽车、载重汽车、水泥、合成纤维、电视机等几种主要工业产品产量来比较，上述国家中除日本、联邦德国和法国因资源缺少，油、煤等产品产量在世界各国的排位名次较后外，其他各项都在世界的前十名以内。从出口看，1984 年美国的出口贸易总额在世界上是第一位；第二位至第五位，依次是日本、联邦德国、英国、法国、苏联。在出口贸易的商品构成中，机电产品一般都占 50% 左右。同世界其他各国相比，这些发达国家的人均生活水平较高。如饮食的营养，平均每人每天在食物中摄取的热量一般都在 3300 大卡以上。在医疗卫生方面，医院每张病床平均负担的人数，除美国、英国分别为 155 人和 117 人外，其他都为 80—90 人；每名医师平均负担的人口数，都在 500—800 余人之间。彩色电视机、电冰箱、洗衣机等耐用消费品的普及率，都在 90% 左右。这些国家的人均寿命也比较高，男性为 69—73 岁（苏联为 65 岁），女性为 74—78 岁。

（二）各国现代化都有自己的特点

以上分析表明，当代世界上的现代化国家都有上面一些共同的标志，但这并不意味着各国的现代化都是同一模式的。各国的现代化在具有上述这些共同点的同时，还有以下一些不同点：

以新兴工业部门和新技术的发展为例，各国发展的重点不同，因此不同领域的发展水平差距很大。尽管各国都普遍重视机械工业、电子工业和化学工业，而美国、苏联则把国防工业、宇航工业放在首位。同样是发展能源工业，英国是大力发展石油开采；法国则重视核能利用。从电子工业的发展来看，美国是以军品开路，以军带民，而日本则首先发展日用电子产品，然后再扩大到其他投资类产品。所以他们的产品构成有很大不同。美国的电子工业产品中，投资类产品、消费类产品和元器件产品分别占 69%、10% 和 21%，而日本则是各占 33%。目前世界使用电子计算机的总量约为 40 万台，而美国为 22 万台，超过总量的一半；其次为日本，约为 4.19 万台，联邦德国、法国、英国、苏联等国则在 6000—7000 台之间；工业机器人的使用，日本占目前世界使用量的一半以上，美国仅为日本的 1/3。

经济发达国家之间的劳动生产率差距也比较大。在汽车工业、钢铁工业中，日本的劳动生产率比美国高得多。而农业的劳动生产率则美国比日本高得多。1980 年每个农业劳动力平均负担的可耕地面积，美国为日本的 71 倍；每个农业劳动力平均生产的谷物，美国为日本的 62 倍；每个农业劳动力平均生产的肉类，美国为日本的 27 倍。

从人均产出水平来看，在世界各国 1980 年人均国民生产总值的名次排列中，人口相对较少的联邦德国和法国分别为第六位和第十几位。而人口较多的美国、日本、苏联则位次较后，分别位于第 14 位、第 21 位、第 42 位。再以人均主要产品产量来看，1979 年人均原油产量苏联是日本的 550 倍，人均煤产量联邦德国是日本的 30 倍，人均糖产量法国是日本的 11 倍，人均奶产量法国是日本的 12 倍，人均动物油脂产量法国是日本的 25 倍。

经济发达国家之间人民生活水平的差别也很大。如，每人每天平均在食物中所摄取的热量，1980 年日本为 2800 大卡，而其他国家都在 3300 大卡以上。1978 年美国职工家庭平均每人的消费支出为苏联的 4 倍，农业工人平均月工资为苏联的 2 倍多。1972—1974 年间，美国职工家庭伙食费占生活费支出的比重为 29.7%，苏联为 52.1%；居民每人平均用电量美国约为苏联的 6 倍。

在社会制度和经济体制方面，各国之间的差别更是十分明显的。苏联是社会主义国家，消灭了剥削，走共同富裕的道路，虽然工资比较低，平均生活水平比较低，但全社会富裕程度之间的差别是比较小的。西方国家虽然平均工资比较高，但社会贫富差距比较大，总有比重不小的一部分劳动者还生活在贫困线以下。据美国 1978 年的统计，生活在贫困线下的人数还有 2450 万人，占总人口的 11.4%。另外，同样在西方国家中，各国的经济体制也还有很大不同，美国和联邦德国较强调市场机制的作用，国家对经济活动的干预相对较少；而日本和法国则在发挥市场机制作用的同时，十分重视国家对经济发展的指导，长期重视研究制定强有力的产业政策和经济发展计划。

各个国家和地区的现代化之所以出现不同特点，至少有以下几个原因：

一是人口多少不同。人口多少与人均国民生产总值有很大关系。1980年人均国民生产总值排在世界前十位的国家是：阿拉伯联合酋长国、卡塔尔、科威特、瑞士、卢森堡、联邦德国、瑞典、丹麦、挪威、比利时。其中前三个国家虽然人均国民生产总值很高，但还不能说就是现代化的国家。这十个国家中人口最多的是联邦德国，为5900万人，其他的国家都没有超过1000万的。处于第一位的阿拉伯联合酋长国只有75万人，第二位的卡塔尔只有21万人。一些人口少的小国，可能由于某些得天独厚的资源条件使得某些产品的人均产量特别高。如卡塔尔的人均石油产量为116.4吨，卢森堡的人均钢产量为14吨。这样高的人均产量水平，是人口众多的国家往往难以达到的。一般来说，人口众多的大国，即使实现了现代化，人均收入水平也不可能排在世界各国的前列，反过来说，某些主要由于占有稀缺资源而致富的国家，由于本身技术水平不高，仍然不能称为现代化国家。

二是国土大小不同。各国国土面积特别是可耕地面积大小和自然条件不同，直接影响农业劳动生产率水平，从而也影响到其他生产建设事业。如日本的可耕地面积只有美国的2.6%，并且不适合大机器耕作，这是日本农业劳动生产率比美国低得多的主要原因。又如英国森林面积只有210万公顷，而人口为它4倍左右的苏联，森林面积却是英国的438倍，所以英国成为木材和纸浆的进口国，而苏联则是木材和纸浆制品的出口国。

三是资源条件不同。如日本是个缺乏自然资源的岛国，这使得它的现代化具有不同于其他国家的某些特点。日本有一半的粮食、大部分煤炭、几乎全部石油和金属矿石都要靠进口，因而这一类产品的人均产量就比苏联、美国这些资源大国的人均产量少得多。法国国内的水力资源有限，到

1980 年的利用程度已达到 95%，同时煤、油又很稀缺，1978 年矿物燃料的进口已占整个进口额的 19.5%，所以就大力发展核电技术，发电量中的核电比重居世界首位。苏联的西伯利亚地区蕴藏着丰富的煤、油和天然气，全国水力资源也较多，这是它在一定时期内解决能源问题的有利条件。

四是文化传统不同。东方民族重视家族的集体利益，西方民族则有重视个人奋斗的传统，这导致在管理上，日本比欧美更重视组织的作用，而欧美比日本更强调个人的选择自由。

五是各国在实现现代化过程中所面对的国际形势不同。如英、美等国是在世界上较早实现现代化的国家，国际上没有其他国家的经验可以借鉴，所以它们推崇市场的作用，努力通过市场竞争的自发力量来促进效益高的工业和企业的发展，淘汰效益低的工业和企业。苏联和日本等国则是后跨入现代化行列的国家，所以它们能够利用其他国家的先进技术和发展经验，享受"后发性利益"，利用国家的力量来加快现代化进程。而由于技术的发展，各个历史时期的先进技术和发展经验是不断地变化的，在每个时期后进国家可利用的国际条件是不同的。

六是各国在世界政治和经济格局中的地位不同。如美国和苏联为了争霸世界，在军备竞赛和宇航研究中唯恐落后，因此都把发展宇航和国防工业放在首要地位，军费开支占国民生产总值和财政开支的比重很高。而联邦德国和日本是第二次世界大战中的战败国，发展军工生产受到国际条件和本国宪法的限制，军费开支就比较少，因此能集中力量加强自己的经济实力。而进入 80 年代后，随着日本经济地位的上升，它追求政治地位的欲望在提高，这也会影响到其经济结构的变化。

上述六个原因中的前四个可以看做是国情特点的不同，后两个可以看做是时代背景的不同。所以，归根到底，可以说是国情特点和时代背景使各国的现代化打上本国和时代的烙印，使各国的现代化和现代化道路都具有自己的特点。

（三）要走出一条中国式的社会主义现代化道路

列宁说过：一切民族都将走到社会主义，这是不可避免的，但是一切民族的走法却不完全一样……每个民族都会有自己的特点①。从我国在革命和建设中所走过的曲折道路看，什么时候我们注意和发扬了自己的特点和优点，就比较容易获得成功，什么时候我们忽视了自己的特点，照搬照抄外国的经验，就往往遭到挫折和失败。

在新民主主义革命时期，我们党在较长的一段时间里，对于马克思列宁主义普遍真理要和中国革命具体实践相结合的认识，还不是那么深刻、自觉的。有些同志曾试图照搬俄国以城市暴动夺取全国政权的做法，结果在实践中屡遭失败，付出了很大的代价。毛泽东同志最早认识到了这种结合的必要性和可能性，从中国的历史状况和社会状况出发，创造性地运用马克思列宁主义的一般原理，在没有任何先例的情况下，开辟了一条在农村建立革命根据地，以农村包围城市，最后夺取全国政权的武装斗争的独特道路，从而引导中国革命取得了全国的胜利。

新中国成立以后从新民主主义到社会主义的转变过程中，我们党和毛泽东同志把马克思列宁主义的普遍真理同当时的中国实际相结合，创造了一条适合中国特点的社会主义改造的独特道路。尽管在工作中发生过这样那样的缺点和毛病，但社会主义改造所取得的成就是巨大的，几亿人口的大国在短短几年内基本上消灭了剥削制度，建立起社会主义制度，解决了占世界人口 1/4 的人的吃饭问题，这在中国历史上是具有重大意义的。

进入社会主义建设时期后，我们党和毛泽东同志在马克思列宁主义指导下，提出了探索中国式的社会主义建设道路的任务，并根据第一个五年计划的初步经验，做了很多理论上的总结。党的八大的主要文件，毛泽东同志的《论十大关系》、《关于正确处理人民内部矛盾的问题》等著作，以及党中央其他领导同志有关社会主义建设的论述，为我国社会主义事业的发展指明了正确方向。同时，由于全党和全国人民的艰苦奋斗，我们在社会主义建设上取得了巨大的成就。

但在这段时间里，我们也较多地照搬了苏联的经验和做法，用僵死的

---

① 《论对马克思主义的讽刺和"帝国主义经济主义"》，《列宁全集》23 卷，人民出版社 1958 年版，第 64—65 页。

集中指令性计划，低的经济效益，追求发展速度和尽快实现工业化，特别是从 1958 年开始的"大跃进"，完全背离了一切工作应从实际出发的指导原则，犯了"左"的错误。在 60 年代初期的调整中，实际工作中的错误得到了一定的纠正，但指导方针上的脱离实际、急于求成的"左"的思想并没有根本改变。"文化大革命"的十年，"左"的错误更加发展，特别是林彪、江青两个反革命集团的破坏，使我国的社会主义现代化建设事业受到极大损失。粉碎"四人帮"后的头两年，我国的工农业生产虽然有了比较快的恢复，其他方面的工作也有所进展，但由于当时党中央主要领导人还坚持过去一套"左"的东西，致使经济工作中急于求成和浮夸现象又重复出现。

党的十一届三中全会，是我们党在新中国成立以来的一次伟大的历史转折。全党开始从指导思想上进行正本清源和拨乱反正，系统地纠正多年来的"左"的错误，并把现代化建设中犯"左"的错误的原因提到背离我国国情这个指导原则上来认识。十一届六中全会通过的《关于建国以来党的若干历史问题的决议》指出：社会主义经济建设必须从我国国情出发，量力而行，积极奋斗；我们过去在经济工作中长期存在的"左"倾错误的主要表现，就是离开了我国国情，超越了实际的可能性。

党的十二大对我国长期以来在经济建设中由于脱离国情而犯的"左"的错误及其教训做了一个基本的总结。邓小平同志在开幕词中深刻地指出："我们的现代化建设，必须从中国的实际出发。无论是革命还是建设，都要注意学习和借鉴外国经验。但是，照抄照搬别国经验、别国模式，从来不能得到成功。这方面我们有过不少教训。把马克思主义的普遍真理同我国的具体实际结合起来，走自己的道路，建设有中国特色的社会主义，这就是我们总结长期历史经验得出的基本结论。"[①] 按照以上要求去深入地了解，认识我国的国情，还是一个十分艰巨的任务。在世界历史上，一些资本主义国家通过经验的积累，也逐步找到了比较适合本国情况

[①] 《中国共产党第十二次全国代表大会开幕词》，《邓小平文选》（一九七五——一九八二年），人民出版社 1983 年版，第 371—372 页。

的现代化道路。中国是社会主义国家，在生产资料公有制的基础上实行有计划的商品经济，能够自觉地有计划地完成现代化的宏伟事业，走出一条中国式的社会主义现代化道路来。

（四）要善于利用时代给予我们的机会，加快我国社会主义现代化的进程

时代背景是一国实现现代化的大环境。前面对各国的比较表明，一国在实现现代化时期起步不同，在世界政治和经济格局中的地位不同，也会使它的现代化和现代化道路具有不同的特点。我国的现代化道路不能照抄其他国家的模式，除了需要从国情特点以及我们所处的历史阶段出发以外，还需要认真研究分析当代世界的发展趋势，研究在这些趋势中我国有哪些可以利用的机会，因势利导，加快我国的现代化进程。

历史的经验告诉我们，在世界近代史上，一些落后进国家，抓住时机、迎头赶上，较快实现现代化的例子是很多的。如 1950 年时，英国还号称世界第二经济强国，1960 年就被联邦德国超过，1970 年被日本超过，1980 年在西欧七国中成为倒数第二。日本是个相当成功的赶超型国家，它依靠"技术立国"，努力吸收别国的先进技术，在短短的 20 年内从第二次世界大战的战败国，跃居为世界第二经济强国，并在许多方面超过了美国。80 年代以来，日本成为美国在世界市场上的主要竞争对手，在经济贸易中对美国构成了威胁。

和其他国家相比，可以说我国在近几百年的历史中曾多次地失去了赶超机会。

18 世纪中叶，当第一次产业革命在欧洲兴起时，我国正在所谓"乾隆盛世"的年代，由于封建社会的闭塞状态和统治者的故步自封，使得我国对当时世界新形势的挑战置若罔闻。结果机器大工业开始在西方出现，我国却仍然长期停留在手工作坊时代，一度曾居于世界领先地位的我国的科学技术，和世界先进水平的差距开始越拉越大。

在 19 世纪中期，欧洲主要资本主义国家在完成工业革命和加强资产阶级统治地位的同时，加紧向海外扩张，亚洲成了西方争夺之地。外国资本主义的侵略和掠夺，使亚洲各国发生了剧烈的动荡，封建制度和以农业、手工业为特征的自然经济在西方的工业产品的冲击下岌岌可危。各国都面临着一个如何判断世界趋势，如何选择本国道路的问题。

日本选择了促进资本主义经济发展的道路，做出了有利于本国政治、经济发展的决策，引进了西方资本主义国家的科学、技术和文化，力图改变本国的落后状况。1868—1873 年的明治年间，推行了资产阶级的改革，对国内新生的资本主义工商业采取保护扶持的政策，结果仅用了 10 年左右的时间，就活跃和丰富了国内市场，有力地促进了国内经济的发展。

此时，在中国也曾掀起了一个以资产阶级改良派为中心的"戊戌变法"运动。他们鲜明地提出了"变法图强"的宗旨，倡导开办学校，提倡学习西方的社会政治学说和自然科学等。但是，这场变法运动在以叶赫那拉氏为首的封建顽固势力的残酷镇压下失败了。由于封建势力的顽固，和整个社会没有认识到维持旧体制便会没有出路，中国失去了又一次实现现代化的机会。

1949 年的全国解放，使中国走上了社会主义道路，在中国共产党的领导下，中国的现代化建设事业迅速发展。但由于五六十年代的国际形势和党内的"左"的思想的干扰，使我国长期处于和世界缺少联系的状况。特别是"文化大革命"的十年，我国的经济遭到林彪和"四人帮"的极大破坏，正是这六七十年代期间，世界科学技术迅速发展，国际市场持续繁荣，日本、联邦德国等一跃成为世界经济强国，即使像韩国、新加坡等国家和地区也迅速地走上了现代化的道路。我国又一次失去了加快实现现代化的时机。

当前，一场新的技术革命正在整个世界引起强烈的反响。发达国家、一些发展中国家和地区纷纷行动起来，致力于研究制定本国的对策，力争在世界格局的未来变动中不至于因落后而被淘汰。这将是一个世界科学技术和经济发展的新时期，它对我国的现代化建设，"既是一个机会，也是一个挑战。目前摆在我们面前的有两种可能：一种可能是时机运用得好，抓紧应用新的科技成果，发展我们自己的经济，使我们同发达国家在经济技术上的差距缩小。也有另一种可能，如果我们处理不当，或漠然视之，那就会使我们同发达国家，同世界先进水平的差距扩大，有可能把我们甩得更远。我们应该争取第一种可能，避免第二种可能"①。

很显然，要争取第一种可能，要善于利用当前世界所处的时代给予我们的机会。我们不能照搬其他国家所采取的实现现代化的方式，而只能走符合中国国情、适应时代要求的现代化道路。

二 中国目前国情的主要特点

一个国家的国情具有多方面的内容。它包括：国家的社会制度、经济状况、历史变迁、地理位置、自然环境、资源条件、教育科学文化发展状况、文化源流和民族传统，等等。对我国的基本国情特点，1979年邓小平同志在《坚持四项基本原则》一文中曾做过高度的概括，他说："要使中国实现四个现代化，至少有两个重要特点是必须看到的：一个是底子薄。帝国主义、封建主义、官僚资本主义长期的破坏，使中国成了贫穷落后的国家。建国后我们的经济建设是有伟大成绩的，建立了比较完整的工业体系，培养了一批技术人才。我国工农业从解放以来直到去年的每年平均增长速度，在世界上是比较高的。但是由于底子薄，现在中国仍然是世界上很贫穷的国家之一。""第二条是人口多，耕地少。现在全国人口有九亿多，其中百分之八十是农民。人多有好的一面，也有不利的一面。在生产还不够发展的条件下，吃饭、教育和就业就都成为严重的问题。……耕地少，人口多特别是农民多，这种情况不是很容易改变的。这就成为中国现代化建设必须考虑的特点。中国式的现代化，必须从中国的特点出发。"②

分别地说，我国的国情有以下五个主要特点。

（一）建立了社会主义经济制度，但还有待不断完善

我国是社会主义国家。在政治上，我们建立了工人阶级领导的、以工农联盟为基础的人民民主专政的政治制度。人民享有管理国家、管理社会

① 《人民日报》1984年5月3日。
② 《坚持四项基本原则》，《邓小平文选》（一九七五——一九八二年），人民出版社1983年版，第149—150页。

事务、管理经济文化的民主权利，国家政权对各种敌视、反对和破坏社会主义的分子实行有效的专政。这种人民当家做主的新型政权，是形成一个安定团结的环境，使全国人民能集中力量建设社会主义现代化国家的根本保证。在经济上，我们消灭了剥削制度，建立了以生产资料公有制为基础的社会主义制度。全民所有制经济和集体所有制经济已经成为我国的基本经济形式，它们在国民经济中占据了绝对优势。1985年，我国全民所有制和集体所有制企业，创造的产值占工业总产值的98.1%，占固定资产投资总额的79%，占社会商品零售总额的77.6%。在这种生产资料公有制的基础上，实行了按劳分配的原则。这不仅使我国有可能从社会的长远利益出发，在全国范围内集中必要的人力、物力、财力，去兴办那些必须优先发展的事业，加快我国的发展速度；而且能从根本上保证人民在营养、保健、教育等方面的基本需要，基本解决了十亿人民的温饱问题。

但是，我国的社会主义制度也还很不完善。从经济体制整体来说，在改革以前实行的是一种过度集中的、以中央部门和地区的行政组织用行政手段管理为主的、依靠单一指令性计划调节的管理体制。生产建设任务完全由国家统一下达指令性计划，物资统购统销，财政统收统支，物价统一规定，劳动力统一安排。这种体制只讲社会主义是计划经济，而不承认国营企业的生产也是商品生产，不承认国营企业也是具有相对独立的经济利益的商品生产者；只讲计划调节的作用，否定价值规律和市场调节的作用；只讲社会的整体利益，忽视相对独立的局部利益和劳动者的个体利益；只讲行政手段，否定经济手段。这种体制带来了经济效益低，劳动者和企业的积极性不能充分发挥出来等一系列的问题和弊病。

为了克服旧体制的这些弊病，不断完善社会主义制度，从70年代末80年代初以来，我国坚定而稳妥地进行着一步步的体制改革。正如1984年《中共中央关于经济体制改革的决定》所指出的："为了从根本上改变束缚生产力发展的经济体制，必须认真总结我国的历史经验，认真研究我国经济的实际状况和发展要求，同时必须吸收和借鉴当今世界各国包括资本主义发达国家的一切反映现代化生产规律的先进经营管理方法。……按照党历来要求的把马克思主义基本原理同中国实际相结合的原则，按照正确对待外国经验的原则，进一步解放思想，走自己的路，建立起具有中国特色的、充满生机和活力的社会主义经济体制，促进社会生产力的发展，这就是我们这次改革的基本任务。"

随着改革的深入发展，有计划的商品经济体制逐步建立，社会主义制度正在逐步完善。具体表现在以下几个方面：一是在所有制结构方面，传统体制追求"一大二公"的所有制结构，限制或取消个体经济，急于实现由集体所有制向纯而又纯的全民所有制的过渡；有计划的商品经济则承认我国的生产力水平相对落后而经济发展又很不平衡的现实情况，强调在社会主义公有制占主导地位的前提下，发展多种经济成分。二是在国家与企业的关系方面，传统体制否认包括生产资料在内的社会产品的商品属性；有计划的商品经济确认不论是生活资料还是生产资料都具有商品属性。企业、包括社会主义国营企业作为商品生产者，是相对独立的经济实体，具有自身的合法权利。三是在国家对经济运行的调节方面，传统体制中宏观直接调节微观，有计划的商品经济虽然还需要国家在一定程度上和一定范围内的直接管理，但它的侧重点在通过对社会总需求和市场的管理，通过各种经济杠杆或市场参数的灵活调节，来影响和引导企业的微观经济活动，用间接调控的方式来体现国家经济政策和长期发展战略。四是在经济联系方面，传统体制下，生产要素的流动、组合和资源配置，主要是通过国家调拨，纵向分配；有计划的商品经济则将强化横向联系，在国家计划指导下，以市场为中介，通过地区、部门和企业间的多种联系方式，实现生产要素的流动和组合。五是在收益分配方面，传统体制把机会的平等视为收入的平均，结果导致平均主义泛滥，劳动效率降低；有计划的商品经济承认基于劳动贡献大小而产生的收入差别，允许和鼓励一部分勤于劳动、善于经营的人先富起来，而后逐步达到共同富裕。

但是，我们应该看到建立社会主义商品经济体制是世界上没有先例的开创性的事业，不可避免地会在改革过程中遇到这样那样的困难，遭到这样那样的挫折。同时，在传统体制与新体制的交替时期内，在不同的经济领域，不同的部门、地区和企业，改革的发展不平衡，由此产生了一些漏洞和摩擦，影响了经济体制的整体有效性的发挥。因此，我们一方面要立足于现实条件，充分估计到改革中的阻力和困难，做长期奋斗的思想准备；另一方面要进一步明确方向，解放思想，以更大的决心，加快改革的步伐，在不太长的时间里建立起新体制的基本框架。

（二）人口多，劳动力资源丰富，但社会经济负担重，就业压力大

我国是世界上人口最多的国家。1985 年统计，共有人口 10.3 亿人，占世界人口总数的 22%，相当于 150 年前世界人口的总和，仅比世界发达地区 33 个国家人口的总和少 1.3 亿多。1984 年世界上人口超过 1 亿的国家有 7 个，除印度外，我国的人口比苏（2.75 亿）、美（2.37 亿）、印度尼西亚（1.60 亿）、巴西（1.33 亿）和日本（1.20 亿）5 个国家人口的总和 9.25 亿还多 11.3%。世界上人口超过 5000 万的国家有 17 个，超过 1000 万的有 57 个，而我国四川、河南、山东、江苏、广东、湖南、河北、安徽等各省的人口均已超过 5000 万；除西藏、青海、宁夏和天津外，其余的省、直辖市、自治区的人口都已超过 1000 万。

我国人口除了绝对数量大这一特点以外，还有以下一些特点：一是人口的增长速度快。从 1950—1982 年，我国人口增加了 85%，从 5.5 亿增加到 10.15 亿，年平均增长率 1.935%，每年平均增加人口 1400 多万，相当于澳大利亚全国的人口。二是人口的年龄构成轻，据第三次全国人口普查资料，全国年龄的中位数①为 22.91 岁，其中 65 岁以上的老人占 4.91%，14 岁以下的少年占 33.59%，形成塔形结构。与发达国家的老人占 11%、少年占 24% 的柱形结构形成明显对照。很显然，这种塔形构成是导致未来生育高峰的基础。三是人口的分布由乡村到城镇转移加快，从 1978 年以来，我国城镇人口所占的比重已从 17.9% 迅速增加到 36.6%，但乡村人口仍占 63.4%，而世界发达地区乡村人口的比重只有 31%。从全国看，90% 以上的人口生活在占国土面积 40% 的东南部，而占国土 60% 的西北部地区只有不到 10% 的人口。四是人口的平均文化水平低。据全国 29 个省市的统计，12 周岁以上的文盲和半文盲还占 23.6%，几乎每 4 人中就有 1 个文盲或半文盲；初中以上文化程度的只占 25%，每 1 万

---

① 年龄中位数指半数人口所在的年龄点。

人中只有大学生 13 人，而美国为 509 人，日本为 212 人，苏联为 195 人，印度也有 52 人。在全部就业人口中，大学文化程度的只占 0.87%，高中文化程度的只有 10.53%，初中和小学文化程度的占 60.34%。技术人员占职工总数的比重，一些发达国家为 30% 以上，我国仅占 3% 左右。五是人口中经济管理人才少。据典型调查，我国大型企业的领导干部，熟悉业务懂得管理的不到 1/3，黑龙江省厂级以上领导干部中，受过大专教育的只有 4.1%；铁道部系统各级领导干部中，懂得科学管理的只占 15%—20%。

人，一方面是生产者，从这个意义上看，人口众多是我国明显的优势和长处。人口多，劳动力资源丰富，可以组织各种劳动大军，不断地向生产的深度和广度进军。人口多，国内市场大，为我国的经济发展提供巨大的市场需求。

另一方面也是消费者。人口多，消费大，国家的经济负担重。我国目前的生产力水平比较低，每年新增加的国民收入很有限。人口增加过多，使新增的国民收入过多地耗费在新增人口的需要方面，这不仅限制了积累基金的合理增加，也影响了原有人口和全部人口消费水平的提高。据计算，1953—1978 年的 26 年间，全国新出生了 6 亿多人口，平均每年新增加的消费额中有 58% 是用于新增人口的需要，只有 42% 能用于提高原有人口的消费水平，人均消费额只增长 1.3 倍。今后尽管人口增长不会像过去那样快，但由于基数大，每年仍然会增加 1000 多万人，需要相应增加 30 多亿元消费基金，约占目前每年新增国民收入的 20% 左右。

同时人要从消费者转化为生产者，关键要解决就业问题。当前我国面临着来自三方面的就业压力：一是据测算从目前到 1990 年，每年都有 2000 万以上的人口要进入劳动年龄；从 1990—2000 年每年进入劳动年龄的人口亦将达到 1500 万。二是估计我国农业的多余劳动力 1985 年为 15101 万人，1990 年为 19703 万人，1995 年为 21466 万人，2000 年为 23287 万人。如何为农业多余劳动力提供非农业的就业岗位，将是我国今后就业压力的主要内容。三是我国现有企事业中还大约有 30% 的人员是多余劳动力，将来随着科技进步、企业自主权的扩大和劳动用工制度的改革，这部分劳动力也将逐步从现有企业中出来，成为又一种就业压力。在较长时期内，我国将面临着一个过于庞大的待业人群。

安排每个新增劳力，都需要一定的固定资产。1981年年底，我国社会劳动者人均固定资产原值为1780元，1985年平均每一职工装备的固定资产原值为2.12万元，根据历史统计数据分析，再考虑到世界新技术革命的影响，今后劳动者人均固定资产原值平均每年增长5%左右。即到2000年每个社会劳动者人均固定资产原值约为4498元。这时全社会的劳动供给人口为6.67亿，假设这些人全部按现行方式安排就业，则需要相当大的固定资产投资，而筹集巨量的资金是很不容易的。如何解决就业问题，将是我国面临的一个难题。

（三）国土大，资源丰富，但人均资源少，资源分布不均衡

我国的国土面积为960万平方公里，仅次于苏联、加拿大，居世界第三位，占整个亚洲面积的1/5，全球大陆面积的1/15，同拥有32个国家的欧洲面积差不多相等。

在我国辽阔的领土上，有可耕地约20.42亿亩，使我们发展粮食和经济作物具备了广阔的场所。全国南北纵贯纬度50多度，69.5%的地区处在温带、暖温带、亚热带。陆地范围内多年平均降水量约为6万亿立方米，河川径流量2.6万亿立方米，地下水约8000亿立方米。全年太阳辐射总量，各地变化约在85—240千卡/平方厘米·年，全年平均气温高于10℃，积温自北至南从2000℃增至9500℃。组成我国农业生产的最基本的自然资源——光、热、水、土的绝对量都是丰富的，位居世界各国前列。适宜各种谷物和棉花、大豆、甜菜、甘蔗、油菜、茶叶等经济作物，以及橡胶、咖啡、可可、胡椒等热带作物栽培种植。

在我国辽阔的国土上，有林地17.3亿亩，森林覆盖率约12%，木材蓄积量90亿立方米，天然草场约53亿亩。有2000多万亩海涂和100多万平方海里的海域面积。我国生长着32000多种高等植物，其中能食用的食物达2000多种，比欧洲、美洲之和还多1000多种，繁衍着1800多种陆地脊椎动物和1600多种鱼类，形成了发展林业、牧业、副业、渔业的宝贵资源。

在我国辽阔的国土上，蕴藏着丰富的矿产资源。到 1982 年底，世界上已知的、探明储量的有用矿产计 150 多种，在我国找到并探明储量的已达 130 种，大小产地 15000 多处。这说明我国是世界上矿产种类比较齐全、储量规模可观的少数国家之一。在探明的矿产储量中，我国 38 种矿产的"探明储量"和"工业储量"与国外相当的资源对比，其中钨、铋、锑、钛、稀土、硫铁矿、砷、石棉、石墨、石膏等，居世界首位；锌、钴、锡、钼、汞、钒、钽、煤、菱镁矿、萤石、砷、重晶石等 13 种，居世界第 2、3 位；铁、锰、铅、铌、硼 5 种，居第 4—5 位。此外，我国水力蕴藏量达 6.8 亿千瓦，其中可开发量 3.7 亿千瓦，占世界总量的 25%。我国是世界上水力资源最丰富的国家。

辽阔的国土、富饶的物产，预示着我国的现代化建设有着广阔的发展前景。我们有很强的自力更生能力，能够建立起独立的、完整的工业体系和国民经济体系，能够兴办其他一些国家没有条件举办的许多事业。同时也说明我国具有较大的回旋余地，当发生局部的自然灾害和其他不测事件时，我们能够以丰补歉、以长补短，把我国的经济建设不断推向前进。

但是，也应当看到，由于我国人口多，目前主要自然资源的人均拥有量远远低于世界平均水平（见表 1）。

表 1

	我国人均水平	世界人均水平
国土	14.4 亩	45.3 亩
耕地	1.5 亩	4.65 亩
林地	1.8 亩	13.8 亩
草原	约 5 亩	15 亩
淡水	2563 立方米	10800 立方米
煤（地质储量）	30—60 吨	94 吨
水能（总储量）	0.67 千瓦	1.1 千瓦
铁矿（探明储量）	43 吨	87 吨

资料来源：《公元 2000 年的中国》，科学技术文献出版社 1984 年版，第 4—5 页。

其次，各种资源对社会经济发展的保证程度有较大的差别。有充分保证的，主要是一部分矿产资源，如煤、铁矿、镍、钨、锡、钼、铋、锑、钴、钛、钒、镁、菱镁矿、明矾石、硼、石膏、玻璃砂等和海洋资源。基本上有保证，但还不能充分满足本世纪末的发展需要的，矿产资源有锰、铝土矿、锌、汞、硫铁矿、砷、石棉、石墨等，农牧业方面有南方的水、山区宜林土地、宜草土地等。有资源前景，但保证程度还需决定于科学技术进步程度的，有耕地、水资源和部分矿产资源的采、选、冶技术水平。不能满足需要、前景也不乐观的，有铬矿、钾盐、金刚石、水资源总量等，特别是北方许多地方，目前人、畜饮用水严重不足。

尤其值得重视的是，我国的水土资源、水力资源、煤炭资源等的地域分布极不均衡。我国现有耕地 14.9 亿亩，东南部湿润、半湿润季风区集中了全国耕地的 92% 左右，农业人口占全国的 95% 左右，这些地区的耕地后备潜力已极为有限，人口进一步增长势必加重对耕地的压力，有可能使耕地面积进一步缩小。我国长江流域及其以南地区水资源丰富，占全国总水量的 30% 以上，但耕地只占 36%，水多地少；长江流域以北地区水资源不到全国的 18%，而耕地占 64%，地多水少，尤其是黄淮海地区。不少城市，由于人口、工业集中，用水增长过快，而水源工程建设又没有及时跟上，近年来缺水问题十分严重。在对 233 个城市的调查中，有 154 个城市不同程度缺水，每日缺水量达 880 万吨。从能源来看，我国未利用的煤炭探明储量 60% 集中在山西和内蒙古；而可开发的水能资源将近 70% 集中在西南地区；人口最密集、经济发达程度较高的东南地区既缺煤、也缺水。这给能源开发、输送和工业布局带来一系列问题。

（四）国民经济有了较大发展，但经济发展不平衡，经济效益比较差

新中国成立以来，在党的领导下我国各族人民以辛勤的劳动逐步建立了独立的比较完整的工业体系和国民经济体系，各方面经济技术水平有了较大的提高。我国农业生产条件有了显著改善，水利设施、化肥农药、农村用电、农业机械等大大增加。我国工业建立起了门类比较齐全、布局趋向合理的生产体系。目前全国已有大中小型工业交通企业 46 万多个，全国独立核算工业企业的固定资产（按原值计算）达 6885 亿元，定额流动资金达 2265 亿元。在现有企业中有一大批具有先进技术水平的骨干企业，能够为现代化建设提供大量的优质原材料、能源以及精良的技术装备和尖端技术产品。在沿海地区生产建设扩大的同时，内地和少数民族地区也兴建了一批新的工业企业。我国铁路、公路、水运、民航的营业里程，已分别达到 5.21 万公里、94.24 万公里、27.72 万公里、10.91 万公里，为新中国成立初的 2.5 倍、12 倍、1.3 倍和 21 倍，在布局上已经向内地和边疆地区展开，邮电事业也有了较大的发展。我国科学文化事业取得了明显成就，建立了一支具有相当水平的管理人员和科技人员的队伍。普通高等学校由新中国成立初的 201 所，发展到 1016 所，每年招收学生由新中国成立初的 7.9 万人，发展到 61.9 万人。1949—1985 年高等学校毕业生累计达 471.35 万人。全国全民所有制单位自然科学技术人员人数达 781.7 万人，为新中国成立初的 18 倍。我国在人造卫星发射等高技术方面的成就，引起了世界的重视。

特别是 1978 年以来，我国实行了对内搞活、对外开放的政策，国民经济走上了持续、稳定、协调发展的轨道，经济实力有了增强；积累和消费、农轻重等一些国民经济的主要比例关系趋于协调；对外贸易迅速发展，我国在世界各国贸易额中的位次，已从过去的第 32 位，上升为第 16 位；国内市场空前活跃，商品经济领域不断扩展，人民生活有了明显改善，整个社会的经济效益有所提高。我国开始进入了一个新中国成立以来从未有过的稳定发展的良好时期。

但是，必须看到，旧中国所留给我们的基础十分落后，以我们 30 多年时间所走过的路程和发达国家用数百年所走过的路程相比，毕竟是短暂的，何况中间又曾经过"大跃进"、"文化大革命"的折腾。和发达国家相比，我国当前的经济基础仍然比较薄弱，全社会的经济效益仍然比较低。

一是我国经济结构中的薄弱环节仍然比较多，严重妨碍了现有生产能力的充分发挥。如基础设施落后，通信和交通运输紧张，铁路货运量和港口吞吐量的增长速度赶不上经济增长速度，公路建设落后于车辆流量的增长。电力、钢材等短线产品供不应求，致使一些企业无法维持正常生产。

第三产业发展不足，生活和生产服务部门不能满足社会的需要。

二是我国工业产品的国际竞争能力比较弱。1985年的出口构成中，初级产品高达50.58%，工业制成品只有49.42%，其中轻纺制品和杂项制品为29.3%，机械和运输设备只有2.8%，化学制品只有5%。由于工业产品的出口竞争力低，我国的外贸逆差在1985年高达148.9亿美元。

三是我国的经济效益仍然比较低。我国一些主要工业行业的实物劳动生产率远远低于发达国家的水平，单位产品的能耗和物耗比较高，近几年工业产品成本不仅没有下降，反而逐年有所上升。机械电子行业的主要产品质量只有30%左右达到国际70年代末80年代初的水平。产值利税率有所下降，亏损企业有所增多，国家财政比较困难。

四是已建立的经济技术基础存在不少缺陷。在产业结构方面，原材料工业和加工工业之间，交通运输业和商业服务业之间，比例关系不协调。在产品结构方面，能源和原材料消耗大、质量性能差的产品多，而能够发挥我国自然资源和劳动力资源优势的产品少。在技术结构方面，虽然有一批技术装备比较先进的大型骨干企业，但大量地方工业、街道工业、乡镇企业设备陈旧，生产技术和工艺流程落后，手工劳动相当普遍。特别是占全国人口2/3以上的农民，生产主要以手工劳动和简单工具为主，效率很低。各种不同水平的适用技术还没有得到广泛应用。在企业组织结构方面，不少企业"大而全"、"小而全"，专业化分工协作水平低，相当数量的企业消耗大、质量差、长期亏损。

五是地区、部门之间发展不平衡。例如，1982年全国平均每人工农业总产值为874元，而上海市为5762元，贵州省为357元。又如工业方面，1982年全民所有制每百元固定资产（原值）实现的产值，全国平均为94.5元，上海市为242.7元，青海省只有37.5元。每百元固定资产（原值）实现的利税，全国平均为22元，上海市为77.1元，青海省只有4.7元。再如农业，1982年机耕面积占耕地面积的比重，全国平均为35.6%，上海市、天津市分别为90.8%和82.7%，而云南省、贵州省分别只有5.4%和0.5%。上述情况说明，在现代化过程中我们的经济工作必须因地制宜，注意灵活性，切忌"一刀切"。要允许一部分地区、一部分企业、一部分工人农民，由于辛勤努力成绩大，而收入先多一些，生活先好起来，就必然产生极大的示范力量，影响左邻右舍，带动其他地区。这样，就会使整个国民经济不断地波浪式地向前发展，使全国各族人民都能比较快地富裕起来。当然，在西北、西南和其他一些地区，那里的生产和群众生活还很困难，国家应当从各方面给予帮助，特别要从物质上给予有力的支持。

（五）中华民族具有许多优良传统，但也存在着一些弱点

中国是世界上文明发达最早的国家之一，有文字记载的历史连续四五千年，素以东方的文明古国著称。在几千年的历史发展过程中，中华民族培养和形成了自己的许多优秀品质和优良传统。中华民族是富有吃苦耐劳、勤俭朴素、奋发图强精神的民族。几千年来，依靠自己的力量在艰苦的自然条件和地理环境下逐步发展本国的经济，用自己的聪明才智丰富了人类科学文化的宝库。中华民族也是不畏强暴，自强不息，具有顽强斗争精神和高度自尊的民族。在两千多年的封建社会中，有大小几百次农民起义和农民战争，无论规模和次数都为世界所罕见。特别是鸦片战争以后，中国各族人民在反对帝国主义及其走狗的斗争中，英勇顽强，不屈不挠，谱写了彪炳千古的革命英雄主义和爱国主义的伟大篇章。中华民族也是具有团结精神的民族，在960万平方公里的土地上生活着的56个民族，除了短暂时期外，持续稳固地凝聚在一起。中华民族也有互助互济、敬老爱幼、礼貌待人、见义勇为、疾恶如仇的传统。新中国成立后，在中国共产党的倡导下，中华民族的优良传统中又增添了新的内容，如艰苦奋斗的创业精神，助人为乐的雷锋精神，等等。这些中华民族的优良传统，既是推进现代化建设的精神力量，也是建设高度的社会主义精神文明的良好基础。

但是，首先我们也应该看到，中国是一个经历了几千年的封建社会历史的农业大国，在相当长的时期内自给自足的自然经济占统治地位，人们被束缚在小块的土地上，生存在狭小的空间里，生产力的水平十分低下，缺乏商品交换和信息交流，人们的生活方式和思维方式是封闭型的。这就必然形成一种因循守旧、不思进取的社会心理。其次，几千年来，在小生产的基础上产生的儒家思想，长期地影响着人们的思想和行为。不偏不倚为中、长久不变为庸的中庸之道已成为一种束缚人们言行的习惯势力。在不少人中形成了一种恐"拔尖"、怕"出名"的社会心理。人们只想保持同一社会生活节奏，在低水平的平衡系统中生活，一旦有人想打破平衡，便被视为异端。再次，平均主义的思想，长期以来在中华民族中就很有影响。新中国成立后，由于旧的经济体制中的"铁饭碗"、"大锅饭"和"左"的思潮的影响，又使平均主义被误认为社会主义的优越性，而深深印在人民的普遍意识中，并渗透于我国社会生活的各个方面。

　　应当说明，党的十一届三中全会以后，在广大群众中间，这种消极思想有了明显的克服和改变，但是它毕竟是长期形成和沿袭下来的一种历史遗产，在思想领域里完全摆脱这种阻碍社会主义建设和改革、开放的沉重负担，无疑还需要相当长的时间和大量的工作。

　　从以上这些分析可以看出，目前我国国情的主要特点构成了我国社会主义现代化建设的特殊条件和特殊矛盾。对于这些，我们应当从它们的联系和运动中，全面地考察，客观地分析，正确地对待。从国情的整体来看，都各自存在有利的方面和不利的方面；从它们的每一个方面分析，也都存在着有利的方面和不利的方面。有利方面说明，我国的现代化建设是有条件、有保证的，是可以实现的；不利方面说明，我国的现代化建设又面临着许多特殊困难，如果不重视这些困难，努力克服这些困难，现代化建设的全部任务就不可能较快地实现。我们过去对国情的认识往往只看到有利一面，而忽视了不利的一面。比如说资源丰富，就忽视了人均资源少和某些资源不足、特别是耕地少的困难；讲人多力量大，就忽视了人也是消费者，人多会带来经济负担重、就业压力大的困难，等等。这种一点论是导致我们过去一度盲目追求经济发展高速度的重要原因。全面认识国情特点，还要看到它们的任何一个方面都不可能是一成不变的。因此进行研究时，不仅要着眼于现状，而且还应该看到其发展变化趋势。只有从本质上、总体上和发展上深刻地认识这些客观的存在，才能得出科学的结论，推动我国的社会主义现代化事业沿着正确轨道前进。

三　当代世界经济发展的总趋势

中国现代化要走自己的道路。为了探索这条道路，除了要了解中国当前的主要国情特点外，还需要了解中国现代化的大环境和大背景，即当代世界政治经济发展变化的总趋势。

第二次世界大战后，世界政治格局发生了很大变化。到 1949 年中国革命取得胜利和中华人民共和国成立时，世界基本上分成了西方资本主义国家和东方社会主义国家两大阵营。后来，由于美国和苏联争霸，国际政治格局又发生很大的变化，逐步形成了三个世界。苏美争霸，三个世界，这就是当前基本的世界政治格局。从今后世界经济发展的趋势和各类国家的政治、经济与军事力量的情况来看，到 2000 年的世界政治格局将不大可能再一次发生带根本性的变化。

从经济格局来看，美国在西方国家中的绝对优势已逐步减弱，出现了美国、日本和西欧三足鼎立的局面。苏联和美国在经济上的差距已逐步缩小，引起了他们更加剧烈的争夺。发展中国家的经济实力在逐步增长，它们在世界经济中所占的比重有所提高，但按人口平均的经济水平却仍然比较落后。到 2000 年世界经济格局的总趋势将是：在美国和苏联继续占有优势的情况下，世界经济将进一步走向多极化和集团化。国际经济领域里将会出现更多的竞争和动荡，这给正在努力加快发展的后进国家带来某些不利影响，同时也出现了一些能够加以利用的机会。认清当代世界经济发展的基本趋势，将有利于我们及时抓住每一个有可能为我所用的时机，审时度势，趋利避害，加快实现我国的现代化。概括地说，当代世界经济发展中存在着结构变革、体制变革、发展战略思想变革这三大趋势性的潮流。本章将从这三方面来观察中国现代化过程中的世界经济背景。

（一）当代世界经济发展中的结构变革

无论是发达国家的历史经验，还是发展中国家的最新实践，都表明经济发展水平和经济结构之间存在着一定的对应关系。实现现代化，必然要有经济结构的现代化。但即使发达国家，其经济结构也不是一成不变的，近一二十年以来，在以微电子技术为代表的新技术革命的推动下，发达国家的经济结构正在出现激烈的变革，主要表现在以下几方面：

第一，知识和技术密集的高技术产业迅速发展。据美国劳动统计局的一份研究报告说，美国 977 种典型工业中有 36 种属于高技术工业（包括医药、计算机、电子元件、飞机、实验设备及程序编制、数据处理等）。该报告预计，1983—1993 年，高技术产业的人均产值将增加 46%，而制造业和服务业则分别增长 24% 和 23%。美国 1976—1980 年销售额年均增长率超过 40% 的公司共有 36 个，其中绝大部分属于电子技术、计算机、半导体和信息处理等高技术产业。日本三井银行 1982 年曾对高技术产品的销售额做过预测：微电子技术产品，1980 年实际销售为 508.5 亿美元，预计到 1990 年可达到 1252.14 亿美元；光技术产品 1980 年为 4.27 亿美元，预计到 1990 年为 89.7 亿美元；生物技术产品 1980 年销售额为零，预计到 2000 年为 290.6 亿美元；新材料产品 1980 年为 12.82 亿美元，预计到 1990 年为 94.02 亿美元。

第二，传统产业经过改造，知识和技术的密集程度在提高，有的正在成为新的知识和技术密集的产业。美国各汽车公司正在制定详细计划，打算在 80 年代末把 90% 的生产线改造成为由计算机直接进行数字控制。日本日产汽车公司出厂的汽车已全部配备带微型计算机的自动控制装置。到 1983 年美国大型钢厂中已有 2/3 以上普及了计算机辅助设计和辅助制造系统。美国纺织工业计划 1983 年投资 13 亿美元，主要是采用自动化设备和利用电子计算机控制的设备。美国数控机床占全部机床产值之比：1968 年为 14%，1980 年为 26%，1985 年达 32%，1990 年可达 43%。日本数控机床在机床总数中的比重，1970 年为 7.8%，1982 年已上升到 52.7%。日本产业部门使用的机器人已超过 10 万台，年生产能力为 3.7 万台。工业机器人、柔性生产系统等正在各发达国家中使用得越来越广泛。

第三，在第三产业中服务业的比重迅速上升。如信息服务，据有关统计资料，美国目前共有 14 个信息服务的大项目，其中盈利高的是代理商、银行、保险公司等；其次是学校、图书馆、研究所；第三是出版、图书、期刊和杂志等。美国信息产业 1982 年总销售额为 521 亿美元，其中软件占 50%，比 3 年前增加近 3 倍。日本以咨询服务为主的信息事务所，1976 年为 1276 家，营业额 13 亿美元；1982 年为 1801 家，营业额为 40 亿美元，年均增长都达到 20% 多。除信息服务外，各种专业服务发展也比较快，如法律顾问服务，医学联合咨询服务，不动产业服务，自学服务，社会教育服务，设计服务，专利服务，技术服务，维修服务和各种福利服务等。此外，还有租赁服务。如日本 1976—1982 年，租赁契约额从 35 亿美元增加到 103 亿美元，增加 1.9 倍，年均增长约 20%。同时，如为旅游、文化娱乐、体育、饮食、衣着、居住、保育等方面提供的特殊服务也发展很快，这类服务的营业额在发达国家的国民生产总值中一般都要占到 10%—30%。

第四，在企业构成中，中小企业的发展在加快。60 年代到 70 年代初期曾是生产规模大型化的时代，如美国的乙烯装置在 50 年代时最大容量为 10 万吨，而到 70 年代发展到 59 万吨。但最近几年发达国家中发展较快的却是中小型企业。如美国在 50 年代每年新增企业 9.3 万个左右，而目前每年新增企业数上升为 60 万个，其中大部分属于中小企业。日本也是如此，1980—1982 年日本新企业净增 16.7 万家，其中半数以上的企业都是 200 人以下的小企业。面对小企业咄咄逼人的竞争力，一些大型企业或调整生产结构以大化小、分散经营；或把产品中的一些部件生产扩散给中小企业，形成协作生产。但中小企业的增多，并不等于已出现企业中小型化的趋势，在世界市场的竞争中，主要还是大型企业之间的竞争。据统计，1979 年西方国家的 50 家巨型跨国公司中，美国占 22 家，西欧占 20 家，日本占 6 家，他们的总销售额达到 10143 亿美元。跨国公司之间的竞争正在越来越激烈。

第五，在产品构成中，大批量生产的产品的比重在减少，满足用户特殊需要的、订购的产品的比重在提高。由于社会基本需求的逐步满足，社会上对式样单调、大批量生产的产品越来越不满意。消费者对消费品一方面要求舒适、实用；另一方面希望它与众不同，挑选的条件越来越高。投资类产品也同样对满足特殊需要的要求越来越高。由于自动化程度的提高，计算机辅助设计、辅助制造的广泛应用，从供给方面看也开始具备了逐步满足多样化需要的条件。在日本、联邦德国、美国，以至苏联，电机制造、化工产品、宇航工具、电子、电信等生产部门，非大量生产的趋势都有了相当大的发展。如在美国伊利诺伊州北部的西方电气公司的工厂里，生产 400 余种不同的集成电路板，生产周期从最高每月生产 2000 件，下降到每月生产 2 件。挪威的阿克尔公司，过去曾为国家生产 45% 的航船，现在转为生产定做的大陆架产品。美国埃克森石油公司董事 R. E. 李说，他们正在转向生产周期短的聚丙烯和聚乙烯产品，用于制造塑料管、板壁、墙板等。有些产品的产量非常小，以至于被称为"只够老鼠喝的一口牛奶"。

第六，在劳动力构成中，从事脑力劳动的人数逐步超过从事体力劳动的人数。几个发达国家的统计资料表明，脑力劳动者在全部劳动力中所占的比重都已超过 50%。美国早在 1956 年，白领工人数已超过蓝领工人数。到 1981 年，美国仅从事信息产业的人员已占总劳动力的 51.2%，其中绝大多数为脑力劳动者。日本从事信息与服务产业的就业人员占总就业人口的百分比，1950 年为 29.7%，1980 年为 54.1%，预计到 1990 年将达到 58.4%。由于脑力劳动者人数急剧上升，脑力劳动所创造的价值也在迅速提高。例如，日本的名义国民生产总值中，第三产业（包括信息和服务）所创造的价值比重，已从 1970 年的 52.8% 上升到 1981 年的 60.1%，预计到本世纪末，脑力劳动创造的社会财富将占当年社会劳动创造总财富的 75% 以上。

第七，在上述各项结构变革的同时，世界经济进一步走向多极化和集团化，亚太地区的重要性在加强。

在发达的资本主义国家中，美国、日本和西欧三足鼎立之势将继续发展。美国仍然在其中占据优势，但已难以阻止经济集团化的发展。由于竞争加剧，贸易保护主义正在抬头。汇率和利率方面的竞争以及发展中国家的债务危机已使国际金融领域更加动荡。今后，这些国家的市场问题将更加突出，它们将只能越来越多地依赖于发展中国家的市场，从而将加剧它们在第三世界国家的竞争。

苏联与东欧国家相比，在经济上仍将占很大的优势。苏联对经互会国家的控制能力虽然在减弱，但东欧国家还不可能形成能与苏联抗衡的经济集团，它们与发达资本主义国家的经济往来在与日俱增。由于苏联的控制和干预，以及美国限制西欧国家与东欧国家的经济交往，东西欧经济关系的发展不会很快。在这种情况下，东欧国家今后也将寻求和加强同发展中国家的经济联系。

发展中国家就总体来说，经济发展面临着较大的困难，农矿原料价格下跌，劳动力资源充足的优势在新技术革命中逐渐减弱，世界贸易发展缓慢，这些因素将迫使发展中国家进一步加强相互之间的经济合作。但由于种种原因，南南合作的进展将不会太快。在本世纪内，发展中国家同发达国家之间的经济往来仍将多于它们相互之间的经济联系。

亚太地区在世界经济中的重要性正在逐步提高。进入 80 年代后，亚太地区各国的经济发展速度，持续地高于其他地区各国的贸易量已占世界贸易量的 1/3，1982 年地区内部的贸易比例已达到 56%；东亚的一些国家和地区正在成为吸引国际资本和贸易发展的巨大市场。由于亚太地区具有越来越大的吸引力，苏美两国在这里的争夺将不断加剧，日本和美国在这一地区的经济矛盾也在增多，西欧各国也日益表现出对这一地区的浓厚兴趣。但预计在本世纪内，亚太地区尚难以取代大西洋地区在世界经济中的地位。

通过对当代国际经济结构变革特点的分析，使我们看到：首先，各国都面临着如何在新技术革命的挑战面前尽快顺利地实现结构转换的问题，以避免在世界竞争中被淘汰，避免本国人民生活水平的相对下降和社会环境的不安定，因此世界有可能出现一个相对稳定的和平时期，我国的现代化过程将有一个比较有利的国际环境。同时，由于亚太地区的崛起，由于发达国家之间、美苏之间的矛盾，又为我国发展多边经济关系，打破垄断，进一步实行开放政策，吸引外资和引进国外先进技术创造了有利条件。这种环境和五六十年代时美国与苏联先后在经济上对我们封锁禁运时的情况完全不同了。

其次，这些结构变革给我们显示了一种与美国、日本等发达国家在实现现代化时完全不同的国际环境。我国可以利用现在面临的各种机会，获得和扩大"后发性利益"。如小企业经过市场的自由竞争、兼并成少数几个大企业，再从大企业的夹缝中生长出越来越多的小企业的过程，我国是否可以采取合适的产业政策，争取在较短的时期内直接实现。再如我国应当利用发达国家的结构转换之机，直接引进先进技术，加快我国传统工业的技术进步，提高传统工业产品的出口竞争力，等等。只有在这些方面都形成一套强有力的政策措施，才能找到自己的现代化道路。

再次，了解这种结构变革特点和我国的国情特点，将使我们清楚地看到，经济的现代化过程决不是对发达国家现有行为的单纯模仿，我们和发达国家的起跑点是绝然不同的。在发达国家的某些传统工业的市场面临萎缩时，我国的这些工业部门还正是方兴未艾；在发达国家开始集中力量转移工业部门多余劳动力时，我国的重点还是转移农业劳动力；在发达国家中小型企业蓬勃兴起时，我国首先还要考虑如何形成企业的竞争环境，如何使现有企业达到较好的规模效益，等等。如果不顾我国的实际情况，照搬发达国家面临新技术革命采取的一些政策，过早地把国家仅有的资金集中于新兴工业、服务业等，则很可能是揠苗助长，欲速而不达。

（二）　当代世界经济发展中的体制变革

实践表明，一个国家的经济发展和现代化，在很大程度上要受到该国经济体制的影响。一种有效的经济体制可以充分调动各种积极因素，利用现有的人财物等资源，实现经济高速发展。反之，如果经济体制不合理，则不但不能有效地开发尚未开发的资源，而且现有的资源也会严重地闲置和浪费。因此，世界各国在现代化过程中，都很重视不断改革和完善自己的经济体制。特别是当今，社会主义国家的经济体制改革正在成为一股不可逆转的国际潮流。

传统的社会主义经济体制曾经对社会主义各国迅速恢复经济和实现工业化起过一定的积极作用。但是，随着时间的推移，这种体制的弊病也就日益暴露出来了。它的直接后果是：（1）由于传统体制往往容易导致忽视经济规律而造成决策失误（或者说指导思想失误），造成社会经济经常比例失调；（2）以长期牺牲人民消费为代价，强制实行高积累；（3）单纯追求数量增大，忽视降低成本和改进产品质量，缺乏追求技术进步的主动性；（4）排斥市场机制的积极作用，生产严重脱离消费，人民的物质和文化生活需要得不到应有的满足；（5）国家机关工作人员滋长官僚主义和特权思想，决策不承担责任，瞎指挥到处盛行；（6）生产单位和劳动者的积极性和创造性受到严重压抑，缺乏活力和动力，不关心经营成果，等等。

社会主义国家的第一次经济改革浪潮发生在50年代。苏联、匈牙利、波兰、民主德国等都进行了改革的尝试，南斯拉夫起步较早。南斯拉夫所进行的经济体制改革的主要内容有：（1）变国家所有制为社会所有制；（2）实行工人自治；（3）在社会主义经济中废除指令性计划，引入市场，让价值规律对生产活动起调节作用。从1950年开始，南斯拉夫大力精简国家机构，取消了联邦各工业部，裁减10万人左右，约占全国机关职工的一半。企业真正享有了自行决定生产过程及投入产出组合，决定其产品类型、数量和质量的自主权，企业转变成为销售而生产，而不再是为完成定额而生产。经过改革，南斯拉夫初步形成了独特的社会主义自治经济体制。

这一时期，其他一些社会主义国家也都进行了或多或少的改革。如匈牙利1957年取消了对农业生产合作社下达指令性计划指标的做法，取消了对农产品的征购制，代以合同收购，刺激了农民的积极性；同时还局部改革了工业组织和工业管理体制。苏联、民主德国、波兰等国进行了行政性分权的改革，在改变企业的隶属关系上做文章。民主德国取消了7个工业部，成立了地区性的联合公司。苏联在1957年实行了工业和建筑业管理改组，撤销了25个联盟部和联盟兼共和国部，113个加盟共和国部管理经济的任务几乎全部放到了地方。国家物资委员会统一分配的物资由6000多种减少到1100种。1958年我国也进行了扩大地方权限的改革，中央部属企业由8000多个减少为1000多个，相应地减少了国家统一分配的物资，等等。但由于这场改革的思路本身不正确，在苏联和中国进行的地方扩权后来都同时出现混乱而重新收回到中央。

社会主义国家的第二次改革浪潮是在1964—1970年出现的。民主德国是第一个进行改革的国家，当时提出的改革设想是把经济由高度集中管理转变为利用"经济杠杆体系"管理。对企业不再规定生产的细节，企业的经营，销售和财务活动等都不再由上级下达指令，利润成为新经济体制的中心指标。但由于改革准备不充分，改革的各个方面互相矛盾等原因，70 年代初民主德国又回到了原有体制。60 年代，南斯拉夫进一步巩固和发展了 50 年代改革中所取得的成果。投资资金全部实行银行贷款；统一汇率，减少关税，实行外贸自由化；企业获得了根据市场供求和计划范围自由定价的权力。

在 60 年代的改革中，匈牙利开始成为社会主义国家中第二个不再靠指令性计划推动经济运行的国家。经过几年时间的理论、思想、组织和经济等方面的充分准备和精心设计，匈牙利在 1968 年 1 月 1 日废除了指令性计划，并建立了价格、信贷、收入、工资、外汇等调节制度，价格和市场的作用得到加强，企业自主权扩大，广泛地采用了进行物质鼓励的新方法。苏联经济界也开展了关于"利别尔曼建议"的大讨论，明确提出要加强经济刺激，扩大企业权力，充分利用商品货币关系。但由于是试图在不触动国家集中计划体制的前提下进行的改革，所以改革的实际进展不大，最后不得不因一系列的困难而不了了之。

第二次改革浪潮中的重大事件是捷克斯洛伐克的改革。从 1963 年起，一批经济学家受捷共中央委托着手为经济改革绘制蓝图。提出形成新经济体制的一个必要前提，是建立一个机能健全的市场，尽可能最大程度地实行自由竞争价格，政府主要通过间接手段来进行管理，而不应给各企业规定强制性指标，企业必须有真正的自主权，特别是投资决策权，并允许企业直接进入外贸市场。但"布拉格之春"的改革由于 1968 年的"八月事件"而流产了。尽管 60 年代的改革，除匈牙利外，其他国家都没有取得明显的成果，但这次改革浪潮无论是在范围的广度和理论的深度上都远远超出了 50 年代的改革，为以后更深入更彻底的改革奠定了基础。

社会主义国家经济体制改革的第三次高潮开始于 70 年代末 80 年代初，目前仍在持续不断地向纵深发展。改革首先在 10 亿人口的中国取得了举世瞩目的进展。农业上的联产承包责任制极大地调动了广大农民的积极性和创造性，在几年时间内就初步解决了长期为人们所焦虑的粮食问题。在 1984 年召开的中国共产党第十二届第三次全体会议上，做出了进一步开展以搞活企业为中心的城市经济体制改革的决定，确立了社会主义经济是有计划的商品经济的指导思想，改革的目标是使企业成为自主经营、自负盈亏的经济实体，建立起社会主义的市场体系，国家对整个经济的管理由直接管理转变为间接管理。

与此同时，东欧国家的改革深入发展。匈牙利在 1980 年撤销了 18 个托拉斯，1981 年把原来的 17 个政府部门合并减少为 13 个。从 1980 年起，对 73% 的工业品实行"竞争价格"，即国内价格和国外价格挂钩。同时还在工业和商业等部门逐步推广个人经营承包制。截至 1983 年年初，工业部门已建立了 150 个合同工厂。罗马尼亚从 1983 年开始广泛实行承包制，使职工的个人收入和劳动成果直接挂钩。同时在一些国营企业实行职工入股分红制，规定企业 30% 的固定资金可按个人出资情况归群众所有，入股除可获得正常的劳动报酬外，还可凭股金每年获得 6% 的利润。波兰从 1982 年开始着手进行全面的经济体制改革，进一步扩大企业的管理权限，在企业内部加强工人自治，企业有权决定职工工资和奖励原则；在外贸工作方面实行工贸结合，试行外汇留成办法，企业可从所得外汇中提取一部分自行支配；波兰从 1982 年开始允许外国人在波兰开办轻工业企业。保加利亚、捷克斯洛伐克和民主德国也都采取了各种改革措施。

苏联在近几年也加快了改革步伐，1984 年开始扩大企业自主权试验，1985 年把这项试验扩大到 21 个部，1986 年又增加 10 个部，使参加试验的部的产值占工业总产值一半以上。在农村开始推广承包经营责任制，鼓励私人劳动和经营。在 1986 年举行的苏共第二十七次代表大会上，戈尔巴乔夫首次提出要对苏联经济体制进行根本性的变革，不再局限于局部改进，决定用"完整有效的灵活的"新体制代替局限性很大的、低效的和僵化的旧体制。1987 年起苏联 21 个部和 70 个大型联合公司或企业将有权直接办理与西方国家的外贸业务，打破了过去由外贸部独家经营的局面。同时，将与西方国家的企业共同兴办合资企业。

从这三次改革浪潮中可以看到以下一些特点：一是社会主义国家的经济体制改革日益成为世界经济发展总趋势中的一大趋势。50 年代进行真正改革的只是南斯拉夫，60 年代则是匈牙利，而近些年的第三次改革浪潮则波及了几乎所有的社会主义国家。在前两次改革浪潮中对改革持不同态度的国家，在第三次浪潮中也迈出并加快了改革的步伐。社会主义国家的现代化一定要走改革、开放之路，这已越来越成为各社会主义国家的共同认识。二是改革所波及的范围越来越广阔，它已不再是某一个部门或地区的局部范围的事情，而是牵涉国家经济生活的各个领域，并且深入政治体制、价值观念等方面。三是改革正在逐步向纵深发展，在第一、第二次改革浪潮中，大多数进行改革的国家，所注重的都只是中央和地方如何分权的问题，如何增强物质刺激的作用，等等。而近几年的改革则越来越注意到各项改革的配套，注意到要用一种新的运行机制来代替旧机制。四是改革既是一种不可逆转的必然趋势，又是一项艰巨的、复杂的长期任务，南斯拉夫的改革已进行了 30 年，匈牙利的改革也进行了近 20 年，但还没有哪个国家可以说已基本取得了成功。改革绝不是一项轻而易举的工作，社会主义国家在改革过程中对改革的艰巨性和长期性要有充分的思想准备。

　　了解社会主义国家经济改革的这种趋势和我国的国情特点，将使我们清楚地看到，我国作为一个社会主义国家的现代化过程，也就是一个不断地进行经济体制的改革、不断完善社会主义的生产关系的过程。改革应是我国现代化道路中的一个显著特点，改革是振兴我国经济，在面临新技术革命挑战的世界舞台上争得我们中华民族的地位的唯一出路。但在不失时机地、果断地加快改革的同时，我们又要看到改革的长期性和艰巨性，要动员和团结广大群众共同奋斗，积极而又慎重地推动我国的经济体制改革的不断深化。

（三）　当代世界经济发展战略思想的变革

　　从第二次世界大战后到 60 年代中期，世界经济发展的战略思想先后经历了两个阶段。

　　50 年代和 60 年代的发展思想，世界上多数国家，尤其是大多数发展中国家明显地以突出发展速度、突出工业化、突出投资、突出计划性（国家干预）为主要特征。其基本思路是将国民生产总值或工农业总产值的发展速度作为经济发展的主要目标，东西方国家之间的和平竞赛，后进的发展中国家的加快赶超，归根结底要通过提高发展速度来实现。而要提高工业发展速度，首先需要提高工业中的制造业，特别是机床制造业的发展速度。为了保证工业发展速度的加快，需要增加对工业部门的投资，需要加强国家的干预，用国家计划等措施来保证社会积累的主要部分能迅速投向工业。这种发展思想，一方面由于苏联、中国等社会主义国家在建设工业化基础中所获得的成功扩大了影响；另一方面也由于援助西欧重建的"马歇尔计划"，促进日本迅速发展的"国民收入倍增计划"给它提高了声誉。再加上廉价石油大量开采所提供的支撑和国际上两大集团间的冷战气氛所形成的压力，使这种发展思想在世界各国受到了广泛的重视，一些新独立的发展中国家一时纷纷仿效。

但到60年代以后，这些发展思想的缺陷越来越暴露出来。许多发展中国家片面追求增长速度的后果，与发达国家的差距不仅没有缩小，反而有所扩大，人均国民收入的差距从50年代初的1∶12扩大到70年代初的1∶13，有人按70年代初的发展速度推算，低收入的发展中国家赶上发达国家需要746年。片面强调工业化的作用和地位，使发展中国家的农业日益偏废。战后初期发展中国家与发达国家粮食人均年产基本上都保持在1.5吨左右，但到70年代中期，发展中国家仅提高到1.6吨，而发达国家提高到2.4吨。不少发展中国家片面追求积累，压缩消费，影响到人民生活的改善和生产积极性的提高；有的国家大量举债，引进外资，但"投资的乘数效应"不仅没有实现，反而负债累累，赤字严重；一些精心制订的计划，或者由于规模过于宏大，或者由于一些非经济变量的影响，实际上往往行不通。许多发展中国家普遍面临着通货膨胀、失业、贫富悬殊等一系列严重的社会问题。

从社会主义国家看，长期地实行指令性计划下的高速发展政策，导致企业的设备老化，资源配置不合理，资金使用效率低，社会上各种消费品普遍地供不应求，人民生活水平提高缓慢，企业没有自我发展的活力，最后发展速度逐渐被迫地降下来。

从西方发达国家看，通过人为地刺激需求实现的高速增长，一方面导致社会资源的大量浪费；另一方面污染日益严重，同时，沉重的社会福利负担，抑制了企业的积极性和创新精神，特别是由于 70 年代的两次石油危机，石油价格的大幅度上涨，标志着以廉价石油支撑的高速增长时期的结束。

鉴于上述情况，从六七十年代以来，世界的主要经济发展思想发生了显著的转变，主要表现在以下几个方面：

一是从追求高速增长，转变为追求持续稳定的增长。特别是经过 70 年代初期，关于"增长的极限"的大讨论，重视增长的长期效果，重视增长的质量的思想，已广泛地为理论部门、政府部门和企业界所接受。美国学者约翰·奈斯比特在《大趋势》一书中，把"从短期向长期的变化"列为美国当代社会的十大趋势之一。

二是由重视宏观发展理论转入重视微观发展问题。对政府过多干预经济活动、抑制企业的活力的批评，无论是在东方社会主义国家中，还是在西方发达国家中，都逐渐开始为公众所重视。

三是由只重视工业转入同时重视农业的发展。改变了过去那种牺牲农村发展和农民利益，片面追求工业化的做法，这在一些社会主义国家和一些发展中国家中表现得尤为突出。

四是由过去只重视物质资本转入重视人力开发。有的学者提出的教育、营养、保健等都是一种人力投资的观点，为各国所广泛接受。许多国家在经济发展目标中都开始重视科技教育水平的提高。

具体地说，发展中国家从 70 年代以来，普遍强调要从本国的实际情况出发，以满足人们的基本需要。开始转变以前那种单纯追求发展速度，单纯追求工业化的做法。为了提高整个经济的效益，解决国内的劳动就业问题和国内市场过于狭小的问题，许多国家开始重视发展出口，重视吸引外资。为了提高企业的活力，培养企业家精神，有的国家把一些收归国有的企业重新实行私有化。一些发展较快的新兴工业国，为了解决外债过重和受国际经济波动影响过大的问题，都想尽快实行从劳动密集型行业向知识和技术密集型行业、从进口替代行业向面向出口的行业的战略转变。

苏联和东欧发展思想的变化趋势：一是开始重视对经济计划体制和管

理体制的改革，扩大企业的自主权，发挥地方和企业的积极性，从外延型扩大再生产转变为内涵型扩大再生产。二是重视调整经济结构，使农轻重的比例关系趋于合理。三是加快科学技术的发展，建立和发展新兴的工业部门。四是在加强经互会国家之间贸易的同时，增加与西方国家的经济往来，扩大引进外资，以便从西方进口更多的先进技术和产品。

西方发达国家总的说是重视由国家采取措施促进高技术工业的发展，力争在某些工业领域保持住自己的领先地位，同时利用先进技术改造传统工业，保护国内市场，避免受国际市场的过度冲击。其中，日本的重点将放在努力解决目前的贸易顺差过大的问题上，并将通过发展基础设施，改善住房条件等措施，努力扩大国内需求，改善产业结构，扩大制成品进口等。西欧将加快联合发展新兴工业，以便和美国、日本相抗衡，同时通过协调政策，促进产业结构的转换。美国的措施，一是抓紧产业结构的调整，从过去"补助弱者"的消极战略，变为支持新兴产业的积极战略。二是通过减税等措施，吸引国外资本和国外人才，以促进本国经济的发展。三是通过美元贬值等措施，促进美国工业品的出口，同时对技术的出口采取比过去更保守的做法，对竞争力弱的产业，采取措施保护国内市场。

总之，可以说当代世界经济中存在着结构变革、体制变革、发展战略思想变革这三大趋势。我国的社会主义现代化是在这三大变革趋势中进行的，我国的现代化目标决不只是当今世界上的现代化水平。因此，我们应该辩证地看待我国的国情，积极利用后进国家的后发优势，吸取先进国家的经验和教训，少走弯路，利用这种变革趋势给我国造成的机会，加快我国实现现代化的步伐。

四　中国社会主义现代化道路的选择

（一）中国处在社会主义初级阶段

中国要实现现代化。这是人民的意愿，也是历史的必然。

建设有中国特色的社会主义，就是我国现代化的必由之路。这是由我国的国情——历史、现状以及所处的社会主义初级阶段和国际环境决定的。

关于我国国情和国际环境，前面已有论述，不再重复。这里着重讨论我国社会主义建设目前和今后一个相当长的时期，究竟处在什么历史发展阶段的问题。

1981 年 7 月中共中央《关于建国以来党的若干历史问题的决议》明确地提出了中国现在处在社会主义的初级阶段。党的十二大的政治报告，进一步肯定了这个论点。1986 年十二届六中全会通过的《中共中央关于社会主义精神文明建设指导方针的决议》再一次阐述了这个重要的论断。这个论断有三层含义：一是当今我国的社会是社会主义社会，我们必须坚持社会主义，而不能离开社会主义；二是当今我国的社会主义，又是初级阶段的社会主义；三是社会主义初级阶段的根本任务就是大力发展生产力，加速实现现代化。我们考虑问题，处理问题，必须从这个实际出发，而不能离开和超越这个发展阶段。

马克思主义告诉我们，实现共产主义，要经过低级阶段也就是社会主义，然后到高级阶段——共产主义。这是一条极其重要的真理。同时，实践又告诉我们，对于这条真理的认识需要发展、深化。在建设社会主义社会这个历史阶段中又应该划分若干阶段，至少应划分为初级阶段和发达阶段。然而，仅仅这样认识还不够，还要认识这个初级阶段的长期性。特别是在那些经济不发达的国家，工人阶级取得了政权之后，建设社会主义初级阶段会长得多。企图很快地完结这一历史阶段的过程，这是一种空想。我国和苏联的经验都已经充分地证明了这一点。

为什么这样讲呢？因为工人阶级只要具备了夺取政权的条件，采取革命的方式，推翻剥削阶级的统治、改变旧的生产关系，这是能够在比较短的时间以内完成的。不承认在一定历史条件下，半殖民地、半封建国家的人民，可以取得政权，超越资本主义发展阶段，而走上社会主义道路，这是革命发展问题上的机械论。我们就是反对了这种错误观点，经过艰苦卓绝的革命斗争而取得新民主主义革命和社会主义革命的胜利的。但是，要把近似中世纪式的以手工劳动为主的落后的生产力变为现代化的大生产的先进的生产力，要消灭文盲、普及教育，赶上发达国家的经济文化发展水平，是不能像夺取政权、改变旧的生产关系那样在很短的时间内完成的。一个是革命，一个是发展生产力，这是不一样的。我们要达到发达国家生产力发展的水平，由于社会主义制度的优越，可以比发达资本主义国家所经历过的时间短些，但还是需要相当长的时间。不承认生产的社会化、商品化是不可逾越的，以为不经过生产力的巨大发展，就可以进入发达的社会主义，是革命发展问题上的空想论。

苏联建国已经70年了，现在戈尔巴乔夫还说它处在发展中的社会主义阶段。那么，我国就可能需要更长的时间。在我国，从新中国成立算起，要实现邓小平同志所说的人均国民生产总值达到中等发达国家水平的目标，大约需要一百年时间，也就是到了下一个世纪中叶。至于要达到发达国家的更高水平，可能需要更长的时间。

统一对我国社会主义发展阶段的认识，不仅具有巨大的理论意义，而且具有巨大的实践意义。为什么这样说呢？不承认社会主义发展的阶段性，不认识社会主义从初级阶段到发达阶段需要相当长的时间，把社会主义革命和社会主义建设看得很容易，在这个方面，我们有过痛苦的教训：一个就是急于过渡，急于由社会主义过渡到共产主义。比如，从多种经济成分急于过渡到单一的公有制，从集体所有制急于过渡到全民所有制，从按劳分配急于过渡到按需分配，追求所谓"一大二公"、吃饭不要钱，诸如此类。这种"过渡"，过去大家都经历过了。另一个是急于求成。比如，提出违反自然规律和经济规律的"大跃进"，"苦战三年"就要改变中国的面貌。"人有多大胆，地有多大产"，"不怕办不到，只怕想不到"，等等。总之，有一种速成论的思想，就是认为社会主义建设很快就可以成功，这种倾向曾对我国建设事业造成了严重危害。这个历史教训是必须汲取的。

我们建设社会主义过程中所以出现这种急于求纯、急于求成的错误，根本就在于离开了我国的基本国情，没有清醒地认识我国社会主义发展要经历一个相当长的初级阶段。当然，我们也要反对慢吞吞的、没有紧迫感的那种懒散无所作为的思想。但是两相比较，38年来我们受害最大的是急于过渡、急于求成的"左"的思想所造成的损失。因此，我们反复强调坚持实事求是的思想路线，致力于发展生产力，建设四个现代化，并逐步实行对我国经济体制、政治体制的改革。

我们还可以看看苏联的教训。苏联从1917年"十月革命"到现在近70年，他们对自己所处的发展阶段，也有一个认识不断深化的过程，经过几代领导人的努力，可以说逐渐地接近于实际了。因为过去走得太快，现在在某种意义上也可以说是后退，但实际上不应该看做后退，而应该看做逐渐地接近于实际。苏联在"十月革命"取得胜利之后，由于当时国际上帝国主义的武装干涉和国内反革命武装的叛乱，曾经实行军事共产主义制度。当帝国主义的干涉结束以后，列宁很快就提出由军事共产主义转变为新经济政策。新经济政策，包括以国营经济为主体，允许一些私人的、个体的经济活动存在，也允许外国资本租赁苏联的企业。直到现在，戈尔巴乔夫还在宣传列宁的新经济政策，他说要从列宁的新经济政策里得到苏联经济改革的智慧。斯大林一直说是在建设社会主义，他倒没有说马上要搞共产主义。但到赫鲁晓夫上台，就宣布苏联已经进入建设共产主义的阶段，并预言要在1980年实现共产主义。到了勃列日涅夫，又改变了提法，说现在不是处在建设共产主义阶段，而是处在建设发达的社会主义阶段。到安德罗波夫的时候，说是处在发达的社会主义的门口。到了戈尔巴乔夫，现在又在论证他们仍然处在发展中的社会主义阶段。由此可见，他们对这个问题的认识也是逐步深化的。

回顾一下我们自己的认识过程，那也是很有意义的。1958年8月北戴河会议通过的关于农村建立人民公社问题的决议就认为，共产主义在我国的实现，已经不是什么遥远将来的事情了，并提出七八年之后就可以实行按需分配。后来，很快地就发现了这个错误。到同年年底武昌会议时，做出了《关于人民公社若干问题的决议》，指出不能混淆社会主义和共产主义两个阶段，社会主义阶段是长期的，但还没有提到初级阶段的问题。我们在这个问题的认识上，也值得很好地总结。我们建设社会主义的历史要比苏联短，经济发展的起点和自然资源的拥有量也比它差，而我们的人口要比苏联多得多。因此，我们国家社会主义建设初级阶段的时间可能要比苏联长一些。

总之，社会主义初级阶段，既区别于新民主主义向社会主义的过渡时期，又区别于发达的社会主义，这是在经济不发达的基础上建设社会主义的阶段。有人说，我们既然没有经历过资本主义阶段，那就先干一段资本主义然后再干社会主义好了。如果那样，我们就会和印度现在的情况差不多。但是，历史既不允许我们退到资本主义去，又要求我们在社会主义条件下吸收资本主义已经取得的反映现代社会化、商品化生产规律的那些东西，利用它为社会主义服务，以完成历史赋予我们的任务。这样，经过长期的努力，我们就能在经济发展上接近并最终超过资本主义的发达国家。

要好好地回答我国社会主义建设现在所处的阶段的问题。正确地认识这个问题，是现阶段建设有中国特色的社会主义的首要问题，也是我们采取现在这样的路线、方针而不能采取别的路线、方针的基本依据。

这个基本依据，决定了我们在整个社会主义初级阶段，必须以经济建设为中心，既坚持四项基本原则，又坚持改革、开放、搞活。四项基本原则和改革、开放、搞活，是十一届三中全会以来党的路线的两个基本点，它们是相互联系、相互依存的。两者统一于建设有中国特色的社会主义的实践，归根到底统一于发展社会生产力。

以经济建设为中心，坚持两个基本点，这就是我们的主要经验，这就是我们的主要公式，这就是党的十一届三中全会以来所确定的我国社会主义现代化建设的基本路线。所以，以经济建设为中心，坚持四项基本原则，坚持改革、开放、搞活，也就是中国社会主义现代化的道路。

社会主义初级阶段是相当长的。社会主义现代化建设的任务是艰巨的。在这个历史阶段，我们必须在以下几个方面艰苦奋斗、励精图治，有更大的作为。

第一，加快发展社会生产力，提高劳动生产率。我们国家的社会生产力虽然有了很大的增长，但劳动生产率仍然很低，物质技术基础的总水平和人均收入也都很低，人均国民生产总值居世界130位；地区的发展很不平衡，城乡之间、地区之间的差别还很大。按照到本世纪末实现人均国民生产总值1000美元的目标，现在上海早已达到了；但是，在西藏、青海、甘肃等最困难的地区，现在只有几十美元。在全国 10 亿人口中，7 亿多的农民基本上还是以手工劳动为主，以落后的工具搞饭吃。一个农业劳动力生产的粮食可以供养的人口，美国大约是 70 个人，法国是 36 个人，联邦德国和日本是 18 个人，而我国大约是 5 个人。在工业部门，传统产业仍然占主导地位，新兴产业、高技术产业的比重还很小，少量的现代化产业同大量的落后于现代化水平的产业同时存在。我国人口众多，劳动力充足，这是个优点，但是，人口增长和资源供应能力增长的矛盾长期处于紧张状态。我国地大物博，从总量来说是这样，但是以人口平均量来说却是一个资源比较贫乏的国家，对这一点认识清楚，才能更合理地、更节约地使用自己的资源。由此看来，我们国家要富裕起来，不把劳动生产率大大提高是不行的。社会主义最根本的任务就是发展生产力，只有生产力的巨大发展，劳动生产率的不断提高，才能富国裕民。

　　第二，完善我们的基本经济制度。以公有制为基础的社会主义的基本经济制度已经在我国确立。但是，生产的社会化程度还很低，存在着以公有制为主体的多种经济成分和多种经营方式。作为主体的公有制本身也不成熟，在全民所有制经济内部，还存在着中央和地方、部门和企业、企业和企业之间复杂的利益关系；在集体经济内部，比如，农村在所有权和经营权分开后，也出现了一些新的情况。除此以外，现在还有个体经济，中外合资的国家资本主义经济和私营经济，包括外国人到中国来独资办的企业等，作为社会主义经济的补充。这些都是和我们所处的社会主义初级阶段有关系的。在这个初级阶段，必须以公有制为主体，发展多种经济成分，包括相当比重的个体经济、私营经济和外资经济。过去那种"一大二公"、纯而又纯的要求是无益而有害的。

　　第三，坚持按劳分配原则，走向共同富裕。与公有制为主体的多种经济形式相适应，存在多种分配方式。在个人收入分配上，是以按劳分配为主，但同时还存在着性质不同的其他分配方式。即在按劳分配为主体的前提下，实行多种分配办法，包括各种合法的劳动所得，合法的生产条件带来的所得，以致某些合法的剥削所得，等等。在共同富裕的目标下，鼓励一部分人、一部分企业、一部分地区先富起来。不坚持按劳分配为主的原则，不坚持共同富裕的原则是不对的，要求绝对平均也是不对的。我们说以按劳分配为主，就是说还有其他一些分配形式，比如，买股票分得红利，就不能说是按劳分配。还有一些其他的形式、其他的方式，如不加以区别，就会把那些雇佣关系都说成是按劳分配的了。但是，实际上只能说它是我们社会主义分配形式的一种补充，它本身还不能说是社会主义的分配形式。

第四，促进社会主义有计划商品经济的极大发展。我国的经济虽有很大的发展，但自给自足的自然经济、半自然经济以及以这种性质的经济为特征的传统模式下的产品经济，仍然占有相当大的比重。农产品商品化的程度，总的来说还不到 50%；工业生产资料，还有相当大的部分靠调拨，而不是商品交换。商品经济很不发达，商品流通和金融机构还比较落后，社会主义的、统一的、开放的市场体系的形成，还需要一个发育的过程。而在社会主义条件下，商品交换不仅是农民而且也是全民和集体企业唯一能够自愿接受的形式。全民、集体、个体和私营企业都是商品生产者和经营者，都需自主经营、自负盈亏。为了调动各类企业以及各方面的劳动者和经营者的积极性，除了大力发展商品经济外，别无他途。国家计划也必须建立在运用价值规律，等价交换的基础上。这就是有计划的商品经济，也就是通常所说的：国家调控市场，市场引导企业。

第五，提高整个民族的科学文化水平。我国科技文教事业虽有很大发展，但是少量具有世界先进水平的科学技术同广大人民群众文化素质很低的情况同时存在，文盲在成人中将近 1/4，这是个很大的问题。要把我们整个民族的科学文化水平提高到应有高度，需要几代人的努力。

第六，进一步对外开放。我国的社会主义，是独立自主、对外开放的社会主义。党的十一届三中全会以来，实行对外开放的方针，已经取得了开拓性的进展，但是要把我国建成为社会主义现代化国家，必须进一步对外开放。我们不能照搬别国的模式，但一定要对外开放，否则就会越来越落后。"全盘西化"不对，闭关自守也不行。

第七，完善我们的基本政治制度。我国人民民主专政的社会主义基本政治制度已经确立，工人阶级和其他劳动人民作为国家主人的地位的确立，使我国已经步入了人类历史上最先进的社会发展阶段，即社会主义的历史阶段。但是，社会主义的民主和法制还不健全，党和国家的政治生活的民主化、经济管理的民主化、整个社会生活的民主化，还需要随着经济发展、文化提高逐步实现。因为上层建筑是由经济基础决定的，实现高度的民主也和充分发展社会生产力一样，要有个渐进的过程，建立既有民主又有集中，既是生动活泼，又是安定团结的社会政治环境，是个长期的任务。

第八，加强社会主义精神文明建设。从意识形态领域来说，马克思主义、社会主义已经占了主导地位。但是，旧社会的习惯势力、小生产的狭隘观念和各种剥削阶级腐朽思想的影响和侵蚀，还严重存在，思想斗争还会长期存在。应当把这个问题看做长期的工作、长期的斗争，不能期望三两年内就把这个问题解决。同各种剥削阶级腐朽思想的斗争是一个长期的任务。党风问题也是一个要长期解决的问题。

我们要在建设社会主义物质文明的同时，努力建设社会主义精神文明，要使传统的优秀文化与现代的进步文化相结合，继承和创新相结合。忽视学习外国先进的东西是不对的，忽视同资本主义、封建主义腐朽思想的必要斗争更是不对的。把这种斗争扩大化、简单化，企图用搞运动的办法解决思想问题也是不对的。

第九，实现祖国的统一是历史赋予我们的任务。"一国两制"的科学构想，对推动祖国统一事业，产生了巨大作用。香港、澳门问题相继得到圆满解决。但祖国统一事业还未完成，我们还要按照这一原则和平解决台湾问题。

总之，中国的现代化，无论从政治、经济、技术、社会的各个方面，还是从物质文明、精神文明、人才资源、自然资源的各个角度，都具有自己的符合国情、适合所处的历史发展阶段、顺应世界历史发展潮流的特点，是具有中国特色的社会主义的现代化。

中国现代化的道路，是一条充满希望、充满光明的道路！

（二）苏联和我国的历史经验教训

一个国家走什么样的现代化道路，主要取决于这个国家主要国情特点和社会发展的历史阶段以及特定的国际环境，而不是取决于某个人的意志；否则，唯一的可能就是延缓现代化的进程，给现代化的事业造成损失。世界各国的现代化确实是有其共性，但由于各个国家具体国情特点、社会发展的阶段和所处的国际环境存在着差别，因此，各个国家的现代化道路又是各不相同的。

无论世界各国的现代化道路是如何的千差万别，从组织经济和配置资源的方式来看，大致可以划分为三种类型：一是发展资本主义商品经济的道路；二是发展传统的社会主义产品经济的道路；三是发展社会主义有计划的商品经济的道路。

1. 资本主义国家的现代化道路

资本主义国家所走过的或正在走的现代化道路是很不相同的。比如，斯大林在《关于苏联经济状况和党的政策》一文中就谈到过历史上有过的各种不同的工业化①方法。他说：

英国的工业化是靠数十年、数百年掠夺殖民地，在那里收集‘追加的’资本，把它们投入本国的工业并加快自己工业化的速度来实现的。这是一种工业化方法。

德国由于十九世纪七十年代对法战争的胜利而加速了自己的工业化。当时德国向法国人索取了五十亿法郎的赔款，把这笔赔款投入自己的工业。这是第二种工业化方法。

俄国，旧的俄国，在受奴役的条件下出让经营权，在受奴役的条件下获得借款，它竭力用这种方法逐步爬上工业化的道路。这是第三种方法②。

斯大林这里所谈的是从工业化所需资金的不同来源来区分的不同的工业化道路。

各个发达的资本主义国家实现现代化的发展战略，在国家对经济的干预程度，主要依靠国内市场还是主要依靠国外市场，生产方法和组织形

---

① 尽管工业化不等于现代化，但这二者的关系是十分密切的。
② 《关于苏联经济状况和党的政策》，《斯大林选集》上卷，人民出版社1979年版，第464页。

式，现代化所必需的投资的具体来源，现代化的社会代价，现代化过程中的政治结构、经济结构等等问题上都是有所不同的。拿主要依靠国内市场还是国外市场这个问题来说，斯大林就曾指出过：美国工业是在国内市场基础上成长起来的，而英国工业首先是以国外市场为基础的。英国许多工业部门的产品百分之四十至五十是输往国外市场的。美国则相反，它一直是以国内市场为基础，其产品输出国外市场的不过百分之十至十二①。

　　然而，透过各资本主义国家实现现代化过程的种种差别，我们可以看到的一个共同之处是：各资本主义国家的现代化过程也就是在价值规律和剩余价值规律的驱使下，追逐更多的剩余价值的过程，它们所走的现代化道路，也就是追逐、榨取更多的剩余价值的道路，同时也就是发展资本主义商品经济的道路。因此，从最一般的意义上说，一部资本主义国家的现代化史，也就是剥削剩余价值史和资本主义商品经济的发展史。至于发展资本主义商品经济这条道路有什么特点，将在本章第三节中论述。

　　2. 苏联所走过的现代化道路及经验教训

　　社会主义国家应该走什么样的现代化道路的问题，是社会主义现代化建设中必须解决而又长期没有得到很好解决的重大的理论问题和战略问题。马克思主义为我们解决这个问题提供了指导思想和方法，但马克思主义经典作家没有也不可能给我们留下现成的答案。特别是由于各社会主义国家所处的国际环境不同，各自的国情不同，因此，在不同的社会主义国家，实现现代化的具体道路，一些具体的方法等也是不一样的，而且也不可能一样。苏联是世界上第一个社会主义国家。苏联对于社会主义国家的现代化道路尤其是工业化道路首先进行了探索和尝试，其工业化模式在30年代独具特色。第二次世界大战以后，东欧国家也采用了这种模式，我国在新中国成立初期也基本上仿效了这种模式。所以，苏联的现代化道路，在很长一个时期内，成了各社会主义国家的样板，被看成是唯一正确的道路。直到现在，这种模式和道路，对各社会主义国家还有着深刻的影响。

---

　　① 《关于苏联经济状况和党的政策》，《斯大林选集》上卷，人民出版社1979年版，第469页。

　　20 年代初期，列宁在很大程度上是把实现电气化看做是工业化乃至现代化的方法或道路的。对于电气化问题，他有过许多的论述。他说：如果没有电气化，回到资本主义去反正是不可避免的①。他还说："共产主义就是苏维埃政权加全国电气化。不然我国仍然是一个小农国家，这一点我们必须清楚地认识到。……只有当国家实现了电气化，为工业、农业和运输业打下了现代大工业的技术基础的时候，我们才能得到最后的胜利。"② 他在另一篇文章里又说："社会主义的唯一的物质基础，就是同时也能改造农业的大机器工业。但是不能局限于这个一般的原理。必须把这一原理具体化。适合最新技术水平并能改造农业的大工业就是全国电气化。"③

　　在 20 年代，苏联对工业化道路问题有过激烈的论战。比如，以列宁为代表的一派认为应该优先发展农业；以布哈林为代表的一派主张工农业平衡发展；而托洛茨基和奥列奥布拉仁斯基则认为，应该用剥夺农民的办法去发展重工业。这个争论是以斯大林的理论的确立而暂告休战的。斯大林的社会主义工业化理论不仅对苏联的社会主义工业化产生过很大的作用，而且对我国及其他一些社会主义国家的工业化也产生过重大的影响。

　　斯大林把优先发展重工业看做社会主义工业化的标志和方法，认为社会主义工业化的内容首先就是发展重工业。他说：一般的工业发展情况还不能使人看到工业化速度的全貌。为了看到全貌，还必须弄清楚重工业和轻工业的对比关系的变动情形。因此，应当认为生产工具和生产资料的生产（重工业）在工业总产值中的比重的不断扩大是工业化发展的最鲜明的标志④。他还说：不是发展任何一种工业都是工业化。工业化的中心，工业化的基础，就是发展重工业（燃料、金属，等等），归根到底，就是发展生产资料的生产，发展本国的机器制造业。……我国的工业化不能只了解为发展任何一种工业，比如说，发展轻工业，虽然轻工业及其发展是

---

① 《〈论粮食税〉一书纲要》，《列宁全集》第 32 卷，人民出版社 1958 年版，第 313 页。
② 《关于人民委员会工作的报告》，《列宁选集》第四卷，人民出版社 1972 年版，第 399 页。
③ 《在共产国际第三次代表大会上关于俄共的策略的报告提纲》，《列宁选集》第四卷，第 549 页。
④ 《联共（布）中央委员会向第十六次代表大会的政治报告》，《斯大林全集》，第 12 卷，第 232 页。

我们所绝对必需的。由此可见，工业化首先应当了解为发展我国的重工业，特别是发展我国自己的机器制造业这一整个工业的神经中枢①。斯大林还认为，工业总产值在工农业总产值中占到70%，就实现了国家的工业化。

斯大林在本世纪二三十年代十分严峻的国际和国内形势下提出了社会主义工业化理论，其中许多观点经实践检验是正确的，但也有些观点并不一定适用于所有的社会主义国家。斯大林是在当时世界上只有一个社会主义国家，它受各帝国主义的包围，而且新的世界大战又日益迫近的情况下提出的，苏联走这样的道路，可以集中人力、物力、财力，迅速发展某些选定的工业部门，以保证增强国力、巩固国防的需要。尽管苏联的这种工业化道路取得了很大的成就，但是却不利于国民经济的平衡发展，特别是不利于发展农业和轻工业，给社会再生产带来阻碍，难以使人民的生活在生产发展的基础上得到应有的改善。后来，由于人们把斯大林提出的工业化道路绝对化，把它看做是社会主义建设特别是社会主义工业化唯一正确的道路，给一些国家的经济发展带来消极的后果。

需要着重指出的是：苏联的工业化道路作为一种经济发展战略，是不可能在市场自发力量的推动下实现的。它必然伴随着高度集中的指令性计划经济体制，与传统的社会主义产品经济联系在一起。选择这条道路与不承认社会主义经济是一种商品经济，不承认全民所有制企业之间存在商品关系是互为表里的两个方面。

3. 我国所走过的现代化道路及其经验教训

我国"一五"时期虽然也存在着某些照抄照搬苏联做法的缺点，但是总的来看，仍然在相当多的方面有着从自己国情出发的正确政策，因此社会主义工业化的进程是比较健康的。我国在制订"一五"计划时，在马克思主义再生产理论指导下，认真考虑了我国的实际情况。我国的社会主义现代化建设事业，是以社会主义工业化为主体的。根据当时的情况，"一五"计划把优先发展重工业作为社会主义工业化的中心环节。同时也

---

① 《关于苏联经济状况和党的政策》，《斯大林选集》上卷，人民出版社1979年版，第462页。

明确规定：在优先发展重工业的条件下力求使各个经济部门——特别是工业和农业、重工业和轻工业——之间的发展保持适当的比例，避免彼此脱节。鉴于大规模建设需要大量资金，而社会主义生产又必须以满足人民需要为目的，"一五"计划还规定：应该照顾到积累资金和改善人民生活两个方面，既要注意扩大资金积累，保证国家建设，为不断提高人民的生活水平建立物质基础；同时在发展生产和提高劳动生产率的基础上逐步地提高人民的物质文化生活水平，减少失业现象。由于计划合理和贯彻得力，"一五"时期经济发展很快，职工和农民都得到了较多的实惠。

　　毛泽东同志总结了我国"一五"时期和其他社会主义国家经济建设的经验教训，对斯大林提出的工业化道路和经济发展战略提出了中肯的批评，指出：苏联和一些东欧国家片面地注重重工业，忽视农业和轻工业，因而市场上货物不够，货币不稳定。苏联的办法把农民搞得很苦。他们采取所谓义务交售制等项办法，把农民生产的东西拿走太多，付给的报酬又极低。这样来积累资金，使农民的生产积极性受到极大损害。毛泽东同志说：我们现在发展重工业可以有两种办法，一种是少发展一些农业轻工业，一种是多发展一些农业轻工业。从长远观点来看，前一种办法会使重工业发展得少些和慢些，后一种办法会使重工业发展得多些和快些。他还提出："国家和工厂，国家和工人，工人和工人，国家和合作社，国家和农民，合作社和农民，都必须兼顾，不能只顾一头。无论只顾哪一头，都是不利于社会主义。"党的八大决议也体现了这种精神。现在看来，这些观点是完全正确的。

　　但是，在"左"的指导思想的影响下，从1958年秋发起"大跃进"运动开始，我国现代化道路的方向发生了错误的转变。"一五"时期的一些好经验没有继续坚持，党的八大的决议和毛泽东同志的上述正确观点没有付诸实行。相反，提出了不符合中国实际情况的战略目标和战略措施。"大跃进"中实行了所谓的"赶超"战略，盲目追求不切实际的经济发展速度，尤其是追求过高的重工业发展速度，要求以钢为"纲"，钢产量一再翻番。结果导致国民经济比例严重失调，工农业生产大幅度下降，经济效益严重恶化，人民生活发生极大困难。1960年冬党中央决定调整国民经济，贯彻"调整、巩固、充实、提高"的方针，经过全党全国人民的努力，于 1965 年基本上完成了调整任务。但是，"左"倾指导思想并未得到彻底纠正，在十年"文化大革命"中又继续发展。这方面的错误加上其他错误，使得我国国民经济再一次受到更为严重的损害。

我国进行现代化建设的经验教训是很多的，仅就经济方面来说，至少应特别重视以下四点：

第一，生产建设必须以满足人民需要为目的。社会主义生产的目的是直接满足人民日益增长的物质和文化生活的需要，这是马克思主义的基本原则。只有按这个原则办事，才能处理好生产和生活的关系，才能实现经济结构的合理化。在过去很长时期内存在着某种为生产而生产的倾向，对经济建设和人民生活造成了损害。今后必须从一切为人民的思想出发，统筹安排生产建设和人民生活。

第二，正确处理速度和比例的关系。马克思主义再生产理论告诉我们，为了使社会再生产顺利进行，必须在两大部类之间、各个部类内部以及在积累和消费之间建立协调的、合理的比例关系。但是，在一个长时期内，存在着片面强调速度而忽视比例的倾向，认为比例应该服从速度。事实证明这种观点是错误的。按比例是国民经济高速度发展的前提条件，在实现工业化的过程中，在一定条件下，优先发展重工业是必要的，但不能把优先发展重工业绝对化，不能认为在任何条件下都要优先发展重工业。即使在优先发展重工业的时候，也要重视农业和轻工业的发展，把它们放到重要地位，使重工业努力为农业和轻工业服务。

第三，正确处理速度和效益的关系。过去很长时期内，我们片面追求工农业总产值的高速度，忽视质量，忽视经济效益，虽然工农业总产值增长速度比较快，但由于经济效益差，既影响到积累的增长，也影响到人民生活的改善。

第四，我国以往走过的工业化道路或现代化道路，从经济形态上来看，也是传统的社会主义产品经济的道路，我国的实践以及其他社会主义国家的实践都已证明，这条路再也不能继续走下去了。能否正确地处理计划经济与商品经济的关系，使之与经济的发展紧密相连，这是我国现代化建设的一个极重要的经验教训。我国社会主义建设的实践证明：凡是在一定程度上承认商品经济和发挥价值规律的作用时，我国的经济发展就顺利，就迅速，经济效益就好；相反，如果把计划经济与商品经济看做是互不相容的、相互排斥的、截然对立的东西，片面理解计划经济，否认商品经济，否认价值规律的作用，我国经济发展就迟缓、停滞，经济效益就差。

我国在国民经济恢复时期，第一个五年计划时期和党和十一届三中全会以来，特别是近几年来，面对多种经济成分并存和生产力发展不平衡的现实，实行指令性计划与指导性计划相结合，大力发展商品经济，比较重视价值规律的调节作用，市场机制得到较好的发挥，因而取得了比较好的经济成就，人民得到了实惠。60 年代调整时期，在理论上肯定社会主义阶段还存在商品货币关系，价值规律仍应起作用，在实践上恢复了农民的自留地、家庭副业和集市贸易，注意运用经济杠杆调节经济活动，因此就迅速恢复和发展了被"大跃进"破坏了的国民经济。而在"大跃进"时期和十年"文化大革命"时期，否认商品经济，否定价值规律的作用，否认市场机制，结果经济发展就倒退和停滞。正如党的十二届三中全会《关于经济体制改革的决定》中明确指出的：社会主义经济"是在公有制基础上的有计划的商品经济"。这个论断揭示了社会主义计划经济与商品经济的内在统一性，是一个重要的理论突破，又是中国经济发展的历史总结。

总结我国社会主义现代化建设的经验教训，还有一点也是极为重要的。就是工人阶级取得国家政权以后，为有计划地进行社会主义建设，实现现代化创造了一个非常有利的条件，而如何科学地运用这个条件来进行建设，是取得革命胜利的无产阶级及其政党所必须冷静地、客观地、正确地处理的一个大问题。由革命胜利而鼓舞起来的广大干部和亿万群众的高度革命热情，感染了各级领导者，大家都想把经济迅速发展起来，为人民群众谋取更多的幸福。特别是在像我们这样经济落后的国家，这种要求更为迫切，因而常常容易提出远远超过客观可能的发展计划。而某些同志却以为政权已经掌握在工人阶级和其他劳动人民手中，即使再高的指标也能够办到。但是，现代化建设毕竟不同于社会革命。生产关系的社会革命，通过必要的阶级斗争，蓄积力量，在革命形势成熟的时候，可以一举打倒反动统治，取得成功。而生产力的发展、社会主义现代化建设则有其自身的规律，它只能循序渐进。要想使一个经济落后的国家在几年、十几年的时间内一举变为经济发达的国家是不可能的。我们是在一个 10 亿人口、8 亿农民的国家中进行建设的，现在生产力水平还很低，尤其是农业劳动生产率和农产品的商品率很低。我国的基本国情决定了在我国的社会主义现代化建设中，"持久战"的战略思想是正确的，"速成论"的思想则是错误的，这也是我国国情所决定的我国现代化道路应有的一个重要特点。

（三）在改革、开放中发展社会主义有计划的商品经济

根据我国的国情特点，经济发展的历史阶段和发展趋势，我国社会主义现代化道路所具有的主要特点，世界各国实现现代化过程中的经验教训和我国以往的经验教训，我国应该走一条什么样的现代化道路呢？我们应该选择发展社会主义有计划的商品经济的道路。而要真正走这条道路，就必须搞好改革和开放，逐步使我国现代化建设转到发展社会主义有计划的商品经济的轨道上来。

1. 社会主义经济是在公有制基础上的有计划的商品经济

（1）社会主义经济是一种商品经济。社会主义经济相对于资本主义经济来说，它是计划经济，这是毫无疑问而必须肯定的。但是肯定这一点并不一定就要否定社会主义经济同时也具有商品经济的属性。经济体制改革的重要内容之一，就是要求我们在坚持计划经济原则的同时，按照商品经济的要求来组织整个社会的经济活动，力求把大的方面管住，小的方面放开，在保证宏观经济协调发展的前提下，搞活城乡各方面的经济生活。这就要求我们在理论上承认计划经济和商品经济在社会主义经济中是可以有机地统一起来的，在实践中是能够寻找它们之间的结合形式和结合点的，而不是回到过去二者择一、非此即彼的老路上去。

为什么社会主义经济还具有商品经济的属性呢？这里有两方面的原因。

一方面，社会主义社会存在着商品经济产生和发展的重要基础与条件——社会分工。列宁曾经指出，"社会分工是商品经济的基础。加工工业与采掘工业分离开来，它们各自再分为一些细小的部门，各个部门生产商品形式的特种产品，并同其他一切生产部门进行交换。这样，商品经济的发展使各个独立的工业部门的数量增加了"①。商品经济随着社会分工的发展而发展②。另一方面，社会分工只是商品生产存在的一般前提。如果仅仅存在社会分工而不存在具有独立经济利益的不同经济主体，不存在社会劳动同局部劳动的矛盾，就只会有统一经济主体内部的交换，而不会有不同的商品生产者之间的商品交换。那么，在社会主义经济中是否存在具有独立经济利益的不同经济主体呢？答案是肯定的。在社会主义社会，不仅存在着全民所有制和集体所有制两种公有制形式，而且还存在着其他多种经济成分。对于集体企业和个体企业来说，它们无疑是独立的商品生产者，不论它们与国家之间，还是它们相互之间，在经济关系上都是以等价交换为基础的商品经济关系。不承认这种商品经济关系，就会在实践中受到惩罚，这方面的教训是很多的。对于全民所有制的企业来说，在整个社会主义历史阶段，由于劳动在劳动者看来仍然主要是谋生的手段，因而还必须承认不同劳动者的能力是"天然特权"。因此，国有经济的劳动者之间，以及作为劳动者共同劳动的联合体的国有企业之间仍然存在着根本利益一致前提下的物质利益的差别，这种利益上的差别，决定了商品交换不仅是农民唯一可以接受的形式，也是全民所有制经济中地区间、部门间、企业间进行经济联系唯一可以自愿接受的形式。在由生产社会化过程所决定的分工体系中，由于单个劳动者只能完成一种产品的一道或几道工序，而不能独立地提供整个产品，产品是由劳动者们组织成的企业生产出来的，因而劳动者之间的等量劳动相交换的关系，首先必须通过国有企业之间产品的等价交换近似地表现出来，这就决定了每个国有企业具有独立的经济利益，在国有企业的相互关系上，就不能不以独立的商品生产者来互相对待，并遵守等价补偿和等价交换的原则。这个原则也就是商品经济

① 《俄国资本主义的发展》，《列宁选集》第一卷，人民出版社 1972 年第 2 版，第 161 页。
② 《评经济浪漫主义》，《列宁全集》第 2 卷，人民出版社 1959 年版，第 191 页。

的原则，即只能采取以等价交换为基本特征的商品货币关系，来调节它们之间在物质利益上的矛盾。因此，如果说生产资料的公有制带来人们之间的物质利益上的根本一致是实行计划经济的客观依据的话，那么，人们之间物质利益上的差别，则是社会主义商品经济存在的直接原因。

有的同志不同意把社会主义经济看做商品经济，理由是在社会主义社会，劳动力已经不是商品，土地、河流、矿藏等一般也不作为买卖对象了。是否可以根据社会主义社会劳动力不是商品，土地、矿藏等不能买卖，就否定社会主义经济具有商品经济的属性呢？这是不可以的。劳动力是不是商品，土地、河流、矿藏等是否可以买卖，并非商品经济的标志。在简单商品经济中，劳动力也并不是商品。劳动力作为商品，只是资本主义商品经济的特征。土地、河流、矿藏等不能买卖，只说明在社会主义条件下，商品关系受到一定的限制，但并没有因此否定社会经济活动的绝大部分仍然是通过商品货币关系进行的。因此，社会主义经济从整体上看仍然是一种商品经济。

实践经验告诉我们，社会主义现代化不可能在自然经济基础上建成。尤其是像中国这样处在社会主义初级阶段的发展中国家，要想促进社会生产力的迅速发展，就要真正消除自然经济思想的影响，使社会主义社会经历商品经济大发展的阶段。在我国现阶段，社会主义商品经济的发展，就意味着社会生产力的发展和社会主义建设的前进。

所以，根据社会主义建设的实践经验，肯定社会主义经济仍然是一种商品经济，是对社会主义经济做出的实事求是的理论概括。

（2）社会主义商品经济的特征。虽然社会主义经济仍然是一种商品经济，但是，它既不同于原始商品经济，也根本不同于资本主义商品经济，而是具有社会主义特征的商品经济。社会主义商品经济有如下两个主要特征：

第一，社会主义商品经济是建立在公有制基础上的商品经济。当然，在社会主义社会，由于存在多种经济形式，包括利用外资，因此在少量非社会主义经济成分中，还有资本家参加，但他们是在社会主义国家的管理和监督下活动的，这种国家资本主义性质的商品经济只是社会主义商品经济的补充，在整个国民经济中所占份额不大。社会主义商品经济所体现的生产关系，是社会主义劳动者之间的互助合作和平等互利的关系。在社会主义制度下，商品经济的范围已受到了一定的限制，劳动力已不是原来意义上的商品，土地、河流、矿藏等也不成为买卖对象。社会主义商品经济的发展，不可能引向资本主义。它不仅不同于资本主义商品经济，也不同于原始商品经济。但它还具有商品经济的一般特点。因此，在社会主义商品经济中，必然还有价值插手其间。在社会主义商品经济关系中，除了要强调互助合作外，还须贯彻等价交换的原则，体现平等互利的要求。

第二，社会主义商品经济是有计划的商品经济。在以生产资料社会主义公有制为基础的国家，有必要也有可能发挥计划在宏观平衡中的作用，也只有合理、充分有效地发挥计划的作用，才有可能避免商品经济发展的无政府状态，使国民经济有计划按比例地协调发展，实现资源的优化配置。

由此我们可以看到，社会主义经济兼有计划经济和商品经济的性质，它是计划指导下的商品经济，是有计划的商品经济，或者说是建立在商品经济基础上的计划经济。

2. 社会主义有计划的商品经济与传统的社会主义产品经济模式的区别

社会主义有计划的商品经济概念的提出，突破了把计划经济看做不具有商品货币关系，并同商品经济对立的产品经济的传统观念。"产品经济论"把整个社会看成一个为直接满足自身需要而生产的大工厂，基层生产单位只是这个大工厂的不具有经济独立性的车间，它们的微观经济活动由中央计划机关指挥，它们之间的产品流转，实行统一调拨。在实际生活中，这种对产品经济的认识和做法，促使每个地方、部门以及每个单位追求各自的"大而全"、"小而全"。它抑制了在现代生产中不可或缺的企业活力，从而使整个经济缺乏生气。

社会主义有计划的商品经济和传统的社会主义产品经济模式相比，有许多不同点。一是表现在所有制结构方面。传统模式追求"一大二公"的所有制结构，限制或取消个体经济，急于实现由集体所有制向全民所有制的过渡，企求建立纯而又纯的社会主义公有制结构；有计划的商品经济则承认我国的生产力水平相对落后而经济发展又很不平衡的现实情况，强调在社会主义公有制占主导地位的前提下，发展多种经济成分和多种经营方式。二是表现在国家与企业的关系方面。传统模式实质上否认包括生产资料在内的社会产品的商品属性，因而也就否定了社会主义企业相对独立的商品生产者和经营者的地位；有计划的商品经济确认不论是生活资料还是生产资料都具有商品属性，企业（包括社会主义国营企业）作为商品生产者，是相对独立的经济实体，具有自身的合法权益。三是表现在国家对经济运行的调节方面。在传统模式中宏观直接调节微观，国家通过包揽一切的指令性计划实现对经济运行的调节和控制；有计划的商品经济虽然在一定程度上需要国家直接管理，但它的侧重点在于国家对社会需求和市场的管理，在于各种经济杠杆或市场参数的灵活调节，以此来影响和引导企业的微观经济活动，用间接调控的方式来体现社会主义国家对商品经济的计划管理。四是表现在经济联系方式方面。在传统模式下，生产要素的流动、组合和资源配置，主要是通过国家调拨，实行纵向分配，横向经济联系很弱；有计划的商品经济强化了经济的横向联系，在国家计划指导下，以市场体系为中介，通过地区、部门和企业多种多样的联系方式，实现生产要素的流动和组合。五是表现在收益分配方面。传统模式把社会主义占有关系的平等视同收益平等，把平等混同为平均，结果导致平均主义泛滥，劳动效率降低；有计划的商品经济承认基于劳动贡献大小而产生的收入差别，承认每个社会成员具有均等机会的基本权利。这既体现了按劳分配的原则，也反映了商品经济的竞争法则，并允许和鼓励一部分勤于劳动、善于经营的人先富起来，而后逐步达到共同富裕。由此，可以看出，有计划的商品经济是一种充满活力而又能够实现有计划发展的新型的社会主义经济。

3. 社会主义有计划的商品经济与资本主义商品经济的根本区别及共同点

"有计划的商品经济"这个论断，既是对传统观念的重大突破，又表明社会主义商品经济与资本主义商品经济有根本的区别。社会主义有计划商品经济赖以存在的社会经济条件与资本主义商品经济根本不同，有着明显的特点：一是体现的生产关系不同。社会主义有计划的商品经济是建立在生产资料公有制占优势的基础上，经营主体是公有制企业，这是在消灭了剥削阶级由劳动人民当家做主的条件下的商品经济，它所体现的是社会主义各经济单位之间和人与人之间互助合作、平等互利同时又有竞争的关系，是经济利益根本上一致而又有差别的关系；是各经济主体自主劳动而又联合劳动的关系。而资本主义商品经济是建立在生产资料私有制基础上，经营主体是资本家私有企业，它所体现的是资本家同雇佣劳动者之间剥削与被剥削以及资本家之间尔虞我诈的竞争关系。二是生产经营的目的不同。在社会主义条件下，由于劳动人民当家做主，商品生产经营的目的同社会主义生产目的虽有差别而又可以一致起来，即最终是为了不断满足人民日益增长的物质和文化生活需要。而在资本主义条件下，商品经济的发展是服从于资本主义生产的目的，即为了攫取更多的剩余价值。社会主义企业作为相对独立的商品生产者和经营者，也要考虑盈利，但这是为了给国家增加积累，使企业和职工取得相应的物质利益，其最终目的仍然是更好地满足人民的需要。三是经济调节的手段不同。社会主义商品经济是全社会在计划指导下发展的，调节社会经济活动主要依据有计划按比例发展规律和价值规律，即国家通过计划和经济的、法律的、行政的手段，调节经济运行，从而能够在全社会的规模上自觉运用价值规律。而资本主义商品经济，由于单个私有者利益的对立，只能做到单个企业（包括垄断公司）有计划的发展，一般地说不能在全社会范围自觉地运用价值规律，因此资本主义的商品生产是盲目的无政府状态的，只能让价值规律自发地起调节作用，国家的干预也是有限的。四是商品范围不同。如前所说，在社会主义制度下，劳动力已不是原来意义上的商品，土地、矿山、银行、铁路等也不再是商品。就是说，在社会主义条件下商品范围是受到一定限制的。而资本主义社会，不仅一切劳动产品都变成商品，而且连人的名誉、地位、良心、婚姻等都成为商品。五是发展商品经济的资金来源不同。社会主义国家的性质决定了发展社会主义商品经济的资金主要靠国内的积累，靠提高经济效益及合理分配资金；而在资本主义的条件下，发展商品经济的资金是靠对内剥削、对外掠夺而来的。严格地划清社会主义商品经济与资本主义商品经济的界限，既有利于加强我国社会主义商品经济的计划性，防止商品经济发展中可能出现的无政府状态，又有利于制定一系列政策措施，改革经济体制，大力发展社会主义商品经济，促进我国生产力的迅速发展。

社会主义有计划的商品经济，也是一种商品经济，因此它与资本主义商品经济又有共同点，那就是作为商品经济一般的统一性：它们都是具有不同经济利益的生产者之间为了交换而进行的生产，生产的商品都是使用价值和价值的矛盾统一体：生产商品的劳动都具有具体劳动和抽象劳动两重属性；商品的价值量都是由生产这种商品的社会必要劳动时间所决定，都必须遵循价值规律和利用供求规律、竞争规律、流通规律、货币规律等，只是利用程度、范围和形式、目的不同而已；商品的交换价值都是价值的表现形式；商品交换都必须实行等价交换的原则，等等。这些共同性、统一性又寓于社会主义经济和资本主义经济各自的特殊性、差别性之中。在社会主义物质资料再生产过程中，必须严格遵循上述共性寓于个性的商品经济法则。

正确认识有计划的商品经济与传统的社会主义产品经济、与资本主义商品经济的区别，有利于我国的经济体制彻底摆脱产品经济论的影响，推进有利于商品生产和商品交换发展的各方面的改革；同时，也有利于加强我国社会主义商品经济的计划性，防止商品经济发展中可能出现的无政府状态，真正把社会主义商品经济引导到有计划发展的轨道上来。

发展有计划的商品经济，是社会经济发展的不可逾越的阶段。只有大力发展有计划的商品经济，才能进一步完善社会主义生产关系，为实现社会主义生产目的提供物质保证，这是促进社会生产力发展的必由之路，也是我国社会主义现代化的必由之路。

4. 具有中国特色的社会主义现代化道路，就是发展有计划的商品经济的道路

前面已经论述了中国现代化道路不能走西方资本主义的道路，当然也不可能走发展资本主义商品经济的道路。这是因为资本主义的商品经济发

展是建立在资本主义私有制的基础之上的，生产的社会化与生产资料的资本主义私人占有的矛盾，是资本主义社会无法克服的。我们如果沿资本主义的道路走，就无法保证我国的社会主义性质和社会主义生产的目的；无法保证生产资料公有制占主导地位以及按劳分配，无法消除贫富差别悬殊、两极分化，无法保证社会主义精神文明建设。具有中国特色的社会主义现代化道路也不可能是发展传统的社会主义产品经济的道路，因为这条路我们曾经走过，而且几乎所有的社会主义国家都走过，但实践已经证明这条路是走不通的。

我们必须根据中国的国情和国际环境，走出自己的路子。这条具有中国特色的社会主义现代化道路，就是发展社会主义有计划的商品经济的道路。前面我们已经指出了社会主义经济是有计划的商品经济，分析了社会主义有计划的商品经济存在的原因，社会主义有计划的商品经济的特征，以及它与传统的社会主义产品经济、与资本主义商品经济的区别，从中我们可以看到，只有走发展社会主义有计划的商品经济这一条道路，才能促进我国社会生产力的大发展，加速现代化的进程，建设有中国特色的社会主义。

党的十一届三中全会以来，我们的改革就是努力向发展社会主义有计划的商品经济这个方向走的。这几条实践经验及发展趋势也告诉我们走这条路子是正确的。在国际共产主义运动史上，我国首先提出了社会主义经济是有计划的商品经济的论断并付诸实践，这是对传统观念的一个重大突破，是对国际共产主义运动的一个重大贡献。这条道路适合中国的国情，符合社会经济发展的规律，因此可以做出这样的结论：具有中国特色的社会主义现代化道路，就是发展社会主义有计划的商品经济的道路。

人类社会总是要从低级阶段向高级阶段发展，总是要不断前进的。根据现时我们对人类社会发展历史的认识，社会经济的发展是沿着自然经济、商品经济、产品经济这三个不同阶段顺序前进的。社会主义社会既然是共产主义社会的初级阶段，它必然要在自身发展的基础上，进一步发展到共产主义社会。与此同时，社会经济将由有计划的商品经济向产品经济过渡。这种发展的必然性，归根到底是由社会生产力的发展水平决定的。

由社会主义社会过渡到共产主义社会，必须有高度的生产力，而这是需要通过多少代人的努力才能实现的。社会主义社会是个相当长的历史时期。在这个历史时期内，特别是在这个时期的初级阶段，从经济方面来说，既不是资本主义的商品经济，也不是共产主义的产品经济，当然也不是社会主义的产品经济，而是在公有制基础上的社会主义有计划的商品经济。把这个历史过程看得简单化，想在几年或几十年的时间内就走完资本主义国家几百年所走过的路程，这完全是一种脱离实际的主观幻想。我国社会主义经济建设中的几次大的折腾，国际共产主义运动中一些社会主义国家经济发展曾出现过的一些大的反复，都是同没有把社会主义社会看做一个相当长的历史过程而急于求成的"速成论"有关的。这种思想，特别是领导干部中的这种思想，对经济工作所起的危害作用实在太大了，应该作为教训引以为戒。

5. 发展社会主义商品经济，必须走改革、开放之路

（1）发展社会主义商品经济，必须对我国的经济体制进行改革。我国原有的经济体制不是按照有计划的商品经济，而是按照传统的社会主义产品经济的模式建立起来的。无论是在所有制结构方面，还是在国家与企业的关系、国家对经济运行的调节、经济联系方式、企业的地位和模式、中央和地方的关系，以及收益分配等一系列方面，都是与发展有计划的商品经济相去甚远的。长期以来，我国的经济活动是在决策权高度集中于行政领导机关、按行政区划和行政层次组织起来、主要采取行政命令调节方法的经济体制中运行的。概括地说，这种经济体制的特点是：在计划上大包大揽，在流通中统购统销，在劳动上统包统配，在财政上统收统支。这种体制的一个基本特色就是"统"。在这种体制下，整个国民经济被管得很死，窒息了企业的活力和劳动者的积极性，这就不可避免地阻碍技术的进步、生产的发展和经济效益的提高。从根本上说，这种体制是一种反商品经济的体制，它极大地阻碍了我国有计划的商品经济的发展。实际上，这种体制根本就不是为了适应有计划的商品经济的发展而建立起来的，而是为了适应传统的社会主义产品经济模式而建立起来的。

但是，为什么长期以来不能改变这种不合理的体制呢？这与我们在理

论上长期未能摆脱产品经济或自然经济的影响，不承认社会主义经济的商品经济性质有直接的关系。很长一个时期，我们由于把社会主义经济与商品经济对立起来，把计划经济看做不具有商品货币关系的产品经济的传统观念的束缚，视整个社会为一个直接满足自身需要的大工厂，视基层生产单位为这个大工厂的不具有独立性的车间，中央计划机关指挥着它们的微观经济活动，不承认社会主义经济的商品属性，就只能按行政原则去组织国民经济，用行政命令把企业的手脚捆死，企业之间的产品流转，也要统一调拨。30多年来的实践经验告诉我们，越是强调加强所谓计划管理，严格限制商品经济发展的时候，计划经济遇到的困难就越多；而每当我们适当放宽对发展商品经济的限制的时候，计划经济的发展反而会顺利些。因此，只有彻底克服"产品经济论"的影响，肯定社会主义经济的商品属性，承认社会主义经济是有计划的商品经济，明确提出大力发展社会主义商品经济，才能在国民经济计划指导下，更好地利用市场机制，搞活经济，推动社会生产力蓬勃发展。

正因为我国原有的经济体制是按"产品经济论"建立起来的，它是一种反商品经济的体制，因此，我们要发展社会主义商品经济，就必须对原有的经济体制以及与这种体制相适应的其他方面进行改革，从而建立起与发展社会主义商品经济相适应的新体制。

经过近些年来的经济体制改革，我国的经济体制已经朝着适应社会主义商品经济的发展，适应生产力发展，促进我国社会主义现代化建设的方向大大迈进。但是，一种旧体制的消亡和一种新体制的形成、确立和发展，并非一朝一夕就能成功的。改革需要时间，它是一个渐进的过程，在这个过程中会遇到许多困难，新旧体制交替时期，也会产生许多摩擦，出现"胶着"状态。这都是正常的现象。目前，在所有制改革、价格体系改革、工资制度改革等许多方面的改革中，就存在着这样或那样的困难。适应有计划的商品经济发展的新的经济体制还没有完全确立。所以，我们还要在已经取得的改革成绩基础上，继续坚持改革、深化改革。改革不是一种权宜之计，它是我们长期的、不可动摇的基本国策。要实现我国的社会主义现代化，就必须走发展社会主义有计划的商品经济的道路，而要走这条具有中国特色的社会主义现代化道路，就必须坚持改革。也可以这么说，改革是以承认社会主义经济的商品经济属性，作为其主要理论依据的。我们只有承认社会主义经济的商品经济属性，才能完满地贯彻党中央关于经济改革的各项决策，完善社会主义的经济机制，为社会主义现代化建设铺平道路。

（2）发展社会主义商品经济，必须实行对外开放的方针。一个社会、一个国家要不要发展对外经济技术交流，利用国外的资金、市场、资源和技术，这是由它的商品经济发展程度决定的，归根结底又是由生产力状况决定的。在前资本主义社会，生产力水平低下，商品经济很不发达，自然经济占统治地位。在这种情况下，国际间的经济技术交往是很少的。到了资本主义社会，商品经济大大发展了，这就必然带来了国际间经济技术交流的大发展。马克思、恩格斯在《共产党宣言》中谈到资产阶级开拓世界市场的经济根源时曾经指出："不断扩大产品销路的需要，驱使资产阶级奔走于全球各地。"[①] 我们要发展社会主义的商品经济，必然要挖掉自然经济闭塞的病根，走向世界，从经济发达国家引进先进技术和管理方法，利用外资，并且打进世界市场，有意识地利用世界市场，从中得到国际分工和国际商品交换的好处（当然，社会主义国家发展商品经济、开拓世界市场的目的和性质，是根本不同于资本主义国家的）。这一历史趋势，是客观事物发展的必然性。对于我们这样的发展中社会主义国家来说，尤为重要。我国对外开放的方针，正是根据马克思主义的理论和我国社会主义商品经济发展的客观要求制定的。由此可见，承认我国社会主义经济具有商品属性，发展我国社会主义有计划的商品经济，就必然要求实行对外开放的方针，用各种合适的形式加强对外经济技术交流，促进我国现代化事业的发展。对外开放同改革一样，不仅是权宜之计，也是我们要长期实行的基本国策。可以说，承认社会主义经济的商品属性，是我国实行对外开放方针的重要理论依据之一，同时也是保证我国社会主义企业能够执行这一方针，参加国际竞争的一个理论前提。

---

① 《共产党宣言》，《马克思恩格斯选集》第一卷，人民出版社1972年版，第254页。

五 企业是发展社会主义商品经济的主体

建设有中国特色的社会主义，就经济领域而言，就是从国情出发实行有计划的商品经济。而变传统的经济模式为有计划的商品经济，中心环节是搞活企业，企业是发展社会主义商品经济的主体。那么，我国的企业现状如何，如何使之活起来，真正成其为企业，这就是我们首先要讨论的问题。

（一）企业应是自主经营、自负盈亏的商品生产者和经营者

1. 在传统的经济模式里，不存在真正的企业

所谓企业，简单地说，就是一种营利性的经济组织。在不同的社会制度下，企业是具有不同的特性的，这种特性主要是由社会制度的不同，由生产关系的不同所产生的。但是企业作为营利性的经济组织，作为现代国民经济的基本单位，无论在资本主义条件下，还是在社会主义条件下，都具有其共性。一般地说，不同社会条件下的企业至少有以下三方面的共性：

第一，营利性。企业这种经济组织既不同于原始社会的氏族公社和奴隶社会、封建社会的家庭，也不同于政府机关、社会团体和事业单位。因为前者虽然是从事物质资料生产的经济组织，但它们不是专门从事商品生产，更不是为营利而组织起来的；后者既非从事商品生产或流通，也非以营利为目的。作为企业，则是商品生产者和经营者。企业生产和经营的目的，从使用价值看，不是为了自己消费，而是为了社会消费，并且要通过流通而进入消费，从价值看，企业是为了营利。营利性是企业的基本特征，企业是营利性的经济组织，凡不以营利为目的的经济单位就不是企业。

第二，独立性。这包括三方面含义：一是指企业是一个统一的独立的商品生产者或经营者。企业是一个统一的整体，是一个统一的经济实体，它虽然是要由若干生产或经营单位组成，但这些单位不应是独立的，企业内部不存在严格意义上的商品关系。只有企业整体才成为一个商品生产者

或经营者。二是企业作为营利性的经济组织，必须实行独立核算，自负盈亏。这是企业独立性的一个极重要的方面，也是企业成其为企业的重要标志。作为企业，无疑应该进行经济核算，但这并不能说凡进行经济核算的经济组织就是企业。比如，在经济体制改革中，一些企业所属的工厂或车间也实行经济核算，承担相应的经济责任，但这些工厂、车间并不自负盈亏，因此它们就不是企业。企业拥有自己的资金，不仅要独立核算，而且要以收抵支，自负盈亏。三是企业具有法人的地位，企业要依法成立，取得法律意义上的主体资格，也就是说，企业是经济法律关系中权利与义务的直接承担者，它有权用自己的名义从事商品生产和经营，以自己的名义与他人签订合同，并能独立地在法院起诉应诉。

第三，活力性。也就是说企业具有自我积累、自我改造、自我发展、适应环境的竞争能力，具有进行实物量和价值量扩大再生产的权力和能力。

在传统的社会主义产品经济中，不存在严格意义上的企业。因为：（1）企业作为营利性的经济组织，作为国民经济的基本单位，是商品经济高度发展历史阶段的产物。企业只是在商品经济高度发展到资本主义社会才真正成为社会经济活动的基本单位，在这之前的任何社会经济形态，都不是以企业作为社会经济活动的基本单位的。比如，在原始共产主义社会，以血缘关系构成的氏族是它的基本经济单位。在奴隶社会和封建社会，社会经济活动的基本单位大体上是家庭。在传统的社会主义产品经济下，由于不承认社会主义经济是有计划的商品经济，从而在理论上就失去严格意义上的企业在社会主义社会存在的依据；在实践上，也没有真正的企业存在的环境。（2）在传统的社会主义产品经济下，否定企业的营利性，否定自负盈亏，甚至把企业看成是政治组织。（3）在传统的社会主义产品经济下，否定企业的独立性。企业成了单纯的生产单位，成了国家机关的附属物。由于不承认社会主义经济是有计划的商品经济，也就不承认企业作为独立的商品生产者和经营者的地位，企业的产供销人财物全都由国家统起来，没有作为独立的商品生产者和经营者应具有的自主权。企业也不成其为真正的法人。一方面，企业在产品经济的条件下，不能享受作为一个独立的商品生产者和经营者的法人所应具有的权利，也不必承担相应的义务，它既不能独立行使财产支配权，也无力独立承担财产责任。另一方面，长期以来，我国没有建立起法人制度，决定建立法人制度的《民法通则》在1986年才通过。（4）在传统的产品经济条件下，企业不必进行严格的经济核算，更不必自负盈亏。实行的是企业计算盈亏，国家统负盈亏，盈利统统上缴，亏损全由国家弥补，国家成为一个全国性的企业。（5）在传统的产品经济条件下，企业俨然根本就没有那种作为独立的商品生产者和经营者所应具有的活力和能动性。企业的一切活动都被统得死死的，没有自我积累、自我改造、自我发展、适应环境的内在要求，也没有这种能力，当然，更没有自我扩大再生产的能力和权力。因此，我们可以说，在传统的产品经济条件下，不存在严格意义上的企业。

2. 发展社会主义有计划的商品经济，就必然要使企业真正成为自主经营、自负盈亏的商品生产者和经营者

曾经有过一种相当流行的观点，即只能提社会主义存在商品生产和商品交换，不能提社会主义经济也是一种有计划的商品经济，因为社会主义经济的主导部门——国营经济的生产和经营是不受价值规律的调节的。这实际是坚持斯大林在《苏联社会主义经济问题》一书中的观点。斯大林肯定了社会主义社会还存在商品生产和商品交换，但是不承认社会主义经济也是一种商品经济。原因在于，斯大林否认全民所有制内部流通的生产资料也是商品，不承认国有企业是独立的商品生产者和经营者。既然把社会主义商品生产和商品交换只局限于两种公有制之间的经济往来，以及居民从国营商店购买个人消费品的范围内，否认国有企业是独立的商品生产者和经营者，自然就谈不上社会主义经济是一种商品经济了，更谈不上企业的独立核算、自负盈亏了。

现在，我们承认社会主义经济是有计划的商品经济，并且要大力发展社会主义有计划的商品经济，就必然要求我们使企业成为真正的企业，成为真正自主经营、自负盈亏的商品生产者和经营者。有人认为，我们肯定国有企业是独立的经济实体，具有商品生产者和经营者的职能权限，这就意味着否定社会主义国家作为全体人民代表对生产资料的所有权，否定社

会主义社会人们之间是共同占有、联合劳动的关系。这种看法值得商榷。

我们认为，应该划清社会主义商品经济同私有制基础上的商品经济的界限。发展社会主义商品经济，的确意味着承认每个国有企业具有独立性，是独立的商品生产者和经营者。但是，这种独立性主要是经营上的独立性，而不同于私有制经济中商品生产者的独立性。所有权同使用权、经营管理权是可以分开的。国有企业对生产资料具有使用权和经营管理权，并不改变生产资料全民所有制的性质，也不影响代表全体人民利益的社会主义国家对生产资料行使所有权。因而，从根本上说，它没有否定，也不可能否定社会主义国家人们之间的共同占有关系，也就是说没有改变社会主义全民所有制的性质。毛泽东同志在《论十大关系》一文中曾经明确指出："各个生产单位都有一个与统一性相联系的独立性。"这实际上已经涉及了企业作为独立的商品生产者和经营者的地位及其权益问题。

当然，肯定企业是自主经营、自负盈亏的商品生产者和经营者，使它成为真正的企业，就意味着要改变国有经济的经营方式，即从由国家直接支配和使用生产资料的高度集中统一的行政管理体制，转变为适应发展商品经济要求的、在国家计划和政策允许的条件下，企业独立自主地进行经济活动的经营体制。这样，也就要求按照所有权和经营权分开的原则，认真解决国有企业的经营机制问题，给国有企业以充分的经营自主权。只有这样，企业的积极性才能调动起来，经济才能搞活。过去，正是由于否定了社会主义经济的商品经济性质，从而否定了国有企业是独立的经济实体，我们才由国家直接支配和使用生产资料，直接组织企业的产供销活动，使企业变成了国家行政机关的附属物。实践证明，这样的经营和管理方式，严重束缚了生产力的发展。

社会主义企业要成为真正的企业，除了应具有作为一个独立的商品生产者和经营者必需的各方面自主权外，还应实行严格的经济核算，并自负盈亏。社会主义企业实行经济核算制，并不是今天才提出来的问题，它有一个发展的过程。苏联社会主义革命胜利并建立了全民所有制经济以后，一度实行的是供给制，国家对企业实行统收统支。我国的革命根据地，开始也是实行供给制。这种情况的发生，一是由于当时的战争环境，二是由于缺乏组织全民所有制经济的经验。在战争环境和经济不发达的情况下，供给制是起过一定的作用的，但也有明显的弊病，这就是实行这种制度使企业无责、无权、无利，不能调动企业和职工的积极性。列宁总结了社会主义国营企业经营管理的经验教训，提出了实行经济核算制。列宁说：各个托拉斯和企业建立在经济核算制基础上，正是为了要他们自己负责，而且是完全负责，使自己的企业不亏本[①]。

毛泽东同志总结了我国革命根据地的经验，也早就指出，企业必须实行严格的经济核算制度，有了严格的核算制度之后，才能够彻底考查一个企业的经营是否是有利的。

发展有计划的商品经济，要求企业成为自主经营、自负盈亏的商品生产者和经营者，实行严格的经济核算制，自负盈亏。因为只有这样，企业的活力才会得以发挥，才会真正成为发展社会主义商品经济的主体；也只有这样，才能做到像列宁所说的那样，使企业对其经营管理不仅负责，而且是"完全负责"。

一提自负盈亏，有人就担心会改变全民所有制的性质。这种看法是没有根据的。事实上，有各种性质的自负盈亏。比如，在私有制经济中，自负盈亏是生产资料私有权的表现；在小生产中，其盈亏是由小生产者自己承担的；在资本主义企业中，其盈亏是由资本家承担的。在社会主义条件下，作为社会经济主体的公有制企业的自负盈亏，则具有与私有制经济下的不同含义。即使是全民所有制企业的自负盈亏和集体所有制企业的自负盈亏，也有原则区别。在集体所有制经济中，自负盈亏是劳动者集体对于生产资料所有权的表现。而全民所有制企业的自负盈亏，则主要体现了在全社会范围内正确处理社会主义物质利益关系的原则要求。全民所有制企业，由国家"统负盈亏"到企业"自负盈亏"，并不意味着生产资料所有制关系的实质发生了改变，而主要是这种所有制关系的实现方式或者说是企业的经营方式上的转变，这种企业经营方式与生产资料社会主义所有制关系的发展与完善是既有联系又有区别的。所谓社会主义国有企业的自负

---

①　《给财政人民委员部》，《列宁全集》第35卷，人民出版社1959年版，第549页。

盈亏，实质上也就是要企业真正作为一个独立的商品生产者和经营者，在国家方针政策和计划的指导下，在法律允许的范围内，以及在大体平等的条件下，自主经营，并对其盈亏负全部责任。因此，国有企业实行自负盈亏本身并不要求将国有企业退到集体所有制，更不会导致国有企业的全民所有制的性质发生变化。

（二）企业经营机制的变革是搞活企业的关键

把企业搞活，使我们的企业真正成为企业，需要进行许多方面诸如价格、税收、财政、信贷、银行、市场、经营方式的配套改革。所有制乃至政治体制等方面的改革无不和企业搞活有关。概括起来大体可分为三个方面的内容：一是正确处理国家和企业的关系，变国家对企业的直接控制为间接控制；二是建立完备的市场体系，使市场机制发挥其应有的作用；三是企业内部机制的改造或重建。这三个方面的变革是相互联系的，对于搞活企业来讲都是十分重要而不可或缺的。前两个方面的变革属于外部条件的变革，一是解除国家对企业的束缚和不必要的行政干预，为企业能够成为独立的商品生产者和经营者创造条件；二是为企业自由竞争和获得灵活的信息导向提供大体平等的条件。第三个方面的变革则是使企业对内部机制进行改造或重建，从而具备作为商品经济主体所应有的机制，成为一个自负盈亏的经济实体。在一定意义上，这一变革是使企业成其为企业的内在根据。如果一个企业的内部机制问题解决了，那么，它就会自动地灵活地按照商品经济的规则去运行，外部条件不具备的时候也会去争取、创造条件。因此，在三者中，第三方面的变革即进行企业内部机制的改造或重建乃是搞活企业的关键。前两个方面的问题将分别在第六、第七章阐述，本节讨论企业内部经营机制变革问题。

几十年来，我们的企业几乎和行政单位一样，按行政命令运转，没有营利的动机，也没有相应的机制；既不独立经营，也不自负盈亏。党的十一届三中全会以来，注重了对企业的放权让利，注重了对企业平等竞争条件的创造如价格改革等，企业比以前有了一定的活力。但是，企业并未真正搞活，企业仍未成其为企业。它们一方面仍然困难重重（如资金短缺等）；另一方面又普遍存在着短期行为，比如，有了资金往往不是用在企业生产发展上，而是更多地用在职工福利、奖金上。后者诚然是个十分重要的问题，但是对于一个真正的企业来讲，显然只有保证了企业的发展，职工的福利待遇才能提高。这一问题的根本原因仍在于企业内部机制不正常，从而仍不能作为一个真正的企业去运营。这也从另一个方面说明了搞活企业仍需在企业内部机制改造方面着力。

围绕企业内部机制的改造或再建，近年来也采取了不少改革方式，如股份制、租赁制、承包经营责任制、岗位责任制、收入和劳动贡献挂钩、劳动合同制、以招标投标方式产生企业领导人，等等。这些改革方式对于企业搞活起到了一定的促进作用，是进行企业内部机制改造的很好的尝试，但也存在着这样那样的问题和困难，应该在实践中进一步完善，同时不断探索和实践更多的更好的方式。

一般来说，企业机制的改造无论采取什么方式，都要注意解决以下几个方面的问题：

首先，为了搞活企业，必须造就一大批企业家，使企业由企业家来经营。

在通过改革和开放，发展社会主义有计划的商品经济，以实现社会主义现代化的过程中，需要充分发挥工人、农民、知识分子的积极性和创造性，但同时必须正确认识并十分注重发挥社会主义企业家的作用。这是因为，随着我国经济体制改革的不断深化，各种生产要素的重新组合和创新，将越来越依靠企业家的活动，他们将比较全面地承担起经营企业的重任。如果没有千千万万的社会主义企业家，有计划的商品经济的发展就会缺少中坚力量，现代化的建设就缺乏强有力的经营者和最有成效的组织者。这样，就会贻误我国社会主义建设的伟大事业。因此，必须创造一系列条件，造就千百万社会主义的企业家。

在我国的条件下，社会主义企业家这个重要队伍的形成和壮大，需要逐步地把企业家同政府官员区分开来，把他们的职能区分开来。在传统的经济体制下，企业经营者与政府官员有一种殊途同归的趋势。一方面，许多政府机构的官员从不同的领域直接调控着企业的生产经营活动，行使着类似企业家的职能；另一方面，企业的厂长、经理从行政等级、物质待遇、政治待遇等方面靠向行政官员，企业被分成科级、县团级、厅局级、省市级、部级，经营好的或被上级看中的厂长、经理等企业领导者就被提升为局长、市长、省长、部长，等等。这种体制很难使企业经营者全力以赴地搞好经营，大展宏图，扩展他们所经营的事业，而容易诱导经营者产生做官的兴趣，走所谓"仕途经济"的道路。要使各种企业普遍得到有效的经营，必须形成社会主义企业家这个重要的队伍，并通过企业家进行管理。要创造一种新的制度和评价标准，使官员和企业家分离开来，彻底改变诱导经营者追求行政性晋升目标的机制。

社会主义企业家不仅和行政官员不同，也与传统体制束缚下的厂长、经理不同。在传统体制下，我们的许多厂长与其说是经营者，不如说是一种"准官员"。这不仅因为厂长享有一定的行政性级别，随时可以转化为政府官员，更重要的还在于企业受到传统体制的制约，不是一个自主经营的主体。企业生产所需要的条件由国家按计划供给，产品按计划调拨，财务统收统支，人员由上级统一调配。在这种情况下，经营者的工作主要在于对企业内部事务的不完全的管理，而缺乏自主经营、开拓市场、娴熟地运用各种市场工具的能力，特别是缺乏在市场上进行各种风险决策的能力。由于传统体制下企业经营者本身存在着这种知识和才能结构的缺陷，因此，传统体制下的厂长、经理很难成为真正的企业家。

真正的社会主义企业家不是天生的，也不是由某一级权力机关命名的，更不是自封的。企业家只有在发展社会主义商品经济中，经过社会主义市场竞争的大风大浪的严峻考验，不断地锻炼和成长起来，就像运动场上的比赛那样，优胜劣汰，真正的企业家都是竞争中的胜利者或转败为胜者。

为了促进中国新一代社会主义企业家的形成，除了企业经营者自身要进行不懈的努力外，还必须从观念、法制、体制等方面创造一系列的条件。比如，从观念方面来说，社会主义企业家与政府官员一样，应该以全心全意为人民服务为己任。但是，企业家为人民服务的主要形式就是经营好企业，运用好各种经营管理方法和市场竞争方法，去创造更大的市场，创造更多的物质财富，为社会提供更好的产品和服务。在国家法律和政策允许的范围内，创造的物质财富越多，为社会提供的服务越好，对人民的贡献就越大。因此，社会应该用企业家所经营的单位的市场占有率、技术水平、产品质量、经济效益等标准，即它特有的功能评价企业家，而不应以评价政府官员的标准去评价企业家。又如，在收入分配方面，由于企业家带领企业活动在一个前景不确定而存在相当风险的市场上，经营的好坏可以产生极不相同的结果。因此，必须创造一套促进企业家成长的新的奖惩机制，使企业家的权、责、绩、利有机地、对称地结合起来。优秀的企业家对企业的经营收入具有超乎一般的贡献，因而必须从报酬制度上（主要是工资而不是奖金）使他们能够获得高额的收入，这也是培养和造就千千万万优秀企业家的重要条件之一。

从根本上来说，中国社会主义企业家这个社会重要队伍的形成，取决于整个经济体制改革和政治体制改革。只有通过这种改革，实现经营权同所有权的分离，使企业由政府直接管理转向自主经营同时建立并发展社会主义的市场体系，才能为大批的企业家脱颖而出创造机会和条件。因此，社会主义企业的管理者应该具有强烈的质量意识、创新意识和开拓市场精神，善于把科学技术转化为现实的生产力，善于使企业经营适应市场需要，更应该具有高度的责任感和使命感，积极投身改革，积极参与党和国家搞好经济体制改革的活动，在改革中不是追求优惠的条件，而是争取在机会逐步均等的基础上开展经营竞争，促进社会主义市场体系和新的企业运行机制的形成，更有力地推动社会主义现代化建设事业日新月异地前进。我们的企业家应当把历史所赋予自己的光荣使命勇敢地担当起来。

其次，实行民主管理，保证劳动者在企业中的主人翁地位，调动广大职工群众的积极性。

民主管理是社会主义企业管理的一个重要特征。"资本主义的管理就其形式来说是专制的。"① 资本主义这种管理的专制性，是资本主义私有制在管理上的必然表现。只有在社会主义的条件下，劳动者才能真正成为企业的主人，才有可能实行真正的民主管理，企业管理才具有民主性的特

---

① 马克思：《资本论》第一卷，《马克思恩格斯全集》第23卷，人民出版社1972年版，第369页。

征。在资本主义制度下，正如马克思所说，工人阶级除了劳动力以外一无所有。在这样的情况下，客观的劳动条件和主观的劳动力是分离的。在社会主义制度下，工人阶级成了企业的主人，生产资料的所有者和劳动者结合起来了，也就是说，客观的劳动条件和主观的劳动力结合起来了，劳动产品和劳动本身结合起来了。这就克服了资本主义社会的基本矛盾，即生产的社会化和生产资料的资本主义私人占有之间的矛盾。社会主义制度优越于资本主义制度的根本点就在这里。这也是我们能够实现民主管理，充分发挥劳动者的社会主义积极性、创造性的客观基础。

列宁在十月革命胜利后不久曾经说过：我们认为最重要和最可贵的，就是工人已经亲自进行管理[①]，让所有党员工人和非党工人，都有机会在新的无产阶级国家中工作和学习，都有机会管理和创造财富[②]。毛泽东同志也曾多次说过，在社会主义制度下，工人阶级除了在政治上管理国家、管理上层建筑以外，更要管理企业。这是社会主义制度的客观必然性。

社会主义制度为企业实行民主管理，使劳动者真正成为企业的主人，充分调动劳动者的社会主义积极性提供了客观的基础，提供了可能性，还有一个如何使这种可能性成为现实的问题。这就需要有一个恰当的具体组织形式加以保证。这里，着重谈一谈企业的领导制度问题。

从1956年开始，我国的企业实行了20多年的党委领导下的厂长负责制。这种领导制度有不少弊端，主要是：不利于真正加强党对企业的思想政治领导；不利于实行民主管理，调动广大职工群众当家做主的积极性，发挥社会主义企业的优越性，不利于发挥厂长集中统一的指挥作用，不适应社会化大生产的客观要求；不利于发挥专家的作用；不利于加强法制，健全经济责任制；不利于企业按照客观经济规律，实行跨部门、跨地区、跨所有制的横向联合。其中，最突出的弊端是不利于实行民主管理。企业是个经济组织，以党的组织作为企业的最高权力机构，就不可能实行真正的民主管理。职工代表大会是我国企业实行民主管理的一个很好的创举。

---

① 《全俄工、农、哥萨克和红军代表苏维埃第六次非常代表大会》，《列宁全集》第28卷，人民出版社1956年版，第123页。

② 《在全俄工会中央理事会和莫斯科工会理事会的庆祝会上的演说》，同上书，第117页。

但是，目前职工代表大会多数还没有真正成为企业的权力机构，只能在生活福利上以及对企业领导干部的批评监督上具有一定的权限，对企业的生产和经营管理没有决策权，也没有应有的责任。

现在，中央已经决定在企业中实行厂长（经理）负责制。但实行厂长负责制，也同样有实行民主管理的问题。企业自主权的扩大必须要和民主管理相结合。企业作为一个自主经营、自负盈亏的商品生产者和经营者所应有的经营自主权，应该由企业的全体劳动者来掌握和行使，自主权不能仅仅交给企业的个别负责人，而必须同时交给企业内代表广大职工的适当的民主管理机构和监督机构。

中外历史经验证明，要对一个现代化企业进行有效的管理，必须处理好决策权、指挥权和监督权的关系。决策权是指对企业经营方向、方针以及企业重大措施的决定权；指挥权是指对企业的日常生产经营活动的行政指挥权；监督权是从企业所有者的权益出发，对企业决策者和指挥者进行的全面监督权。这三权既分立又相互制约，才能既维护国家、企业和劳动者的权益，又保证现代企业所必需的效能和民主管理的落实。

在资本主义国家，企业这三权都掌握在资本家及其代理人手中，一般由资本家行使决策权和监督权，或由董事会行使决策权，另组监事会行使监督权。由董事会或监事会委任的总经理行使指挥权。社会主义企业的领导制度，也应对这三权做正确处理，所不同的是这三权都属于企业全体劳动者及其代表。

第一，企业的决策权应由职工代表大会来行使。这里说的决策权，当然是指企业本身对国家委托、交付给企业的生产资料，如何使用、如何经营的决策权力，而不是泛指国家的决策权。这个决策权，应该由职工代表大会来行使，这样才能把企业办成一个如马克思所说的"自由平等的生产者的联合体"。

生产资料所有制，不只是生产资料由谁占有的问题，还要看由谁支配它。把支配权交给企业的全体职工，才能更好地实行民主管理，更好地调动劳动者的积极性。职工代表大会是企业全体职工行使民主管理权力的主要形式，建立真正能够代表全体职工的职工代表大会并使其具有决策权，意义十分重大。

职工代表大会对企业的决策权包括以下一些内容：在国家统一的方针、政策、计划下，决定生产资料的使用；决定生产条件和劳动过程中的重大问题；决定企业劳动成果的分配，遵照国家的有关规定，对发展基金、集体福利基金、职工奖励基金进行合理分配；对企业主要领导人的任免表示自己的意愿，向上级主管机关提出建议；与其他企业、事业单位联营，向其他企业、事业单位投资，持有其他企业的股份；按照国务院规定发行债券。广大职工要真正成为企业的主人，就应对这些重大问题具有决策的权力。不能把职工代表大会的作用看做是"吸收"工人"参加"管理，最多只限于一般的咨询和监督，而应从广大职工是企业的主人这个前提出发，真正使职工代表大会成为行使决策权的民主管理机构。

第二，指挥权应当在职工代表大会民主决策的基础上，由厂长或经理行使，真正建立起以厂长、经理为首的工厂管理委员会以及相应的强有力的生产经营管理的统一指挥系统。这样，就能保证对企业生产、经营及时有效地进行指挥，同时也可使党委摆脱日常事务，集中力量做好思想政治工作和组织监督工作；使行政负责人努力学习各种有关管理和技术专业，改变老是应付各种无关的会议、老是不能钻研业务的局面，从而使工厂管理的现代化的步伐不断加快。

这里所说的指挥权是指企业内部日常生产经营活动的指挥权力。社会化大生产需要有集中统一的指挥。对生产过程的组织、计划、指挥、协调和核算，必须是单一的，不能多头指挥，更不能名为大家负责，实际无人负责。就企业外部来说，企业作为一个法人，它的活动也需要有它的明确的代表。企业的指挥权由厂长或经理行使是完全必要的。

第三，同决策权和指挥权不同，监督权不仅是企业内部的问题，而且涉及国家的问题，即代表国家对企业的活动进行监督。目前，在我国企业管理中，监督权主要由企业党组织来行使。中国共产党是我国社会主义事业的领导核心，是中国各族人民利益的忠实代表，由党组织行使监督权，才能保证党的政治路线和国家的方针、政策、法令、计划的贯彻执行，保证各项工作任务的完成，保证企业的社会主义方向。党的监督主要是从国家的、全体劳动人民的总体利益出发的监督，不仅包括对厂长、经理等领导人的监督，也包括对职工代表大会的监督。

再次，正确处理企业内部的分配关系，完善企业内部的经济责任制。

改革企业经营机制以调动职工关心企业经营的积极性，除了上述的实行民主管理，保证劳动者在企业中的主人翁地位外，还应该正确处理企业内部的分配关系，完善企业内部的各种形式的经济责任制，打破企业内部分配上的"大锅饭"和平均主义，使职工的收益同劳动贡献挂起钩来，贯彻按劳分配原则。

我国宪法规定："社会主义公有制消灭了人剥削人的制度，实行各尽所能、按劳分配的原则。"但长期以来，我国的工资制度存在着不少缺陷，主要的弊病就是通常所说的"大锅饭"和平均主义。在我国经济体制改革过程中，企业的工资分配制度同传统计划体制下的状况相比，已经发生了很大的变化。但是，传统体制下所形成的工资分配方面的弊病还未能得到根本消除。当然，企业工资制度的改革要随整个经济体制以及企业经营机制的改革来向前推进。这里只能就如何正确处理企业内部的分配关系提出如下一些设想：

一是改革和完善企业工资制度，要贯彻"一要吃饭，二要建设"的基本方针，坚持"各尽所能、按劳分配"的原则。必须使企业有讲求效率的用工制度和符合多劳多得原则的分配制度，使企业领导能够真正按照生产需要和提高效率的要求配备劳动力，按照实际劳动效益分配报酬和给予奖励。

二是要合理体现脑力劳动和体力劳动、复杂劳动和简单劳动、繁重劳动和轻便劳动之间的工资差别。一方面要教育职工树立为人民服务观念、为社会奉献观念、劳动致富观念；另一方面要客观地根据劳动者所从事的劳动其本身的价值和所奉献的多少，根据创造的财富多少，等等，合理地确定他们不同的工资标准，并适当拉开差距。

三是要坚决贯彻以提高经济效益为中心的方针，通过完善多种形式的经济责任制，使职工的工资、奖金，同企业经营的好坏，同职工贡献的大小密切地联系起来，就是说要使劳动报酬和劳动成果挂钩。对于贡献大、创造多、竭尽心血为四个现代化服务的企业和职工，要敢于大奖重奖，允许并鼓励他们通过辛勤的劳动先富起来，带动和促进其他企业与劳动者努力经营、勤劳致富的积极性。只有这样，才能打破分配上的"大锅饭"，克服分配上的平均主义。

四是企业的厂长、经理要有较高的工资，使他所负担的责任和应取得的报酬相一致。这一方面是为了与企业的厂长、经理所冒的风险、所付出的劳动和作出的贡献相适应；另一方面也是为了培养和造就大批优秀企业家。

五是在国家计划的指导下，实行工资的分级管理。企业工资总额随同企业经济效益的好坏上下浮动，由企业根据国家政策，自主地对职工实行按劳分配。也就是说，由国家制定有关工资的方针、政策和法规，编制全国的工资计划，规定大体统一的工资标准和大体的分配比例，国家主要控制工资的增长幅度，在向国家照章纳税以后，企业根据自己的情况，决定自己的工资、福利和奖金的多少。

六是对于职工的奖金发放，应继续实行"上不封顶，下不保底"的办法。企业经营得好，经济效益提高，利税比上年增加，就可以相应地增加奖金，企业经营得不好，经济效益下降，利税比上年下降，就要减发或停发奖金，甚至扣发部分工资。另一方面，我们还要继续执行奖金税的办法，对收入进行必要的调控，对滥发奖金、实物的要坚决制止，以防止消费基金的增长失去控制。奖金是对超额劳动的报酬，奖金的发放一定要起到鼓励先进的作用，要纠正奖金发放中的平均主义现象。

七是在贯彻"各尽所能、按劳分配"原则的同时，要对广大职工加强共产主义思想教育，树立正确的劳动态度，克服雇佣思想。

最后，在进行上述各项改革的同时，要建立科学管理的规章制度，如人事任免制度，劳动用工制度，晋级提升制度，奖惩制度，等等，以取代人治，用规章制度治理企业。

（三）为企业创造一个平等的竞争环境

承认社会主义经济是有计划的商品经济，还有一个相关的问题，就是要承认社会主义制度下还应该存在竞争。要使企业成为独立自主、自负盈亏的商品生产者和经营者，就必须给企业创造一个平等的竞争环境。

1. 承认社会主义经济是有计划的商品经济，就必然要承认社会主义制度下存在竞争

社会主义制度下存在竞争，是由于社会主义经济是有计划的商品经济所决定的。从客观上看，有商品经济的存在，就必然有竞争的存在，这是不以人们的意志为转移的。从主观上看，只有开展竞争，才能充分利用、发挥价值规律的积极作用，促进社会主义商品经济的发展。

在商品经济中，价值规律的积极作用主要表现在两个方面：一是促进劳动生产率的提高，即降低单位产品的社会必要劳动时间；二是促进各个生产部门比较合理地分配劳动，分配物质资源，调节社会生产与社会需求关系。而这些作用的发挥，要通过竞争来实现。如果不发挥市场调节的作用，禁止竞争，单靠行政命令或指令性计划行事，价值规律的作用是很难得到充分发挥的。国内外的经验已经反复证明了这一点。

商品经济中的竞争，包括商品生产者之间的竞争（这是主要的），商品购买者之间的竞争，以及商品生产者与商品购买者之间的竞争。由于这三方面竞争力量的共同作用，使商品的价值由社会必要劳动时间来决定。马克思说过：“不同的个别价值，必须平均化为一个社会价值，即上述市场价值，为此就需要在同种商品的生产者之间有一种竞争，并且需要有一个可供他们共同出售自己商品的市场。”① 恩格斯也说过：只有通过竞争的波动从而通过商品价格的波动，商品生产的价值规律才能得到贯彻，社会必要劳动时间决定商品价值这一点才能成为现实②。可见，由于实行竞争，使价值规律发挥作用，才能促使企业不断提高劳动生产率。

也正是由于竞争，价值规律才能起到在各个生产部门合理分配劳动的作用。恩格斯指出，竞争的规律是供求始终力图互相适应。竞争引起价格波动，进而起着调节生产的作用。一般地说，价格上涨，说明社会需求多，就要多生产；价格下跌，说明社会需求少，就要少生产。竞争是商品

---

① 马克思：《资本论》第三卷，《马克思恩格斯全集》第 25 卷，人民出版社 1975 年版，第 201—202 页。

② 《〈哲学的贫困〉德文版序言》，《马克思恩格斯全集》第 21 卷，人民出版社 1965 年版，第 215 页。

经济赖以运转的一个重要规律，如果禁止竞争，价值规律就不能起自动调节生产的作用。禁止竞争，实际上就等于禁止商品经济，禁止价值规律发挥作用。

过去，我们奉行的传统理论是不允许有竞争的，因为这种不允许有竞争的传统理论，把社会主义经济看做是产品经济，不承认社会主义经济还是一种商品经济，而把竞争看成是资本主义特有的经济现象。十月革命胜利后，苏联在帝国主义武装干涉和国内反革命暴乱的情况下，实行军事共产主义，实行产品经济，取消商品生产。战争结束以后，列宁改行新经济政策，主张发展商品生产和商品交换。后来，进行社会主义建设，斯大林一方面承认社会主义社会还存在商品生产；但另一方面又说生产资料不是商品，价值规律只起影响作用，不起调节作用。这实际上是把社会主义经济看做是半产品经济。这些看法经过实践的检验，证明是不符合社会主义经济发展规律的，因而不利于社会主义经济的发展。

现在，我国经济工作者和经济理论界通过调查研究和总结经验教训，许多人已经认识到：社会主义经济是有计划的商品经济，无论生活资料还是生产资料都是商品；不仅全民和集体两种所有制之间的交换是商品关系，全民所有制内部各个企业之间的交换也是商品关系，价值规律不仅起影响作用，更重要的是起着调节的作用；社会主义经济中还必然存在竞争，竞争是促进社会主义商品经济发展的必不可少的重要条件。这些在理论上和实践上不能不说是重大的进步。

总之，实现我国的社会主义现代化，必须走发展社会主义有计划的商品经济的道路，而要走这条路，就必须承认竞争，开展竞争。否则，发展社会主义商品经济就会成为一句空话。我们要通过竞争，促进企业提高技术、加强管理、增加品种、改进质量、降低成本、提高经济效益，在竞争中形成适者生存、不适者被淘汰的局面，促进社会主义商品经济的发展。

2. 社会主义竞争与资本主义竞争有着本质的区别

社会主义竞争与资本主义竞争有着共同点，这就是：通过竞争能促使企业提高劳动生产率，促使各个生产部门比较合理地分配劳动和生产资料，这是竞争所起的积极作用。但是，竞争也有其消极作用。在社会主义条件下，只要国家能够正确地运用各种经济调节手段，并通过适当的市场组织和采取相应的措施，就可以在一定程度上防止或克服企业竞争中容易出现的种种消极作用。因为社会主义的商品经济是建立在公有制基础之上的有计划的商品经济。而在资本主义条件下，这种消极作用是不可避免的，并往往给社会经济发展带来种种难以克服的矛盾和弊端。其根本原因在于资本主义私有制及其必然产生的生产无政府状态。

社会主义商品经济中的竞争与资本主义商品经济中的竞争有着本质的不同。其本质区别可以概括为以下几个方面：

第一，竞争的参加者不同。在社会主义商品经济中，参加竞争的主要是公有制企业，尽管它们之间也存在矛盾，但这是在根本利益一致基础上的矛盾，都是为了发展社会主义现代化事业，在资本主义商品经济中，参加竞争的是私人企业，它们为追逐私利进行你死我活的斗争。

第二，竞争的目的不同。在社会主义商品经济中，竞争虽然也表现在利润上，但取得利润的最终目的是为了发展社会生产力，不断提高人民群众的物质和文化生活水平；在资本主义商品经济中，竞争是为了私人取得最大限度的利润。

第三，竞争的手段不同。在社会主义商品经济中，竞争必须遵守社会主义原则，社会会迫使企业必须依靠改善经营管理、革新技术、提高劳动生产率来增强自己的竞争能力；在资本主义商品经济中则不然，竞争者往往是不择手段，欺骗讹诈，以牟取暴利。

第四，竞争所受的限制不同。任何社会制度下的竞争都会受到一定的限制。在帝国主义阶段，资本主义竞争主要受垄断资本的限制，但是，垄断并不消除竞争，相反却使资本主义竞争中的种种矛盾更为尖锐和激烈。资本主义政府对于竞争的种种干预，在实质上也是代表着资本家阶级的利益。而社会主义竞争主要受国家计划影响与有关政策的干预，社会主义国家政府的这些影响与干预，是从维护全体社会成员的共同利益和使社会经济活动稳定协调发展的目的出发的。

第五，竞争的结果不同。在社会主义商品经济中，竞争的优胜者会得到较多的物质利益，但不会产生两极分化；竞争也会使一些企业被淘汰，但企业的劳动者会得到适当的安置，其基本物质利益也会由社会给以相应的保障。社会主义竞争的结果，将是整个社会劳动生产率的提高和社会主义商品经济的全面蓬勃发展。在资本主义的商品经济中，竞争的结果是一些人胜利、发财，一些人失败、破产，甚至丧生，弱肉强食导致社会财富在少数人手中的积累，从而使资本主义社会的各种矛盾进一步加剧。

3. 从宏观上为企业创造一个平等的竞争环境

发展社会主义有计划的商品经济，实现经济腾飞的主体是企业。增强企业活力，是经济体制改革的中心环节，尤其是增强全民所有制大、中型企业的活力更为重要。要增强企业的活力，使企业真正成为自主经营、自负盈亏的商品生产者和经营者，除了企业自身要努力改善和提高各方面的素质，进行企业经营机制方面必要的改革外，还有一个十分重要的问题，那就是要从宏观上给企业创造一个平等的竞争环境。能否给企业创造一个平等的竞争环境，关系到企业是否能真正成为自主经营、自负盈亏的商品生产者和经营者，关系到企业活力能否增强，关系到社会主义竞争能否健康地进行和社会主义商品经济能否健康地发展。这实际上也就是保护竞争，给企业创造增强活力、自主经营、自负盈亏的外在环境和条件的问题。如果不给企业创造一个平等的竞争环境，不形成一个必要的、平等的竞争环境和条件，就不可能形成推进企业进行竞争的强大力量，就无法促使企业在竞争的外在压力下，对市场的变化做出及时的、灵敏的、准确的反应，从而对提高企业的自我积累、自我改造、自我发展的能力和增强企业活力产生极为不利的影响。

从我国的具体情况看，为企业创造一个平等竞争的环境，当前至少要解决以下几个问题：

第一，进一步发展社会主义有计划的商品市场，逐步完善市场体系。企业要进行独立自主、自负盈亏的生产和经营，企业之间要进行平等的竞争，要有一个重要的外部条件，那就是企业的资金、物资、劳动力和产品等能够自由地流动，否则继续扩大、落实企业自主权将是很困难的，没有这个条件，企业即使有了必需的自主权也用不起来。具体地说，资金要能够迅速地周转、灵活地融通；企业的生产手段要能够适时更新；技术要能够得到迅速的推广、交流、转让，尽快地转化为生产力；商品要能够自由地流通；劳动力也应能进行适当的流动。这一切要求我们进一步发展社会主义有计划的商品市场，完善原有的商品市场，形成并发展资金市场、生产资料市场、劳务市场和技术市场等，从而逐步完善市场体系，为企业的平等竞争沟通渠道，提供必要的场所和条件。

第二，反对封锁和垄断。要打破条条块块的分割封锁，以及由这种分割封锁形成的窒息竞争、阻碍竞争的种种障碍，必须坚决反对各种保护落后的做法。任何地区和部门，都不能封锁市场，阻挠商品的正常流通，不允许以保护本地工业为名而阻止外地先进产品进入本地市场。要允许、鼓励各种经济成分内部和相互之间开展竞争。要反对搞垄断（特殊情况除外，如烟草专卖）。对集体企业和个体经营不能歧视。从公司来说，资本主义企业在公司内部的各事业部建立利润中心的经验可以借鉴。列宁曾说过，资本主义垄断引起停滞和腐朽。资本家为了避免这种弊病，在公司内部还设法保持竞争。在公司内部实行事业部制，使之成为相对独立的利润中心，就是在集团内部保持竞争的一种做法。

尽管垄断的问题还不是当前我国经济的重要问题，但我们对这个可能出现的问题要有所警惕，要研究各种可行的措施，防止和制止垄断。

企业要搞活，竞争要平等，企业要成为真正自主经营、自负盈亏的商品生产者和经营者，不打破条块的分割和封锁，不反对垄断，不在地区之间、城乡之间实行开放是不可能的。

第三，要排除经济活动中给企业的种种特殊待遇、特殊照顾以及各种保护落后的做法。经济活动中给一些企业以特殊待遇，特殊照顾和建立种种特殊"关系"，以及种种保护落后的办法，多数是从原有经济体制遗留下来的，也有些是新产生的。如果不把这类特殊待遇、特殊照顾、特殊"关系"从经济生活中排除出去，如果不取消种种保护落后的办法，就不可能使企业在大致平等的条件下进行竞争。相反，还会造成经济生活中的一些腐败现象发生。

第四，要使企业能够自由地进入或退出市场。一方面，应当使企业能够自由地进入市场；另一方面，当企业需要转产时或无法清偿债务时，又能够退出市场。为此，应该取消那些不必要的限制企业进入市场或退出市场的规定。

第五，要逐步形成买方市场。买方市场的形成有助于改变那种由于经常性的供不应求而造成的卖方对买方的支配地位，改变卖方对买方的奇货可居、不求改进的状况，促使企业在竞争中改进技术，提高质量、降低成本。

第六，建立、健全间接调控系统，发挥调节、控制作用，经济手段、法律手段以及必要的行政手段的运用，都应该有利于竞争的展开。

今后，要逐步地减少国家对企业的直接控制，相应地建立、健全间接调控系统，主要运用经济手段、法律手段，并采取必要的行政手段，来控制、调节经济的运行。但是，我们必须明确一点，无论是运用经济手段、法律手段，还是运用必要的行政手段，都应该有利于开展竞争，保护竞争，并保证竞争的平等性，而不是相反。

需要通过宏观调控来解决的问题不少，但主要是要解决作为商品生产者和经营者在进行商品生产和商品经营中的行为规范问题，以消除企业之间由于企业本身无法驾驭的各种客观因素、外部条件所造成的利益和机会的不均等，实现机会均等、公平竞争的原则。我们要通过宏观控制，来保护、推动符合社会主义原则的正当的、健康的竞争，克服、制止在竞争中所产生的各种不正当的手段和其他消极现象。

以税收的负担为例。目前，我国存在着企业的活力"大企业不如小企业，全民所有制企业不如集体企业"的现象，其中有一个重要的原因，就是企业的税收负担不均等。大企业同集体企业和国有小企业相比较，税收负担存在较大差距。实行第二步利改税的本意，是通过征收产品税，来解决企业苦乐不均和"鞭打快牛"这类问题，但光靠产品税又无法全部解决上述问题，于是又来了个调节税，而调节税率是在承认企业的既得利益的前提下，以1983年为基数来核定的，由于价格等因素造成的苦乐不均、"鞭打快牛"等问题仍未得到解决，甚至产生新的"鞭打快牛"现象。第二步利改税存在的主要问题是：国有工交、商业企业与文教、建筑企业之间的留利水平相差悬殊；不同所有制企业之间税收负担不均；与国有大中型企业相比，集体企业在税收上享有较多的减免优惠，所得税负担轻于国有企业；个别地方自行放宽了政策，一些改革措施也没有相互配套。这样，企业之间的竞争条件仍不平等。应该积极创造条件，采取措施解决第二步利改税后存在的问题，尤其应该采取措施，缩小大中型企业与小企业、集体企业和其他类型企业在税负上的差距，使各种类型的企业在大致平等的相同条件下开展竞争。在同一行业中，管理好、效益高的企业实现利润高，调节税率相应地就高，这客观上显然是保护落后、打击先进的做法。应该分清具体情况，逐步地减免一些贡献大、管理好、留利少的企业的调节税，对一些由于非企业自身的因素（如生产资料涨价）而获得过高利润的企业，可以考虑提高其产品税率或调节税率。

再以价格为例。现实经济活动中，还有不少商品的价格被硬性规定为大大高于价值或大大低于价值，这种价格的畸高或畸低也是不利于开展平等竞争的。

第七，从实际出发，稳妥地改革行政性公司。在这方面，目前尤应注意的是要制止或防止在改革中名义上转为服务型公司，实际上还利用掌握的产销渠道的特殊地位，与有关企业进行不平等的竞争。

（四）在竞争中促进企业的横向经济联合

1. 发展横向经济联合是发展社会主义有计划商品经济的必然要求

社会主义经济是有计划的商品经济，发展横向经济联合，对于发展社会主义有计划的商品经济具有十分重大的意义。

首先，社会主义有计划的商品经济作为一种商品经济客观上要求发展横向经济联合。横向经济联系是伴随着商品经济的发展而产生、发展的。自然经济与商品经济的一个最重要的区别就是其生产活动的自给自足。在自然经济中，生产者之间没有建立横向经济联系的必要，他们都独立地生产自己所需要的产品。而在商品经济中则不是这样，每个商品生产者生产的产品不是为了自己消费，而是为了别人消费。每个商品生产者所生产的只可能是社会所需要的某一部分产品，这些产品必须经过流通而进入消费领域。商品生产者要取得自己所需要的生产资料和生活资料，就需要通过市场交换产品。这样，商品生产者之间如果没有横向经济联系就无法生存下去。很显然，在商品经济中，商品生产者要生存下去并求得发展，就要尽可能及时、准确地掌握市场供求状况，在整个社会分工体系中找到能发挥自己优势的位置，并积极与其他商品生产者建立包括经济联合在内的广泛的横向经济联系，从而进行合理、有效的分工和协作，保证信息畅通，在竞争中求得生存和发展。社会主义商品经济作为一种商品经济仍然具有商品经济的共性，它自身的发展客观上要求发展包括经济联合在内的各种横向经济联系。

还有，在商品经济中，不仅仅是商品生产者之间需要发展横向经济联系，作为商品生产者的企业还需要与供应和销售企业、与有关的科研单位及其他单位发展横向经济联系。为了保证生产与销售能顺利进行，作为商品生产者的企业要全面了解社会需要、用户的要求、原材料的来源、社会的生产状况、产品的销售市场等，这就要求生产企业发展与供应、销售企业的横向经济联系（包括横向经济联合）。企业要想在激烈的竞争中求得生存和发展，就要不断开拓创新，要重视新产品的研究与开发。因此，作为商品生产者的企业又需要与有关的科研单位建立横向经济联系。

其次，发展横向联合是建立、完善社会主义市场体系的客观要求。《中共中央关于制定国民经济和社会发展第七个五年计划的建议》中提出了经济体制改革必须抓好相互联系的三个方面：

（1）进一步增强企业特别是全民所有制大中型企业的活力，使它们真正成为相对独立的、自主经营、自负盈亏的社会主义商品生产者和经营者；（2）进一步发展社会主义的有计划的商品市场，逐步完善市场体系；（3）国家对企业的管理逐步由直接控制为主转向间接控制为主，主要运用经济手段和法律手段，并采用必要的行政手段，来控制和调节经济的运行。其中，发展有计划的商品市场，逐步完善市场体系，也就是要打破条条块块的分割封锁，在国家政策、计划的指导下，逐步建立、发展商品市场、资金市场、劳务市场、技术市场，形成具有完善的市场机制的社会主义的统一市场。发展横向经济联合是建立和完善社会主义市场体系、建立统一市场的客观要求，而建立和完善社会主义市场体系，建立社会主义统一市场又是发展社会主义有计划的商品经济的基本条件。

在原有的体制下，条块分割严重，商品、资金、技术的流通是在条条、块块的狭窄范围内，且分散的小块市场中进行的，它阻碍了商品经济的发展。许多地方出于局部利益的考虑，往往希望基本自给自足，样样的"自力更生"，重复建设了不少设备工艺落后的工厂。有的地方不愿意把原料供应给工业先进地区，并采取种种措施限制外地产品进入本地市场，比如，为了防止外地优质产品进入本地市场而影响本地区同类产品生产的发展，就采取行政手段，不准外地优质产品入境，或者在外地优质产品入境后强制本地区企业出售本地同类产品。这些做法无疑阻碍社会主义统一市场的形成，阻碍社会主义商品经济的发展，难以使企业在市场竞争中大显身手，实现优胜劣汰。发展横向经济联合，就有利于打破这种行政性的条块分割，有利于社会主义统一市场的形成，有利于市场体系的完善。

再次，发展横向经济联合是企业组织结构以及产业结构和地区结构合理化的必由之路。马克思说："现代工业从来不把某一生产过程的现存形式看成和当作最后的形式。因此，现代工业的技术基础是革命的，而所有以往的生产方式的技术基础本质上是保守的。现代工业通过机器、化学过程和其他方法，使工人的职能和劳动过程的社会结合不断地随着生产的技术基础发生变革。"[1] 社会生产力不是生产力诸要素的杂乱堆砌或简单相加，而是特定的生产力诸要素在特定的关联方式下形成的有机整体。生产过程中生产力各要素的结合方式不同，所形成的社会生产力的总体功能是不同的。发展横向经济联合，要解决的就是生产过程中生产力诸要素的内在矛盾，使生产力诸要素实现向合理的方向流动并合理结合，充分发挥生产力系统的总体功能，创造出新的生产力，从而提高经济效益。从单个城市、地区或企业来看，总是各有所长，又各有所短的，而且这种长与短往往会自相抵消。通过横向经济联合，城市之间、地区之间、企业之间就能在生产、技术、劳动力、管理、资源等多方面各自发挥优势，使分散的优势转化为集中的、较强的优势，使潜在的优势转化为现实的优势，互相取长补短，形成生产力要素的较佳组合，打破那种"大而全"、"小而全"，

---

[1]　马克思：《资本论》第一卷，《马克思恩格斯全集》第 23 卷，人民出版社 1972 年版，第 533—534 页。

促进专业化协作，使企业组织结构趋于合理化。也正是由于横向经济联合能使各城市、各地区、各企业扬长避短，发挥优势，增强互补能力，又能够起到促使产业结构和地区结构合理化的作用，从而为社会主义商品经济的发展提供了必要条件。

最后，发展横向经济联合是经济体制改革的重要内容之一。发展横向经济联合，不仅是破除原有经济体制下的那种条块分割状况，实现从原有体制向新体制转变的重要措施，同时也是增强企业活力，促进技术进步和提高社会生产力，使国民经济充满生机和活力的重要措施。因此，它是我国经济体制改革的重要内容之一。

我国原有的经济体制是建立在传统的社会主义产品经济的理论基础之上的，企业之间缺乏必要的横向经济联系。现在，我们要通过经济体制改革，发展社会主义有计划的商品经济，在这样的条件下，企业之间既有相互竞争的关系，也有互相协作、联合的关系。过去，条条块块分割，企业之间互相封闭，部门、地方往往为了各自的利益，把本属于一个整体的经济活动割裂开来，从而阻碍了生产力的发展。发展社会主义有计划的商品经济则要求发展横向经济联合。经济体制改革，必须要有利于横向经济联合的发展，无论是计划体制、财政体制、税收体制，还是金融体制、物资供应体制、商品流通体制、工业管理体制的改革，都应有利于发展横向经济联合。

2. 发展横向经济联合与竞争是相辅相成、相互促进的

鼓励竞争能够促进横向经济联合。在我国经济体制改革的过程中，中央明确提出了"发挥优势、保护竞争、促进联合"的原则。在社会主义有计划的商品经济中，企业应是自主经营、自负盈亏的商品生产者和经营者，应有其自身独立的经济利益，有作为一个法人所享有的权利和必须承担的义务。企业之间也有收益上的差别，这种差别只有在大致相同的条件下，通过平等的竞争来实现，才是合理的。

企业之间的竞争发展到一定的程度，企业就会出于自身利益的考虑，出于增强自身竞争能力的考虑，而产生联合的要求，出现联合的趋势。因为联合起来显然在专业化协作、提高产品质量和经济效益、提高技术实力

和资金力量等一些方面占有优势，有利于企业扬长避短。所以，鼓励竞争能够促进横向经济联合。

发展横向经济联合又能够促使企业在更高的水平上展开竞争。通过横向经济联合，会使得企业的专业化协作水平、产品质量水平、经济效益水平等都有提高，信息来源增多，技术力量、资金力量都会进一步加强，从而使企业的竞争能力大大增强，企业之间的竞争就能够在一个新的、更高的水平上继续进行下去。所以，我们一方面要给企业创造一个平等的竞争环境，鼓励企业竞争；另一方面，又要在竞争中促进企业的横向经济联合。实践证明，在社会主义条件下，如果某种商品的生产独此一家，别无分号，就会形成高度垄断，毫无竞争；如果这种情况扩展下去，就会导致整个经济活动一潭死水，没有生气。从我国原来的生产和流通领域的高度集中统一、没有竞争的状况，到允许、鼓励、保护企业之间开展竞争，同时在竞争中促进、发展多种形式的横向经济联合，这是意义十分重大的进步，是螺旋式的上升运动，而非简单的回归。也就是说，从原来的行政性垄断到鼓励企业竞争，再到发展横向经济联合，并不是意味着从行政性垄断到竞争再到大企业的经济性垄断这样一个过程。

在竞争中促进企业的横向经济联合，绝不是鼓励垄断，横向经济联合一般也不会窒息竞争。在实际工作中，或许有人提出发展横向经济联合与鼓励企业竞争是否矛盾的疑问。这种疑问无非是由于把横向联合和垄断等同起来，或者担心横向经济联合会引起垄断，从而窒息竞争。事实上，横向经济联合不等于垄断，不能把两者等同起来。横向经济联合是指企业之间，或企业与科研单位、大专院校之间打破地区、部门、所有制的界限，按照经济的内在联系去组织生产和流通。而垄断是指少数大企业或若干企业联合独占生产和市场。因此，这两者是不同的概念，不能把它们混淆起来。

随着横向经济联合的发展，各种横向经济联合体会越来越多，这些横向经济联合体之间的竞争仍然是存在的。横向经济联合体也不可能包罗所有的企业，大量没有参加横向联合体的企业还会存在，它们之间的竞争也会存在。而且横向经济联合过程的本身，也是有合又有分的。比如，一些企业自愿要求参加某联合体，也有些已经参加联合体的企业要求退出；也可能有的企业退出某个联合体后，又加入另一个更适合自己的联合体，或一个企业同时参加几个联合体。单个企业之间，未参加联合体的企业与联合体之间的竞争仍会存在。还有，即使从联合体内部来说，参加联合各方之间的竞争在一定程度上也仍然存在。

无论是鼓励企业竞争，还是在竞争中促进企业的横向经济联合，都是为了搞活经济，提高经济效益，发展社会主义有计划的商品经济。当然，我们不否认在横向经济联合的发展过程中，在有的情况下，是有可能产生垄断的（比如同行业企业的大规模联合），但这个问题以及其他可能出现的问题，完全可以通过政府的直接干预和间接的调节等办法加以解决。总的来说，发展横向经济联合与鼓励企业竞争，是相辅相成、相互促进的。

3. 各种横向经济联合体可能成为国民经济的重要组织形式

列宁早就说过，组织道路是一条漫长的道路，新社会的组织形式只有在实践中才能创造出来。列宁的这个话不仅适用于社会主义改造，同样适用于社会主义建设。

社会主义企业怎样合理地组织起来，充分发挥潜力，发挥各自的优势，是需要认真探讨的大问题。前些年曾经设想过由上而下地建立全国性的或地区性的专业公司、综合公司，把各个企业统一组织到公司里来。实践证明这样的做法在有计划的商品经济条件下是行不通的。经济组织形式是由生产力发展水平所决定的。我国目前生产社会化程度还不高，各地区、各部门、各企业生产发展又很不平衡。在这样的情况下，不可能一下子把所有的企业都组织到人财物、产供销高度集中的专业公司或综合公司来。如果不从实际出发，不考虑生产发展的要求和经济效益，不把企业当做一个自主经营、自负盈亏的商品生产者和经营者，不尊重企业的自主权，一概采取"梳辫子"、"装口袋"的办法，自上而下地把企业收上来组成公司的做法，势必"换汤不换药"，使公司成为变相的行政组织。实践中许多行政性公司就是这样走过来的。这种做法徒然增加行政层次，助长官僚主义，加重企业负担，达不到促进社会主义商品经济发展的目的。实践证明，这种做法弊病很多：一是这类公司高度集中，容易形成垄断，窒息竞争。二是容易把权力集中到上层，重新剥夺、削弱企业已得到的自主权，或者截留企业应得到的自主权，挫伤企业的积极性。三是容易割断企业之间原有的横向经济联系，企业之间的协作需要，双方近在咫尺，也得通过上级公司与另一公司联系，再由另一公司下达所属企业。四是容易忽视经济效益。例如，1978 年 3 月筹建的西北农机公司，包括 144 个工厂，在 330 万平方公里的辽阔区域内组织协作，最远的相距数千公里，而且还有 20% 的工厂不在铁路线上，每台拖拉机的成本高达 15000 元，比天津拖拉机厂类似的产品每台成本高 6000 元。现在，放弃了这种做法，对行政性公司进行改革，已经取得了一定的成效。

实践的经验告诉我们，按照"扬长避短、形式多样、互助互惠、共同发展"的原则，在自愿的基础上，通过各种形式的横向经济联合，组织多种多样的横向经济联合体，实行合理的专业化协作，是有利于发挥优势，开展竞争，加快社会主义商品经济发展的。各种形式的横向经济联合对于发展和完善社会主义国民经济组织形式的好处主要有：可以发挥各经济单位的优势，提高经济效益，发展生产力；有助于沟通横向经济联系，打破地区封锁和部门分割；有助于实现合理的专业化协作，避免完全不必要的重复建设和盲目生产，使企业组织结构合理化；有助于把地方、企业的财力物力吸引到经济建设急需的方面来，实现资金、资源的优化配置和产业结构的合理化，等等。所以，横向经济联合体有可能成为我国国民经济的重要组织形式。

4. 横向经济联合要从实际出发，采取多种形式

由于各个企业的生产力状况不同，发展生产的需要不同，对联合的具体要求也就不同。横向经济联合究竟采取什么形式，要从实际情况出发，灵活地分别采取多种多样的形式，切忌"一刀切"，不能生搬硬套某种模式，更应防止在各种主客观条件并不具备的情况下，盲目追求某种高级的联合形式。

随着横向经济联合的发展，各地横向经济联合的具体形式很多。比如，从生产过程看，有生产的联合，销售的联合，还有运输的联合；从生产要素上看，有资金的联合（这方面的联合越来越多），有技术的联合，

有劳动力的联合，有物资的联合，还有上述多种生产要素不同程度的联合；从经营的内容看，有联合开发资源，有联合加工、统一销售，有农工商联营联销；从经营形式上看，有母子厂，有几个工厂和乡镇合股经营的联厂，有同行业若干个企业联合经营的总厂；从联合的主体看，有企业与企业的联合，有企业与科研单位、大专院校的联合；从联合的地域看，有同一地区、同一城市内的联合，有城乡的联合，有不同地区、不同城市之间的联合，还有跨国界的联合；从所有制看，有全民所有制企业之间的联合，有全民所有制企业与集体所有制企业的联合，有集体所有制企业之间的联合，有城乡各种所有制之间的联合，还有一些是全民所有制企业与个体经营、集体所有制企业与个体经营的联合，等等。

总之，横向经济联合是一个不断发展的过程，我们在发展横向经济联合的过程中，应该根据不同的情况和需要，采取不同的形式。从生产协作，补偿贸易，合资经营，到联合公司，由低到高，由小到大，由简单到复杂，逐步发展。这是许多横向经济联合体健康发展的必由之路。

六　建立和完善社会主义市场体系

给企业创造一个平等的竞争环境的重要内容之一是建立与完善社会主义市场体系，这也是实现"宏观间接控制、微观放开搞活"的枢纽，也是我国经济体制改革中面临的一项十分重要的任务。国务院领导同志在《关于第七个五年计划的报告》中明确提出的三项改革任务之一，就是进一步发展社会主义的商品市场，逐步完善市场体系。这首先由于社会主义经济本质上是有计划的商品经济，只有在计划指导下充分运用市场机制，才有可能促进资源配置的优化，从而使社会主义经济得以协调运行和稳定增长。其次就我国经济体制改革的三项主要任务来说，市场体系的建立与完善也是十分重要的，是关键的一环。因为企业活力的增强要有相应的市场环境作为外部条件；而国家对经济由直接控制为主转向以间接控制为主也必须通过市场机制的运用才能实现。因此可以说，没有市场体系的建立与完善，"国家调控市场、市场引导企业"也就无从谈起。

　　我们所要建立的市场体系，除了一般市场关系中通行的等价交换、平等竞争原则外，还具有与一般西方市场经济不同的特征，即国家对市场有计划的指导和协调。这一特点是由生产资料社会主义所有制的基本属性决定的。当然，这种计划协调性不等于说政府可以简单地使用行政手段来直接控制、干预市场行为，而主要是指政府对财政、金融等经济杠杆的运用。同时还应看到，我国目前尚属社会主义初级阶段，生产力不很发达，多种经济成分并存，各地区之间经济、技术结构相差甚大，不同地区市场和不同分类市场发育程度参差不齐，市场主体构成、商品流通渠道、市场组织方式等呈现出较为复杂的状况，因此，我国社会主义市场体系的建立只能是在相互交叉的多层次结构上起步。

　　为适应我国经济改革与经济发展的需要，增强企业活力，实现资源的有效配置，我国市场体系的建立首先要着眼于实现生产要素的合理流动。目前应重点解决的，一是传统价格机制的转换，以形成新的市场运行机制；二是建立与完善商品（主要是生产资料）市场、资金市场和促进劳动力的合理流动。因此，下面主要围绕这些问题来讨论。有关科技市场、信息市场等问题将在本书第八章中阐述。

（一）逐步形成合理的价格机制和价格体系

　　价格机制是市场机制的核心。价格作为市场上供求双方交换行为发生的媒介，其波动反映着市场商品供求的变化，体现了市场活动主体之间的利益关系。同时它又为生产者与消费者提供必要的信息，对社会生产与消费起到一定的调节作用。因此，形成合理的价格机制和价格体系，是建立与完善市场体系的关键。

　　1. 传统体制下形成的价格扭曲是建立与完善市场体系的主要障碍

　　自50年代以来，我国价格管理体制上形成的基本特征，是片面依靠行政手段、管理权限的高度集中。这种体制的理论基础，是否定商品、货币关系存在的必要，不承认生产资料也是商品，人为地限制价值规律和市场机制的作用。

　　在这种体制下，价格运行机制上存在的明显弊病是：管理权限过多地集中于中央，妨碍了各级地方政府管理的灵活性的发挥；价格计划从属于指令性计划，大部分商品价格都由行政手段管死，忽视对其他经济手段的综合运用；过多地采用由国家定价的办法，不给企业定价权，使企业缺乏必要的竞争手段。

僵化的价格体制必然导致价格体系的严重扭曲，形成价格既不反映价值又不反映供求关系的局面。其结果是：农产品价格过低，农民缺乏生产积极性，农业生产发展缓慢；工业品价格高低悬殊，能源、原材料等初级工业品因价格长期偏低，成为国民经济发展的"瓶颈"；各种商品差价偏紧，新中国成立初期为割断和削弱私营工商业同农民的经济联系，对许多重要商品取消了地区差价、季节差价和购销差价，一些商品长期购销倒挂，国家支付的财政补贴逐年增加；部分服务业收费标准偏低，交通运输价格偏低，与交通运输紧张状况很不适应。

扭曲的价格体系无法为社会经济活动提供必要的准确的信息，从而失去了调节社会生产与消费的功能，不仅给国民经济发展带来了一系列消极后果，也使社会主义市场体系的建立与完善遇到了种种无法逾越的障碍。

比如，产品比价关系不合理，无法正确引导资金投向，造成各个部门发展上的长短严重不齐和市场上大量积压与严重短缺的并存；产品价格畸高畸低，使企业盈利并不反映企业实际经营水平，从而无法使企业根据市场信号变动，积极迅速地调整生产规模和方向；价格扭曲和过紧的差价，使工商之间矛盾很多，不利于调动商业部门合理组织商品流通的积极性，也不利于流通主体行为合理化；不合理的差价人为地造成行业或地区之间的壁垒森严，阻碍着资源的合理流动，甚至造成流通中大量损失和浪费；长期偏低的交通运输价格使我国交通运输业长期处于紧张状态，不利于合理市场流通网络的形成。很明显，以上问题不解决，市场体系的建立就缺乏必要的物质条件、有效的市场组织及合理的信号系统，也无法使企业成为自觉运用价格进行竞争的市场行为主体。因此，价格体系的改革在我国经济改革包括市场体系的建立中具有十分重要的地位。

2. 几年来的价格改革为市场体系的建立与完善创造了一定的条件

1979 年以来，我国在价格改革上迈出了重要步伐，也取得了明显的成效。过去几年的价格改革可以划分为两个阶段：第一阶段是 1979—

1984 年的国家有计划地调整价格，曾先后对农副产品、煤炭等重工产品、部分电子和轻纺产品以及交通运输价格进行了调整；第二阶段是从 1984 年年底起以不同方式不同程度地放开价格，如生产资料实行计划内外"双轨制"价格，农副产品价格大规模放开以及一些工业消费品特别是小商品价格彻底放开等。

以上改革措施，既包含了对价格体系的调整，也包含有价格形成机制的改变，从而使国家统一定价范围有所缩小、部分定价权放给了企业，扩大了市场机制对价格形成的作用，发展了多种价格形式。这些措施无疑使价格体系有所改善，使被否定的价格功能得到了一定的恢复，同时也对市场体系的建立与完善起了积极作用。

首先，促进了产业结构的改善，缓解了社会产品供求中的结构性矛盾。1985 年同 1978 年相比，农产品收购价格提高 66.8%，缩小了工农业产品价格"剪刀差"，促进了农业生产发展和农村经济的繁荣；工业中采掘品提价 50%，原材料提价 39%，促进了短线产品的发展，使工业内部价格结构失衡状态有所改变。

其次，质量差价、地区差价、季节差价逐步拉开，促进了优质产品生产的发展，适当地拉开了消费者需求档次，促进了跨地区、跨部门的商品流通及不同季节之间商品供应的调剂，大大促进了商品的合理流转和改善了市场商品的均衡供应，并促进了多种商业形式的发展。

再次，部分产品价格放开，大大改善了这些产品的市场供应状况。比如，过去长期凭证供应的一些农副产品、日用工业品，由于价格放开，市场供应很快明显改善，花色品种日渐丰富。尽管其中某些商品价格有较大幅度上涨，但与过去市场上凭票还买不到东西的状况相比，不能不说是一大进步。

另外，部分产品定价权或价格浮动权放给企业，使企业具有参加市场竞争的手段，从而在很大程度上提高了企业对市场信号变化反应的灵敏性，使企业能够积极地根据市场需求的变动来安排和调整自身的生产规模和方向。

最后，生产资料"双轨制"价格的实行，将市场机制引入了大中型国营企业的生产与交换，对传统的指令性计划、物资统配和固定价格的三位一体公式形成了较大的冲击。国营企业按照市场高价出售计划外生产资料，大大刺激了这些企业的生产积极性，促进了长期价格偏低的生产资料生产的发展，但同时也出现了企业不愿完成国家计划、市场中投机倒把活动大量增加等不良现象。

3. 深化价格改革，重点在于实现价格机制的转换

尽管几年来的价格改革给市场体系的建立和完善创造了一定的条件，但是依然存在着一些亟待解决的问题。比如，生产资料"双轨制"价格存在着种种弊病，生产资料价格中国家定价的比重还很大，许多消费品和小商品价格放而不开，相当一部分企业特别是大中型企业对价格变动的反应还不灵敏，等等。分析起来，这些问题的存在往往都是与我们传统体制下形成的政府对价格过多的直接管理与控制的运行机制相联系的。因此，在价格的进一步改革中，除了对价格体系还要进行适当的调整外，更为艰巨的就是要逐步实现价格机制的转换。

"七五"计划中提出，经过改革，要逐步建立起对极少数重要商品和劳务由国家定价，其他大量商品和劳务分别实行国家指导价格和市场调节价格的制度，较好地发挥价格杠杆的调节作用。就社会主义有计划商品经济的本质要求来说，也要求在国家计划的指导下，使价格机制能以市场为主体在较大范围和较大程度上得以运用。价格机制本身就是在社会产品供求变动的有机联系中实现的。商品价格与市场供求的波动，对社会经济运行的各个方面、各个层次所具有的功能和作用，如为生产者提供调整生产方向或生产规模的信号、为消费者提供需求方向或需求规模的信号，以及为国家宏观控制系统提供必要的调节信号等，都需要在尽量减少政府的直接行政管理与控制中得以实现。否则，就无法避免由于这种行政管理与控制造成的信号扭曲或失真，进而对整个社会经济的发展产生消极作用。同样，作为市场行为主体的企业要增强活力，就需要运用价格杠杆开展竞争，从而要给企业相应的定价权、价格调整权。否则，价格统统由国家来制定，企业经营效果不是取决于自身的努力而是取决于国家定价的高低，就会使企业失去改善管理、降低成本、开展竞争的积极性。因此，尽量减

少国家的直接行政管理与控制，实现以市场为主体的价格形成机制，是深入价格改革、实现价格机制转换的主要任务。

从几年来我国价格改革的实际进程来看，在 1984 年以前即以国家调价为主的阶段，我们对于以上机制转换重要性的认识还是不充分的。可以说，在指导思想上还停留在指望国家有计划地测算、调整价格，进而理顺价格体系的水平上。1984 年以后，随着经济改革的深入发展，人们发现单纯的国家调价无法达到理顺价格体系的目的，于是对于如何把价格改革同运用市场机制结合起来逐步有所重视，价格改革也逐步以放开价格为主要方式，同时扩大了浮动价格比例，缩小了统一定价的比例。1986 年年初，国务院领导同志在《关于第七个五年计划的报告》中提出的"七五"时期价格改革的目标模式，并将价格改革的地位作用同市场体系的建立和完善联系起来，在指导思想上更加明确了这一点，即必须逐步减少国家对价格的直接管理和控制，实现机制转换。

但是放开价格并不是说对所有商品不加区别地一律放开。除少数重要资源产品不能放开外，放开的价格也有相当一部分是从传统的国家定价改为指导性价格，目前主要是指有幅度控制的浮动价格，并不是统统放开为市场调节价格。而且，放开价格也不可能是一蹴而就的事。近几年来我国价格放开中也确实存在着一些放得过急、步子过快、工作不细的问题。尽管战后日本、联邦德国曾采取"紧缩通货、放开价格"的"一揽子"方式，实现了价格结构的调整和价格机制的转换，但我们必须看到，目前我国国情与战后日本、联邦德国的情况相比差别很大，不能简单地照搬模仿。放开价格还要受到一系列经济、政治方面的条件制约，而且它也不是我国价格改革的唯一方式。从我国人口众多、商品短缺现象将长期存在、市场发育程度不高以及国家、企业和居民个人各方面承受能力等条件来看，我国价格改革还必须采取"调放结合、稳步前进"的方针。否则，就无法避免价格总水平的过猛上涨，给我们的改革与发展带来消极的影响和后果。

在逐步减少国家对价格的直接控制和管理的过程中，各种间接调控手段如信贷、税收政策的运用必须得到重视和加强，同时也应注重市场组织与市场规则的建立与完善，这样才能使价格的形成与变动对国民经济的发展起到积极的调节作用，使价格机制得以合理的运用和发挥，从而为社会主义市场体系的建立和完善创造必要的条件。

（二）逐步建立和完善生产资料市场

1. 历经八年的改革培育了形成生产资料市场的生长点

我国是一个发展中国家，我们是在一个人口多、家底薄、人均占有物质资源少的条件下进行社会主义经济建设的，这就要求经济发展要以经济效益为核心，合理有效地配置资源。在短缺的条件下，生产资料这一物质资源要顺应经济增长的客观要求，物畅其流，合理配置。传统的流通体制无法满足经济发展的客观要求。传统的流通体制以行政性集中分配物资为特征，具有明显的行政协调性：条块层层分割，互相封锁；按行政系统分配物资，层层周转，环节多，流通不畅；货到地头死，不讲经济效益；生产资料流通只是保障供给，而不是衔接生产和消费，不能对生产和消费起调节作用。

传统的生产资料流通体制既无效率又无效益，不能合理配置资源。因此，对这一体制进行改革就势在必行。针对传统体制渠道单一、环节繁多、封闭式行政分配的状况，改革初期就提出了多渠道、少环节、开放式改革的思路。在这一思路指导下，打破了物资部门一统天下的局面，出现了多种经济成分并存、多渠道流通并存的格局，起到了搞活企业、搞活流通的作用，将市场配置资源的作用合法化、扩大化。1984 年之后，针对流通中出现的秩序不良的问题，提出了计划外流通以国家管理的物资贸易中心的形式进行的思路，并继续逐步减少国家分配调拨物资的种类，扩大生产资料市场。1986 年，国家指令性计划分配的物资由 256 种减到 20 种，由国家计划分配的煤炭占总资源的比重为 47.2%、钢材占的比重为 47.1%（由于各级层层加码，实际上由各级控制分配的部分占 80%—90%）、木材占的比重为 27.6%、水泥占的比重为 15.6%。

不仅如此，我们更应看到 8 年来的改革培育了形成生产资料市场的若干生长点：以石家庄为代表的改革实践证明，在缩小指令性计划的同时，物资系统可以转轨变型，逐步建立生产资料市场，担负起组织市场的任务；物资系统横向经济联合的发展表明，在等价交换原则的指导下，可以冲破行政性分割和封锁；一批大中城市物资贸易中心大吞大吐、扩大其辐射面的实践也证明，现有流通组织各要素的合理调整，将能担负起现代化大流通的使命，同时具有规模经济效益。从贸易中心到石家庄生产资料市场，我们摸索出了一些调控市场的方法，为整顿市场秩序、制定合理的市场运行规则积累了经验。价格改革和流通体制改革日益紧密结合，使市场机制的运行有了一定的基础。

2. 对生产资料市场几种模式和实践尝试的看法

逐步形成生产资料市场，有几种模式和几种实践尝试。第一种意见主张以期货交易替代计划分配；第二种意见主张形成一个垄断竞争的局面，形成几个全国性的大公司，承担对生产资料市场流通的组织任务；第三种意见是计划分配走物资局系统、计划外流通经贸易中心；第四种意见是从石家庄经验出发，提出物资系统转轨变型，职能分解，组织、调控生产资料市场，逐步健全生产资料市场。

第一种模式的可取之处在于把企业与企业之间的直接贸易作为一条渠道，以期货合同代替计划调拨，但把期货交易片面化，与我国国情不符。我国有几十万个企业，有大有小，都让它们去直接购销，困难重重，不利于高效率合理配置资源，生产和消费的变化，企业要经常调整进货，期货合同使这种调整变得相当困难。第三次社会大分工，标志着流通和生产的分离，有利于节约社会劳动。若把长期以来形成的流通力抛弃，会造成社会劳动的极大浪费。

第二种模式主要是借鉴西方发达国家的经验。西方发达国家生产集中后，出现了流通领域的集中。该设想不仅提供了有益的思考，而且展示了未来社会主义统一市场的部分前景。但是，目前付诸实践的问题很多。打乱原来一些较为稳定的流通关系，另起炉灶，组建全国性几家大公司，难度相当大，而且组织起来，靠国家扶持，往往又是"物资局"；把现在物资企业、贸易中心等已形成的流通能力抛在一边，既造成浪费，又不利于顺利进行改革。

第三种意见以创办物资贸易中心为特色，但存在以下几个问题：把双轨制这一过渡形式当成目标模式，认为只要存在指令性计划，就会有相应的物资调拨，还没有完全从产品经济观念转到有计划商品经济的观念上来；从实践看，物资贸易中心起不到应有的作用，而且另设一套机构，造成一边流通能力闲置，一边又重复设置的状况，浪费了社会劳动；在物资分配型体制不根本转轨的情况下，按行政层次办贸易中心，难免有层层周转、环节繁多之弊端。

第四种意见是通过物资系统的转轨变型承担起组织市场的任务，通过物资系统的职能分解，来调控市场，完善市场运行规则。这样，沿着双轨制继续过渡，利用已经形成的流通力，逐步完成由低效率、高交易成本、资源难以合理配置的行政分配调拨，转向高效率、低交易成本、资源合理配置的生产资料市场流通。权衡起来，这一思路是比较符合实际的。在几年改革形成的生产资料市场生长点的基础上向前迈进，目标明确，步子稳妥，既可节约社会劳动，又可实现平稳地转变。

3. 进一步完善生产资料市场的理论原则

要逐步建立有中国特色的生产资料市场，一方面改革必须从国情出发，针对现实中存在的问题，得出正确的理论观点，以指导实践。另一方面，改革要从已经形成的经济格局出发，改革要有针对性、连续性。几年来对传统体制的改革培育出的新体制的生长点，是进一步改革的基础。要利用双轨制这一过渡模式，逐步建立和扩大生产资料市场。

利用双轨制逐步建立生产资料市场，要逐步消除双轨制的矛盾和摩擦，在不断解决矛盾中前进。当前的双轨流通，存在着双轨都难以达到资源最优配置的问题。计划分配部分不仅保存传统流通体制的缺点，而且在利益强化的条件下，使环节更多，流通效率下降；国家分配物资的比重下降，权力被部门和地方截了去，增添了一些不必要的环节，提高了交易成本；计划外流通存在渠道杂乱、投机丛生、市场秩序混乱问题；双轨摩擦使产销关系由"灰箱"成为"黑箱"，价格信号失真。因此，进一步的改革面临着组织市场和调控市场的双重任务。

基于上面认识，进一步完善生产资料市场要把握以下几个原则：

第一，面对现实，充分利用已经形成的流通力，组织市场的主要力量放在现有物资系统的转轨变型上。新中国成立以来，我们建立了一个庞大的物资供应系统，形成了相当规模的生产资料流通力，这是我们考虑改革问题的一个重要基点。若不去加以利用，将会造成社会劳动的极大浪费。

第二，组织市场，要从国情出发来借鉴国外经验，并且要有比较有鉴别。美、日生产资料流通有不同的模式，是因为美、日资源条件、企业资金条件都有所不同。美国式流通，由于国内资源丰富，企业之间的期货交易占全部生产资料交易的80％，企业营销能力特别强。日本战后在解散财阀的基础上重组市场，又大量进口，所以物资流通主要由商社来承担。我国情况复杂，不同层次的生产力并存，谁的经验也不能照搬，只能合理地部分借鉴。

第三，要按生产资料流通的客观规律办事，生产资料作为生产要素流通与一般消费品流通不同。生产资料市场供求双方都是生产者，交易量大，规模经济要求强烈；生产资料流通要求少环节，但对多渠道要求并不强烈；生产资料的流通，与消费品相比，要求更大的范围，它对于分割和封锁的冲破比消费品要求程度更高。

第四，要尽快促使物资系统职能分解、转轨变型，尽快缩短双重体制的摩擦过程。解决实践中出现的问题，要求我们组织市场和调控市场并重，促使物资系统转轨变型，承担起组织市场的任务，同时将物资部门的管理职能分离出来，运用经济、行政、法律手段对市场运行进行调控，完善市场运行规则。

4. 分步配套改革，逐步建立和完善生产资料市场

从现在的情况看，建立生产资料市场要通过分步配套改革来进行。从大的历史跨度看，可分三步。

第一步，从使物资串换公开化、合法化，放开计划外超产生产资料价格到现在，主要是走出了双轨制的道路。在缩小指令性计划调拨的同时，推广石家庄物资系统组织生产资料市场的办法，肯定物资企业从分配型转向经营型的正确方向，并加以合理的引导，不断完善市场运行规则。

物资局和各主管部门的物资供应部门，可在现在部分经营计划外物资的基础上，随着双轨制的发展，扩大计划外经营的比重，借鉴同一市场价、统筹社会供需的方法，实现由行政分配型向经营服务型的转变。

物资部门职能逐渐分解，一部分企业化，搞经营；一部分担负管理职能，通过制定一些保护竞争、打击投机等规则，使双轨运行保持应有的秩序。

在此期间，要求价格改革按照放调结合的原则继续进行，不断缩小双轨制的差距和扩大计划外的比重。

第二步，计划分配实行代理制，物资企业成为相对独立的商品经营者，逐步消除双轨制。

随着改革的深入，计划分配这一块逐渐缩小，物资流通企业经营计划外的物资将占相当大的比重，计划分配物资已不是其主要任务了，此时，可运用代理制的方法，计划分配部分在等价交换的条件下，由物资系统代理供应，计划内外明确分开，保量不保价。

随着计划度的缩小和代理制的实行，物资企业成为相对独立的商品经营者，物资局成为管理全社会物资流通行业的管理机关，专管市场运行规则，负责调控市场。

第三步，通过竞争对流通力进行重组，形成高效率、低成本、网络式的流通，健全生产资料市场。

物资流通企业通过各自的经营，开展有效的竞争，随着产权关系的明确，达到一定的集中。在流通力合理重组的基础上，形成一些全国性的互相竞争的流通网络，形成社会主义高效率的统一市场。

在交易方式上，期货交易和现货交易各随所便，企业的经营有了一个良好的环境，选择效应高。

计划分配的代理制改为国家订货，订货既可以向生产厂家订，也可以向流通企业订。订货原则是经营原则。

在这一过程中，法律手段的配套是完善市场运行规则的一个主要方面。生产资料流通管理部门将完善其综合平衡职能、调节职能、管理职能、监督职能，为生产资料市场运行提供条件和保证。

（三）促进横向资金融通，逐步建立金融市场

1. 需要进一步明确的几个理论问题

在健全社会主义市场体系的任务中，建立金融市场的任务尤为重要。

但是，长期以来，在理论上金融市场一直是一个禁区，所以对金融市场一些基本概念和理论的研究，就成为一个重要问题。

按照西方国家的习惯说法，金融市场仅限于金融机构（包括银行和非银行金融机构）之间的资金融通活动，不包括金融机构之外进行的资金融通活动。我国目前都是把金融市场和资金市场等同。但也有的学者认为金融市场大于资金市场，因为金融市场除包括长短期资金市场之外，还包括外汇市场和黄金市场。我们认为，从目前探讨问题的角度看，将金融市场与资金市场等同起来也问题不大。金融市场是货币资金进行融通活动的场所，又是货币资金融通关系的总和。它包括直接融资市场和间接融资市场。直接融资市场是指由供求双方直接交易形成的市场；间接融资市场是指以银行为中介进行资金交易所形成的市场。金融市场从时间上划分又包括长期、短期资金市场。从实践来看，我国已出现了银行业的短期拆借市场，间接融资市场已有一定程度的发育。近几年随着改革的深入进行，企业债券、股票和金融债券的出现，直接融资市场也产生了。不过，这种直接融资市场基本上还属于发行新证券的一级市场，二级流通市场还处于试验阶段。

金融市场是社会主义市场体系的枢纽，这是由它在商品经济运行中所处的位置和所起的作用决定的。社会主义经济是有计划的商品经济，由产品经济转向商品经济，有赖于金融市场的完善。开放金融市场，具体地说，有如下作用：（1）有助于挖掘社会资金潜力，提高资金使用效益。通过开放金融市场，解决因条块分割此缺彼余的问题，还可以把社会上分散闲置的小额资金集中起来，把潜在的资金变成现实的资金，以加速我国的经济发展。（2）有助于实现社会资源的优化配置和产业结构的合理调整。在金融市场上，利率的变动反映资金供求关系的变化，资金则依利率的变动在社会各部门之间顺畅流动，使投资决策合理化，引导社会劳动在各部门之间合理分配。（3）为企业实行自主经营、自负盈亏创造良好的环境。（4）使国家的管理实现由直接控制转向间接控制。金融手段是商品经济条件下最重要的间接控制手段，完善金融市场，则是发挥中央银行宏观金融调节作用的重要条件。

在传统体制条件下，我国信贷资金管理体制与纵向的物资分配体制相适应，也是以集中的纵向分配即统存统贷为特征的。改革以来有所改进，但资金的横向融通至今仍然受到各专业银行和各地区条条块块分割的限制。资金的横向融通有待进一步发展，并以此为基础，逐步建立金融市场。所以说金融体制改革的实质，就是要在资金融通领域中引入市场机制，提高资金筹措和分配的效率。

2. 发展银行拆借市场和票据贴现市场，促进资金横向融通

银行纵向层层分配资金往往造成资金使用无效率和此缺彼余，可以通过银行同业拆借来缓解这一矛盾，把资金用活。在当前的实际生活中，在计划单列城市之间、金融改革试点城市之间、沿海地区和内地之间、借差行和存差行之间，以及一些经济区内的省辖行之间，定期的有协议的及非定期、无协议的同业拆放业务，已经频繁地展开。产生这些活动最基本的原因，在于信贷资金实贷实存制度的产生，同业拆借对于各基层行应付目前复杂的资金供求矛盾是有益的，同时也应该看到，改革后强化了基层行的利益，已开始有一些内在动力。

目前阶段，同业拆借业务难以大规模展开，这与整个社会资金偏紧有关。由于我国幅员辽阔，资金运用上的时间、空间差总是有的，但这并非是主要原因。从实践看，重要的原因在于：（1）专业银行没有真正企业化，现在基本上还是分配资金型，刚刚开始向经营型转变，动力不足，行政干预也多。（2）国外同业拆借特别是隔日拆市场的存在，是以中央清算机构的存在为前提的。在我国目前由于联行制度使日拆和缺期拆借市场成为可有可无，加上超额储备没有利率，所以目前开始的拆借业务都时间较长，日拆很少。（3）在我国缺乏发达通信设备的情况下，各级银行不敢轻易拆出（无法律保证），不知从哪儿拆进或拆出（无组织、无信息）。要使同业拆借市场取得长足的进展，必须从以上三个方面入手，逐步克服这些障碍。

积极开拓票据贴现市场，从长远看是实现中央银行由直接控制转向间接控制过渡的一个重要形式；从眼前看，是从根本上解决企业之间互相拖欠问题的一个方法。要积极地逐步把企业之间的挂账信用改为约期的票据

形式，实现商业信用票据化，相应的银行开办贴现业务。试点经验证明，商业信用票据化，有助于建立新的结算秩序，货款清算和追索有凭据，付款有安排，能促使企业改善经营管理；商业汇票经银行承兑，借助银行信用制度，把合理的赊销占款从贷款总额中分离，有利于加强银行的信贷管理；票据贴现是对纵向资金分配体制的一个冲击，可以改变单一的资金纵向调拨体制，发展资金纵横交叉的融通体制。

进一步促进贴现市场的形成，重要的是和同业拆借市场一样，有一个组织市场、管理市场的问题。首先，在纵向的资金分配体制未彻底改变以前，中央银行和各专业银行应对银行贴现、再贴现资金，另辟途径，优先保证；其次，注意信贷方式和结算制度改革的配套，取消结算贷款，缩小托收承付结算方式；再次，健全票据法，维护市场秩序。

3. 专业银行企业化是形成金融市场的重要条件

党的十一届三中全会以来，经过金融体制的改革，出现了"四多一活"的局面，"四多"即多种信用方式、多种信用渠道和信用工具，多种金融机构，多种资金价格，一活即搞活了金融市场。进一步改革，应该从专业银行企业化入手，通过专业银行的转轨变型，承担起组织金融市场的历史使命。

要形成金融市场，主要的条件之一是要有众多的自主经营、自负盈亏的企业型银行。但是，由于种种原因，一时还难以做到，所以改革金融体制、发育金融市场必须分步前进。几年的改革，使金融方面冲破了传统体制，银行已有一定的自主权。目前，要解决好各级专业银行企业化和自主经营问题，使它们在经济体制改革的过渡阶段，在利润目标、社会经济效益目标、对企业负责目标等多重目标推动下，积极参与金融市场活动，促成金融市场的形成。近几年，银行上下左右的存贷关系、系统内的利润留成制度已基本解决，经营上的自主问题正在逐步得以改善。进一步改革，要促使专业银行企业化，在给予更多自主权的同时，给予责任利益的平衡约束。

解决了各级专业银行独立经营问题，四大专业银行包括它们的分支行，将为形成我国的金融市场打下基础。随着改革的深入，银行企业化外部条件成熟，通过正当的竞争，银行和其他非银行金融机构一起，将形成符合商品经济发展要求的金融流通体系，构成金融市场的组织框架。

利率是资金价格，金融市场运行中资金价格是金融市场的调节器，利率自行调整的程度是金融领域引入市场机制的一个重要标志。在我国目前阶段，要活跃金融市场，发展多种金融工具，必须给基层银行以利率的浮动权。随着专业银行企业化的进展，利率在一定范围的变化权会逐步交给基层银行。

4. 逐步建立证券发行和流通市场

历经几年简政放权、搞活企业的改革措施，使我国资金分配流程发生了巨大的变化，预算外资金和预算内资金几乎各占一半。目前全国社会集资已达几百亿元，已成为我国固定资产投资的重要来源。在实践中，股票、债券等筹资方式应运而生，形成了银行外直接融资的资金市场的雏形。如江苏省1985年年末各类社会集资余额达21.05亿元，占全省年末银行存款总额的9.73%。现实的情况是，除了国家银行发放的基本建设、技术改造长期贷款外，利用股票、债券进行社会集资已成为我国中长期资金市场的重要组成部分。现在的问题已不是长期资金市场开放与否，而是如何不断完善，使其逐步地走上正轨。

有人认为我国应先搞活短期金融市场，再开放长期资金市场。根据我国目前和今后一个时期证券发行市场的特点，与发达国家不同，证券的发行对短期资金市场的依赖性很小，因此两者并不矛盾，可以互相促进、共同发展。也有人担心，开放证券市场，不利于国家宏观控制。而事实上对已经出现的不合理东西不加以引导反而问题更多。尽管在开放证券市场的同时会增加对投资管理的难度，但如果证券发行走上正轨，其自身就会有一种自我抑制的调节作用。（1）企业在委托银行公开发行股票、债券时，将提供本企业的财务状况，以便进行审查，这在一定程度上限制了那些条件不成熟或经济效益不好的企业发行股票、债券。（2）发行股票、债券的企业，要承担风险，会使其讲究经济效益，减少盲目性；促使银行对项目的可行性进行研究，承担一部分风险，加速其企业化；国家可以通过公开市场业务对其进行调节；证券市场对投资者有一个反应灵敏的评价，使投资有一种自我抑制的调节功能。

股票、债券最本质的特征在于它的高效流动性，如果证券只有发行没有流通，其弊病就会很快暴露出来。它不利于改善企业经营管理，不利于资金的合理流动和资源的合理配置，不利于控制投资规模，从根本上说，就形不成真正意义上的资金市场。因此，应在证券发行的同时，建立证券流通市场，使其不断发展完善。

（四）允许和鼓励劳动力的合理流动

劳动力是社会生产要素的重要组成部分。劳动力的合理流动，是发展社会主义有计划商品经济的必然要求，也是目前我国经济改革的一项重要任务。同样，它也是建立和完善社会主义市场体系的重要内容之一，应该引起我们的足够重视。

1. 社会主义有计划商品经济发展要求劳动力的合理流动

马克思曾说过："大工业的本性决定了劳动的变换、职能的更动和工人的全面流动性。"① 这说明，劳动力的全面流动，在大工业生产的出现及发展后，就已成为不可避免的事情。从根本上来说，劳动力是社会生产要素之一，在社会经济的发展中，生产要素的流动从而资源配置的改变是不依人们意志为转移的客观过程。随着社会进步和经济发展，新旧生产方式及产业部门的替换逐步加快，自然也要求劳动者进行相应的职业转换，即离开自己原来所从事的职业和生产过程而转到新的职业和生产过程。这一过程，对于某一个劳动者来说，也许在其一生中仅仅是有数的几次，然而就整个社会来讲，却是一个经常的不断更新的过程。尽管这一过程在不同的社会制度下和在不同的国度里会采取不同的方式，但是这种劳动力的职业转换与流动则是一种客观存在的、十分普遍的现象。

在社会主义条件下，除了社会生产的发展要求经济资源包括劳动力等生产要素有一个合理的流动外，社会主义经济关系本身也同样要求劳动力能够有一个合理的流动。

比如，劳动者作为生产资料的所有者，其主人的地位应在与生产资料

① 马克思：《资本论》第一卷，《马克思恩格斯全集》第 23 卷，人民出版社 1972 年版，第 534 页。

的具体结合即职业的选择上有所体现，尽管这种选择要受到种种条件的制约，而且往往是他与企业的相互选择过程，但它却是生产资料公有制所应体现的一个基本原则；同样，劳动者对于职业及其转换的选择，也是社会主义条件下劳动者之间平等互利的相互关系所要求的，这与封建制度下的人身依附和资本主义制度下的劳动力商品买卖也是格格不入的；社会主义按劳分配原则，承认个人劳动能力上的差别是"天赋特权"，若不允许劳动力的合理流动，就无法使个人劳动才能得到充分发挥，也就难以使按劳分配原则更好地贯彻实施。

从我国的经济体制改革来说，发展社会主义商品经济要求增强企业的活力。为此，企业不仅应有选择经营方式、安排产供销、支配自有资金、在国家允许的范围内确定价格等权力，而且还应当有自行聘任、解雇工作人员、决定用工办法和工资奖励方式等权力。这就要求必须允许劳动力能够适当流动，否则企业在使用劳动力上无权，就无法使其应有的活力得以发挥。

当然，在社会主义条件下允许和鼓励劳动力的流动，并不是对其放任自流。虽然传统体制下的劳动力管理实行指令性统一分配，使劳动力资源利用效益低下，但资本主义发展的历史说明，劳动力无计划的盲目流动，也势必导致劳动力资源的浪费。因此，在社会主义条件下劳动力的流动应有国家的有计划指导。国家应从宏观上预测劳动力总供求的状况，通过制定计划，如积累与消费比例、劳动力供求与工资总额的平衡等，并通过采用相应的政策，调节劳动力的结构规模及其流向，必要时可采取指令性调配。在微观上，应建立适当的机构和场所，进行劳动力流动的调节和组织，如目前各个地方出现的"劳动服务公司"、"职业介绍所"、"人才交流咨询服务中心"，等等，都是在这方面所做的有益的尝试。

2. 我国劳动力流动的状况和我们所面临的任务

在传统体制下，由于理论上片面强调国家对整个社会经济活动的计划性，因此，劳动力的合理流动也得不到应有的承认和重视，劳动者无条件地由国家统一分配。作为企业，一方面不能对所分配来的劳动者的素质、技能进行选择，不能决定其聘免去留；另一方面企业也往往把分配来的劳动者当做"私有"财产，即使无用或不用，也不放其另选他处。作为劳动者则无法对自己所分配去的单位甚至岗位进行选择，同样也难以为选择适当的岗位和职业去进行调动。与这种行政调配相伴生的往往是人浮于事效率低下，不正之风的蔓延。这一切与工资分配中的平均主义结合起来，必然导致劳动力资源利用效益的低下。因此，改革统包统配的劳动制度是进行经济体制改革的必然要求。

几年来，我国劳动管理体制适应改革与发展的需要做了相应的改革。允许和鼓励多种经济成分的发展，企业自主权的扩大，以及合同工制度的推广，再加上工资、奖金分配制度上的改革，都对劳动力的合理流动起到了一定的促进作用。特别是近年来，我国产业结构和地区经济结构也有一定的调整和变化，这在客观上为劳动力的合理流动创造了一定的条件，从而使我国的劳动力流动形式及其规模都有相当的发展。

第一，从不同经济类型来看，劳动者在不同的国营企业之间的流动大大增加了。这主要是随着企业自主权的扩大，企业与职工个人在职业、待遇等方面有了更多的相互选择的机会；劳动者向集体企业的流动，特别是那些经济效益比较好的、收入水平比较高的集体企业往往更具有吸引力；劳动者流向个体经营，包括主要凭个人技术、体力经营和受雇于人的两种形式，由于政府政策上放开搞活，有相当部分待业或在职劳动者从事了个体经营，不仅个人多得实惠，而且对于繁荣经济、活跃市场、方便生活也起到了积极作用；劳动者向外资或合资企业的流动，一方面这些企业有高收入的吸引，但同时也对于流入的劳动力的素质提出了更高的要求。

第二，从不同经济部门来看，农业部门的劳动力大量转入非农业部门，特别是工业部门，几年来各地区迅猛发展的乡镇工业使原来的农业劳动力有近8000万人转化为非农业劳动者或者兼业劳动者；工农业生产部门即第一、第二产业部门劳动力向第三产业如信息咨询、商业、运输、修理服务、饮食、旅游等行业流动。

第三，从不同地区来看，农村劳动力向大中城市流动，如各类施工队、大城市的保姆、个体商贩等；也有大中城市的技工下乡到乡镇企业劳动；内地劳动力向沿海地区流动，主要集中于沿海的开放城市、经济特区，等等。

以上劳动力流动的发展及其规模，自然会对劳动力资源的合理使用，充分发挥劳动者积极性，劳动管理及工资制度的进一步改革起到积极的作用，但同时也必须看到，在这方面我们还缺乏经验，如何实现对现有劳动力流动的有计划指导和组织，还需要在实践中认真加以研究和解决。

我国人口众多，在劳动力资源上具有很大的优势。因此，如何在劳动力合理流动中实现劳动力资源的有效利用，是现阶段深化劳动管理及工资制度改革的一项主要任务。企业与劳动者之间的相互选择，劳动者劳动技能和热情的充分发挥，劳动报酬与劳动者为社会提供劳动的一致，是在现有劳动力资源基础上充分发挥其效能的可靠保证。为此：（1）应在企业中广泛推行劳动合同制，扩大企业在选聘和解雇职工方面的权力，同时要以契约关系保证劳动者的权利。（2）努力鼓励发展多种经济形式，以减少政府为解决就业问题而背过重的包袱。（3）认真贯彻按劳分配原则，使劳动者在其岗位上提供了相应的劳动后取得合理的收入。（4）积极发展各种组织劳动力就业和调换工作的机构，通过政府的有计划指导和组织，减少劳动力流动中的盲目性，更好地实现劳动力资源的合理流动与优化配置。在改革中，还需要摒弃那种把劳动力合理流动视为"不安心工作"、"这山望着那山高"等迂腐的传统观念。

3. 需要明确的两个问题

在讨论到劳动力的合理流动时，人们往往会提出如下两个问题：

一个是在社会主义条件下，劳动力是否还是商品？如果不是，那么是否允许和鼓励劳动力的流动？

首先，应该明确这是完全不同的两个问题。两者并不构成条件和结果的必然关系。其次，在我国目前社会条件下，除了某些范围外，总体上讲，劳动力已不再是商品。关于这一点，在《中共中央关于经济体制改革的决定》中也早已做了肯定的回答。之所以如此，根本原因在于社会主义条件下劳动者已成为生产资料的主人，在劳动者与生产资料的结合上一般来说已不存在所有制障碍。劳动者作为所有者，与劳动力无法自身发生买卖关系。但是应该承认，在社会主义社会，劳动者要实现与生产资料的具体结合，也并不是无条件的。这就是说，他要以劳动者的身份为社会提供劳动，必须先要按照社会公认的标准得到认可或允许才能得以实现。同样，主要从社会取得相应的占有物，也需要以其提供的劳动为尺度，这里通行的仍然是商品交换中的等价原则。而这一切往往还必须通过企业与劳动者之间建立某种契约关系来实现，劳动者的劳动收入也采取了工资——劳动力价格的形式，显然这些形式又使劳动者提供劳动的方式采取了一般商品交换的方式，从而使其具有一种"劳动力商品"的特征。但只要我们透过表象来认真加以分析，就不能得出劳动力还是商品的结论。

　　另一个问题是关于劳动力流动的几种提法。有些同志认为，应提出建立"劳动力市场"，尽管劳动力不是商品，但从发展劳动力交换关系的角度来讲，还是可以这样提的。也有的同志建议用"劳务市场"的概念来代替"劳动力市场"。

　　"劳务市场"与"劳动力市场"两个概念是不同的，劳动可以生产物质产品和提供劳务，就劳务作为劳动力生产的一种使用价值，从而作为一种商品生产的意义上来说，开放"劳务市场"是完全正确的，但这与我们所讲的实现劳动力合理流动并不是一回事。至于提出建立"劳动力市场"的同志，所依据的理由，主要是发展劳动交换关系，但就这些同志所说的劳动交换关系并不是资本主义条件下劳动力商品的买卖关系，从而与资本主义制度下的"劳动力市场"体现的雇佣剥削关系是有着本质上差别的。因此，如果考虑到与资本主义制度下"劳动力市场"的本质区别，还是提在社会主义条件下允许和鼓励劳动力合理流动为妥。